国家社科基金
GUOJIA SHEKE JIJIN HOUQI ZIZHU XIANGMU
后期资助项目

法兰克福学派文化伦理思想研究

A Study on the Cultural Ethical Thought
of The Frankfurt School

李进书　著

天津出版传媒集团
天津人民出版社

图书在版编目（CIP）数据

法兰克福学派文化伦理思想研究 / 李进书著.
天津 ：天津人民出版社，2024. 10. -- ISBN 978-7-201-
20755-1

Ⅰ．B089.1

中国国家版本馆 CIP 数据核字第 2024KZ7917 号

法兰克福学派文化伦理思想研究
FALANKEFU XUEPAI WENHUA LUNLI SIXIANG YANJIU

出　　版　天津人民出版社
出 版 人　刘锦泉
地　　址　天津市和平区西康路 35 号康岳大厦
邮政编码　300051
邮购电话　（022）23332469
电子信箱　reader@tjrmcbs.com

责任编辑　王佳欢
美术编辑　汤　磊

印　　刷　天津新华印务有限公司
经　　销　新华书店
开　　本　710 毫米×1000 毫米　1/16
印　　张　17.5
插　　页　2
字　　数　230 千字
版次印次　2024 年 10 月第 1 版　2024 年 10 月第 1 次印刷
定　　价　88.00 元

啊，我的肉体，你要始终使我成为一个爱提问的人！

——法农

只有超越了歧视，宽容才能开始。

——哈贝马斯

目　录

引 言

法兰克福学派(The Frankfurt School)思想的丰富性和复杂性,①与这个学术共同体整体上涉猎了艺术、文化、哲学、政治、伦理和法律等多个领域的研究休戚相关,这使得他们的理论和思想呈现一种星丛(constellation)特征。他们关于这些领域的研究既相互交织,又具有一定独立性,反之亦然;实际上,单从法兰克福学派的文化理论来看,它也富有星丛特征,因为这些理论家基本上不是以一种孤立的眼光分析文化,或者把文化看作一个孤立事物来研究,而是总体上把文化放在整个伦理生活中进行辨析和评判,这使得他们整体的文化研究中存在着一条文化伦理路径,也使得他们丰富的文化理论中贯穿着一条文化伦理研究的脉络。②

由于法兰克福学派把人类幸福和良善生活(good life)③视作他们理论研究的共同旨趣,因此这些理论家在不同程度上都把他们所关注的文化问

---

① 自1924年6月22日,社会研究所正式举行成立庆典至今,法兰克福学派已经拥有了四代理论家,第一代主要成员有霍克海默(Max Horkheimer)、阿多诺(Theodor W.Adorno)、本雅明(Walter Benjamin)、马尔库塞(Herbert Marcuse)、洛文塔尔(Leo Lowenthal)、弗洛姆(Erich Fromm)等人,第二代主要成员有哈贝马斯(Jürgen Habermas)和内格特(Oskar Negt)等人,第三代主要成员有霍耐特(Axel Honneth)和门克(Christoph Menke)等人,第四代的领军人物为弗斯特(Rainer Forst)。韦尔默(Albrecht Wellmer)被视为第二代与第三代之间过渡性角色。参见王凤才:《"法兰克福学派"四代群体剖析——从霍克海默到弗斯特》(上、下),《南国学术》2015年第1、2期。

② 对于法兰克福学派,我一直保持着研究热情,既因为这个学术共同体中有我仰望的学术高度——阿多诺,细读他的文本总能不断有新的收获,如"自主"和"本真性"等概念;也因为这个家族中不断有新的理论出现,并且这些理论与既有理论富有继承和突破的关系,如弗斯特的异质文化辩护理论与亚文化承认理论和交往行为理论就具有这样的亲和力。在某种程度上,这些年从事法兰克福学派的艺术思想和文化理论的研究,既使我学习了很多新概念和新理论,也让我逐步确立起一种较高的学术规范意识。在法兰克福学派研究方面,我已出版的著作有:《西方马克思主义的审美现代性与续写现代性》(人民出版社2011年版)、《审美现代性与文化现代性:法兰克福学派思想的二重奏》(人民出版社2014年版)。

③ 关于"good life"的翻译,我采用的是目前学界较为常用的译法——良善生活。参见[德]阿尔布莱希特·韦尔默:《后形而上学现代性》,应奇、罗亚玲编译,上海译文出版社2007年版,第237、239页。公允地讲,"良善生活"这个译法总体上能涵盖个体美德与社会正义这两方面,同时凸显了"good"这个共性和核心。

题放置于良善生活建构和人类幸福实现的层面上来分析和研究,或者他们时常以一种伦理学视角审视各自视域中的文化。这使得他们视域中的文化与伦理有了一种天然的纽带和自然的连结,即文化富有怎样的伦理功能,而伦理生活又能从文化中找到哪些资源和潜能。实质上,就是经过这种自然的连结,法兰克福学派在关注不同文化的同时,也相应地复活了很多伦理方面的概念,拓宽了人们对伦理和伦理生活的认识。当然,这也极大地丰富了文化伦理的内涵。

从文化方面讲,法兰克福学派关注了文化、文明、大众文化、后现代文化、亚文化、文化环境和异质文化等;从伦理方面看,他们分析了"自由""交往""民主""承认""平等""辩护"和"公正"等概念,这些概念既关涉自主个体的现实行为,也涉及完善的伦理生活的内在构成。而当这些不同形式的文化与这些伦理概念相结合时,从中我们既看到法兰克福学派的文化伦理思想具有一种明晰的历时性,不同代际形成了各具特点的文化伦理思想;也看到它呈现着一种复杂的共时性,每一代都相应地存在着分歧和论争。而整体上,这种历时性和共时性共同构成了一种文化伦理谱系,其中涉及了多种形式的文化和多种伦理观念,但是它们的共同目的是实现个体的自由、人类的幸福,是为了建构一个人人平等、相互包容、彼此团结的多元正义良善生活。①这种目标和理想并不太容易实现,因为很多因素阻碍着这种目标和理想的完成。例如文化在极权主义时代就扮演过消极角色,它造成了个体的道德水平下降,制造出一个带有假象和富有控制性的"错误生活"(wrong life)。②

本书主要采用历时和共时相结合的方式,对法兰克福学派的文化伦理

---

① 目前国内还有一些学者使用"良善生活"这种译法,例如,李义天等人在分析后形而上学时代的伦理生活时,使用了"良善生活"概念;王曦璐在分析赫勒的正义观时,使用的是"良善生活"这种称谓。分别参见:李义天、张容南《后形而上学时代的良善生活何以可能?》,《社会科学辑刊》2015年第1期;王曦璐:《超越正义的良善生活何以可能》,《中州学刊》2017年第12期。其他学者使用"良善生活"这种译法的论文有:傅鹤鸣的《德沃金的公民良善生活论》,《深圳大学学报》2010年第3期;魏呈华的《超越正义 回归多元良善生活——阿格妮丝·赫勒正义理论解读》,《学术交流》2015年第10期。还有王艳秀的博士论文:《道德客观性及其限度——后形而上学时代的良善生活问题研究》,2008年等。

② "错误生活"这个概念来自阿多诺的这句格言:"Wrong life cannot be lived rightly"。我将这句话译为"错误生活无法正确地过活"。其他的译法有:"错误的生活无法过得正确"(赵勇译)、"在错误的生活中不可能存在正确的生活"(谢地坤译)、"在虚假的生活中,没有正当的生活"(鲁路、彭蓓译)等。总体上讲,这些翻译都揭示了在一种扭曲和虚假的文化氛围中,个体的道德和伦理无法进行自主选择和自由发展。

思想进行整体研究,在呈现这个学派文化伦理思想的历时变化的同时,也辨析他们在共时层面上的一些分歧和论争;既注重凸显这个家族同一时期的文化伦理思想的整体性,也着重分析一些代表性的理论家的文化伦理观点;在立足深入探究这个学术共同体文化伦理思想的基础上,提炼出文化伦理研究方面的一些重要话题,归纳出这方面研究的一些特征,以便有助于其他学者进行文化伦理这个领域的研究。

历时地看,法兰克福学派的文化伦理思想大体上呈现这样的变化:第一代的批判性、第二代的建构性、第三代和第四代的问题意识等,而这种变化中贯穿着这些理论家对个体自由和人类幸福的共同关怀。可以说,法兰克福学派文化伦理思想的历时性大体表现为:第一代揭示了文明对个体的抑制性,批判了文化的拜物倾向误导了个体道德观,揭示了大众文化的愚民性,它们共同制造了一种"错误生活",致使个体的感知力钝化、感情淡薄和道德感匮乏。第二代探究了作为知识储备的文化中的交往潜能,挖掘出后现代文化中的民主和自由等资源。第三代的代表人物霍耐特认为,亚文化群体为获得承认而进行的斗争引发了新的社会运动,但是这些斗争也促进了伦理生活的完善;门克指出,文化环境能影响个体的价值观和道德认识,偏执的文化环境会将个体引向狭隘、邪恶的路途,而公正的环境则会促进个体相互关爱和彼此团结。第四代的代表人物弗斯特与霍耐特相似,都采用病理学方式分析着文化伦理事件,只不过,他关注的是异质文化群体的辩护问题。①

概括地讲,这种观点的形成既与这四代人关注了不同的对象有关,因为在某种程度上这些对象本身就带有消极的或积极的伦理功能,这使得一般意义上选定分析对象也就表明了我们基本的文化伦理态度;也与这四代人各自所持有的研究姿态密不可分,因为不同的姿态本身就对事物带有一种先验的判断,或者研究者会努力从研究对象中找到与其研究姿态相契合的内容。从这个角度来讲,在极权主义时代,基于当时人们对文明和大众文化的普遍认识,以及这两种形式的文化本身的特性,当阿多诺和马尔库塞以批判立场剖析它们的现实功能时,他们基本上看到的是文明和大众文化的消极伦理作用,而阿多诺和马尔库塞之间所区别的只是批判的力度和思想收获的多少而已。"大众文化是政治集权主义的温床,所以霍克海默和他的同事们感到,文化和政治的中介机制最好在心理学意义上来理解,这样他们对大众文化的研究和他们40年代进行的美国权威主义潜力的研究

①　参见李进书、冯密文:《弗斯特异质文化辩护理论》,《美学与艺术评论》2021年第2期。

联系在一起。"①而本雅明对文化拜物性的批判加深了人们对"无教养的人"的形成原因的认识。而当研究者的立场不同时，他们就会对同一对象产生不一样的判断，比如持开放姿态的本雅明看到了电影对民众的某些解放作用，结果，他这一态度招致了阿多诺对他的批评。而就这种历变性的深层原因来讲，它与这四代人共同追求良善生活休戚相关。虽然这些理论家处于不同的时代，但是他们都把良善生活视作人类共享的、完善的伦理生活，由此，每个阶段的理论家或依据伦理生活的不健全性来拷问文化在其中扮演的角色，或依照建构完善的伦理生活来思考文化在其中可担负的责任。或者说，这四代理论家基本上都把文化放置于良善生活建构这个核心命题上来分析和评判，从而相应地形成各自独特的文化伦理理论。

可以说，沿着历时的思路，我们既看到法兰克福学派依次分析了文明和大众文化，作为知识储备的文化、后现代文化、亚文化，以及异质文化等的伦理作用和解放潜能；也看到他们对良善生活认识的加深及对它更多的期待，例如从阿多诺到哈贝马斯，再到弗斯特，良善生活这个共同空间由曾经的一个美好构想发展到值得建设的伦理生活，再到富有多元正义特征的共同生活。同时，我们既发现不同时期的理论家对同一种文化的伦理作用存有分歧，例如对于大众文化，哈贝马斯认为阿多诺过分地渲染了它的消极性，而忽略了这种文化的交往功能；我们也发现这个学术共同体共同使用的一些概念被赋予了更多的含义和功能，例如关于自主，在阿多诺那里它主要指艺术的自主，而到了哈贝马斯和霍耐特这里，它被赋予了更多的政治伦理责任，涉及了个体的自我立法权利和良善生活的内在构成。"他通过将自主重新定义为借助发展过程（包括社会和个人）来获得而做到这一点，在这种发展过程中，交流互动和相互认可发挥着关键作用。因为这些形式的主体间性本身是不完整的、脆弱的成就，所以捍卫个体自主性就需要持续的努力来支撑和改善一个理性的生活世界，正如我们所看到的那样，这个世界是可以'半途而废'的。"②总的来说，这种历时眼光既让我们清晰地看到法兰克福学派文化伦理思想的发展过程，发现其中的变化及变化中的某种继承，也使我们比较准确地把握住这个学派的共同志趣和相似关怀，了解到相同中的差异及不变中的某些变化。

从共时层面上讲，同一阶段的理论家之间存有一定的分歧乃至论争，

---

① ［美］马丁·杰伊：《法兰克福学派史》，单世联译，广东人民出版社1996年版，第250页。

② Amy Allen and Eduardo Mendieta,eds.,*The Cambridge Habermas Lexicon*,Cambridge:Cambridge University Press,2019,pp.22-23.

包括同一种文化的伦理功能、良善生活建构的方式及良善生活的内在构成等，这些分歧和论争中蕴含着他们对个体自由和人类解放的共同关注。就世界范围内的学派而言，法兰克福学派的这种共时性的分歧的确是一道奇特风景，他们的第一代和第二代分别创造了影响广泛的学术论争，如阿多诺与本雅明之争、韦尔默与哈贝马斯之辩。这种共时性的论争形成的基本条件就是这个学派的同一阶段拥有多位富有己见的学者，从这一点上讲，有些学派能够在某一时期达到这个条件，但是它们却无法像法兰克福学派一样在每一时期都云集多位才华出众的理论家。这些才华出众的理论家聚集在一起，在碰撞出很多思想火花的同时，也不可避免地产生了分歧和论争。例如人们通过阿多诺、霍克海默和马尔库塞等人出版的书信，发现了他们之间的一些分歧，"相反，他们包括一群各具特点且独立的思想家，他们彼此之间进行了公开或隐藏的论争。他们在思想风格上并不一致，例如阿多诺的否定辩证法、霍克海默的形而上学悲观主义以及马尔库塞的'新人类'乌托邦主义之间就是如此，甚至人们也无法说出这个研究所中最有影响的那些成员之间基本的团体团结"[1]。这些论争的存在在表明这个学术共同体人才济济的同时，也说明这个研究所和"批判理论"富有开放性，它们并没有对其成员的学术兴趣进行强制性地统一要求，这也是洛文塔尔说批判理论只是一种共同的批判姿态却从未要求成为体系的缘由所在。[2]

整体上看，关于法兰克福学派共时性的分歧，大体上涉及同一种文化的伦理功能、良善生活建构的方式及良善生活的内在构成等方面，其中，在"同一种文化的伦理功能"方面，包括阿多诺与本雅明就大众文化的抑制性或解放性的论争、阿多诺与马尔库塞在文化的肯定性上的商榷、韦尔默与哈贝马斯在后现代文化和艺术的真理有效性上的分歧等。这里面，当属"阿本之争"（阿多诺与本雅明的论争）影响最大，既因为他们的论争是个明证：阿多诺先后寄给本雅明三封信（1935、1936、1938），本雅明回复了一封信（1938）；也在于他们交流的是大众文化的本质问题：它是自主艺术，还是依赖艺术，它对受众是抑制性的，还是解放性的。[3]时至今日，"阿本之争"

---

① Amy Allen and Eduardo Mendieta,eds.,*The Cambridge Habermas Lexicon*,Cambridge:Cambridge University Press,2019,p.142.

② 参见[美]利奥·洛文塔尔：《文学、通俗文化和社会》，甘锋译，中国人民大学出版社2012年版，第216页。

③ 关于阿多诺与本雅明论争的具体内容，参见本书的第六章"共时上的分歧和论争"的第一节"大众文化伦理之争：解放性与抑制性"。

仍不断地被学者们解读出新意来。

在"良善生活建构的方式"方面,韦尔默与哈贝马斯就后现代文化和艺术在其中的重要性进行了商榷。虽然哈贝马斯提倡多学科共同建构良善生活,但是他却将后现代文化和艺术排除在外。在他看来,后现代文化和艺术具有明显的个人好恶,因此它们并不合适作为规范伦理生活可信赖的伦理资源。对此,韦尔默反驳道:后现代文化和艺术蕴含和实践着哈贝马斯所倡导的交往理性,它们所呈现的真理性内容能提升所有个体对自身处境和现实生活的认识,它们所蕴含的伦理因素能促进人们对自身潜能的挖掘。这种商榷和论争的结果是比较明显的,例如,哈贝马斯对自己的理论体系作了一定调整,给予了后现代文化和艺术一定信任。客观地讲,"韦哈之争"(韦尔默与哈贝马斯的论争)是一个尚待挖掘的学术宝藏,随着更多学者对其进行研究,他们会发掘出更多有价值的话题。

而在"良善生活的内在构成"上,虽然当代的法兰克福学派总体上赋予了这种共同生活以多元正义这个特征,但是一些理论家在多元正义的具体构成方面意见不一,有的理论家基于自主个体的完整性来阐述正义的多元性,有的理论家则立足人类本身情况的复杂性来界定正义的多元性。如霍耐特认为,多元正义的良善生活需要具备爱、法律和成就这三个基本承认原则,这样既能保证个体人格的完整性,也能保障亚文化群体得到社会平等尊重和享有平等的权利。门克指出,作为一个尊重个体自主性的文化氛围,良善生活应拥有平等、自由和悯爱(mercy)等原则,这样的共同生活能够真正体现个体的意愿和诉求,也能展现主体间的相互体贴和互相帮助。"这里,这种公正对待个体的态度是爱、友谊以及连结我们的共同体的一部分。"①由于霍耐特与门克的立场不同,因此他们的观点不易调和。另外,霍耐特与门克在对待特殊文化群体的问题上也存有分歧,前者倡导尊重这些群体的文化特性与公正承认他们的成就;后者倡导以悯爱姿态看待他们的处境和某些行为,因为他们的有些行为不适合用法律来衡量和处理的。

相较而言,历时角度首先能使我们看到法兰克福学派文化伦理思想的变化和发展,进而看到每一代人的共性;共时立场则最初让我们看到同一时期的理论家们的共性,然后看到他们的分歧和论争。这种分歧和论争在很大程度上并非他们不团结,而是因为他们对同一种文化、同一件事情存有各自独特的理解,这些理解都具有不同程度的合理性,由此,这在造成一

---

① Christoph Menke,*Reflections of Equality*,trans.Howard Rouse and Andrei Denejkine,Stanford, California:Stanford University Press,2006,p.42.

种众声喧哗的景象的同时,也丰富了他们所分析的事物和所评判的事情的意义。不过,这种分歧和论争中贯穿着法兰克福学派对个体自由和人类幸福的共同关注和持续探究,这既是他们的"家族相似",也是他们的使命和责任。

这种历时与共时相结合的方式勾勒出一个文化伦理谱系,它有助于我们辨析每一种文化的伦理作用,有益于我们总体地评判这些文化对于良善生活的功效,有利于我们辨析文化与个体伦理和伦理生活的内在关系。从文化自身发展而言,它自然地形成了一个谱系,这个谱系既能显示文化内涵上的历时变化和其现实功能的转变,也能凸显不同文化共存时的整体特征和总体性的现实作用。而法兰克福学派以伦理学视角审视他们视域中的不同文化,这无形中构建出一个文化伦理谱系,这个谱系加深了我们对他们所涉及的文化的现实作用的认识,也增进了我们对文化与个体道德和伦理生活的内在关系的了解。

具体而言,在阿多诺等人所处的极权主义时期,个体之所以出现整体异化,社会之所以呈现全面退步,这些问题与权威借助文明和大众文化施加的压抑和控制有关。在阿多诺等人看来,文明和大众文化原本就暗含着一定的抑制性和愚民性,而权威为了更有效地实施控制,便巧妙地将文明和大众文化的这种抑制作用和愚民功能转化为一种统治手段。这种政治手段的高明之处和可怕之处在于,它是以一种隐蔽方式侵蚀和弱化人的本质力量,包括身体的本能、爱欲、听力和视力等,从而使民众失去了判断力、创造力和正义感等,最终使他们成为权威的奴仆和错误生活的维护者。例如,从广播声音的标准化等要素中,阿多诺发觉了其中暗含着一定的社会整合功能,"对广播声音的这些要素进行分析,使社会总体的结构在其'微观世界'中出现,使广播'与其说是一种影响工具,不如说是一种社会启示设备'"①。

到了哈贝马斯等人所在的反思现代性阶段,个体的自主性之所以得以展现,社会的民主程度之所以不断提高,这些进步性与人们注意到文化的交往和团结等功能密不可分。在这个阶段,基于奥斯维辛事件带给人们的深刻反思与人们自身对良善生活的要求,理论家多方面地为个体的成长和良善生活的建立寻找着伦理资源。其中,哈贝马斯指出,作为知识储备的文化富有交往和对话的功能,能够促进个体相互理解和不同文化群体相互

---

① Susan Buck-Morss,*The Origin of Negative Dialectics:Theodor W.Adorno,Walter Benjamin and The Frankfurt Institute*,New York and London:The Free Press,1977,p.176.

学习,能够促进主体间性的确立与平等团结的共同体的形成。韦尔默则发现后现代文化中蕴含着丰富的自由和民主等因质,它也能培养个体的自由和民主等意识和观念,而且后现代文化还能以一种审美场的形式对伦理生活的内在构成产生一定影响。

今天,随着多元化语境的形成,亚文化和异质文化在全球范围内的伦理生活建设中扮演着越来越重要的角色,很多社会矛盾和暴力事件就与亚文化群体和异质文化群体为争取平等权而进行的斗争有关。对此,霍耐特辨析道,亚文化群体之所以进行抗议和斗争,在很大程度上,在于他们的成就因其独特身份而得不到社会的公正承认,他们的价值因其文化特殊性而得不到社会的尊重。对于异质文化的反抗,弗斯特认为是因为社会以其文化独特性为由拒绝了他们的特殊要求,甚至对其文化施加了羞辱,更重要的是,没有给予他们辩护的机会。对于这些文化伦理事件,霍耐特和弗斯特认为如果能给予他们公正对待和平等尊重,就能消除这些文化矛盾以及与此相关的社会冲突,使他们主动地加入良善生活建构中,推动社会的多元正义机制的发展。

基于对法兰克福学派文化伦理谱系的分析,我们对不同文化在良善生活的形成中所发挥的作用有了更清晰的认识。不过,这个谱系的更大意义不在于对这些文化的伦理功能进行历时性的呈现,而在于对它们形成一种共时性的展现,即今天,法兰克福学派所谈论的文化都同时在场,都不同程度地发挥着各自的作用。这意味着文化的拜物性、文明的抑制性和大众文化的愚民性依旧存在,而当代的批判理论之所以不关注文化、文明和大众文化那些消极功能,在很大程度上是由他们的理论志趣所致,而非文化已自我褪去了拜物倾向、文明已自我化解了抑制欲望、大众文化已自我消解了愚民意图。这就提醒我们:在追求和建设良善生活的过程中,要整体地看待这些文化的伦理作用,既要充分发挥文化的交往和对话作用,也要注意大众文化的异化功能;既要挖掘后现代文化的自由和民主潜能,也要合理地处理异质文化问题。这样,我们就能最大限度地从这些文化中为良善生活汲取更多的伦理资源和前进的力量。

实质上,就法兰克福学派对良善生活建构而言,与他们的文化伦理研究并行的还有他们的艺术伦理理论等,这种由艺术与文化、审美现代性与文化现代性所构成的"二重奏"贯穿于这个学术共同体的发展历程中,只不过,不同阶段的二重奏的内涵和表现形式各有特色而已。[①]其实,法兰克福学派的文化伦理谱系在凸显文化的多种伦理功能和展现良善生活的重要性的同时,也带来一些基本问题:良善生活如何建构? 艺术在其中扮演什么角色? 在这里,我们为何反复提及艺术的在场呢? 原因之一是,艺术理论和美学思想是法兰克福学派和批判理论的根本和传统。第一代基本上都对艺术有着较深的造诣,并以艺术中"健全的人"这个标准来评判文明、大众文化和伦理环境,从而确立了蕴含着真理性内容的批判理论。相较而言,由于哈贝马斯和霍耐特的视域缺少了艺术和美学,这使得他们的立场天然地缺失了批判成分,使得他们的思想虽然能开拓人们的视野,但是缺少了第一代那样发人深省的格言(aphorism)和警句。

原因之二是,透过"韦哈之争",我们看到法兰克福学派内部始终有人捍卫着艺术和美学的地位,而且这个论争的确促使哈贝马斯和霍耐特减少了对艺术和美学的偏见,这说明艺术和美学具有不可替代性,是所有人建构良善生活和救赎人类时必须考虑的基本资源。如门克所言:艺术和美学的伦理意义就在于维护自由这个维度,"从这个意义上讲,我们可以将美学视为一种成功生活的方式的'象征'。美学的这种象征用途具有双重意义:在理论方面,作为对这种维度生活的关注的吸引;在实践方面,作为对这种形式的自由的实施和强化"[②]。

原因之三,也应是最重要的原因是,艺术的在场能够解答自主个体如何确立道德自主意识的问题,能够解决良善生活建构的内在动力的问题。而这些问题是哈贝马斯和霍耐特以政治伦理路径构建良善生活时遭遇的难题。公允地讲,他们为自主个体的基本人格和基本权利作出了较全面的论证,也为良善生活的基本形态进行了较规范的说明,不过,他们很大程度上完成了"是什么"的问题,但缺失了"如何是"这个环节和前提。而艺术能够解决这种"如何是"的问题。如韦尔默所言,人们可以通过参与艺术创作和审美鉴赏,实施各自的审美自主权,从而加深对自主和自由等的认识;人们还能够在共同阅读作品中培养起商谈和合作的意识和能力,这有助于他们在社会生活中与他人合作和团结。

总而言之,我们在重点研究法兰克福学派的文化伦理思想的同时,也

---

① 参见李进书:《审美现代性与文化现代性:法兰克福学派思想的二重奏》,人民出版社2014年版。

② Christoph Menke, Aesthetic Reflection and Its Ethical Significance: A Critique of the Kantian Solution, *Philosophy & Social Criticism*, vol 34 nos 1–2, Sage Publications (Los Angeles, etc) and David Rasmussen, 2008, p.62.

一直保持着对这个学术共同体的艺术伦理思想的关注。这种双重视角既契合这个学派理论的二重奏特性，也是客观评判文化伦理功能的基本路径，因为法兰克福学派的很多理论家就是以艺术标准和审美意义上的"健全的人"为试金石评判文化的进步性或退步性，也以审美王国的基本原则审视现实的伦理生活的完善程度，从而给予文化以批判或肯定，表达出对某阶段伦理生活的批评或认可。

　　由于法兰克福学派带有深沉的救赎意识和神圣的解放使命，这会使"它的研究者无形之中习得"（哈贝马斯语）这些意识和责任，由此，我们对现代性的症候、世界上的伦理问题有了更多了解、更深认识，也对自我的学术研究提出更高要求。那就是要立足时代症候之上，提炼出富有现实价值和更高理论意义的话题，从中探究出文化和艺术在其中扮演着什么样的角色，挖掘出它们身上积极的伦理潜能，以便能够为人类幸福的实现和良善生活的建构探寻出更多的理论资源和希望的契机。

第一章 法兰克福学派文化伦理思想概述①

作为一个有时间长度且成员众多的学术群体,法兰克福学派拥有着丰厚的文化伦理思想,他们认为,不同文化在良善生活建构中扮演着不同角色,它们对个体品德和伦理环境产生着不同的影响。这意味着法兰克福学派的文化伦理观主要探究不同文化在个体的美德(virtue)和社会的正义(justice)上的表现,而非仅仅局限于伦理批判和道德谴责。历时地看,法兰克福学派四代理论家先后探究了文化、文明和大众文化、作为知识储备的文化和后现代文化、亚文化、文化环境及异质文化等在伦理生活建设中所发挥的作用。从中,我们既看到这四代人关注对象的变化,如从大众文化到异质文化的转变;也看到伦理生活本身的变化,它逐渐能依据民众的意愿调整自身和完善自我。共时地看,同一时期的理论家在多方面上存在着分歧乃至论争,如对同一种文化的伦理功能、对同一概念的内涵,以及如何建构良善生活等。这些分歧和论争既说明了文化伦理问题的复杂性,也表明了良善生活的建构和人类幸福(happiness)的实现的艰难性和漫长性。

整体上看,虽然他们有历时之变和共时之争,但是他们都把良善生活建构视作共同目标,都把自主个体的自由和人类幸福当作终极关怀;他们也都强调不同学科共同参与良善生活建构,只不过,他们所侧重的学科并不一致,例如第一代认为艺术在培养个体美德和营造社会正义方面担负着重要责任,而哈贝马斯之后的理论家对政治伦理研究情有独钟。另外,法兰克福学派新的理论家在继承老的理论家思想的基础上,进行着创新和突破,如重写了"幸福"等重要概念,赋予了它们新的含义和更多现实责任。这既带来了学派内部的研究转向,也推动了批判理论的更新。而他们与其他学者的经常性的论争既拓展了"正义"等概念的内涵,也召唤了更多人加入建构良善生活和探究人类幸福契机的行列中。

第一节 文化伦理:文化在美德和正义上的表现

文化原初就暗含着培养民众修养和美德的责任,但是到了极权主义时

---

① 本章曾刊发于《红色文化研究》第一辑,河北大学出版社 2022 年版,此处有改动。

代,文化则异化为权威规训和驾驭民众的有效工具。虽然文化显示了较强的伦理功能,但是它主要是消极性的、毁灭性的。进入反思现代性阶段,文化凸显了积极的伦理作用,它在个体美德培养和社会正义营造方面扮演着不可或缺的角色。需要注意的是,亚文化和异质文化在一定程度上诱发了社会矛盾,为人们的生活带来不安定因素,但是它们使我们看到了特殊群体的某些权利诉求的合理性,这些所诉求的权利可以转化为所有人共享的权利,可以转变为良善生活建构的动力。

文化与伦理之间一直就具有一种内在连结性,或者说,文化中蕴含着一定的伦理责任,这种伦理责任随着时代变化而变化,人们依据不同的伦理内涵实施着他们的文化评价。当然,伦理也需要文化给予支持,包括从文化中汲取伦理资源、从文化环境中获得价值指引。恰如威廉斯考据的那样,最初的文化富有培养人们好的教养和美的品德的意蕴。[1]在启蒙运动中,文化担负着引导社会向善和爱美等责任,"文化似乎更多地把兴趣引向实际问题:(客观上)引向善、文雅以及艺术和社会风俗中的美;(主观上)引向艺术中的灵巧、勤奋和机敏,以及社会风俗中的秉性、倾向和习惯"[2]。这意味着文化暗含着一定的伦理性,表明了文化不自觉地塑造着有教养的人。这也致使当时的人主要将伦理放在个体美德的层面上来理解。

不过,随着市民社会的形成与现代性秩序的逐步确立,伦理不单单是个体教养和品德方面的事宜,它还涉及社会环境和生活空间的自由和公正等问题。为此,黑格尔用自由和自我意识等理念阐述现代性意义上的伦理体系,揭示了这时的"伦理"概念已具有政治意味,它与个体行为和生活环境形成了一种内在联系。"伦理体系是自由的理念。它是活的善,它在自我意识中拥有了其认识和意愿,并通过自我意识行为而具有其现实性。另一方面,自我意识在伦理体系中找到其绝对基础和动机。因此,伦理体系是已沉淀到现实世界中的自由概念,并且也沉淀到自我意识的本质中。"[3]这使得我们在评判文化的伦理功能时,就需要整体审视文化在个体品德和社会正义上的表现。倘若文化误导了个体的价值观,扭曲了社会的正义论,那么这种文化就是一个受批判的消极对象。反之,当文化有助于个体美德

---

[1] 参见[英]雷蒙·威廉斯:《关键词:文化与社会的词汇》,刘建基译,生活·读书·新知三联书店2005年版,第102—103页。

[2] [德]摩西·门德尔松:《论这个问题:什么是启蒙?》,载[美]詹姆斯·施密特:《启蒙运动与现代性:18世纪与20世纪的对话》,徐向东、卢华萍译,上海人民出版社2005年版,第56页。

[3] G.W.F.Hegel,*Philosophy of Right*,trans.S.W Dyde,Kitchener:Batoche books,2001,p.132.

培养和有益于社会正义形成时,它便是我们给予肯定和充分信任的对象。在某种程度上讲,文化伦理问题真正成为人们重点关注的话题,应与现代性出现信任危机有着直接关系。这种信任危机最显著的表现有:个体的道德状况令人担忧、个体的自由受到极大抑制、社会出现全面控制的趋势、全世界隐藏着经济和战争的危机等。这些问题说明现代性违背了其最初的诺言,它没有达成它所许诺的自由和平等的生活环境。在辨析现代性信任危机的过程中,理论家们不同程度上都把文化和文明视作主要的拷问对象,如弗洛伊德和斯宾格勒等。他们认为,文化和文明以一种隐性的方式抑制着个体的潜能和自主性,从而使这些个体简化为没有判断力和缺乏良知的生命体。而法兰克福学派更是从文化、文明和大众文化等中看到它们的意识形态功能,洞察到它们扮演着权威帮凶的角色这个真相。这种真相的揭示提升了人们对文化伦理问题的重视,同时开启了法兰克福学派对文化伦理性的研究,而且由于第一代的文化伦理批判成就卓然,这使得这方面的论著成为这个学术共同体以及其他理论家共享的思想资源。

大体上讲,第一代主要依据个体品德与社会正义这两个方面实施着文化伦理批判,当然,这两个方面是相互联系的,健全的个体成就健全的社会,错误生活制造无数偏执的个体。其后的第二代、第三代和第四代基本上也依照个体和社会这两个方面来评判各自视域中文化的伦理功能。第一代之所以要批判和反思文化的伦理功能,很大程度上在于,他们认识到极权主义时代的种种荒谬现象与文化的消极伦理功用休戚相关。这里面不仅包括他们对文明抑制性的深入分析,这方面具有深化弗洛伊德文明观的特征;而且涉及他们对大众文化和文化工业的愚民性和控制性的揭露,这方面的成就今天已经化为法兰克福学派的一份珍贵遗产,启迪着我们对媒介文化伦理功能的辨析和研究。由于阿多诺和马尔库塞等人是以批判和救赎的立场评判文化的伦理作用的,这使得他们的文化伦理思想富有深刻性和久远性;而且由于他们是基于个体自由和人类解放的初衷分析文化现象和社会问题的,因此他们的观点具有广泛的接受度和深远的影响。"就批判而言,我们指的是一种理智的、最终注重实效的努力,即不满足于接受流行的观点、行为,不满足于不假思索地、只凭习惯而接受社会现状的那种努力……指的是在上述东西的发展中去追根溯源的努力,是区分现象和本质的努力,是考察事物的基础的努力,简言之,是真正认识上述各种事物的努力。"①比如,门克在辨析文化环境对个体价值观的影响时,就引用了阿多诺对错误生活的论断,进而形成自己的观点:某种生活环境和文化氛围可能决定不了个体的命运,但是它们能够引导他们的成就观和价值论,例如错误生活会误导个体把毁灭行为视作英雄事迹,而良善生活则将个体的悯爱举措当作自主个体的美德。②可以说,第一代的文化伦理批判既加深了人们对文化的伦理作用的认识,也在某种程度上为我们确立了一种评判文化伦理的准则,即整体地分析文化在个体品德和社会正义上的表现,进而评价它与某个阶段的伦理生活的关系。第二代、第三代和第四代基本上依照这样的思路进行文化伦理研究,同时他们也形成了各自的文化伦理理论。

与第一代较大的不同是,第二代主要以肯定姿态谈论着文化伦理问题,这既与他们从事的规范研究有着直接关系,也与他们面临的时代责任密不可分。规范研究的目的在于针对某个概念进行系统研究,使它能为所有人共享,从而共同促使一种完善的伦理生活确立。在某种程度上,这是哈贝马斯为了弥补第一代批判方式的缺陷而提出的研究方式。在哈贝马斯看来,阿多诺等人的批判理论为人们认识极权主义和反思奥斯维辛事件做出巨大贡献,但是这些理论家存在着对某些重要概念误解和误用的现象,这会限制人们的创造力及制约他们的潜能。③为此,哈贝马斯积极倡导规范研究,并将这种研究方式确立为当代法兰克福学派的一种基本学术路径。与第一代的批判方式不同,规范研究优先注重的是对概念本身进行阐述,而非它的现实责任性。这使得这种规范研究带有更大的中性(neutral),以及建设性,但缺少第一代曾有的批判性和反思性。正因为如此,第二代更多地看到文化的积极性和建构性,他们对文化伦理作用多持肯定态度,如哈贝马斯强调了文化的交往和对话的作用,韦尔默指出后现代文化蕴含着自由和民主等因质。文化的这些功能既丰富了个体的内涵和提升了其实践能力,也拓展了良善生活的内在构成,并为它的建设提供了很多内在动力。

第三代主要采用病理学(pathology)方式分析文化伦理问题,也就是以一种诊断姿态看待文化对于个体和社会的影响。病理学是霍耐特在梳理

---

① [德]麦克斯·霍尔海默:《批判理论》,李小兵等译,重庆出版社1989年版,第255—256页。

② See Christoph Menke,*Reflections of Equality,*trans.Howard Rouse and Andrei Denejkine,Stanford,California: Stanford University Press,2006,pp.56–57.

③ See Jürgen Habermas,*The Theory of Communicative Action·Volume 1: Reason and the Rationalization of Society,*trans.Thomas McCarthy,Boston:Beacon Press,1984,pp.144–145.

批判理论遗产时提出的一个新的研究方式,它富有一定批判性和反思性。[1]基于病理学方式,霍耐特指出亚文化既是一些社会运动的诱因,它带来了一些不安定因素;也是亚文化群体争取尊重和认可的主要方式。这意味着亚文化带有直接的伦理作用,它关系着亚文化群体的诉求表达和权利享有,也冲击着现有的伦理生活,促使人们正视亚文化群体的承认问题。门克主要关注的是文化环境对个体的价值观和道德判断的影响。在他看来,偏执的文化环境会导致个体走向错误的路途,而公正的生活环境则会培养出富有正义感和团结精神的个体。第四代的弗斯特大体上也是用病理学姿态分析异质文化问题的,他的观点的深刻性之处在于,异质文化群体所提出的权利要求可以升华为能为所有人共享的权利,而非仅是这些特殊群体独享的权利。

整体地看法兰克福学派四代人的文化伦理思想,我们既发现他们深刻地辨析出不同文化的伦理作用,也看到他们清晰地从不同角度探究了同一种文化的不同伦理功能,他们的思想在提升我们对文化现实功能的认识的同时,也促进了我们对伦理的内涵和职责的了解。可以说,"文化伦理"这种称谓和表述绝非要使文化归属于伦理学,而是要努力地呈现和挖掘文化在个体美德与社会正义方面的作用。其实,所有学科、不同路径最终的目的都是实现个体自由和人类进步,使所有人共享一个自由、平等和团结的生活空间。例如霍克海默指出,批判理论要服务于个体自主性的获得和人类解放。"他认为,解放的知识有助于我们揭开社会世界所谓的客观性,特别是所谓的资本主义'法则'(laws)的神秘面纱。通过揭示社会事实世界并非受自然法则的支配,而不过是人类自身劳动的历史遗存,就有可能结束那些主宰人类的社会现实的异化和奴役。"[2]就此而言,这四代人分析了几种文化的伦理功用,如文化和文明潜在的抑制性、文化的交往功能、后现代文化的自由民主潜能、亚文化的承认诉求和异质文化的辩护诉求等。其中,有的文化扮演着积极角色,有的文化实施着消极影响,有的则导致了社会矛盾,而通过批判、肯定和辨析这些文化的不同伦理作用,这四代理论家拓展了伦理的内涵,增进了我们对个体权利的认识,提升了我们对个体解放契机的了解。例如,阿多诺通过批判文化工业对个体感知的简化和对其道德感的物化,从而肯定了自主性的重要性,自主性可以使个体保持丰富

---

① See Axel Honneth, *Pathologies of Reason:on the Legacy of Critical Theory*, trans. James Ingram and others, New York:Columbia University Press, 2009, p.40.

② [美]塞拉·本哈比:《反思法兰克福学派的遗产》,孙海洋译,《国外理论动态》2019年第8期。

感知、独立判断力和基本良知。而哈贝马斯借助肯定文化的交往和对话作用，将交往和对话归为个体基本的现实行为，把它们看作个体实现人格完整的信赖途径，视作他们诉求应有权利的基本表达方式。"对于话语，哈贝马斯规定了一种无约束论证实践的(话语伦理)标准：作为能够言说和行动的主体，话语中所有的参与者都有平等的发言机会。所有人皆可作出断言并要求辩护。"①再如，韦尔默坚定认为，后现代文化中的自由和民主因质可以转化为当代伦理生活的基本要素；霍耐特将亚文化群体对其成就承认的要求提升为所有个体的一种基本诉求，这种诉求能否得到满足会直接影响他们对社会的态度；门克注重的是个体平等权；弗斯特则将异质文化群体的辩护诉求视作所有公民共享的一个基本权利。

由此可见，当代的伦理概念涉及自主、交往、自由、民主、承认、平等和辩护等内容，有些内容以往就属于伦理范畴，不过，它们不像今天一样关系着某些群体的生存状态，也不像当代一样对社会安定具有不可忽视的影响。这些方面的权利要求既意味着个体遭遇不同方面的抑制和不公，也表明他们可以通过这些方面争取自己相应的权利，获得不同程度的尊重和认可，实现自我的健全成长。而在个体争取尊重和认可的方面，法兰克福学派不同理论家给出了不同的路径和不同的方法，如阿多诺信赖的是审美自主，哈贝马斯倡导政治方式，霍耐特认为，亚文化是亚文化群体自我认同和共同抗争的有效方式。这些审美、政治和文化等方式具体实施的形式和产生的效果并不一致，但是它们的共同目的都是促进个体健全成长和推动人类共同进步。

第二节　历时变化：不同文化制造不同伦理生活

历时地看，法兰克福学派先后谈论了文化、文明和大众文化、作为知识储备的文化和后现代文化、亚文化、文化环境及异质文化等不同形式的文化，同时剖析了这些文化在每个阶段的伦理生活中扮演的具体角色。这些角色有积极性和消极性的区分，它们相应地塑造了不同阶段的个体的品德，影响了每个时期的伦理环境的特征。而在解决文化伦理问题和建构完善的伦理生活时，除了挖掘文化本身的解放潜能之外，第一代还从艺术方面寻找到一些救赎资源和自由契机，哈贝马斯和霍耐特等人则从政治伦理

---

① Amy Allen and Eduardo Mendieta,eds.,*The Cambridge Habermas Lexicon*,Cambridge:Cambridge University Press,2019,p.144.

学中发现新的理论资源,另外,近期霍耐特尝试从精神分析学中探寻新的伦理资源。

在第一代看来,拜物的文化培养了无数"无教养"的人,文明和大众文化一起弱化了人的本质力量(essential power),这导致了一种错误生活,也加剧了现代性的信任危机,而艺术蕴含着救赎个体和解放人类的力量。整体地看,法兰克福学派文化伦理研究这个路径是由第一代所开启的,他们从错误生活形成的角度分析了文化、文明和大众文化的现实作用,揭示了它们在错误生活的出现和维护方面扮演着不同的角色,由此他们确立了文化伦理批判方式。①

第一代的文化伦理批判集中在文化、文明和大众文化上,而文明之所以被列入文化伦理批判的范围,与第一代所处的时代有关,这一时期的理论家们大体上都把文明(civilization)与文化(culture)同等看待。其中,对于文化,本雅明批判它因崇尚新的技术产品而培养了诸多"无教养"的现代人,这些人武断地放逐了宝贵的经验和珍贵的传统,喜欢自我创新和独立创造且不做长远考虑,结果,虽彰显了各自的主体性,但也造成了傲慢、短视和自私等人格缺陷。②在文明批判方面,本雅明揭示道,我们司空见惯的文明史更大程度上是胜利者的历史,是充斥着野蛮和暴力的历史,它可能会潜在地培养着人们对暴力的推崇和对弱者的践踏,"任何以获胜者身份现身的人,都会参加到今天的胜利游行中,其中,当前的统治者踩踏着那些臣服的人前进"③。除了对文明的野蛮性的批判之外,第一代还揭示了文明对个体实施着双重抑制,即在基本压抑之上累加了额外压抑。在马尔库塞看来,这种额外压抑是现代文明以人类长久生存为借口而对人的本能进行的必要变更,结果加剧了对人的爱欲的压制,制造出诸多情感、道德和意识等上有缺陷的单向度的人。单向度的人是错误生活的制造者和维护者,反过来讲,错误生活给予了单向度的人合法性,加剧了其性格偏执的倾向。

---

① 第一代之后的哈贝马斯等人,也立足伦理生活的现状和前景来辨析不同形式的文化的现实功用,从而形成各自的文化伦理思想。但是有别于第一代的文化伦理批判姿态,哈贝马斯之后的理论家(包括哈贝马斯)主要采用的是文化伦理规范研究,这与哈贝马斯确立和倡导的规范研究方法休戚相关。这种规范研究在深入探究文化和伦理的内涵时,也凸显了理论家对研究对象的肯定态度。不过,当代法兰克福学派也保留了一定的批判姿态,如霍耐特的病理学方法就体现着一定的批判精神。

② 参见[德]本雅明:《经验与贫乏》,王炳钧、杨劲译,百花文艺出版社1999年版,第254—255页。

③ Walter Benjamin,*Illuminations:Essays and Reflections*,trans.Harry Zohn,New York:Schocken Books,1968,p.256.

相较而言,在第一代看来,文明的消极作用主要体现在对个体爱欲的压制和控制上,而大众文化的危害性重点表现在对个体的感知力和判断力的控制和剥夺上,这里难以区分文明和大众文化的破坏性大小。不过,这些理论家对大众文化的深入批判使我们看到大众文化令人可怕的影响力:它借助满足观众的日常欣赏而弱化了他们的听力和想象力等,使他们逐渐钝化了感知力和判断力,从而变得情感贫乏、道德感麻木,同时也逃避着对自我权利和社会公正的斗争和捍卫,最终异化为权威的奴仆和"社会的水泥"。这种个体的存在和其数量的增加推动了错误生活的形成。在这里,真理与谎言、自由与控制、善良与邪恶等已经颠倒,民众以权威恩赐的微薄自由为荣耀和自豪,以恪守极权者的邪恶指令为美德,以迫害和屠杀所谓的劣等种族为神圣使命,结果在毁损他人生命的同时,也致使自身成为极权者的牺牲品。这种个体的堕落、文明的退步加剧了人们对现代性的质疑和批判,其后,后现代性的出场与这些质疑和批判不无关系。

第二代通过重写文化的内涵,赋予了现代性以生机,他们也从文化和后现代文化中为良善生活挖掘了伦理资源。有别于第一代对文化伦理的批判立场,第二代主要以肯定姿态阐述和探究着文化积极的伦理作用,这使得他们扮演着重写文化的角色,担负着重估文化伦理功能的职责。整体上看,第二代涉及了文化(知识储备)、文化现代性、后现代文化以及异质文化等类型的文化。其中,哈贝马斯通过阐述文化现代性的内涵,重估了现代性方案的价值,挽救了启蒙运动的遗产——自由、平等和民主等思想资源,也有效地恢复了现代性的信誉。在明确提出建构完善的伦理生活的基础上,哈贝马斯强调了文化的交往和团结的功能,韦尔默则从后现代文化中挖掘出自由和民主等资源。另外,近些年,哈贝马斯在关注移民和难民等异质文化群体的同时,也从异质文化的立场探究着良善生活的建构。就法兰克福学派的整体文化伦理思想而言,第二代是个分水岭,因为自第二代之后(包括第二代),这个学术共同体的成员在对文化作规范研究的基础上,积极地从文化中探寻着伦理资源,挖掘着其中的伦理潜能。①从某种程

---

① 第二代之所以用规范研究方式看待文化的伦理功能,既与他们自身对研究路径的选择有关,在某种程度上,哈贝马斯和韦尔默擅长对某些概念和观念进行辨析,如他们对交往、民主和宽容等的规范性研究增进了人们对这些概念的内涵和现实责任的认识;也与他们对批判理论的尝试创新有关,例如哈贝马斯认为阿多诺等人长于对某些概念的使用,但是缺乏对它们基本内涵的阐述,致使人们对这些概念认识不一。为此,哈贝马斯希望以规范的研究方式弥补批判理论的某些缺陷,同时也以这些规范概念解答伦理生活中的普遍性问题。

度上讲,这种规范研究既增进了人们对这些概念的认识,包括它们的来源、变化和当前的含义等,也加深了人们对它们的现实责任和社会功能的认识,进而发现了它们更多的建构性作用。正因为如此,对于文化,哈贝马斯将它界定为一种知识储备,依据这些知识储备,人们既能就现实的事物进行沟通和交流,也能在公共事件上达成共识和消除分歧。①

相较于第一代的文化批判观,可以说,哈贝马斯的这种文化界定是对文化的一种重写,也是对文化的价值和地位的重估。对于文化现代性,哈贝马斯认为,它是启蒙哲学家为现代性健全发展所绘制的一幅完整方案,它包括认知-工具理性、道德-实践理性和审美-表现理性,涉及真、善和美。公正地讲,哈贝马斯关于文化现代性的阐述具有恢复现代性声誉的效果,因为在第一代那里,现代性背负着巨大的信任危机,而且后现代出场后,它也对现代性的合法性提出疑义和挑战。第二代之所以给予文化以诸多肯定性评价,并发掘出它很多积极的伦理潜能,除了他们充分运用规范性研究方法之外,还在于他们处于反思现代性阶段,即社会能够基于民众的意愿和诉求来调整和完善其结构和体制,从而缓解文化冲突和社会矛盾,促进伦理生活发展和进步。为此,第二代积极地从不同的文化形式中为良善生活寻找着伦理资源,例如韦尔默对后现代文化中自由和民主因质的挖掘。不过,对于异质文化,哈贝马斯指出,它在引发文化冲突和伦理问题的同时,也暗含着解决这些冲突和问题的解毒剂。总的来讲,第二代的文化伦理思想既凸显了文化的诸多建构性作用,也肯定了良善生活形成的可能性,当然,也说明了良善生活建构的艰难程度。

第三代看到了文化的双重伦理性,即文化既是某些文化冲突和社会矛盾的诱因,也是解决这些紧张关系的解毒剂,而且可以作为多元正义良善生活建构的力量。整体地看,第三代涉及了亚文化群体的承认和文化平等等问题,这种研究对象的变化体现了霍耐特和门克的个人的学术兴趣,似乎与第一代和第二代没有必然的联系,但实质上,其中具有一定的联结和传承性。例如关于亚文化群体的幸福状况,哈贝马斯已经进行了一些研究。他倡导以包容姿态对待亚文化群体及移民和难民,使他们自然地融入社会环境中,并成为多元文化共存的伦理生活的建构者。有别于哈贝马斯所谈的亚文化群体的接受问题,霍耐特试图解决的是这些群体的承认问题,这既是一个重要的理论问题,因为承认理论是霍耐特着力建构的理论

---

① See Jürgen Habermas, *The Philosophical Discourse of Modernity:Twelve Lectures*, trans. Frederick Lawrence, Cambridge and Maldon:Polity Press,1987,p.343.

体系;也是一个不可回避的现实事件,因为西方一些社会运动就是由亚文化承认问题所引发的。而门克的文化平等话题借鉴了阿多诺对错误生活批判的观点。[1]在霍耐特看来,当代资本主义的一些社会运动与亚文化的承认诉求有着直接关系,这些文化群体因其独特身份遭受着社会蔑视和不公正对待,即使他们做出与他人一样的成就和贡献。为此,他们便以文化认同方式团结起来,进行集体抗议和集体斗争,期待更有效地获得社会承认。由于亚文化承认问题涉及女性、黑人和少数族裔等多个群体,它在为社会带来一些不安定和破坏等因素的同时,也引发了一系列社会冲突和政治伦理事件,因此霍耐特把亚文化承认问题看作一个棘手但必须面对的伦理事件。不过,霍耐特也看到亚文化承认问题的另一面,即它能促进社会变革,可以提高所有个体对自身权利的认识,从而推进多元正义良善生活的形成。由于亚文化承认问题已经得到人们的重视,人们努力通过完善法律和减少文化偏见来合理解决这些群体的承认诉求,这促使社会发生了内在变革。而且更关键的是,当这些文化群体的诉求得到合理解决后,他们就会更积极、更主动地参与到伦理生活建设中。

　　门克重点关注的是文化平等问题,这里的文化主要指生活环境和文化氛围。在门克看来,一些社会问题就是由文化偏执所引发的,这种偏执会误导个体的价值观和道德观,使他们做出很多破坏性的行为。门克指出,要想培养富有正义感和团结意识的自主个体,就需要确立一种健全文化,尽最大可能公正地对待每个个体和每个文化群体,从而使所有个体和不同群体都能积极地加入良善生活的建构中,使这种共同生活逐步走向更高阶段,转而为人们创造更多自由和团结的契机。

　　另外,第三代在探究良善生活规范性的同时,也不约而同地谈论了这种伦理生活的"例外状况",这是由特殊文化群体在诉求其具体权利的过程中所导致的一种境况。由于它涉及特殊文化群体的信仰问题,不宜用法律来武断解决,对此,在强调法律公正的基础上,霍耐特倡导对这些文化群体的诉求给予尊重,门克提倡以悯爱的方式理解他们的处境。这种妥协式的处理方式意味着霍耐特和门克都认可良善生活兼有规范性与例外状况,规范性的问题应由法律解决,而例外状况则需要采用非法律形式来处理。

---

① 　无论是对文化的理解,还是对艺术和美学的认识,门克在不同程度上借鉴了阿多诺的思想和方法。他也坚持把文化问题和艺术话题放在良善生活建构这个终极目标上探讨,这使得其文化观和艺术理论很自然地拥有一种伦理特征和政治意识。尤其是他基于错误生活和不健全文化来思考个体平等问题,使得其文化平等理论富有深刻性和反思特征。

　　第四代的弗斯特探究了异质文化的辩护问题,这提高了我们对个体辩护权的认识,也增进了我们对良善生活的多元正义特征的了解。在弗斯特看来,异质文化的辩护问题交织着文化、政治和伦理等多种因素和多种力量,这与霍耐特对亚文化承认问题的理解有一定的相似性。不过,与亚文化承认问题有别的是,异质文化辩护问题涉及信仰问题。这意味着如果这种辩护问题得不到合理解决,它有可能在更广范围内引起反响,从而造成大规模冲突和暴力事件。"如果辩护的基本权利受到侵犯,那么正义的这一原则应该成为辩护以及限制容忍的基础。拒绝这种侵犯行为总是有道理的,无论其对象是多数人还是少数人。"①弗斯特认为,这种异质文化辩护话题更深层的意义在于,基于特定的生活方式和文化信仰,一些异质文化群体在阐述某些特殊需求的合理性的同时,也努力使这些需求转化为公民的基本权利,从而使更多类似的群体受益,推动着良善生活走向更高阶段。关于如何解决异质文化的辩护问题,一方面,弗斯特支持这些文化群体以合法方式进行权利诉求,这种合法途径既是他们对其公民权的合理使用,也能使其社会成就和善的品格为更多人所知,从而在消除社会蔑视和文化偏见的基础上,实现他们的权利诉求;另一方面,弗斯特倡导一种多元正义的良善生活,这种共同生活认可多种文化共存,也努力保持整体文化非强制性的完整性,它在公正的基础上,依据人们的不同需求和不同文化群体的特殊诉求,能营造一种多元正义的氛围和包容的环境。而在良善生活的建构方式上,弗斯特立足其辩护理论和自主个体的厚重(thick)性②,把正义、宽容和辩护这三种原则看作良善生活的基本要素;他倡导多学科共同参与这种共同生活的建构,强调政治和伦理等研究路径具有不同的重要性。

第三节　共时上的分歧和论争

　　共时地看,法兰克福学派每一代之间都存在着不同程度的学术分歧和论争,这是由这些理论家不同的学术背景和不同的理论旨趣等因素所致。

---

① Rainer Forst,*The Right to Justification*,trans.Jeffrey Flynn,New York:Columbia University Press,2012,p.154.

② "厚重的人"是弗斯特用来指称政治意义上"完整的人"时所使用的一个术语。在弗斯特看来,一个完整的伦理个体、一个健全的公民既是权利的接受者和享有者,也是权利的书写者和阐述者;反之,仅具有权利接受者或权利书写者单一身份的人是薄弱(thin)的人,也是不完整的人。

总体上讲,共时上的分歧和论争主要表现在三方面:在同一种文化的伦理作用认识上,如阿多诺和本雅明就大众文化的抑制性和解放性进行了论争;就良善生活的建构方式来看,哈贝马斯和韦尔默对后现代文化和艺术在其中所担负的责任存在着分歧;关于良善生活的内在构成,霍耐特强调爱、法律和成就等原则,而门克倡导平等、自由和悯爱等原则,当然,他们都立足公正对待自主个体。

　　客观上讲,每一代的理论家对他们共同关注的文化的伦理功能都有着不同认知,而就分歧的程度及其影响力来讲,阿多诺与本雅明就大众文化上的论争是最有代表性的。概括地讲,第一代对大众文化的伦理功能有着不同看法,第二代对后现代文化的伦理作用存有分歧,第三代的霍耐特和门克的文化理论不太具有交叉性,第四代目前只有弗斯特的异质文化辩护理论较为突出,他与同时期的其他研究者之间不能形成论争。相较而言,无论是从分歧的程度还是从已有的影响力来看,第一代在大众文化上的论争要超过第二代在后现代文化上的论争。前者涉及霍克海默、阿多诺、洛文塔尔、本雅明和马尔库塞等人,他们各抒己见,营造出一种众声喧哗的氛围。后者则主要是韦尔默与哈贝马斯之间的论争,同时吸引了霍耐特等人的眼光;霍克海默等人就大众文化的伦理作用进行了多维度、多层面的分析和辩驳,韦尔默与哈贝马斯就后现代文化的真理有效性进行过论争。客观地讲,第一代在大众文化伦理性上的分歧和论争一直为人津津乐道,且研究者能不断推出新意。人们之所以对第一代的大众文化伦理理论如此着迷,与这种理论所具有的复杂性有一定的关系:在大众文化的称谓上,第一代的理论家有着"popular culture、mass culture、culture industry"和"subculture"等不同的表述形式,在某种程度上,不同的称谓蕴含着不同的伦理功能;在大众文化的伦理功能上,阿多诺等人大体上有抑制性和解放性这种相异的认识,而在这种相异认识之下,这些理论家关于抑制性或解放性的形式和效果等又有着不同的理解。可以说,最著名的"阿本之争"是第一代在大众文化伦理作用上分歧性认识的一个典范,[①]同时也是法兰克福学派对同一种文化共时性的差异理解的个案。"阿本之争",即阿多诺与本雅明就大众文化(以电影为主)的抑制性和解放性所进行的论争,论争的焦点之一是《机械复制时代的艺术作品》(1936)这篇文章。在阿多诺看来,电影

---

①　实质上,阿多诺先后写了三封信(1935年8月2日,于德国赫恩伯格;1936年3月18日,于英国伦敦;1938年11月10日,于美国纽约),而本雅明仅回复了一封(1938年12月9日,于法国巴黎),而且本雅明更多地在回避这种商榷,并通过此策略坚持着自己的观点。See Theodor Adorno, Walter Benjamin, etc. *Aesthetics and Politics*, London and New York: Verso, 2010.

是一种依赖艺术（dependent art），而非自主艺术，这种依赖艺术依靠媒介技术取悦观众，它们在满足他们的感官享受的同时，抑制了他们的想象和思考，从而致使他们丧失了人的本质力量，成为道德感麻木、判断力低下的原子化个体。而在本雅明看来，虽然电影不具有传统艺术的本真性——此地此刻性和不可复制性，但是它以其先进摄影技术带给观众巨大感官震惊，尤其是它为民众创造了工作机会和成名的契机，使他们有机会成为表演艺术家和艺术评论家，转变为有身份的人。相较而言，阿多诺主要基于对个体的精神、人格和道德等的关怀来评判他视域中的艺术和文化，由此，他揭示了大众文化对个体的愚弄和控制；本雅明则主要立足民众的自由契机来评价电影的价值，他从这种新文化中看到社会进步的一些力量和潜能。两人论争的结果是，在指出阿多诺以音乐体验来评价电影的审美效果和伦理作用的同时，本雅明认为阿多诺的批判立场有助于他辩证地看待电影的现实作用。整体地看，这种抑制和解放的对立立场代表着第一代对大众文化伦理功能的不同理解，也影响今天的理论家对这种文化及其变体的认识。至于如何评价阿多诺和本雅明这两个人的立场，当代理论家各执一词，而就法兰克福学派内部而言，哈贝马斯将阿多诺的立场讽喻为"冬眠策略"，而夸赞本雅明的立场具有开放性和创造性。①

　　在良善生活的建构方式上，同一时期的理论家在认同多学科参与的基础上，对具体学科的重要性有着不一致的认识，如哈贝马斯和韦尔默就后现代文化和艺术所担负的责任存在着分歧。关于良善生活的建构方式，第一代没有明显的分歧，他们基本上都从艺术、伦理和哲学等维度上谈论着这种完善的伦理生活确立的可能性，他们认为这些话语形式在良善生活建构中具有同等重要的作用。第三代的霍耐特和门克都注重从政治、哲学和伦理道德等方向，为这种共同生活探寻着资源和契机；而在第二代中，哈贝马斯与韦尔默之间则出现了比较明显的分歧，这种分歧主要体现在他们对后现代文化和艺术的作用认识上。在某种程度上，他们论争的焦点集中在艺术的价值上。

　　具体而言，在建构良善生活的目的上，哈贝马斯和韦尔默都强调它既要能解答异质文化群体的具体诉求问题，也要能有效地解决人类生存环境上的事情。为此，他们大体上都赋予了人类的这种共同生活这些共性：自由、民主、包容、对话、协商和团结等，同时他们强调不同学科共同参与到良

---

① 参见［德］哈贝马斯：《启发性的批判还是拯救性的批判》，载刘小枫选编：《德语美学文选·下卷》，华东师范大学出版社2006年版，第378页。

善生活的建构中,为个体和人类营造一个互爱、团结和安全的共同家园。但是在后现代文化和艺术在良善生活建构中具体的作用方面,哈贝马斯基本上持怀疑态度,而韦尔默则给予它们充分的信任。

对于后现代文化,哈贝马斯基本上持一种否定性的认识。在他看来,后现代哲学、后现代艺术及后现代文化等具有虚妄和偏执等缺陷,因此这些带有"后"色彩的话语形式无益于人类幸福生活的合理规划和长远设计。至于艺术,哈贝马斯认为,艺术是基于审美趣味和个人好恶来认识时代症候和探究人类的解放途径,艺术富有本真经验但缺乏规范性,所以艺术无法为良善生活提供可信赖的资源,相反,哲学具有"第一性"和规范性,能从形而上学立场思考和规划良善生活。①

有别于哈贝马斯的这些偏见,韦尔默则认为,后现代文化和艺术蕴含着交往理性的因素,能促进主体间的交往和对话,其中,后现代文化富有民主和自由等伦理因质,艺术则培养着个体协商和合作的意识和精神,后现代文化和艺术在塑造个体品格和营造良好的环境等方面扮演着不可或缺的角色。正是基于这样的认识,韦尔默在委婉地批评哈贝马斯的某些偏见的同时,也睿智地指出,后现代文化和艺术与哈贝马斯所倡导的交往理性并不矛盾,相反它们为交往理性提供了丰富的资源,它们与哲学、政治和道德等话语在良善生活建构中各司其职、协同合作,共同为个体和人类创造着自由和解放的契机。

需要提及的是,哈贝马斯对于艺术的这些偏见影响到霍耐特乃至弗斯特等人,致使他们在良善生活建构中搁置了艺术,实质上,无论是从继承批判理论的遗产上讲,还是从培养个体美德方面看,艺术都应该在场,不可缺席。幸运的是,经过韦尔默对后现代文化和艺术的辩护,哈贝马斯纠正了自己的一些认识,他承认后现代文化和艺术所呈现的真理性内容具有为科学等领域共享的普遍性。韦尔默与哈贝马斯的论争对当代法兰克福学派如何更合理地看待后现代文化和艺术的价值,有着不可忽视的作用。

关于良善生活的内在构成,霍耐特强调的是爱、法律和成就等原则,而门克倡导的是平等、自由和悯爱等原则。在某种程度上,今天的理论家都把多元正义良善生活视作一种规范的、完善的伦理环境,所不同的是,他们对良善生活的正义多元性有着不一致的理解和认识,为此,他们之间时常就多元正义的本质进行商榷和论争。就法兰克福学派内部而言,立足第二

---

① 参见李进书:《审美现代性与文化现代性:法兰克福学派思想的二重奏》,人民出版社2014年版,第142页。

代�明确建构公正的良善生活的立场上,霍耐特和门克将这种建构推进到多元正义的新阶段,不过,在何谓多元正义这个问题上,霍耐特和门克有着不同的认知。比如,霍耐特基于自主个体的自信、自尊和自重等情感,把爱、法律和成就等承认原则视为良善生活正义多元的体现。这里的自主个体既包含一般意义上的自主个体,爱、法律和成就等方面的承认能够保证他们人格的完整性,使他们健全地成长;也涉及诸多亚文化群体,他们因具有一定的特殊身份,所以对社会的公正程度比较敏感,同时因为这些亚文化群体和异质文化群体的存在,促使正义原则在照顾这些特殊群体的过程中始终保持着多元形态。

需要提及的是,通过与弗雷泽论争亚文化的承认问题,霍耐特用"成就"原则替换了"团结"原则,进而将其承认理论框架修改为爱、法律和成就这三个基本承认原则,并将亚文化承认糅进这三种承认原则中。有别于霍耐特基于自主个体的完整性来构建多元正义良善生活,门克则立足个体的差异性和人类自身的复杂化,积极地建构一种平等、自由和悯爱的良善生活。在门克看来,良善生活首先是一个平等尊重每个自主个体的文化氛围,他的这种观点借鉴了阿多诺对"错误生活"的反思。[①]在良善生活中,每个个体都能得到公正地对待,都能平等地享受各自的权利,他们也需要设身处地地体会他人的苦痛,这样就能确立起一种富有爱、友谊及带有共同体特征的生活环境。霍耐特和门克各自建构的多元正义良善生活不存在真与假、好与坏之分,他们都是基于各自理论需求尝试性地对良善生活进行规范论证,同时又将一些文化伦理事件纳入这种生活环境中来分析,这使得他们各自的理论产生了广泛的影响,也有利于人们谋求自我的自由和探究人类的团结。[②]

第四节　文化伦理谱系与人类幸福的契机

整体地看,法兰克福学派文化伦理思想的历时性和共时性构成了一个文化伦理谱系,这个谱系既涉及不同文化相应的伦理作用,也指涉同一种

---

① See Christoph Menke,*Reflections of Equality*,trans.Howard Rouse and Andrei Denejkine,Stanford,California:Stanford University Press,2006,pp.55-56.

② 虽然门克与霍耐特在正义和平等原则的重要性上有一定共识,但是在平等权的规范内容上,霍耐特并不认同门克所倡导的个体之间也要相互体会彼此的苦痛,因为这会造成对他人尊严的伤害。See Christoph Menke,*Reflections of Equality*,trans.Howard Rouse and Andrei Denejkine,Stanford,California:Stanford University Press,2006,pp.203-204.

文化的几种伦理功能。这种文化伦理谱系存在于当下,也可能延续到未来,这就需要我们区别地看待这些文化的伦理作用,在降低大众文化等的消极影响的同时,充分发挥后现代文化等的建构功能。这有助于我们建构一个平等、包容和团结的多元正义良善生活,有益于为个体和人类创造更多自由和团结的契机。这种良善生活的建构和人类幸福的实现需要不同学科共同参与,而且要协同合作。

这种文化伦理谱系说明多种文化同时在场且发挥着各自的伦理作用,意味着当代社会中的人处于一种文化力场中,他们的伦理道德与这种力场具有一种互动关系。今天,虽然文化、文明和大众文化不在哈贝马斯、霍耐特和弗斯特等人的重点关注之列,但是这并不代表文化的拜物性、文明的野蛮性和大众文化的愚人性业已消失,也不证明文化、文明和大众文化丧失了制造错误生活的能力。因此,依照法兰克福学派的文化伦理谱系,我们清楚地认识到:从第一代到第四代所谈论的各种文化都同时在场,某些文化不会因某些理论家的冷落而自我逃匿,相反,它们依旧遵照着自我法则运行和实践,或者扮演着良善生活建构的力量,或者充当着阻碍良善生活的角色。为此,伊格尔顿提醒道,很多充斥着暴力的影视作品暗地里认可了民众的邪恶和偏执的行为,这些邪恶和偏执行为在正常生活中不太受人关注,但是它们能在一个错误生活中造成极大破坏力。①

各种文化同时在场既意味着它们各自实施其伦理作用,也意味着我们处于文化的一种力场中,我们在受益于某些文化给予的自由和团结等契机的同时,也承受着其他文化实施的抑制和带来的隔阂等影响。如此说来,当代社会中的人既遭受着大众文化的愚弄和文明的抑制,也使用着文化的交往和团结功能,还有可能受惠于后现代文化中的民主观念。另外,他们有可能制造了文化蔑视,造成了亚文化群体的抗议和异质文化群体的反抗;他们也有可能是文化蔑视的受害者,努力地为获得公正承认和拥有辩护权进行着诉求和斗争。因此可以说,当代人的伦理道德与这种文化力场存在着一种互动关系,一方面,这种力场既从细微处影响着当代人的意识和行为,或者使他们呈现出建构力量和创造力,或者使他们表现出消极性和破坏力量;也从宏大方面影响着他们的行为和生存境况,例如异质文化群体可以通过文化形式进行集体抗议,在增进其群体内部合作和团结的同时,以一种集体方式去争取社会尊重和应有的权利。另一方面,个体可以

---

①　参见[英]特里·伊格尔顿:《论邪恶:恐怖行为忧思录》,林雅华译,湖南人民出版社2014年版,第132—133页。

通过自我方式来影响这种文化的力场,减少某些文化的消极影响,同时充分发挥某些文化的建构作用;也能够借助集体力量赋予这种文化力场以更多善的因素,使它成为个体美德确立的土壤,成为多元正义良善生活的动力。

简言之,通过法兰克福学派所构造的文化伦理谱系,我们知道了多种文化所构成的力场与个体行为之间具有一种互动关系,而立足法兰克福学派对自主个体的强调,我们认识到个体对于自我伦理行为、文化力场的性质及良善生活建构都拥有着一定主动性。这也是我们从文化伦理谱系的视角谈论人类幸福契机的主要原因所在。

在更广泛的意义上,这种文化伦理谱系意味着多种文化同时作用于伦理生活建设,而以公正的法律作为保证,个体和文化群体就可以最大限度地发挥这些文化的建构功能,从而使伦理生活具有更多积极的特征。客观地讲,每个时代都有一个特殊的文化伦理谱系,虽然它们的构成因素并不一致,即不同谱系包含的文化类型并不相同,但是最让人在意的是这些谱系的性质,因为这种性质对具体时代的伦理生活产生着不可估量的影响和作用,也对个体自由和人类幸福产生积极影响或消极影响。那么如何使当代文化伦理谱系最大可能地呈现出建构性和创造性呢?从我们对法兰克福学派文化伦理理论的整体研究来看,能否确立一种健全的社会制度是关键所在,因为这种制度既能以法律形式保证个体实施自己的自主权,使他们用文化进行交往和对话,鼓励他们从后现代文化中汲取自由和民主的资源;又能够给予亚文化群体以承认和尊重,还能够赋予异质文化群体以公正对待,从而使这些文化群体展现其才智,为社会发展贡献其智慧和力量。

正因为法律具有如此重要地位,为此,当代的法兰克福学派把良善生活建构主要视作一种政治伦理事件,他们在不同程度上强调了公正法律在保护个体自主权和人类整体进步上的重要性。而以健全的社会制度为基础,个体就可以立足自身来区别对待各种文化,这样就有效地降低权威以大众文化控制民众精神和意识的概率,当这些富有自主性的民众发现大众文化无益于他们的精神和道德的提升之后,他们就不会重蹈极权主义时代的民众的覆辙,避免成为大众文化的牺牲品。同时大众文化也不再是权威意志的最有效载体之一,它与阿多诺笔下的文化工业有了较大区别。为此,在评价阿多诺与本雅明的大众文化之争时,哈贝马斯给予了本雅明开放的大众文化观以较多肯定,而对阿多诺保守的大众文化观给予一定批评。①

---

① 参见[德]哈贝马斯:《启发性的批判还是拯救性的批判》,载刘小枫选编:《德语美学文选·下卷》,华东师范大学出版社2006年版,第377—378页。

另外,亚文化群体和异质文化群体就可以用合法方式争取其平等权和呈现其特殊诉求,这样他们就能避免为某些政治家利用,不再成为文化冲突和社会矛盾的"催化剂"。而当这些文化群体实现其承认和辩护的诉求之后,他们就会更积极、更主动地参与良善生活建构,在与其他文化群体交往和相互学习过程中,共同维护整体文化的完整性。

由此看来,在确立公正法律的基础上,依据自主个体和具体文化群体的幸福合理地使用各种文化,就能最大限度地发挥它们的民主、交往和团结等功能,就能使得整个文化伦理谱系呈现出一种建构力量和向善的倾向。而这样的文化谱系反过来有助于个体拥有更多美德,有益于伦理生活走向更高阶段,使更多人从中受益。

长远地讲,法兰克福学派期望以建构良善生活来实现个体的自由和人类的幸福,人类的这种共同生活需要不同学科共同参与构建,艺术当然是其中一员。不过,理论家们就艺术在其中的地位存在着一定分歧。作为一种完善的伦理环境,"良善生活"这个概念在很大程度上是因文化伦理问题而被法兰克福学派几代人先后关注和分析。例如,在揭示大众文化弱化个体的感知力和道德感的基础上,阿多诺以一种忧郁口吻指出,在一种虚假的社会中,真正的良善生活是不可能存在的;针对异质文化群体的特殊需求及其相关的社会运动,弗斯特倡导建构一种宽容的多元正义良善生活。不过,虽然良善生活这个命题主要源于文化伦理问题,但是它的建构和实现却需要不同学科共同参与,而非仅仅由文化独自承担。这既因为良善生活涉及着个体人格的完整性,也因为它关系着不同文化群体的多种特殊诉求,还在于它指涉着人类生活的方方面面,因此这就需要不同学科从不同方面为良善生活提供资源,为其创造实现的机会。而且需要注意的是,在很大程度上,虽然法兰克福学派是因文化伦理问题而谈论良善生活的,但是恰如我们此前所言,某个时期的文化伦理谱系的性质在很大程度上受制于具体的社会制度,而社会制度的形成则是多种因素共同作用的结果。

在良善生活的建构上,法兰克福学派的理论家们都强调不同学科共同参与,如科学、法律或伦理及艺术等,它们各司其职,但又相互合作。不过,就这些学科在良善生活建构中的重要性而言,这些理论家认识不一,其中,最主要的分歧在于对艺术重要性的认识上。相较而言,哈贝马斯、霍耐特和弗斯特把良善生活建构主要视作一个政治伦理事件,他们赋予了政治哲学、伦理学、法律及文化等不同程度的责任和使命,而对艺术采取了一种质疑或搁置的态度;而韦尔默和门克在与哈贝马斯等人呈现诸多相似点的同时,却坚信艺术在良善生活的建构和发展中扮演着一个不可或缺的角色。

对于这种分歧,单从法兰克福学派自身风格的确立和遗产传承而言,艺术研究和美学理论是不能缺席的,因为它们是批判理论的基石和精髓的体现,从这一方面上讲,韦尔默和门克的艺术理论相应地弥补了第二代和第三代在传承批判理论遗产上的缺陷;而从良善生活建构上讲,艺术在培养个体美德和营造社会良好风尚上是不可替代的,因此哈贝马斯和霍耐特只注重从政治意识和伦理观念上谈论个体自由和人类进步是具有一定的片面性的。

　　通过以历时和共时相结合的方式分析法兰克福学派的文化伦理思想,我们既看到了文化与人类幸福和良善生活的复杂关系,看到了一幅富有张力的文化伦理谱系,这有助于我们更有效地激发这些文化在良善生活建构中的伦理作用;我们也认识到法兰克福学派自身在继承和突破中不断地发展着,这种发展是当代法兰克福学派对新的文化伦理事件思考的体现,也是他们进行自我理论更新的证明,例如霍耐特和弗斯特所倡导的多元正义良善生活与阿多诺的良善生活观念相比,这种"多元正义"的特征就是一个进步。而这种进步时常会带来新意,比如为了更好地解决自主个体的人格完整问题,霍耐特近期增加了对精神分析和文学的关注,而且着重提及了他对精神分析方式的使用是对阿多诺等人的研究路径的继承。而就良善生活的前景来讲,虽然哈贝马斯等人发现文化蕴含着无穷的建构潜能,但他们认为,这个时代可以通过自反机制修正和完善自身,不同学科都能够为良善生活提供丰富的伦理资源,但是他们也知道文化的一些消极作用不易消除,因此真正的良善生活的实现和人类幸福的达成必是一个漫长的艰苦过程。

第二章　文化伦理批判与错误生活形成

整体地看,第一代的文化伦理批判主要涉及文化的拜物性、文明的抑制性及文化工业的愚弄功能等方面的内容,虽然本章着重分析了本雅明、马尔库塞和阿多诺的相关理论,但第一代的理论家不同程度上都共有着这些观点。在本雅明看来,现代文化因推崇技术产品而摒弃了经验和传统,导致了无数个"无教养"的人;马尔库塞认为,现代文明对个体的双重压抑致使他们成为权威的奴仆;阿多诺批判文化工业以各种手段弱化个体的感知,从而将他们规训为物化的个体。这些不同的文化伦理批判既揭示了极权主义社会中个体的艰难处境,也揭露了错误生活形成的一些主要原因。而在改变错误生活和解放个体的方面,第一代指出了多种途径和方法,如审美教育、文明自我救赎和审美救赎等。第一代的文化伦理批判开启了法兰克福学派的文化伦理研究,其后的理论家不同程度上借鉴了第一代的理论,并进行了突破和创新,但是他们都把个体解放和人类自由视作共同追求的目标。①

第一节　本雅明:文化的拜物性与"无教养"的人

对于现代性,本雅明有一种矛盾心态,他既看到现代性为大众带来诸多自由的契机,也看到它造成一种集体道德堕落。在本雅明看来,这种集体道德堕落与现代文化的拜物倾向密不可分,这种拜物倾向诱导大众推崇新的技术产品,漠视对传统事物的继承,忽视对经验的传递,使得大众缺失了道德准则,出现了一种"无教养"的症候。当这种道德状况成为社会的普

---

① 在今天这个倡导文化交往和对话的时代里,毋庸置疑,第一代的文化批判思想给予人们以启示和思考,因为文化的拜物性、文明的抑制性和大众文化的愚民性仍然残存,尤其是,阿多诺等人的"错误生活""良善生活"的思想带给人们持久的思考动力。有的理论家借助阐释"错误生活"这种文化氛围,强调了生活环境的性质对个体道德具有直接影响,如门克;有的理论家通过辨析"良善生活"这个概念,发现了自主个体在这种伦理生活的主体地位,如哈贝马斯。由于阿多诺的文化批判和艺术研究交织在一起,因此门克和韦尔默在从文化角度谈论个体伦理和社会正义时,始终强调艺术和美学在其中担负着微观但不可缺席的角色。

遍现象时,它反过来会影响文化的内在构成,加剧文化的拜物趋势,致使社会出现大的危机,引发社会矛盾和大规模战争。这些负面作用导致了现代性的信任危机,使得很多人质疑现代性这种新的生活方式,怀疑文化拜物这种价值观。从病理学角度看,现代文化具有很多令人担忧的问题,如本雅明所揭示的野蛮性,马尔库塞所批判的抑制性,这些病症与文化的拜物性一起阻碍着个体的发展和进步,制造出一种全面控制的氛围和环境。因为早逝,本雅明没有经历残酷的二战,但是他从其所看到的问题中预言到战争爆发的可能,提醒人们应该注意自身的道德,否则就会遭受审判和惩罚。如何降低文化的拜物趋势,以及怎样减少"无教养"的人? 本雅明认为,应该从重视审美教育开始,这样能从个体内心培养起他们良好的道德意识,能从无希望处找到希望的契机。

一、文化的拜物性:现代性的嗜新症

在本雅明看来,现代性带来一种嗜新症,人人竞相使用新技术产品来显示其独特存在、来构建各自的生活空间,而对于旧事物和传统,他们则以毁坏的程度和摒弃的速度作为其人生成就的高低的标尺。结果,这造成了一种两极分化的趋势:嗜新和毁旧。对于本雅明而言,他所在意的并非现代文化的这些表层现象,而是由此导致的个体道德堕落和社会价值观的扭曲。道德堕落和价值观扭曲似乎只是转瞬即逝的事情,但是个体的救赎和群体的觉醒则需要百倍的补救措施,而且往往事倍功半。

现代技术革命给世界带来翻天覆地的变化,人们在使用应接不暇的产品的同时,无意之中形成了一种拜物的心理,使得他们在不同程度上成为新产品的奴仆。崇尚技术产品并非现代性的一种新生现象,以往它就已存在,只不过,过去它只是某些个体的个别行为,并不呈现为一种普遍现象。进入现代性之后,膜拜技术产品已成为一种普遍现象和一种文化观念。人们相互攀比使用新的产品来彰显各自的独特性,彼此较力用新材料来营造私人生活空间。例如许多人喜欢用玻璃装饰房子,这样的住所干净明亮,但是缺少人的痕迹,也使得居住者的情况暴露无遗。"玻璃这种物质不仅仅坚硬,光滑得任何事物都不能附着其上,而且冰凉、冷静,因为玻璃制品缺乏'氛围'。玻璃是秘密的死敌,也是占有的死敌。"[①]在某种程度上,正是在人们盲目和无节制的嗜新中,技术不断地革新,社会环境发生着日新月异的变化。很多人为之狂喜,但也有很多人感到迷茫和彷徨,因为这种全新

---

① ［德]本雅明:《经验与贫乏》,王炳钧、杨劲译,百花文艺出版社1999年版,第256页。

环境消解了他们曾有的经验,使之有些手足无措。"幼时乘马拉街车上学的一代人,此时站在乡间辽阔的天空下;除了天空的云,其余一切都不是旧日的模样了;在云的下面,在毁灭性的洪流横冲直撞、毁灭性的爆炸彼伏此起的原野上,是渺小、脆弱的人的身影。"①人类在使用新产品和炫耀新生活的过程中,无形之中形成了对物的依赖和对技术的膜拜。这使得物转而成为人的主人,技术反过来变成人的主宰者。从这个角度看,技术非但没有提升人的能力、激发他们的潜能,反倒弱化了他们的能力和创造力,暗地里实施着一种反启蒙。"从神话到物流的过程中,思想已经丧失了这种反思自身的要素,并且机器使今天的人变得脆弱无力,即使它也养活着他们。然而正是借助机器方式,异化的理性走向了一种调和思想的社会,这种社会将物质和智力以及一种解放了的现实因素都凝固化为一种机械,同时异化的理性将它与社会自身相联系而作为社会真正的主体。"②而当对物的依赖和对技术的膜拜成为一种不证自明的事实时,它们就会变异为社会控制的有效工具,个体的自由将会受到更大抑制,这是马尔库塞批判技术理性的缘由之一。有别于阿多诺对拜物的反启蒙特性的批判,也不同于马尔库塞对其抑制性的揭露,本雅明关注的则是文化的拜物性对个体的心理、精神和道德的潜在影响。在本雅明看来,文化的拜物性的一个主要消极后果便是消解了经验的合法性,这致使人类漫长历史中所积累的丰厚的、有温度的经验骤然间失效,使得无数曾担负着个体美德培养的传统瞬息间消散,由此导致了无数以自我为中心的现代人出现,他们自以为是且傲慢固执。

对于本雅明而言,经验是人类精神财富的一部分,其中蕴含着诸多善的观念和美的理念,经验曾在个体成长和人们团结方面扮演着至关重要的角色。但是文化的拜物倾向的兴起使得人们更在意自身对物的使用,更在乎自我对新产品的切身体会,而忽视对旧物的利用,漠视对经验和传统的继承。"不,他们试图从经验中解放出来,他们渴望一种能够纯洁明确表现他们的外在以及内在的贫乏环境,以便从中产生出真正的事物。他们也并非总是无知或无经验。倒是常常可以说:恰恰相反:他们'吞噬'了这一切——'文化''人',他们吃得过饱,疲倦了。"③由于经验曾在个体美德和社会伦理方面担负着不可或缺的角色,因此经验的贬值相应地引发了个体的道德堕落和社会的伦理危机。在本雅明看来,传统社会里,人们能够通过

①　陈永国、马海良编:《本雅明文选》,中国社会科学出版社1999年版,第292页。

②　Max Horkheimer & Theodor W. Adorno, *Dialectic of Enlightenment:Philosophical Fragments*, trans. Edmund Jephcott,Stanford, California:Stanford University Press,2002,p.29.

③　[德]本雅明:《经验与贫乏》,王炳钧、杨劲译,百花文艺出版社1999年版,第257页。

交流经验和传递经验,潜移默化地懂得了如何尊重他人、怎样与他人交往,以及如何处理人与自然的关系等。这些经验是人类长期劳作和共同生活的沉淀物,它们富有本真性、带有温度,因此经验的交流和传递并非为个体套上一副枷锁,也非对个体进行强制性的伦理说教,而是以一种润物细无声的方式使个体确立美德和拥有人生的智慧。随着文化的拜物特性的形成与经验的持续贬值,人们既欣喜又迷茫,欣喜在于,他们可以自主地选择新产品,可以自由地依照自己的标准做事;迷茫在于,面对一个全新的世界,他们有些不知所措。最终在经历一段时间迷茫之后,更多人走向以我为主建构自我生活的道路,他们的主动性和积极性得到极大施展,不过,他们的自私、孤独和傲慢也暴露无遗。本雅明将这些品行称为"无教养"。他认为,这些无教养行为的出现与经验的贬值和传统的失效休戚相关。失去经验呵护和指导的人们,可以率性而为,乃至肆意妄为,他们一些主体性的凸显是立足牺牲他人利益的基础之上,他们很多个人的成就是践踏集体幸福的结果。"物化不仅使得人与人之间的关系变得模糊了,而且还给真正的关系的主体本身蒙上了一层迷雾。在经济生活的当权者和被剥削者之间插入了法律和管理这一官僚机器,它的成员不再是负有完全责任的道德主体,他们的'责任意识'完全是这一扭曲的无意识表达。"[1]"无教养"的人看似是自由的、幸福的,实质上,他们时常有孤独和无助的感受,但是他们又不愿意走出自己的牢笼,与他人交往和合作,于是他们继续奔走在以自我为中心的歧途上。他们追逐着新产品,炫耀着新生活,加剧了文化的拜物程度,加速了经验的贬值和传统的消解。

现代性节奏快、冲击力强,这导致经验和传统的消解好像仅是瞬息之间的事情,令人惊诧不已,但是它所造成的道德危机需要人类花费巨大精力来化解。对于本雅明而言,社会的拜物趋势不可阻挡,人们的"嗜新症"已根深蒂固,经验的贬值已是不争事实,而且由此导致的道德问题也有目共睹。不单个体本身的道德水平在下降,而且人际关系也变得冷漠和僵硬,此时,人们习惯于以金钱逻辑和切身利益衡量相互关系,彼此计较、尔虞我诈。"所有密切的关系都被一种几乎是不可忍受的、强烈的明晰性所揭穿,这些关系在这种明晰性中几乎难以生存。因为,一方面,金钱毁灭性地处于每一生命利益的核心;但是,另一方面,就在这个障碍物面前,几乎所有的关系都停止了;所以,在自然领域如同在道德领域一样,越来越多的缺

---

① [德]本雅明:《经验与贫乏》,王炳钧、杨劲译,百花文艺出版社1999年版,第326页。

乏思考的信任、镇静和健康正在消失。"①

而从使用商品的角度看,个体看似拥有选择商品的自由权,似乎已成为社会的主人,实质上,他们只是商品的消费者而已,他们获得的只是虚假的自由,并没有得到真正的自由。因为在一个控制日趋严格的社会中,所有工作的目的仅是加强控制,实现更广泛的异化。"假如各式各样的商品和服务是为了维护对某种辛劳和恐惧的生活的社会控制的话,即倘若它们维持着异化的话,那么在这些商品和服务中所进行的自由选择就不意味着自由。个体对重叠需求的自发再生产并不能建立自主性;它只是证明了控制的有效性。"②对于本雅明而言,他痛心于文化的拜物趋向所造成的经验贬值,也惋惜社会整体伦理的下降,不过,他更担心人类将要面对怎样的惩罚,因为他知道,总有一天,人们需要利滚利地偿还。从某种程度上讲,本雅明是一个预言家,他曾基于经验的贬值和个体道德的堕落,预言经济危机的来临和战争的爆发。③结果,现实应验了本雅明的预言和担忧,其后爆发了二战。这场战争为人类带来巨大损失和难以估量的破坏,无数善良者成为战争的牺牲品,而且出现了令人发指的种族大屠杀,人类的道德陷入黑暗深渊中。当然,本雅明更在意人类如何自我救赎,以便少些错误、少些惩罚、少些"无教养"的人。

二、"无教养"的人和现代性信任危机

在本雅明看来,文化的拜物性和经验贬值带来无数"无教养"的人,他们漠视经验和传统,喜爱自我创新和自我建构。虽然他们为现代性带来活力和动力,但是他们割断了现代性与传统之间的纽带,使整个现代性陷入一种无序和混乱之中。当人在未知的荒野上肆意妄为时,既有惊喜也有危险,人的主体性得到过度展现,却招致了惩罚,而现代性在摆脱传统的监护后,虽然取得了巨大成就,但是产生了很多自身难以掌控的问题和破坏因素。当个体道德和伦理生活出现不同程度的病症时,现代性出现了信任危机,人们在质疑和反思这种生活方式。

在某种程度上,"无教养"是本雅明对受拜物倾向影响的人的统称,他们痴迷于新的技术产品,喜爱"以少而为,以少而建构",无形之中他们显现出一种傲慢和无知的品行。毋庸置疑,本雅明尊崇有教养的人,他们富有

① 陈永国、马海良编:《本雅明文选》,中国社会科学出版社1999年版,第355页。
② Herbert Marcuse,*One-Dimensional Man:Studies in the Ideology of Advanced Industrial Society*, London and New York:Routledge & Kegan Paul,1964,p.10.
③ 参见[德]本雅明:《经验与贫乏》,王炳钧、杨劲译,百花文艺出版社1999年版,第258页。

知识、懂得传统、具有善良的品格等。这些美德既来自人们从小接受的良好教育，也来自人们所传承的传统和所吸收的经验。对于童年教育，本雅明认为它会潜在地影响人的价值取向和行为表现；关于传统和经验，他指出，它们是人类披荆斩棘所得的收获，其中包含着丰富的人生智慧、细润的人生修养。更关键的是，这些智慧和修养主要是以寓言和故事的形式存在和传承，这种形式可使人在聆听和传承寓言和故事的过程中便将其中的智慧和道德因素化为自己的精神财富，影响自己的现实行为。"这样看，讲故事的人就加入了教师和智者的行列。他给人以忠告——不像谚语，只适合于个别场合；而像智者，普遍适用。……讲故事的人在讲故事的人的身上，好人看到了他自己。"①

然而，受文化的拜物倾向的影响，许多"无教养"的人出现了，他们鄙视传统和经验，喜欢创新和白手起家。在本雅明看来，笛卡尔的"我思，故我在"观念是现代人"无教养"的一个理论来源，"他们是设计者，所需要的是干净的绘图桌。笛卡尔就是这样的设计者，对他的哲学，他首先只需要一个信念：'我思，故我在'，这便是他的出发点"②。基于自我对世界的简单认知，这些人无所顾忌地生活着，他们厌烦规矩，喜爱干净地工作；他们排斥他人建议，喜欢我行我素；他们厌倦任何形式的理性思考，追求简单快乐的生活。"这些人丝毫没有意图要把他们的活动建立在任何理论基础上。他们不仅对所谓的重大问题充耳不闻，如政治或世界观问题；同样他们对艺术问题的任何根本性的反思避而远之。"③当社会中充斥着以自我为中心的人的时候，虽然社会涌现着活力，但是这种活力中暗藏着自私和偏见，这是阿多诺批判社会退步的缘由之一；当"无教养"的人成为社会的主要组成部分时，他们就会影响这个社会的内在结构，就会营造一种不良的伦理生活氛围，这一点是本雅明深深担忧的。后来所发生的经济危机和爆发的战争证实了本雅明的担心，从这个角度讲，本雅明具有预言家的潜质。

在反思"无教养"的人出现的缘由时，本雅明除了对文化的拜物特性和嗜新症进行批判之外，也对"自我持存"（self-preservation）这个观念表示了极大怀疑。"自我持存"观念是现代性主体性原则的基础，斯宾诺莎如是说：

---

① 陈永国、马海良编：《本雅明文选》，中国社会科学出版社1999年版，第315页。

② ［德］本雅明：《经验与贫乏》，王炳钧、杨劲译，百花文艺出版社1999年版，第254页。

③ Walter Benjamin, *Selected Writings*, Volume 2, Part 1, 1927—1930, trans. Rodney Livingstone and Others, Cambridge, Massachusetts, and London, England: The Belknap Press of Harvard University Press, 1999, p.401.

"保存自我的努力乃是德性的首先的唯一的基础。"①这种观念主张个体立足自我判断和自身认知实施其现实行为和确立其道德标准,由此,相应地减少了对既有经验的依赖,因为这样会束缚个体的发展,阻碍人类的整体进步。不可否认,"自我持存"观念在主体性确立方面扮演着不可忽视的角色,在挖掘现代性的潜能方面发挥着重要作用。但是主体性的过度彰显带来了诸多消极影响,如对自然的破坏等。本雅明从文化的拜物性和嗜新症中发现"自我持存"观念的身影,察觉到这种观念在技术膜拜和个体道德堕落方面发挥着消极作用。从某方面讲,本雅明并不否定"自我持存"这种观念,因为他也看到这种观念在凸显现代人的主体性和激发现代性的潜能上的重要作用,不过,他要质疑的是"自我持存"的绝对化造成的个体内在贫乏以及导致的道德危机。由于现代性在行进过程中,涌动着一股一切都走向现代的力量,②这股力量促使着人们在极致书写现代性蓝图的同时,也无所顾忌地摒弃着传统,不加节制地放逐着曾有的审美教育。这不可避免地强化了"自我持存"观念,也增强了人的主体性,这在导致人膨胀和傲慢的同时,实质上,也使他们陷于自我持存观念的控制中,他们迷失于启蒙的神话中。"既然自我持存最终自动化了,那么理性就会被那些生产控制者所摒弃,而这些人接管了理性的继承权,并担心失去理性的继承权。……随着资产阶级商品经济的蔓延,神话的黑暗区域被计算理性的太阳照亮,在其冰冷的光芒下,新野蛮的种子正在发芽。在权力的驱使下,人类的劳动总是远离神话,而在权力压制下,却总是落入神话的魔咒中。"③在某种程度上,对"自我持存"观念的质疑意味着本雅明和阿多诺对现代性本身产生了怀疑,预示着他们对现代性的信任程度在降低。他们所担心的并非现代性宏大叙事能否顺利进行,所牵挂的也非现代性潜能是否充分发挥,而是现代性的某些观念过度使用所导致的道德危机和伦理问题,以及由此造成的无法补救的伤害和难以救赎的罪恶。

　　当一个事物陷入信任危机时,在某种程度上,它会遭到人们的全面质疑,人们会怀疑它的进步性背后是否暗藏着野蛮性,会重新评价它的历史功绩和时代贡献。虽然本雅明没有像阿多诺那样更深切地感触极权社会的压制,但是他已经从文化的拜物性和人性的堕落等方面察觉到现代性的缺陷,已经从现实的很多不满中洞察到现代性的信任危机。

---

① ［荷兰］斯宾诺莎:《伦理学》,贺麟译,商务印书馆1983年版,第186页。

② See Fredric Jameson, *A Singular Modernity*,London and New York:Verso,2012,p.17.

③ Max Horkheimer & Theodor W.Adorno,*Dialectic of Enlightenment: Philosophical Fragments*, trans. Edmund Jephcott,Stanford, California:Stanford University Press,2002,pp.24-25.

　　为此,本雅明在呈现现代性带来的变化同时,也不断地揭示着某些野蛮性和破坏性。例如关于进步,本雅明揭示了这种观念带来的辉煌背后的牺牲和破坏,这种牺牲是以无数普通民众的生命作为代价,这种破坏是以大自然的安定和人们的财产作为垫脚石。"进步是不可抗拒的,是某种自动循着一条直线或螺旋线前进的东西。这些论断的每一条都是有争议的,都是可以质疑的。……人类的历史性进步与人类穿越匀质的、空洞的时间的进程是两个密不可分的概念。对于进步概念本身的任何批判都必须以对于这样一种进程的概念的批判为基础。"①再如对于现代性引以为豪的法律,本雅明揭示了其中所隐藏的暴力逻辑:"暴力在立法中的功能是双重的,就是说立法为目的,暴力为手段;将被确立为法律的东西即使在颁发之时也不会解散暴力,相反,就在立法时刻,所立之法也并非与暴力无涉的一种纯粹目的,而是在权力的名分下与暴力必然且紧密地联结在一起。立法即立权,是权力的肆意妄为,因此也是暴力的直接显现。"②

　　在某种程度上,现代性的信任危机是法兰克福学派第一代人的共识,他们从不同角度揭示了现代性退步的根源,努力从中找到现代性自我救赎的契机和可能性。比如霍克海默和阿多诺发现启蒙思想的概念本身就暗含着社会倒退的萌芽,因此他们强调:"倘若启蒙运动没有吸收对这一倒退时刻的反思,那么它就注定了自己的命运。通过将进步的破坏性一面的思考留给了它的敌人,盲目追求实用主义的思想正在丧失其扬弃的品行,并因此失去了它与真理的联系。"③而当对现代性的质疑达到某种极致状态时,人们就会由怀疑转向担忧乃至恐惧,就会遭受莫名的惊吓、感到难言的压制。为此,本雅明感慨道:如果从我的烟头冒出来的烟和从我的笔流出来的墨都是闲适的话,这说明我处于一种世外桃源中,"幸福就是无需恐怖而认识自己"④。那么对于文化的拜物症状及现代性的信任危机,人们应该如何实施拯救,从而在减少这类现象发生和类似问题出现的基础上,复活现代性的生机,恢复人们对现代性的信任呢?对此,本雅明认为审美教育应是最有效的方法之一,因为这种方法能够从根本上使人重视起传统和经验,使他们自主地成长为富有悯爱和团结意识的有教养的人。

---

① 陈永国、马海良编:《本雅明文选》,中国社会科学出版社1999年版,第411页。

② 陈永国、马海良编:《本雅明文选》,中国社会科学出版社1999年版,第339页。

③ Max Horkheimer & Theodor W.Adorno,*Dialectic of Enlightenment:Philosophical Fragments*, trans. Edmund Jephcott,Stanford,California:Stanford University Press,2002,p.xvi.

④ 陈永国、马海良编:《本雅明文选》,中国社会科学出版社1999年版,第370页。

三、审美教育与未来希望

如何拯救现代人的道德,本雅明指出了审美教育在其中的重要地位。他认为,审美教育能从根本上使人们逐步养成好的品格,使他们懂得传统经验的价值,知晓合理利用技术的重要性。不过,这种审美教育并非被动规劝的结果,而是人们主动读书和认真学习的收获,这种自主性的审美活动能够激发人们内在的力量,它在将个体塑造成智慧和善良的化身的同时,也有助于营造一种和睦共处的生活氛围。其中,本雅明特别重视儿童教育,因为这种从小耳濡目染的教育,在个体的成长路上扮演着至关重要的角色。

所谓审美教育,大体上讲就是通过鉴赏美的作品,促进个体成长和推动群体进步。可以说,法兰克福学派具有丰富、多样的审美教育思想,不同理论家有着各自具体的关注对象和特定的解决方法。例如本雅明主要解答的是个体道德下降的问题,他倡导个体主动读书和认真学习;阿多诺认为审美教育主要目的就是防止奥斯维辛似的事件死灰复燃,他提倡个体自主阅读和审美反思。而且与本雅明相似,阿多诺也重视儿童教育。在本雅明看来,对于人的"无教养",严厉批判和枯燥说教只是个体成长中的外在力量,它们并非改变人内心的决定性因素,而审美教育能以感性方式激发人内在的善意,也能用平和形式给予人智慧。对于这种审美教育,本雅明并没有为其附加严格的规定和至高无上的标准,他只是倡导要全身心投入读书,要正视学习过程。他曾细致地描绘出儿童读书时的奇妙氛围,这种氛围中蕴含着灵韵因素,"他能够在如同飘落雪花的图案和信息的旋转字母中读解出英雄历险故事。他的呼吸成为所叙述事件的氛围,所有参与者都要呼吸到它"[1]。这种全身心读书能使读者进入作品中,掌握其中的真理性内容,汲取作品所要传承的历史经验,这对经验的传承和个体的成长都有所裨益。正因为读书和学习在个体成长和人类自我救赎方面扮演着重要的角色,本雅明给予了学习很高的评价:"正义之门是学习。"[2]至于所读的书,应是富有内蕴、给予人善意和智慧的作品。在本雅明看来,审美教育和个体成长绝非一种强制性的活动,而应是一种自主性的行为和一个不断自我反思的过程,这样才能使得个体通过自主阅读来吸收作品中的经验和智慧,使自己的意识和道德都能得到一定提高。而且膜拜技术产品是个体

---

①　陈永国、马海良编:《本雅明文选》,中国社会科学出版社1999年版,第370页。
②　陈永国、马海良编:《本雅明文选》,中国社会科学出版社1999年版,第259页。

的一种选择,他人无法干涉,只有通过审美教育方式使他们自觉认识到文化的拜物性的弊端及其带来的后果,他们就会有意识地减少对技术产品的膜拜,增加对自身教养的要求。而富有内蕴的作品能在将人们吸引进作品的基础上,以一种温润方式传递着其中的智慧和道德,使他们对自身的行为与外在世界有了更多的认识。其中,本雅明提到小人书在孩童成长中的引导作用,"阅读,其实并非孩子们在展望书的世界,而是他们通往这个世界的向导。言语马上穿上盛装,一眨眼的瞬间,就卷入了决斗呀、爱情呀、互殴呀等等场景中去了"①。可以说,好的童书能使儿童内心树立一种健康的信念,也能使他们对社会有一个初步的认识,这为他们日后成长为一个富有美德的个体打下了基础。

　　而对于成年人来讲,他们则需要通过经常阅读含义深刻的作品提高自我认识,了解传统的重要性和懂得自我不断成长的必要性。在本雅明看来,含义深刻的作品能形成一种阅读召唤,将读者吸引其中,使他们实现一种全身心的阅读体验,使他们的想象力发挥到一种极致状态。阅读这样的作品之所以会产生这种审美效果,主要在于这类作品本身就具有丰富想象力,凝缩着丰厚的内容和深刻的道理。普鲁斯特的《追忆逝水年华》和卡夫卡的《城堡》等作品就是这方面的典范。在《追忆逝水年华》中,普鲁斯特用了八十页的篇幅细润地描写了他用茶水浸泡小饼干时的感受,这使得一些琐碎小事变得光亮和美妙起来,也使得平庸的世界富有内蕴和温度。"普鲁斯特笔下所发生的一切,以及它以深思熟虑并挑剔的方式的显现都属于这个世界。它(这个世界)从来不是孤立的、修辞性的或幻想性的;它小心翼翼地预示着,并得到可靠的支持,为此,它承载着一个脆弱而珍贵的现实:意象。它脱离了普鲁斯特句子的结构,就像巴尔贝克的那个夏日——古老的、远古的、木乃伊式的——从弗朗索瓦丝手中的蕾丝窗帘中出现一样。"②而对于卡夫卡的作品,本雅明则赞赏有加,既因为卡夫卡自己喜欢追求极致的感受,也在于他努力把别人推到一种极致的地步,这有助于他作品的鉴赏者提升审美判断力和增强洞察力。"卡夫卡具有为自身创造寓言的罕见才能。然而,任何解释都不能穷尽他的寓言;相反,他采取一切可以想到的措施抵制对他的作品的阐释。在他的作品中我们必须小心、慎重、警觉地探索。……也许卡夫卡在世时的每一天都面对不可解决的行为问题和

---

① [德]瓦尔特·本雅明:《本雅明论教育:儿童·青春·教育》,徐维东译,吉林出版集团有限责任公司2011年版,第51页。

② Walter Benjamin, *Illuminations: Essays and Reflections*, trans. Harry Zohn, New York: Schocken Books, 1968, p.205.

不可破译的交流,因此在死后希望他的同代人尝尝他们自己酿制的苦酒。"①更关键的是,卡夫卡作品的寓意不仅能提高读者的审美能力,也能增进他们的智慧,还能促进他们对传统经验和自身道德的重视。关于智慧和道德,它们一直是本雅明重点强调和悉心探究的因素,因为受人尊敬者应是"智慧和善良的化身"。卡夫卡作品中蕴含着很多有关智慧的因素,也传递着尊重传统和重视美德的信念。"卡夫卡在内心里触及根基,那既不是'神秘的占卜'也不是'存在神学'提供给他的。那是民间传统的核心,德国和犹太民间传统的核心。即便卡夫卡没有祈祷——而对这一点我们并不知道——他仍然具有最高度的马勒勃朗士所说的'灵魂的自然祷告':注意力的集中。在这种集中的注意力中他包括了全部活的造物,如同圣人将其包括在他们的祷文中一样。"②这种培养美德的方式要比单调的道德说教更容易被人们接受,能更有效地影响他们的现实行为。

在一定程度上,本雅明相信审美教育能弥补经验贫乏所导致的道德缺陷,不过,战争的阴云冲击着本雅明的信念。关于当时的紧张局势,阿多诺在1939年2月1日写给本雅明的信中表示了自己的担心:"毫无疑问,一场新的危机正在逼近欧洲,我现在不再像去年秋天那样笃定战争不会爆发了。但我依旧认为,德国人这次仍然极有可能得到他们想要得到的一切,尽管他们也许还根本不清楚自己究竟想要什么。……总之,和平的前景并不比战争更令人心安,而且就连对这一前景我都不如去年秋天时那样笃定了。"③对于阿多诺所说的战争危机,本雅明在回信中并没有过多提及。不过,本雅明在1940年8月2日写给阿多诺的信中流露着一些惊恐之意,他说他的命运并不好于他的书稿:"最近几个月,我目睹了很多人从稳定的中产阶级生活,不止是沉沦,而是一夜之间坠落;所以任何形式的保障,不仅能在艰难的环境下为我提供外在支持,还更能为我提供内在的支撑。"④不幸的是,越来越严酷的现实逼迫着本雅明走向绝境,1940年9月25日,本雅明写道:"在走投无路的情况下,我别无选择,只能结束一切。这里是比

①　陈永国、马海良编:《本雅明文选》,中国社会科学出版社1999年版,第245页。

②　陈永国、马海良编:《本雅明文选》,中国社会科学出版社1999年版,第254页。

③　[德]西奥多·阿多诺、[德]瓦尔特·本雅明:《友谊的辩证法:阿多诺、本雅明通信集:1928—1940》,刘楠楠译,广西师范大学出版社2022年版,第367—368页。

④　[德]西奥多·阿多诺、[德]瓦尔特·本雅明:《友谊的辩证法:阿多诺、本雅明通信集:1928—1940》,刘楠楠译,广西师范大学出版社2022年版,第413页。

利牛斯山的一个小村庄,没有人认识我,我的生命将在这里走向尽头。"①在我们看来,本雅明一定相信审美教育能救赎个体的道德,他也坚信人类的历史肯定会不断进步,"站在历史的高度而理解的东西是富有营养的果实,时间则是包藏在果实中的宝贵但淡然无味的种子"②。这也是他一直倡导从不同角度、以不同形式救赎个体的缘由所在,而且他相信个体能自我反思、能不断进步。这种人文关怀和幸福观照指向所有个体和整体人类,即使现代人出现了很多道德问题,本雅明也认为每个人都具有弥赛亚的责任和能力,他们在自我不断成长的同时,也能给予他人关心和帮助。

当然,本雅明个人的曲折遭遇会对其生活信念和审美理念有所影响,但不会动摇其基本的信念和人生的终极追求。这也是我们今天由衷敬佩本雅明的缘由之一,他看淡自己的遭际和处境,而把更多精力用于为个体和人类探寻自由和解放的契机上,虽然在那个极端时代,这种希望比较渺茫,但是本雅明认为,正因为没有希望,所以要给予人类以希望。这使得本雅明的救赎思想富有一种温暖和亲切感,给人力量和鼓励。

本雅明关于现代人的道德有诸多担忧,他采用了多种途径反思了这种道德危机,而批判文化的拜物性是他探究现代性的整体道德问题的重要路径之一。从文化的拜物性中,本雅明看到新的技术产品对个体的诱惑力和控制力,它使人们在竞相炫耀占用新产品的同时,也加剧了他们对经验和传统的摒弃。由于这些经验和传统中蕴含着丰富的伦理资源,也包含着很多智慧因质,因此当现代人武断地抛弃这些经验和传统时,他们必然会在很长一段时间内出现道德危机和伦理空白,从而既导致了诸多"无教养"的人出现,也引发了经济危机和大规模的战争。人类会在遭遇挫折和经历反思后,完善自己的道德,认识到传统的重要性,懂得审美教育的必要性。这种由惨痛代价所换来的进步需要人们珍惜,以免重蹈覆辙,再次造成无数人牺牲和社会整体退步。

第二节　马尔库塞:文明抑制与单向度的人

在众多对文明的批判中,马尔库塞揭示了发达工业文明对个体爱欲的抑制,使我们对文明的消极作用多了一些认识,也对极权主义时代个体的

---

① [德]西奥多·阿多诺、[德]瓦尔特·本雅明:《友谊的辩证法:阿多诺、本雅明通信集:1928—1940》,刘楠楠译,广西师范大学出版社2022年版,第416页。
② 陈永国、马海良编:《本雅明文选》,中国社会科学出版社1999年版,第414页。

处境多了一层了解。在马尔库塞看来,这种文明所实施的抑制是通过满足个体的虚假自由而剥夺了其真正的自由,是借助达成个体的物质需要而抑制了其精神提升,这导致个体异化为失去否定思维的单向度的人。单向度的人思想单一、情感淡薄,无法对自身处境和社会现象作出独立判断,他们只能依靠权威的指令进行道德判断,无形中充当着权威的奴仆。无数个单向度的人组成单向度的社会,这个社会充满着谎言、欺骗和恐吓,它制造着矛盾、酝酿着战争。马尔库塞对文明抑制性的批判与本雅明和阿多诺对文明野蛮性的揭露,既使我们看到文明需要为人提防的地方,也使我们对工业社会技术理性的非理性一面多了一些认知。基于文明对爱欲的抑制所造成的危害,马尔库塞指出否定性艺术在拯救爱欲和重建伦理生活方面的重要性。否定性艺术能够通过其审美形式复活个体的感知力和爱欲,激发他们的创造力和否定意识,从而在培养个体自主性的基础上,为良善生活建构创造着契机和可能性。

一、文明抑制:发达工业社会被隐蔽的真相

面对很多民众陶醉于发达工业社会对自由的宣传,马尔库塞揭示了这种社会暗地里对民众实施着抑制和同化,它通过技术、消费品、生活方式和文化形式等抑制着民众的爱欲和感知力,使得发达工业社会成为先进文明的一种体现的同时,却也使个体承受着新的抑制和新的异化。马尔库塞对文明抑制性的揭露与阿多诺等人对文明野蛮性的批判,共同组成极权主义时代的文明伦理批判,这种批判揭示了文明对个体道德和社会正义具有直接影响。文明对个体爱欲的抑制致使他们失去了否定性意识和自主思维,产生了大量的单向度的人。

关于马尔库塞和本雅明等人所从事的文明伦理批判,需要说明的是,他们在某些层面上将文明与文化等同使用,这也是我们把他们的文明伦理批判归为其文化伦理批判之中的缘由。不过,这种文明的视角可以整体性地审视现代性的症候和错误生活的病症,从中发现更深层的问题和更普遍的道德表现。以往,就有很多理论家将文明与文化等同使用,如弗洛伊德和斯宾格勒等人,马尔库塞在一定程度上沿袭着弗洛伊德使用文明的方法。实质上,整体地看,"文明是放大了的文化",文明的范畴大于文化的范

畴。①因此,文明的角度有助于人们总体性地评判发达工业社会的生活方式和文化习惯,进而从这些表象中探究某些被遮蔽的真相。马尔库塞通过分析当时的社会环境,揭示了发达工业社会对个体的抑制,揭露了这种社会形态的文明对其成员的无形控制,"发达工业社会的显著特征是它有效地窒息了那些要求解放的需求——也从那些可容忍、有回报和舒适的需求中解放出来——同时它维持和免除了富裕社会的破坏力量和抑制功能。在这里,社会控制正是对废物的生产和消费的压倒性需求;……保持必要的欺骗自由,如以管理价格进行的自由竞争、自我审查的自由出版、对品牌与小配件进行自由选择等"②。也就是说,生活在这种社会中,人们看似获得了很多自由、貌似享受到无数快乐,其实,这些自由都是碎片式的自由,都是权威有意设计的恩惠,而权威恰恰通过提供这些虚假的自由而骗取了民众真正的自由。

这种骗取和控制个体自由的方式,与大众文化采用的方式有相似之处。阿多诺指出,大众文化可怕之处在于,它通过给予民众娱乐的自由而剥夺了他们思考的自由,断绝了他们成为自主个体的可能性。可以说,这种通过给予他人幸福而实现控制他人的方式,是一种极富隐蔽性的统治手段,它可以使得某些非理性的行为变得理性,进而权威借助这种虚假的合理性颠倒是非曲直,混淆社会的价值观。"我们再次面对发达工业文明最令人烦恼的方面之一:其非理性的理性特征。它的生产力和效率、它增长和传播舒适的能力、将浪费转化为需求的能力以及将破坏转化为建设的能力等,总之,这种文明将客观世界转变为人类身心的延伸的程度,让异化概念本身令人生疑起来。人们在他们的商品中认识到自己;他们在他们的汽车、高保真音响、错层住宅和厨房设备中找到了自己的灵魂。"③对于普通民众而言,他们无法从这些物质享受中发现背后所隐藏的阴谋,况且在很多情况下,人们常把物质满足视作自己幸福的证明,看作自我主体性的体现。

单从文明生成的角度看,发达工业社会只有将这种物质享受的倾向推

---

① 关于文明与文化的关系,威廉斯指出:文明(civilization)描述了"有组织性的社会生活状态",意味着"一种确立的优雅、秩序状态",是barbarism(野蛮、未开化)的反义词;文化指一种变得有礼貌、有教养的过程,这说明文明与文化有交叉性,但它们并不等同。参见[英]雷蒙·威廉斯:《关键词:文化与社会的词汇》,刘建基译,生活·读书·新知三联书店2005年版,第46—47页、第104页。

② Herbert Marcuse,*One-Dimensional Man:Studies in the Ideology of Advanced Industrial Society*, London and New York:Routledge & Kegan Paul,1964,p.9.

③ Herbert Marcuse,*One-Dimensional Man:Studies in the Ideology of Advanced Industrial Society*, London and New York:Routledge & Kegan Paul,1964,p.11.

广为一种生活方式,并且这种生活方式得到很多人认可和接受的时候,所谓的发达工业社会的文明才得以产生,人们才有可能从文明的角度对这种生产方式和社会秩序进行评判。当然,马尔库塞的文明抑制批判之所以富有接受度,也与他沿袭弗洛伊德的文明抑制批判密不可分,因为弗洛伊德的批判已经使人们认识到文明的发展与抑制个体本能具有一定的关系。只不过,弗洛伊德主要探究的是一般意义上的文明所隐含的伦理作用,而马尔库塞分析的是现代文明暗藏的伦理功能,揭示的是发达工业社会的生活方式对单向度的人的塑造。"随着这些有益的产品越来越多地提供给更多社会阶层的更多个体,它们所进行的灌输不再是宣传;它成为一种生活方式。这是一种好的生活方式——比以前好多了——而且作为一种好的生活方式,它阻碍了质变。因此出现了一种单向度的思想和行为的模式,在这种模式中,理念、愿望和目标要借助它们的内容超越既定的话语和行动的世界的话,那么要么被排斥,要么被简化为这个世界的术语。"①

为何这种好的生活方式和发达工业社会文明会暗藏这种抑制功能,会导致一种单向度的思想和行为呢?马尔库塞认为,这与文明的某种本质紧密相关,文明为了获得某种整体性、组织性和秩序化,它借助不断抑制个体的本能和否定性意识达成了这些目的,同时促进了自身的持续发展。进入现代社会,权威为了更有效地确立一种整体性的生活方式,他们在革新技术、促进消费和加强控制的同时,也有意识地以各种手段弱化民众的思想,这使得现代文明显示了比以往文明多的一些先进性,但它也升华了抑制民众的手段和方式,如"额外压抑"(surplus-repression)和"操作原则"(performance principle)。马尔库塞指出,"额外压抑"是统治机构对民众实施的附加控制,是基本压抑之上的附加压抑,它可以确保文明延续下去,并有效地控制民众;而"操作原则"是"现实原则的现行历史形式",它需要依据具体的历史条件制定相应的措施,以便有效地维护社会秩序和整合民众的力量。②可以说,弗洛伊德和马尔库塞对文明抑制的揭露使我们对文明具有一种辩证认识,即我们在肯定文明为人类做出诸多贡献的同时,一定要注意从这些贡献中辨识人类所付出的代价;我们在赞扬先进文明为人类提供很多便利条件的同时,需要辨析这种文明以何种新的手段对人类实施着抑制和规训。更关键的是,文明在抑制个体的创造力的同时,却释放出个体

---

① Herbert Marcuse,*One-Dimensional Man:Studies in the Ideology of Advanced Industrial Society*, London and New York:Routledge & Kegan Paul,1964,p.14.

② See Herbert Marcuse,*Eros and Civilization:A Philosophical Inquiry into Freud*,London and New York: Routledge & Kegan Paul,1956,p.26.

的破坏本能,使社会多了些破坏力量乃至邪恶的人,这是马尔库塞文明伦理批判带给我们的另一方面的思考。

　　而当文明抑制成为权威默认的一种有效方式时,这种抑制就会加剧单向度的程度和密度,就会将更多人异化为单向度的人,也会将语言、思维和社会环境等裹挟到这种单向度的暗流中,最终一种密不透风的单向度社会得以形成。在马尔库塞看来,发达工业社会以民众的幸福为借口,极力地推进技术革新、商品消费和文化消费等,这使得民众沉迷于各种消费和各种娱乐之中,却无暇思考自我的人生,也无意接受审美教育和进行自我精神提升。在某种程度上,这也契合于本雅明所批判的文化的拜物特性,很多民众陷身于对各种技术产品的拥有和夸耀中,却忘却了对自身道德的反省。不过,有别于本雅明关注道德问题,马尔库塞注重的是民众在拜物中丧失的否定性思维(negative thinking),这种思维的丧失使得诸多民众简化为只有肯定性思维(affirmative thinking)的不健全的人。就单向度社会形成的根源来讲,马尔库塞认为是技术理性至上所致。由于技术为社会和人类带来了巨大的成就,因此它受到极大重视,致使技术和效率成为社会进步的最权威的证明,以至于个体的道德和社会的伦理及民众的审美趣味都成为摆设物。"技术进步的不断动力已经渗透到政治内容中,技术的逻各斯已经变成继续奴役的逻各斯。科技的解放力量——事物的工具化——变成了解放的一个枷锁;人的工具化。"[1]在对技术抑制个体进步批判的方面,马尔库塞的观点与阿多诺的认识具有颇多相似之处,所不同的是,马尔库塞由此进入对单向度社会的揭露和反思,而阿多诺因此开启了对启蒙理性的批判和反思。对于马尔库塞而言,文明的抑制和单向度氛围的形成不单使很多事物成为这种不合理伦理生活的注脚,更主要的是个体的爱欲遭到极致地抑制,个体的否定性思维被极大地限制,这既使个体丧失了爱的能力和建构的激情,也使他们无法表达自己的真实观点。而当社会普遍没有了真实意见和否定性的见解时,这种生活环境看似自由和团结,其实它只是一种僵化、同一、冷漠的生存空间而已,而由此生成的文明貌似是先进的,实质上内部隐藏着抑制和野蛮行径。"进步的影响使理性屈服于生活的事实,屈服于产生更多、更大的同类生活事实的动态能力。这个系统的效率削弱了个体的认识,即它不包含任何不传达整体抑制力量的事实。如果个体发现自己身处塑造他们生活的事物中,那么他们这样做,不是通过给

---

　①　Herbert Marcuse,*One-Dimensional Man:Studies in the Ideology of Advanced Industrial Society*, London and New York:Routledge & Kegan Paul,1964,p.163.

予,而是通过接受事物的法则——不是物理的法则,而是他们社会的法则。"①为了生存,人们只能放弃自己的思想乃至情感,无条件地认同社会的各种法则,就此个体、社会和文明都在畸形地发展、扭曲地前行,其实,谁都不是最终胜利者。整体地看,马尔库塞的文明抑制批判、本雅明的文明野蛮批判和阿多诺对文明野蛮性的谴责,这些观点有助于我们多方位辨识文明的消极作用,有益于我们了解那个时代的个体所承受的压制和苦痛,从而增强了我们建构良善生活的信念和动力。

二、虚假的幸福与单向度的人

在马尔库塞看来,发达工业社会中的民众享受的是虚假的自由和虚假的幸福,而非真正的自由和真正的幸福,因为他们的物质需求和精神需要都是由权威设计并受其控制,况且目的就在于抑制民众的想象和思考。经过全方位的抑制和规训,社会涌现了大批单向度的个体,他们忘却了自己的爱欲潜能,放弃了否定性思维和自由意识,甘做权威的奴仆。单向度的人自私、冷漠、偏执,也缺乏抗争意识和创造精神,而由这些个体组成的单向度的社会内部涌动着矛盾,对外它则以敌意看待世界的环境。

在揭露发达工业社会文明抑制的同时,马尔库塞也批判了发达工业社会中诸多虚假行为,这些虚假行为混淆了他们的判断,剥夺了他们的否定性思维,促使他们成为单向度的人。关于极权主义时代的不合理特性,法兰克福学派第一代有诸多称谓,如马尔库塞所批判的"虚假性",阿多诺所揭露的"错误"特性和"偏执性"等,这些批判加深了人们对自身处境和生活环境的认识,避免了遭受更大的愚弄和欺骗。就虚假性(pseudo)而言,在马尔库塞看来,主要指社会给予了民众一些物质上的满足及肤浅的娱乐,使他们感觉到自己已经是一个自由的个体,其实他们只是一个升华的奴隶而已,因为他们依旧生活在一个带有奴隶制特性的秩序中。"发达工业文明的奴隶虽然是升华的奴隶,但是他们就是奴隶,因为奴隶制是早已确定了的。"②对于"物质上的满足",马尔库塞涉及了商品和生活空间等,各种商品令民众目不暇接,无暇思考自己的真实需求和真正幸福,他们陶醉于这些物质所呈现的表象中,认为自己得到了社会的平等尊重,相信他们已经处于一种先进文明中。实质上,他们的生活是按照权威的设计来进行的,权

---

① Herbert Marcuse,*One-Dimensional Man:Studies in the Ideology of Advanced Industrial Society*, London and New York:Routledge & Kegan Paul,1964,p.13.

② Herbert Marcuse,*One-Dimensional Man:Studies in the Ideology of Advanced Industrial Society*, London and New York:Routledge & Kegan Paul,1964,p.36.

威就是希望民众忙碌于商品的购买和消费中,从而无力思考自己的精神和道德,进而可以有效地遏制他们的自主性。这种借助消费品实施控制的策略,立该是工业社会维持其秩序的惯常手法之一。其后,列斐伏尔专门对"消费受控制的科层社会"进行了批判,加深了我们对消费社会暗藏的压制和控制的认识。[1]关于"生活空间"方面的抑制,马尔库塞认为,都市中鳞次栉比的楼房看似解决了很多人的居住问题,实质上,它们压缩了人们的活动空间,使得他们的爱欲遭受了极大抑制,而爱欲的抑制相应地压制了他们的建构能力、创造力和否定性思维,这些意识和能力原本是个体应有的本能。尤其否定性思维是每个个体的独特性和自主性的最基本的体现。至于"肤浅的娱乐",主要指大众文化所提供的娱乐和笑声,关于这方面的虚假性,法兰克福学派第一代具有一定的共识——这种商业文化通过提供给民众粗浅的娱乐,暗地里剥夺了他们想象和思考的机会和能力,从而将他们规训为权威的奴仆。从这些虚假的自由和快乐中,马尔库塞洞察出个体的否定性思维正在逐步地弱化,乃至丧失。个体原本应兼备肯定性思维和否定性思维,从某种程度上讲,否定性思维更能体现个体的独特性和差异性,但否定性不是破坏性,它只是个体表达自己判断和自我认识的态度而已。"这种批判立场需要发挥马尔库塞所言的'否定性思维',这种思维是从更高可能性的视角'否定'了现有的思想形式与现实。"[2]丧失了否定性思维的人,会逐步蜕变为单向度的人。

单向度的人的可怜之处既在于他们无法整体地审视自身处境和现实生活,因为他们仅具有肯定性思维,而这种肯定性思维只会让他们毫无判断地接受现实中的一切——只要是存在的事物和现象便是合理的,这使得他们容易成为权威的奴仆和错误生活的维护者;也在于他们无力摆脱这种奴隶的处境,因为失去否定性思维后,他们已经习惯于在言听计从中保全自身,业已丧失了抗议和斗争的勇气和精神,在某种程度上,他们就是实证主义的遵奉者。"但这种对经验的激进接受违背了经验,因为它言说的是残缺的、'抽象的'个体,他只经历(和表达)给予他的东西(从字面意义上讲),他只拥有事实而不具有要素,他的行为是单向度的、是被操纵的。由于事实的压抑,经验世界是某种受限制的经验的结果,而实证主义对心灵的清

---

① 参见李进书:《现代性之批判:消费受控制的科层社会》,《北方论丛》2009年第4期。

② Herbert Marcuse,*One-Dimensional Man:Studies in the Ideology of Advanced Industrial Society*, London and New York:Routledge & Kegan Paul,1964,pp.xiv-xv.

洗使心灵与受限制的经验保持一致。"①单向度的人的可悲之处既在于他们顺从了社会,但社会恰恰借助他们的顺从完成了全面控制和单向度的秩序,因此他们并没有得到尊重,也不会享受真正的自由和本真的幸福;也在于他们忠实执行权威的指令,乃至违背了自己的良知,但是他们最终也是病态社会的殉葬品,是受审判者。这种单向度的人在某种程度上类似阿多诺笔下同一化的人,他们失去了判断力和自主意识,享受着所谓的幸福但时常被莫名的恐惧惊扰,为了存活,他们不得不屈从于权威,认可这个错误生活制造的一切。"但在生存学说之昏暗的夜空中不再有明亮的星星。没有神圣的东西,生存也被神圣化了。从永恒理念(存在者应该分有永恒理念或者应该通过永恒理念制约存在者)中剩下来的,不过是对'无论如何都是的东西'之赤裸裸地肯定:对权力的肯定。"②除去这些意识和精神方面的缺陷之外,单向度的人更让马尔库塞担忧的是他们的伦理道德,是他们对良知的藏匿和对关爱的冷漠。这既因为他们的爱欲遭到文明的抑制,使得他们内在的关爱和建构能力等受到制约,导致他们以一种中性人的姿态看待他人,相互提防、彼此防备;也在于他们以一种单向度的意识生活在一个全面控制的社会中,彼此冷漠、相互戒备,以防成为他人邀功的投名状。这样使得人人树立壁垒,对他人的遭遇和不幸不置可否,对社会的不公从不表态。结果是,这助长了不公行为和偏执观念,加剧了社会的单向度程度和全面控制的密度,很多善良的人成为权威意志的牺牲品,社会中涌现着邪恶力量,暗藏着经济危机和战争的隐患,而这些单向度的人则会在吞咽自酿的苦果中虚假地生存着。

文明的抑制和单向度的运行模式培养了无数个顺从的个体,他们缺乏创造力且很听话,这似乎有利于社会发展和文明进步,实质上,更多地会导致社会出现偏执现象,乃至走向战争。在马尔库塞看来,人天生兼有爱欲和死欲两种相对立的本能,分别对应着人的建设能力与破坏能力;由于发达工业社会极大地限制了人的爱欲,同时怂恿了他们的死欲,因此这种单向度的、偏执的社会暗藏着一种破坏能力和邪恶力量。由于人们隐藏了良知和正义,致使这些邪恶力量缺少了道德监督,由此他们为所欲为,在内部制造着紧张气氛,对外树立了无数个假想的敌人,从而将国家引入一种战争的边缘,而民众只能被吸附到战争的机器上。"这样,社会整合就会在最

①　Herbert Marcuse,*One-Dimensional Man:Studies in the Ideology of Advanced Industrial Society*, London and New York:Routledge & Kegan Paul,1964,p.187.

②　[德]阿多尔诺:《否定辩证法》,王凤才译,商务印书馆2019年版,第152页。

深层的本能根源上得到强化。最高的危险、甚至战争的事实，不仅会被无可奈何地接受，而且会得到部分受害者本能的认可。在这里，我们也可以控制反升华。"①了解到这个真相后，生活于发达工业社会中的人会对自己的真实处境有比较清醒的认识，他们会大体上认识到他们享受的并非真正的幸福，而是带有某些欺骗性的幸福。那么在这个全面控制的社会中，从事思想探究和理论创新的哲学家和艺术家等表现如何呢？

对此，马尔库塞并不乐观地指出，一些哲学家也迷失于技术理性的膜拜中，成为实证主义的代言人。在这方面，马尔库塞也如本雅明一样追根溯源到笛卡尔这里，他认为"我思故我在"观念在某种程度上误导了人们认可现有的秩序。②至于艺术，原本它们应该以一种拒绝和否定的姿态揭示社会的真相，但是很多艺术家也被整合到单向度的社会中，成为这种秩序的维护者。"现在，在艺术异化中保持开放的艺术与时代秩序之间的这种本质差别，正逐步被发达技术社会弥合。随着它的弥合，大拒绝反过来又被拒绝了；这种'另一个维度'被吸收到当前的事态中。异化的作品本身融入这个社会，并作为装饰和分析当前事态的设备的一部分而流通。因此，它们变成了商业广告——它们兜售、安慰或刺激。"③正因为看到极权主义社会密不透风、一切都被整合和同一化，甚至很多知识分子都被纳入这个病态社会中，所以当时很多理论家对人类前景并不抱太大的希望和信心，马尔库塞则认为文明可以自我救赎，人们可以通过复活感知和爱欲，恢复自主意识，从而依据自己的真实需求建构伦理生活，重塑自我和重构社会。艺术在人类复活自我内在力量的方面，责无旁贷，它可以通过书写个体的本真体验和社会的真实境况，对社会形成拒绝和否定，从社会内部培养一种解放的力量，从而推动社会进步和文明发展。

三、艺术否定与良善生活

对于文明和现代性的前途，马尔库塞持乐观态度。他认为人类可以通过艺术否定方式拯救爱欲和感知力，从而在突破文明抑制的基础上，推动个体健全发展和确立一种良善生活。这种伦理生活能够本真地凸显个体

① Herbert Marcuse,*One-Dimensional Man:Studies in the Ideology of Advanced Industrial Society*, London and New York:Routledge & Kegan Paul,1964,p.82.

② See Herbert Marcuse,*One-Dimensional Man:Studies in the Ideology of Advanced Industrial Society*,London and New York:Routledge & Kegan Paul,1964,p.17.

③ Herbert Marcuse,*One-Dimensional Man:Studies in the Ideology of Advanced Industrial Society*, London and New York:Routledge & Kegan Paul,1964,p.67.

的天性和创造力,使他们最大可能地享受自由,最大限度地健全成长。马尔库塞的审美救赎和本雅明的审美教育共同为文明的健康发展提供了路径和方法,这可以促进个体自主性的确立和良好品行的形成,也能推动人类社会真正进步和彼此团结。因为在极权社会中,所有显示进步意味的东西和事物都带有虚假的特性和退步的特征。

由于个体不幸的关键在于其爱欲和否定性思维受到不同因素的抑制,而且文明之所以显示出野蛮特性也与个体逃避反抗相关,乃至单向度社会的形成也与个体病态发展有关,因此个体解放、文明进步和社会良性发展都与个体健全成长休戚相关,都与他们的爱欲和感知力持有程度密不可分。在这个方面上,马尔库塞和阿多诺等人不同程度上都认为艺术能够担当拯救个体爱欲和感知力的重任,而且认为这是艺术既有的使命,只不过,他们对艺术实施救赎的方式有不同的理解。阿多诺指出,人们通过自主阅读自主性的作品可以保护自己的本质力量,可以提升自己的判断力和自主意识,从而摆脱权威的愚弄和控制,基于自己的视角来参与良善生活建构。马尔库塞则倡导人们以艺术否定方式复活爱欲和感知力,维护否定性思维,进而探究良善生活的建构。

关于艺术否定,主要指艺术以一种否定的姿态、拒绝的形式保持自主性,揭示着社会真相,给予着民众自由的力量和解放的潜能。在马尔库塞看来,艺术本身具有肯定性因质和否定性因质,这大体上是艺术二律背反的体现,而这种否定性属于艺术的自主性,它表明艺术能够以其独特的语言方式和审美形式区别于其他话语形式,进而构建了一个有别于现实世界的微观世界。"由此艺术创造了一个王国,在这个王国中,颠覆艺术固有的经验成为可能:由艺术形成的世界被视为一个在给定的现实中被压抑和扭曲的现实。这种体验在极致情况下达到顶峰(爱与死亡、内疚与失败,还有快乐、幸福和满足),以通常被否认甚至闻所未闻的真理的名义引爆给定的现实。"①艺术否定的展现并非艺术家率性而为的行为,艺术所创造的王国也非艺术家刻意而为的结果,这些艺术行为都是艺术家基于本真经验所进行的审美活动。这些经验具有深刻性和一定纯粹性,它们是艺术家对现实独立认识和自主判断的收获,这致使这样的本真艺术作品不会屈从于现实,不会为极权主义服务。当然,这也意味着这种作品富有颠覆性,对社会显现着一种否定立场,"从这个意义上讲,每一件本真的艺术作品都是革命

---

① Herbert Marcuse,*The Aesthetic Dimension:Toward a Critique of Marxist Aesthetics*,Boston:Beacon Press,1978,pp.6—7.

性的,即颠覆感知和理解,控诉已确立的现实,展现解放的意象"①。否定性的艺术的存在既对抗着大众文化的垄断,保护着民众的爱欲和感知力;也揭示了文明对个体的抑制,揭露了发达工业社会被遮蔽的真相。艺术的力量不太强大,但是它一直以一种独特力量存在着,唤醒着人们,也给予他们希望和信心。

虽然艺术蕴含着否定因质,富有解放人们爱欲和感知力的潜能,但是这些潜能的发挥需要人们主动挖掘,才能在他们身上得以体现,才能转化为他们的现实解放力量。在这一点上,本雅明倡导的是审美教育,细致读书能唤醒书中沉默的伦理资源,从而启发人们做一个虔诚善良的人。同时也能唤醒人们自身的道德认知,努力做一个真诚生活的人。阿多诺提倡的是自主阅读,自主阅读能够发掘文本中的深层意义,这既提升了个体的判断力,也可以将文本中的真理性内容转化为个体对现实的认识。马尔库塞肯定的是审美形式变革对个体感知的冲击,这种变革可以将他们僵化的感知从技术膜拜、文明抑制和社会控制中拯救出来,使他们恢复健全的思维,重新拥有否定性思维。在马尔库塞看来,审美形式是艺术依据其自主性对社会内容所作的审美配置和艺术加工,从而使得艺术成为一个富有自主性的话语形式,也使得它具有独特的政治作用和伦理功能。"艺术作品只有作为自主的作品才能获得政治相关性。审美形式是其社会功能的根本。形式的品质否定了压抑社会的品质——它的生活、劳动和爱的品质。"②经常接触富有否定性的作品能培养读者一种新感性,这种感性是受抑制感性的复活和提升,这样的复活活动单单依靠读者自身难以达成,它需要读者持续品鉴否定性的作品来实施。这表明新感性的形成是一个持久的、内在的行为,需要读者在审美活动中找到自己的真实体验、表达出自我的真实情感,乃至树立自主意识。在马尔库塞看来,富有新感性的人具有自己的见解,他们可以充分地表达自己的真实情感,可以保持自己的良知和正义;这种新人是单向度社会内部的一种反抗力量,他们人数不多但富有朝气;他们是文明抑制的抵制力量,他们为文明减少偏执带来了可能性。正因为有否定性艺术和新感性个体的存在,所以马尔库塞认为良善生活是一个值得探究的目标,而非一种遥不可及的美丽远景。在良善生活的前景上,马尔库塞显得比阿多诺更乐观些。在很大程度上,阿多诺是基于对错误生活的

---

① Herbert Marcuse,*The Aesthetic Dimension:Toward a Critique of Marxist Aesthetics*,Boston:Beacon Press,1978,p.xi.

② Herbert Marcuse,*The Aesthetic Dimension:Toward a Critique of Marxist Aesthetics*,Boston:Beacon Press,1978,p.53.

反思而倡导良善生活的,他看到了错误生活的诸多荒谬性乃至毁灭性。为此,他有针对性地提出良善生活建构的问题,这种伦理生活建构的重点在于个体道德与社会正义这两方面。而马尔库塞则立足对艺术和个体的信任,提出良善生活建构的话题。他相信,这种完善的伦理生活可以使人最大可能地摆脱文明的抑制,最大程度地彰显自己的自由和创造力。

可以说,马尔库塞对文明抑制的批判和对艺术否定的倡导,最终的目的是期望建构一个良善生活,这种伦理生活契合于人和自然的本质,能充分地发挥人的才能,能最大可能地保障人的自由,也能促进个体间的团结和人类共同进步。作为一种完善的伦理生活,良善生活被不同理论家赋予了不同的含义和不同的责任。单就法兰克福学派这个学术共同体而言,其成员对良善生活的认识就存在着历时上的变化与共时上的差异这种鲜明特征,不过,他们共同目的都是期望个体自由和人类团结。在马尔库塞看来,良善生活是一种体现着自然和人的本质的生活环境,"从他自己所处环境的条件来看,人似乎拥有某些能使他享有一种'良善生活'的能力和力量,即一种尽可能摆脱辛劳、依赖和丑陋等的生活。获得这样的生活就是获得'最好的生活':按照自然或人的本质进行生活"①。马尔库塞之所以强调良善生活要体现人的本质,或者说要按照人的本质进行建构,在很大程度上与他所批判的文明抑制有着直接关系。文明的抑制造成了个体的爱欲等本质力量缺失,导致了他们的否定性思维缺席,进而致使他们异化为单向度的人——没有判断力、没有创造力,偏执且冷漠。因此要想使人走出抑制和异化,就需要基于人的本质和内在力量进行伦理生活的建构,而这样的生活可以激发人的潜能,使他们具有更大创造力,确立更高的道德标准。这使得个体与社会形成了一种良性循环,这与单向度环境下个体与社会的恶性循环大相径庭。至于良善生活如何建构,马尔库塞并没有谈论更多,这是第一代的一个普遍特点,他们虽然涉及了良善生活这个话题,但是在这种伦理生活的具体内核和建构方式上并没有倾注更多笔墨。这应与他们主要从事伦理生活批判有关,当时很多人被文化假象、社会表象所蒙蔽,所以阿多诺等人主要的任务是揭露谎言、揭示真相,保护个体的自主性。

相较于伦理生活批判,伦理生活建构并不是第一代的研究重点。而到了第二代,他们把建构良善生活视作工作的重点,阐述了它的内涵和职责,

---

① Herbert Marcuse,*One-Dimensional Man:Studies in the Ideology of Advanced Industrial Society*, London and New York:Routledge & Kegan Paul,1964,p.130.

也从不同角度谈论良善生活建构的方式和途径。其中，他们强调良善生活应由自主个体建构，应由不同学科共同参与规划，并且要注重科技、伦理、法律和艺术之间的协作关系。对于马尔库塞而言，他对人类未来和良善生活是具有坚定信念的，这种信念在于很多无希望的人已经为这些目标和愿望做出巨大贡献。为此，他借用了本雅明的话表达出他的观点："正是为了那些没有希望的人，我们才被给予了希望。"①

马尔库塞的文明抑制观揭开了发达工业社会暗藏的一些控制和异化，这种社会在提供给民众一些物质享受的同时，悄然地弱化和控制他们的思考，将他们整合到单向度的秩序中。马尔库塞的文明伦理批判与阿多诺和本雅明的文明伦理批判，揭示的侧重点不同，但其共同促进了人们整体地审视极权时代文明的症候，也有利于人们更好地反思发达工业社会的生活方式。马尔库塞倡导以艺术否定方式拯救个体的爱欲和感知力，某种程度上这与阿多诺以自主艺术拯救人的本质力量的方法有异曲同工之妙，这种艺术伦理路径后来在韦尔默和门克那里得到进一步的发展，从而使我们看到艺术所蕴含的解放力量和伦理潜能。

第三节　阿多诺：文化工业与人的本质力量退化

关于文化工业伦理批判，阿多诺主要通过揭示其以欺骗手段弱化了人的本质力量，使消费者失去了判断力，缺少了悲悯之心和正义感，从而成为虚假社会的维护者和牺牲品。文化工业之所以导致这些消极影响，从本质上讲，它是一种极致化的依赖艺术。这种艺术将其生存机会维系于技术和利润等身上，它从不在乎是否遵守了艺术法则、能否具有审美价值，而文化工业则将这些特征运用到极端化程度，它在极力追逐技术更新和利润最大化的同时，赤裸裸地把所有受众异化为消费者，将他们规训为错误生活的奴仆。从某种程度上看，人的本质力量成为民众解放的关键。对此，阿多诺认为自主艺术担负着拯救他们的感知力和道德的重任，使他们确立其自主人格和展现其良知，从而为良善生活的形成创造低限度的可能性。这种以自主艺术保护人的本质力量的观念也体现在第二代的韦尔默身上，第三代中，虽然霍耐特缺失了这种意识，但是门克继承了阿多诺这种艺术伦理思想，他从多方面探究着自主艺术所蕴含的丰富的伦理潜能。

---

① Herbert Marcuse,*One-Dimensional Man:Studies in the Ideology of Advanced Industrial Society*, London and New York:Routledge & Kegan Paul,1964,p.261.

一、文化工业：极致的依赖艺术

单从艺术自身的独立性而言，阿多诺涉及并区分了自主艺术与依赖艺术，自主艺术拥有自身法则和自我更新的方式，如否定（negation），依赖艺术则将其生存机会寄托于技术和利润等因素上。而文化工业把依赖艺术的这些寄生性发挥到极致，并将它们确立为自己的法则和制作逻辑，也由此形成了一个极富垄断力的自治王国，既蚕食着自主艺术的空间，又将无数消费者塑造为具有依赖人格的不健全的人。

对于依赖艺术，在阿多诺视域里，主要指依靠技术和利润等要素发展和繁衍的艺术，因为诸多依傍和顾及，使得依赖艺术无法确立自主的法则和结构，它呈现着同质化和媚俗化等特征。不过，随着依赖艺术阵营的壮大，它也拥有了自己的王国——文化工业的王国，反过来，文化工业侵蚀着自主艺术的空间，试图主宰人们的精神世界。依赖艺术的前身大体上是古希腊的喜剧，而后是庸俗戏剧、通俗文学等，它们凭借一些技巧博得受众喜欢而获得暂时性的成功，对此，洛文塔尔认为，通俗文学的合法化也与商品社会的形成有着直接关系。不过，此时的依赖艺术和自主艺术共同担负着民众的文化教育和道德养成的职责，这种情况既是依赖艺术的一种无意识行为的体现，也是自主艺术道德监督和市民社会的精神需求的结果。当然，这个阶段的依赖艺术不为理论家所担心，它们在艺术性和社会性上都有值得认可之处，而只有到了复制技术成为依赖艺术的生存手段时，真正意义上的依赖艺术，即电影出现了，它身上显著的依赖性和消极性招致了阿多诺和洛文塔尔等人的持久和多维度的批判。

作为依赖艺术的一个典型，电影本身就是照相术运用的直接产物，并借助相关技术进行着更新和发展，其中，照相术既促成了一部影片无限复制的可能性，这也是本雅明赞赏复制技术的缘由之一；又为电影这种艺术形成和传播创造了条件，使电影拥有了"同质媒介"（卢卡奇语）的语言和表达方式，具有了将"照相术的艺术与科学功用"相结合的革命功能。"电影通过特写的可能性，通过突出我们已熟视无睹的道具中隐藏的细节，通过巧妙运用镜头，挖掘出平凡的背景，一方面使我们更深地认识到主宰着我们的生存的强制性机制，另一方面却为我们保证了巨大的、意想不到的活动空间！"[①]在某种程度上，正因为电影呈现了以往艺术不曾有的奇妙性和魔幻性，所以它吸引和俘获了大量的民众，并迅速占据了民众的休闲时间，但

---

① ［德］本雅明：《经验与贫乏》，王炳钧、杨劲译，百花文艺出版社1999年版，第284页。

是反过来,民众的消费也成为电影成功与否的决定因素。为此,电影对民众的消费产生了严重依赖,这加剧了它的依赖性和商品性,当然也就减少了它的艺术性和自主性。这意味着电影难以享有自主,无法形成自主的法则和结构,更关键的是,为了获得最大利润,电影尽可能以感官刺激来迎合和满足观众的肤浅需求,而逃避了艺术应有的审美陶冶和道德劝解的职责,其后的电视也是如此。对此,阿多诺和洛文塔尔直接将这种依赖艺术归入文化范围内,甚至阿多诺毫不留情地把这种艺术的观众贬称作消费者,足见对他们的厌弃之情多么深。"在电影中,确切的是,难以逃避的计算与事实真相的矛盾被确定得异常清晰:电影的愚蠢性与其说是个体失败的产物,还不如说是这种矛盾的结果。它的原则就是要将影迷算计到其中这样的计划意图;这导致了和谐的缺失。"①

由于依赖艺术不具有自主性,因此它无法像自主艺术那样拥有诸多独特的单子,即使它包括了广播、电影和电视等多种媒介类型,但是它们都只满足于制造粗浅的感官刺激,从不致力于培养受众的丰盈感知力,结果依赖艺术呈现出一种容易言说的同质化(homogenization)。这种同质化除了体现在依赖艺术的内部,还悄然地蔓延到受众的感知和意识等层面,钝化了他们的听力、视觉和判断力,从而为社会的全面管理和整体控制创造了便利条件,而这正是阿多诺批判依赖艺术的重点所在。"它们外在有效性就是它们的一种内在同质性的功能,这种同质性反过来需依赖所谓总体性来获得对个体兴趣的优先权,由此这种组织以组织身份取代了这种兴趣。某个组织被迫依靠自我保存得到独立;同时这种独立的确立导致了与其目的和它的成员相异化。最后——为了能够合适地追求它的那些目标——它进入了一种与它们的冲突中。"②然而荒谬的是,依靠自己的魔法和权威的支持,这种依赖艺术呈现了一种工业化的生产和销售模式,也逐渐确立了一个自治王国,拥有了无数拥趸,转而它侵占了自主艺术的空间,消解了艺术的灵韵,并企图重新界定艺术的概念。对此,阿多诺始终认为依赖艺术所呈现的现象多数是虚假的,如它对受众的虚假启蒙、对真相的刻意掩饰、对道德的误导等,都说明依赖艺术从未将大众的自由和解放作为其制作和传播的目的,而是把利润最大化和服务于权威当作它的首要原则。

而文化工业之所以被阿多诺批判为极致的依赖艺术,主要在于这种工

① Theodor W. Adorno, *The Culture Industry: Selected Essays on Mass Culture*, London and New York: Routledge, 1991, pp.121-122.

② Theodor W. Adorno, *The Culture Industry: Selected Essays on Mass Culture*, London and New York: Routledge, 1991, p.110.

业产品把依赖艺术的特征发展到极致状态,将自己的发展寄托于技术革新和利润获取上,而把艺术性和审美性仅当成招揽消费者的幌子。关于"技术革新",文化工业通过成功使用照相术,进而走向技术拜物教。照相术是电影神话诞生的基石,它所制造的影像世界富有迷幻性和神奇性,[①]很快就成为新兴的市民社会的一个不易剔除的组成部分,而照相术的复制技术又推动了电影的传播和影响力,从而在当时社会培养起数量庞大的拥趸。而后,随着摄影设备、复制技术和传播手段的更新,电影、电视和广播等能够快速批量地生产产品,能及时地满足各地大众对同一产品的同时需要。基于这种满足大众的能力和丰厚利润的回报,文化工业更加推崇技术革新,因为新技术意味着能催生更有迷惑性的产品,意味着能更有效地批量生产和推销这种产品,"因为感官因素顺从地只记录了社会现实的表象,它们原则上是在相同的技术工作过程中产生的,它们所表达的统一性就是它们真正的内容"[②]。至于"利润算计",指文化工业将这方面收入视为其成功的标准,并由此把"金钱逻辑"化为其内在规则。可以说,利润获得原本仅是依赖艺术和大众文化所尝试的原则,毕竟曾经的报刊文学和原初的电影与严肃文学有着密切关系,它们还是在意其审美价值和道德水平,这也是洛文塔尔并不厌弃曾经的报刊文学、本雅明给予那个时代的电影以一定肯定的缘故。但是随着其中的利润增多和其阵营扩大,大众文化漠视了文学家的监督和要求,将金钱逻辑作为其运行的法则,以如何迎合和赚取观众的笑声作为自己的基本要求,最终诞生了批量性生产的文化工业。而且文化工业因其利润可观、影响巨大,它也就被国家悄然地纳入经济机制和政治机制之中,从根本上被国家界定为一种闲适的娱乐工业,"直到工业文明的后期,当生产性的力量威胁到要吞噬压抑性控制所设置的限制时,大众操控的技术已经发展成为一种直接主宰休闲时间的娱乐工业,或者政府直接把控了这种主宰的力量"[③]。这种娱乐工业看似仅是休闲时间的调剂品,只是商业利润的一种贡献者,似乎与政治绝缘,实质上,它是权威统治的得力助手。为此,阿多诺提醒人们要注意文化工业身上的"有用性"与"无用性","文化被视为毫无用途,并就此被看作超越物质生产所计划和管理方式的

---

① 参见[美]苏珊·桑塔格:《百年电影回眸》,载苏珊·桑塔格:《沉默的美学:苏珊·桑塔格论文选》,黄梅等译,南海出版公司2006年版,第174页。

② Max Horkheimer & Theodor W.Adorno,*Dialectic of Enlightenment:Philosophical Fragments*, trans. Edmund Jephcott,Stanford,California:Stanford University Press,2002,pp.97-98.

③ Herbert Marcuse,*Eros and Civilization:A Philosophical Inquiry into Freud*,London and New York: Routledge & Kegan Paul,1956,p.35.

某种事物;这导致了对利润的一种更尖锐界定,而对有用与无用有效性的声明就立足于这种界定上。某种实践性(actuality)因素已将其自身显现于这种意识形态中:文化与生命的物质过程的分离———最终———身体与智力工作的社会裂缝"①。正是基于这种商业性和意识形态功能,阿多诺直接将文化工业称为消费品,把观众视作消费者,进而剖析这种娱乐性的消费品所隐含的同化和控制能力,探究它对人的意识和精神的弱化与规劝作用。

当然,对于艺术性和审美性,文化工业从来不排斥它们,只不过它仅把它们视作吸引消费者的美丽幌子。从本质上讲,艺术性是艺术的自主性和特殊性的体现,是创作者依照艺术特有的表达形式构思的结果,如富有谜团和迷宫等特性,它们具有引人入胜的效果;审美性则涉及艺术的审美体验和陶冶功能等,如赋予读者以反思判断力,培养他们的良善品行。由于艺术性和审美性有助于人们寻找和实现真正的自由和幸福,也有益于他们辨识生活环境的真伪,促进他们养成好的品行,所以阿多诺极力维护自主艺术的声誉和地位,同时批判了依赖艺术滥用艺术性和审美性的行为。至于文化工业,它也作出艺术性的姿态,试图制造出引人入胜的效果,但是它因诉诸感官刺激和需要照顾不同年龄段的消费者,所以无力构思出真正的谜团和迷宫,而只能炮制出一眼就可洞穿结局的故事。由于这样的前提,自然,文化工业难言有什么审美性和陶冶功能,它基本上无益于大众的反思判断力和良善品行,无助于他们养成"自主性的品格"(洛文塔尔语),也就无法实现它曾许诺以大众的幸福,或者说,它给予他们的幸福是虚假的。

不过悖谬的是,作为极致的依赖艺术,文化工业却依靠其多个成员和多层结构(multilayered structure)等确立起自己的自治王国,拥有了其特有的意识形态。关于文化工业的成员,阿多诺主要谈论的是流行音乐、电影和电视等,②其中带给阿多诺最大惊愕、最多担忧的是电影。电影之所以引起阿多诺重点关注和探究,是因为它具有极强的复制功能和极大的影响力,体现着一种工业特性,吸引了无数观众,培养了无数个图像膜拜者。这些人只在意电影的震惊效果和娱乐性,却不挑剔它的思想深度和伦理道德

---

① Theodor W. Adorno, *The Culture Industry: Selected Essays on Mass Culture*, London and New York: Routledge, 1991, pp.114-115.

② 就法兰克福学派第一代对文化工业的理解而言,洛文塔尔曾谈论过后现代主义。不过,他对后现代主义多持批判态度。洛文塔尔认为,它是虚假哲学(pseudo-philosophical)的一种始源,需要为青年的浮躁和虚无等行为负责,相反,他认为自主艺术能给予忧郁和悲伤的人以希望和信心。其中,本雅明和布洛赫等人的论著就具有这样的价值和意义。See Leo Lowenthal, *An Unmastered Past*, Berkeley: University of California Press, 1987, p.266.

的真实性,这无形中认可了电影的娱乐工业身份。这导致了流行音乐和电视对电影的仿效,它们各自俘获了大批民众,拥有了众多信徒,而这些信徒身上体现着类似特征,如痴迷肤浅的故事,拒斥深沉的作品。为此,阿多诺在对流行音乐、电影和电视等进行逐一批判的同时,也毫无差别地将它们统称为文化工业来分析和评价。

　　需要注意的是,这些大众文化类型之间具有一定的交叉性、互依性和互惠性,这在增强文化工业王国内部联结的同时,也暗自加强了对民众的同化和愚弄。例如通过调查1901—1941年《星期六晚邮报》和《科利尔》的传记专栏,洛文塔尔发现自20世纪20年代起,其中的主角更多的是娱乐人物和消费偶像,这些人物可以为报刊、广播和电影等共享,刺激了消费的发展;另外,一些电影明星就是传记的对象,如女电影演员马歇尔,[①]这更体现了文化工业内部的互依性和互惠性,报刊要想保持和提高销售量,就需要依靠炮制影视明星的故事来博得读者喜爱,而这些消费偶像和影视明星想要有更大知名度和更多光环,就要借助其他媒介来宣传和美化自己。结果,这些类型的大众文化都得以发展,而整个文化工业则拥有了更多受众和更大空间。进一步讲,为了吸引更多受众,尤其是不同层面的接受者,也为了控制住这些受众,文化工业采用了公开信息和隐蔽信息相结合的多层结构,比如电视,先用公开信息吸引受众,再以隐蔽信息控制他们,这些层面虽有诸多差异,"不过,不同层面的互渗行为指向了某种明确方向:疏导观众的反应。虽然靠准确数据很难来证实,但这里有诸多疑问:多数电视今天是为了生产,或者说至少是复制,不严肃的智力消极性和愚蠢性好似为了适应极权主义教条,即使所显示的外在表面信息可能是反极权主义的"[②]。整体地看,多层结构加强了文化工业对受众的控制,使他们甘心成为它忠实的消费者,而这些消费者为文化工业确立自我王国增添了砝码。最终在拥有了多个成员和无数忠实的消费者之后,文化工业摆脱了对文学的依赖和文学的道德监督,享有了一个自治王国。当然,它始终摆脱不掉其对技术的依赖,也永远清洗不掉依赖艺术这个标签。

　　而当文化工业拥有自治王国后,它们的制造者便可毫无顾虑地追求着利润,堂而皇之地把赚钱看作他们的意识形态。"他们的意识形态就是商业。以此,他们达到了这样的程度:文化工业的权力立足于它与构造出的

<hr />

①　参见[美]利奥·洛文塔尔:《文学、通俗文化和社会》,甘锋译,中国人民大学出版社2012年版,第160页。

②　Theodor W. Adorno, *The Culture Industry: Selected Essays on Mass Culture*, London and New York:Routledge,1991,pp.165–166.

需求的联合,而非与这种需求的简单对立——甚至说是无所不能与毫无能力的对立。在晚期资本主义中,娱乐就是劳动的延伸。那些企图挣脱机械劳动过程的人追求着这种娱乐,以便他们能再次应对这种机械劳动。"①从表象上看,这有益于缓解民众的工作和生活的压力,使他们保持身心健康,这种所谓的贴心照顾既是民众喜爱文化工业的主要缘由,因为较之于费脑筋地读书,听流行音乐和看通俗电影则显得轻松和随性;也是文化工业制造者俘获民众和培养拥趸的最有效方法,当然,他们真正的目的是利润和市场;还是文化工业辩护者赞美这种娱乐工业的主要理由,他们认为它更多地在为减缓民众的生活压力着想。可以说,拥有自己的王国和意识形态之后,文化工业的贪欲更强,它力图将所有精神活动变异为娱乐产业,从而获得巨大利润;它也试图把所有阶层的人劝降为自己王国的成员,使他们成为疯狂的消费者;它还在竭力弱化这些消费者感知力的同时,从心理学上将他们规训为单向度的人,从而使他们扮演起权威的帮凶。这意味着文化工业已由最初的一个简单商品演化为集商业、政治和心理学等因素于一身的复合体。由此,它越来越受统治者青睐和重视,逐渐成为某些国家输出其意识形态的隐性载体,这也为20世纪90年代左右的"文化转向"(詹姆逊语)作出了铺垫。

二、虚假幸福的人:本质力量退化的后果

在文化工业的诸多危害中,弱化人的本质力量应该是最致命的、影响最深远的,这种依赖艺术借助弱化消费者的视觉和听觉,使他们丧失了判断力,成为具有依赖人格的社会水泥。阿多诺指出,这些人看似幸福,享受着一定物质资源和观赏着应接不暇的娱乐产品,实质上,他们只是虚假社会里的不健全的人——感知单一、情感淡薄和道德麻木,他们无形之中维护着这种不正当的伦理生活,充当着权威的奴仆,推动着野蛮文明的前进。而他们自身最终成为权威意志的牺牲品,成为阴谋家的陪葬物。

关于弱化人的本质力量,主要指:借助不同类型的娱乐文化简化消费者的听觉和视觉,文化工业致使他们的感知力整体地退化,由此,社会呈现一种虚假进步,人类陷入虚假幸福。对于本质力量,马克思既指出了它涵盖的范围,如听觉和视觉等,也强调了它的整体性是人完整性的低限度体现,"眼睛对对象的感觉不同于耳朵,眼睛的对象是不同于耳朵的对象的。

① Max Horkheimer & Theodor W.Adorno,*Dialectic of Enlightenment:Philosophical Fragments*, trans. Edmund Jephcott,Stanford, California:Stanford University Press,2002,p.109.

每一种本质力量的独特性,恰好就是这种本质力量的独特的本质,因而也是它的对象化的独特方式,它的对象性的、现实的、活生生的存在的独特方式。因此,人不仅通过思维,而且以全部感觉在对象世界中肯定自己"[1]。后来,很多理论家把这种本质力量当作检验现代性和文明的某个阶段正当性的一个标准,如卢卡奇,而阿多诺从整体上揭示了文化工业使人的本质力量退化的可怕现象。就听觉退化而言,阿多诺指出,物化和庸俗的音乐作品借助不间断的高潮和重复,给予了听众以所谓的浪漫感受,其实暗中钝化了他们的听力。"由高潮和重复所导致的对不连续部分的记忆,其先驱早在伟大音乐自身、在后浪漫作曲的技术中就已存在,尤其在瓦格纳那些作曲中。音乐越具体化,它对于异化的耳朵也就越浪漫。正是以这种方式,它成为了'财富'。作为一个整体的一部贝多芬交响乐,自发地体验,可能从来都不合适。"[2]令人担心的是,长期沉迷于这类作品中,听众的智力几乎没有发展,他们越来越拒绝费脑筋的作品且懒于思考,"退化的听众行为就像儿童。一次又一次怀着固执的恶意,他们要求他们曾吃过的那盘菜"[3]。至于视觉方面,洛文塔尔指出,歌德对庸俗作品的讽刺已显现在电视等现代媒介身上,它们的平面图像和肤浅内容取消了大众探究事物本质的欲望和机会,也束缚了他们的感知和想象力,使他们的头脑趋于愚钝化。[4]而在阿多诺看来,电影的流动和平面化影像具有一种透明性(transparency),清晰可见但缺乏深度,观众仅是机械的、自动(automatic)的接受者,而非主动的、自主的探求人,"随着眼神的流动,它加入了所有对同一吸引力有反应的人们的潮流中"[5]。结果,这些人都成为虚假解放的受骗者,因为他们仅是微量信息的传输工具,而非真理的对话者;他们只被文化工业视作消费能力不可估量的消费者,而非需要认真对待的艺术鉴赏群体。这意味着,随着文化工业越来越繁荣,它对消费者本质力量的控制力越强大,它所制造的虚假幸福和虚假进步越具有蛊惑力和迷惑性,当然,也就更需要理论家们警惕和反思。

---

① 马克思:《1844年经济学哲学手稿》,人民出版社2000年版,第87页。

② Theodor W. Adorno, *The Culture Industry: Selected Essays on Mass Culture*, London and New York: Routledge, 1991, p.41.

③ Theodor W. Adorno, *The Culture Industry: Selected Essays on Mass Culture*, London and New York: Routledge, 1991, p.51.

④ See Leo Lowenthal, *Literature and Mass Culture*, New Brunswick and London: Transaction Publishers, 1984, p.32.

⑤ Theodor W. Adorno, Transparencies on Film, *New German Critique*, No.24/25, Special Double Issue on New German Cinema(Autumn, 1981, Winter, 1982), p.203.

被异化为文化工业消费者的个体,他们的审美判断力不敢让人恭维,而他们的审美反思和审美创造更不复存在。尤其他们视觉和听觉的退化造成了其本质力量的整体异化,降低了他们确立自主人格的可能性,由此文化工业为权威和社会规训出更多的牺牲品和同质化奴仆。"这种消费者被限定于其身份上:消费者。因此文化工业并非消费者的艺术而是那些控制其牺牲品的人意志的投影。现状以已确立形式进行的自动自我繁殖就是它自身一种控制的表现。"①在某种程度上,我们能从中看到马克思经济学的身影,能发现阿多诺的文化工业伦理批判与马克思理论的亲缘关系,换句话说,马克思经济学理论增进了阿多诺对文化工业的商业性和意识形态的认识。当然,我们也钦佩阿多诺的敏锐观察力和深刻辨析能力,他能从消费者视听觉的弱化中发现文化工业的意识形态功能,也从这种本质力量退化中看到了个体受抑制的原因,以及解救他们的方法和希望,那就是借助自主艺术恢复和保护他们的视觉与听觉,使他们确立起自主人格。

更令人担心的是,随着垄断力增强,文化工业整合了更广阔的领域和空间,培养出更多具有"依赖人格"的腻子(putty)。在大众文化尚未演变为文化工业之前,大众文化分担着少量教育民众的任务,它在意自身的品位和道德,也在乎观众和作家对它伦理道德方面上的评判,因此它对艺术有较多依赖。例如,它通过改编既有的艺术作品获得了充足的高品格素材;它也看重有名望的创作者的原创剧本,其中,最成功和最著名的"作家电影"是《布拉格的大学生》(1931)。②

但当文化工业成形后,它的逐利意图便湮没了其并不厚重的道德信念,它以娱乐观念来选择有市场价值的素材,虽然依旧保持着改编艺术作品的传统,但是它此时选取的是原作中使感官震惊的情节,而非含义深刻的部分,由此它将原作改编为娱乐产品,并借此消解了原作的神圣性。为此,阿多诺将改编戏称为学生对老师的幼稚模仿,"这种趋势在古典乐曲或歌剧剧目的整部作品改编中获得了成功。这种引用实践折射了幼稚听者意识的矛盾性。这种引用既是权威主义,也是一种戏仿。由此它就是学童对老师的模仿"③。悖论的是,这种消解神圣性的行为和娱乐性改编恰恰为

---

① Theodor W.Adorno,Transparencies on Film,*New German Critique*,No.24/25,Special Double Issue on New German Cinema(Autumn,1981,Winter,1982),p.205.

② 参见[美]大卫·波德维尔、克里斯汀·汤普森:《世界电影史》,范倍译,北京大学出版社2014年版,第78—79页。

③ Theodor W. Adorno, *The Culture Industry:Selected Essays on Mass Culture*, London and New York:Routledge,1991,p.52.

某些沉默和沉寂已久的作品带来市场上的成功,使它们获得了大众口碑和经济上的双重胜利,而商品社会中的这种胜利观念对自主艺术是灭顶之灾。例如,一些创作者由文化工业的厌弃者转变为亲近者,或主动合作者;一些创作者投奔到文化工业的阵营中,成为这种极致依赖艺术的制造者和辩护者;还有些创作者把文化工业的制作规则视作自己的创作原则,而曾有的艺术法则被搁置起来。遗憾的是,这些消极影响在今天仍屡见不鲜,例如米勒曾在中国的一次学术会上所见而感慨道:"在那次会议上,如今最受尊敬、最有影响的中国作家,显然是其小说或故事被改编成各种电视剧的作家。"①由此可见,除了自创空间之外,文化工业还逐步侵蚀着自主艺术的空间,它既将无数作家转变为娱乐产业的制造者和辩护人,也把大量作品变异为待沽的商品,还把诸多读者转化为消费者。这致使自主艺术的成员在减少、空间在缩小,相反,文化工业的成员在增多、依赖艺术的范围在扩大,从这个意义上讲,文化工业所谓的成功是以牺牲自主艺术为代价的,这也是阿多诺关于艺术与文化工业的二重奏富有对立性的缘由之一。而这种二重奏呈现对立性的更主要原因在于,艺术借助激活和提升民众的判断力,使他们成为自主个体,凸显着各自的差异性;而文化工业通过将民众的判断力简单化和同一化,则培养了无数具有"依赖人格"的顺民。

作为依赖艺术和文化工业培育的产物,这种富有"依赖人格"的个体兼备消费者和意识形态维护者双重身份。大体上讲,"依赖人格"的个体是一个信息的接受者,而非真理的求索者,他们因长期沉迷于文化工业所提供的信息和世界图景中,弱化乃至忘却了自己的想象力和判断力,结果简化为一个认识肤浅、情感单一的"单向度的人"。这意味着他们是依赖艺术和文化工业的牺牲品,倘若他们接受了自主艺术熏陶的话,就有可能成长为自主个体,那么他们的认知和伦理就会呈现一种良性态势。可以说,自主艺术的伦理功能经阿多诺的阐述,得到了更多人的认可,并成为法兰克福学派艺术理论的重要组成部分。"依赖人格"也是现代性的一个特有产物,它揭示了无数个体对复制技术和影像产品的膜拜,以至于将自己特有的感知力托付给依赖艺术代管。其实,"依赖人格"作为现代性特有产物的更典型体现是,这样的个体富有消费者和意识形态维护者的双重身份,他们更大程度上是以消费心态对待文化工业,品赏着这种娱乐产品带来的感官享受,却从不苛求其中的审美趣味的高低和思想的厚薄。这种消费心态导致了他们更多地以肯定和理解态度看待权威的言论,认可它们的权威性和合

---

① ［美］希利斯·米勒:《文学死了吗》,秦立彦译,广西师范大学出版社2007年版,第16页。

法性,从而成为意识形态坚定的维护者和辩护人。相较而言,阿多诺对文化工业消费性的批评远不及对它意识形态功能的批判,因为后者导致了个体的简单化、同一化,这些异化行为有悖于人的完整性,无益于人的真正发展和长远进步。

由此,文化工业推动了虚假社会的形成,制造出个体虚假幸福与文明虚假进步,结果,人们陷入一种真假难辨的混沌状态。从本质上讲,社会本身就具有一定虚假性,因为权威的意志与民众的意愿从来就不统一,并且权威总是借助制造一些假象来迷惑和愚弄民众,从而达到更有效的控制目的。而在极权社会中,虚假性则呈弥散之势,既塑造了无数虚假的个体,使他们在陶醉于所谓的民主氛围同时,不知不觉中扮演着权威的奴仆;也造成了文明进步的假象,使民众在偏执地参与文化歧视活动的基础上,虚妄地将自己认同为道德高尚的人。在一定程度上,这是文化工业弱化人的本质力量的必然后果,这种娱乐工业借助控制个体的感知力,将他们改造成没有自主性和个体性的躯体,使他们异化为偶像和权威的拥趸。文化工业的手段多种多样,比如洛文塔尔指出,通过用"最高级"(superlative)修辞描述消费英雄的经历和事迹,这些所谓英雄的自传既塑造了一批批文化偶像,吸引了大众的注意力,促进了文化消费;也将无数受众改造成偶像的膜拜者,使他们自豪于掌握偶像的私人信息的同时,成为虚假个体。"这种英雄的虚假个体化对应于读者的虚假个体化。既使英雄的选择与对他们的报道都如这些报道的语言一样完全标准化,不过,这里这种最高级功能就如同被选定英雄的具体代理者,而且作为冠名和结论,这种直接言语则像传达给读者的某种私人信息的传送工具。"[1]由于文化工业垄断了整个社会,而且它懂得如何谦卑地邀请所有人参与文化娱乐之中,因此每个人都难以拒绝这种快感狂欢,也不易摆脱去个性化、伪个性化的宿命。"和蔼地或谦卑地,所有人都被单独邀请参与某种显著生活的景观中。个体相遇个体;传记作家充当了中间人。"[2]这些虚假个体最悲哀之处在于,他们把一些虚假幸福视作社会进步的体现,如应接不暇的文化产品、琳琅满目的消费品,实质上,它们正是通过占用他们的时间、弱化其感知力,使他们丧失了自主人格,成为权威和极权社会的维护者。而统治者也狡诈地看到这一点,为此,他们借机布道种族优劣等谬论制造了一种身份认同,给予民众以

---

①　Leo Lowenthal,*Literature and Mass Culture*,New Brunswick and London:Transaction Publishers,1984,p.234.

②　Leo Lowenthal,*Literature and Mass Culture*,New Brunswick and London:Transaction Publishers,1984,p.235.

一种文明先进和文化自豪的错误感受,暗地里却将这些民众引入冲突的漩涡和战争的边缘。"然而这个社会整体上是非理性的。它的生产力破坏了人类的需求和能力的自由发展,它的和平是靠持续的战争威胁维持的,它的增长依赖于对个体、国家以及国际的抚慰生存斗争的真正可能性的抑制。"[1]这种冲突和战争虽带给受愚的民众以一定的身份认同,使他们在毁灭他人的过程中获得一些所谓文化优越感,但是内心良知却使他们对自身行为和权威布道的伦理观产生了疑问。这意味着这些个体具有救赎的可能和必要,这也是阿多诺倡导审美救赎的缘由之一。

而随着众多道德感模糊的个体涌现,整个伦理生活令人担忧,人类的前景变得黯淡渺茫。无论是第一代还是其后的第二代和第三代,他们始终把个体的境况和幸福视作其理论和思想的基石之一,并由此来检验某个社会乃至世界的伦理环境,但是令第一代焦虑的是,由于本质力量的异化,民众的价值观和道德观等都陷入一种混沌和模糊的境地之中,他们难以发挥自我应有的理智和潜能,只能扮演着错误生活的赞同者和维护者,接受着文化工业的愚弄和控制。"在它所拥有的智性良知中,这种社会契机与道德超我同等程度地在场。这样的良知是从良善社会和其公民的观念中涌现出来的。倘若这种观念灰暗不清——并且有人继续盲目信任它的话——那么智力向下的冲力将会失去它的控制,野蛮的文化就会把所有碎屑倾注到个体身上—— 一知半解、懒散、沉重的熟悉感以及粗俗化——凸显出来。"[2]不幸的是,这种道德堕落和伦理恶化趋势并不局限于某个地域,而是在世界范围内蔓延,这对于从欧洲流亡到美国的阿多诺等人而言,是一个不争的事实,也是他们痛心之处——虚假个体与虚假社会和错误生活形成了恶性循环,无名的恐惧困扰着所有个体。对于这些恐惧,很多人更大程度上将它们归咎于自身缺乏男子汉气概(masculinity),为此,"为了逃避这些恐惧,他们试图借助多种反虚弱或伪男子汉防御来增强自身"[3]。如何拯救这些个体,更准确地说,怎样从文化工业控制中解放人的本质力量呢?第一代相信自主艺术能担负起这种责任和这个使命。

① Herbert Marcuse,*One-Dimensional Man:Studies in the Ideology of Advanced Industrial Society*, London and New York:Routledge & Kegan Paul,1964,p.xl.

② Theodor Adorno,*Minima Moralia:Reflections from Damaged Life*,trans.E.F.N.Jephcott,London and New York:Vorso,2005,p.29.

③ T. W. Adorno, Else Frenkel-Brunswik, Daniel J. Levinson, R. Nevitt Sanford,*The Authoritarian Personality*,Harper and Brothers,1950,p.856.

三、自主艺术：人本质力量的救赎者

其实，拯救人的本质力量，既是自主艺术的天然使命，因为它的初衷中就包含着对人感知力的保护和提升；也是它的现实责任，因为它与依赖艺术争斗焦点之一就是争夺人的本质力量。通过救赎人的感知力，自主艺术提升了人们对文化工业的愚人阴谋和社会的虚假性的认识，从而使他们逐步确立起自主人格。当然，阿多诺知道这种拯救是一个持久过程，但它能为良善生活的形成创造契机。这种救赎观影响了第二代的韦尔默和第三代的门克，他们也从自主艺术中挖掘出丰富的伦理潜能。

那么，何谓自主艺术？在阿多诺看来，它是遵照艺术自我法则进行创作和研究的作品，这类作品坚持以自我方式展现着其审美功能和参与着良善生活建构。这说明自主艺术兼备自主性与社会性，这两方面相互依存，共同构成了艺术的二律背反；也表明自主艺术绝非"独立艺术"（independent art），因为它并不否认自己的政治性和伦理功能。历时地看，自主艺术最初是早期资产阶级精英意识的一种体现，他们期望为艺术确立一种独特法则和一个自主领域，以此拒绝创作的庸俗化和社会的整合。阿多诺之所以将自主艺术和资产阶级联系在一起，是因为只有到了资产阶级时代，艺术才逐渐摆脱了对赞助人的依附状态，才能依照自身审美价值与受众和市场达成一种广泛和持久的合作关系。这就为艺术言说自我和确立自主地位创造了条件，而且由于艺术创作面对的是众多受众和广阔市场，而非单一的赞助人，因此创作者就可以尝试创作本真的、自主的艺术，并且他们相信这种艺术会得到相应认可，成为一个有永恒价值的"商品"。

对此，阿多诺揭示道："那些坚信作品为自身而纯粹的人也认为自主美学的纯粹性属于某种他律性事物，即市场。而当小资艺术家追求作为创作者，并言辞凿凿以意识形态术语来夸赞其自身地位在市场上享有普遍认可时，瓦莱里则承认自主艺术与其自身商品特性富有悖论关系。"[①]而当这种自主性的创作被确立为一种艺术观念，并获得一定成功后，就会召唤更多人加入这个行列中，相应地涌现了一些为自主艺术辩护的人，艺术的自治王国也就逐渐形成。由此，艺术拥有了自己的法则（law）、结构（constitution）以及自我更新的方式——否定（negation）。阿多诺认为，这种境况的形成既得益于多个国家的自主作品的诞生和传播，它们犹如一个个单子（monad），各富独特性却又体现着并不一致的社会性，这是艺术生产出自

---

① ［德］阿多诺：《文学笔记》（第一辑），上海外语教育出版社2009年版，第150页。

我法则的基础；也受益于多种类型的艺术中诞生了诸多自主作品，如勋伯格的"无调性"（atonality）音乐、普鲁斯特内在独白的小说等；还与诸多辩护者密切相关，如瓦莱里对纯艺术的赞赏、本雅明对艺术的精神和灵韵的提倡等；另外，与某些民族语言的极致运用和创造性使用有着直接关系，如瓦莱里对法语的保持和运用，克拉考尔对德语苦行僧般的训练和坚持，而阿多诺一直把德语视为世界上最美的语言。正因为由民族语言本身到单个伟大作品、由作品本身到艺术理论和美学观念、由多个艺术门类到整个艺术范畴等，都凸显着一种自主观念，所以艺术中就逐渐分离出一种自主艺术，它倡导独立创作、精神性、密度和精英意识等。这些作品提升着人们的感知力（视觉和听觉等）和审美判断力，在很长一段时间内，自主艺术是人们伦理、道德和精神的最可靠的理论资源。

对于自主艺术和艺术自主性，阿多诺之所以器重它们，从某种方面讲，是因为它们体现着艺术作为社会反题（antithesis）这个特性，维护着人的精神世界，实践着批判理论为人类谋求福祉的宗旨。对于艺术这种社会反题角色，阿多诺认为，它主要体现为：自主的艺术依据艺术家独特深刻的审美体验，呈现了相异于其他学科的社会认知，言说着有别于权威所布道的社会真相和伦理道德；它也以自我方式揭示了社会张力，展现了其自身自主性与他律性（heteronomy）的对立特性。进一步讲，社会反题特性促使和保证自主艺术走向精神维度，使它给予着经验现实和现存世界秩序以明确的否定，也使艺术自身完善着其结构，"当然，艺术作品中的精神并非一种有意为之的特定物，而是一种类似某种艺术作品特定构成部分的要素一样；的确，精神就是制造某种人工艺术的那种特定物，尽管没有其对立物，就没有精神"①。而对精神的凸显和维护使得自主艺术有别于依赖艺术和大众文化，并形成了对后者的批判，也为法兰克福学派确立了一种大众文化批判传统。马尔库塞指出，在反对社会、批判大众文化和启迪大众过程中，自主艺术无形中培养着个体一种精英（elite）意识，"为意识形态激进化工作意味着使作家与'人民'之间的物质和意识形态上的差异要明显和有意识，而不是使它模糊不清和欲盖弥彰。革命艺术很可能成为'人民的敌人'"②。这种精英意识是自主艺术给予艺术家和读者以品行上的一份厚重收获。

除了对人的本质力量的本能呵护之外，自主艺术还与依赖艺术展开了

---

① Theodor W.Adorno,*Aesthetic Theory*,trans.Robert Hullot-Kentor,Minneapolis:University of Minnesota Press,1997,p.89.

② Herbert Marcuse,*The Aesthetic Dimension:Toward a Critique of Marxist Aesthetics*,Boston:Beacon Press,1978,p.35.

漫长的争夺感知力的斗争,这种斗争既关系着自主艺术本身的存在价值,也涉及了无数受众对自身处境的认识。对此,阿多诺对两者的复杂关系和内在较量进行了辨析,他在批判甚嚣尘上的依赖艺术和文化工业的同时,给予着逐渐边缘化的自主艺术以充分的支持。不过,有趣的是,由于自主艺术与依赖艺术的关系异常复杂,结果导致第一代内部对两者的审美价值和社会功能存在着一定的分歧。关于自主艺术与依赖艺术漫长的较量过程,比如阿多诺和洛文塔尔曾对报刊文学、广播、电影和电视等有过深入分析,由此,他们既看到了它们的历时性变化与一些共性,也厘清了依赖艺术与自主艺术、大众文化与严肃艺术等的缠绕关系。他们指出,在依赖艺术的发展过程中,这种艺术对技术和观众的依赖越严重,感官刺激所占的比重就越大,反过来,依赖艺术的社会影响越大,其控制力就更强;如今,整体地审视这些依赖艺术,它们无疑皆是推崇交换价值和利润的商品,同时还具有潜在的意识形态功能;这类商品文化曾受惠于文学家的创作指导,也受制于文学家的道德监督,比如电影最初也需要依赖对文学作品的改编,但是随着依赖艺术熟稔了商品交换原则,拥有自治王国后,①它便转而将自主艺术逐步娱乐化,把它们物化为自己的一部分。这种整合能力显著地体现在文化工业身上,这是阿多诺着力批判它的主要原因,也是洛文塔尔后来继续揭示这种消费文化可怕性的缘故。

　　对此,阿多诺在持续批判文化工业的同时,也积极地为自主艺术辩护。对于文化工业,他既揭示了其商品特性和意识形态功能,这里的意识形态功能涉及直接的政治说教和隐性的愚人手段,不过,他们更注重对这种愚人手段的分析和揭露;他也批判了文化工业对人的感知力的弱化,如流行音乐使人的听力退化,电影和电视减少了观众凝神观照的机会,结果,文化工业为虚假社会培养了无数盲听和盲从的人,这也是文化工业隐性政治功能的一种体现。至于对自主艺术的辩护,阿多诺认为,这类作品丰富着读者的感知力,解放着他们的意识。为此,阿多诺赞扬道:普鲁斯特的作品带动人的视觉观察着更广阔的事物,勋伯格的音乐有助于人们辨听复杂的音乐和事情。马尔库塞也有类似的观点:"这种美的感性本质存在于审美升华中。艺术自主和其政治潜能自我呈现于这种感性的认知和解放能力中。由此无需惊奇的是,历史地看,对自主艺术的攻击是与以道德和宗教之名

---

　　① 参见李进书:《论大众文化的"自治"》,《学习与探索》2015年第3期。

摒弃感性联系在一起的。"①另外,阿多诺尝试着创造新类型的自主性艺术作品,期望以此推进艺术的自主性,为此,他提倡审美形式的创新和革命。其中,阿多诺论述了随笔(essay)的独特性,并以这种方式评论了卡夫卡等作家的作品。"确切地说,在随笔展现(presentation)之自主性中,这种自主性使其与科学和学术信息区分开来,随笔保留了这类信息要祛除的交往因素的痕迹。在随笔中,修辞学试图给予读者的满足将升华至相对于客体的一种自由的幸福理念中,这种自由将更多事物归属于客体中,而非残忍地将它归并于理念的秩序内。"②可以说,这种对自主艺术的辩护和肯定影响深远,在第二代理论家中,虽然哈贝马斯不太注重艺术和审美现代性,但是韦尔默却努力地言说着艺术的自主性。这些年,我们又看到门克、朗西埃和伊格尔顿等人在不同程度上以自我方式强调着自主艺术,他们的理论无疑丰富了自主艺术的内涵,凸显了它的审美价值和伦理功能。这样既形成了对依赖艺术的进一步抵制和对抗,也给予了研究和创新自主艺术的人以更多信心和希望。

　　至于在自主艺术与依赖艺术上的分歧,最为人所知的事件应是"阿本之争",即阿多诺与本雅明的论争。这个论争的根源很大程度上在于本雅明为依赖艺术的某种"解放性"所吸引,而阿多诺则对依赖艺术的整体品性保持着警惕,为此,他与本雅明就《机械复制时代的艺术作品》这篇文章进行了商榷。在阿多诺看来,电影依靠的是一些蒙太奇手法和所谓的先进复制技术,它呈现的是只是一种幼稚的模仿和图像剪辑,并且以观众肤浅的笑声来验证其审美效果。由此,阿多诺批评本雅明道:"你低估了自主艺术的技术性,同时却高估了依赖艺术的技术性;坦白地讲,这就是我主要反对的地方。"③而且他认为,本雅明在某种程度上是以无产阶级解放的角度看待电影的所谓进步性。对于挚友的批评,本雅明只是委婉地表明,他所赞扬依赖艺术的地方恰好是阿多诺批判依赖艺术的地方,如果他吸收了阿多诺的观点,就会对电影产生辩证的认识,这有助于他辨识有声电影与无声电影的差别。"我越来越清晰地看到:有声电影的登场必须被视作电影工业的某种运作的结果,这种工业试图突破无声电影的革命性原则(primacy),

---

①　Herbert Marcuse,*The Aesthetic Dimension:Toward a Critique of Marxist Aesthetics*,Boston:Beacon Press,1978,p.66.

②　[德]阿多诺:《文学笔记》(第一辑),上海外语教育出版社2009年版,第20—21页。

③　Theodor Adorno,Walter Benjamin,etc,*Aesthetics and Politics*,London and New York:Verso,2010,p.135.

而这种运作所产生的效应很难控制,因此富有政治危害性。"①需要指出的是,洛文塔尔曾在一个时间段内对自主艺术与依赖艺术的态度有点儿含糊,因为在他看来,它们不同程度上体现着个体的生命经历和审美体验,其中,依赖艺术曾分担了自主艺术审美教育的责任。

而为了拯救个体的本质力量和使他们获得真正幸福,阿多诺倡导通过争夺个体的视觉和听力等,使他们远离依赖艺术和文化工业的诱惑,从而重塑他们的伦理道德。为此,在坚持艺术自主观的基础上,阿多诺强调了本真艺术(authentic art)在保护个体感知力和重塑他们伦理道德方面的重要性,这种艺术是艺术应然的状态,它基于艺术的自我法则进行创作、内部辩护和自我否定等,以此抗拒着商品拜物教、政治淫威和文化工业的侵蚀,凸显着真理和理想等。马尔库塞给予了本真艺术极高评价,"是的,我声明:所有本真艺术都是否定性的,在这个意义上,它拒绝服从于已确立的现实,包括它的语言、它的秩序、它的习俗以及它的形象等。对此,它可以以两种方式实践这种否定性:或者它努力为受辱的人性提供庇护所或避难处,由此以另一种形式为已确立的'肯定性'现实保存一种替代方式;或者致力于否定这种'肯定性'现实,既通过谴责它又借助谴责最先肯定这种现实的那些侮辱人性的人"②。在阿多诺眼中,本真艺术作品的数量并不太多,如卡夫卡、乔伊斯和毕加索等人的作品,它们有谜团乃至迷宫,值得和经得起人们细读和阐释,"忽视条分缕析(clarity)紧迫性的本真作品,为了否定它,同时也暗自地设计着它。对于这些作品而言至关重要的并非条分缕析的某种在场,而是否定条分缕析。否则,它们就只是业余者"③。这样的作品能够激发读者的想象和思考,具有净化功能,有益于他们反思自己的伦理和确立好的品行。对于这种审美救赎观念的来源,可以说,它并非完全由阿多诺自己所创造,他继承了前辈的审美救赎思想,也吸收了同龄人的相关理论。这一谦逊的学习态度为法兰克福学派第一代人所共享。比如对于前辈,洛文塔尔指出,歌德批判了通俗文化只是浪费人们的时间、仅仅将昨天的事件从手传递到嘴边,却没有创造任何东西。对此,歌德强调艺术应该担负激发人们创造力的责任,"正如自文艺复兴起的许多艺术

①　Theodor Adorno,Walter Benjamin,etc,*Aesthetics and Politics*,London and New York:Verso,2010,p.153.

②　Herbert Marcuse,*Art and Liberation*,eds.,Douglas Kellner,London and New York:Routledge,2007,p.226.

③　Theodor W.Adorno,*Aesthetic Theory*,trans.Robert Hullot-Kentor,Minneapolis:University of Minnesota Press,1997,p.295.

家和理论家一样,歌德觉得:艺术有别于宗教、哲学和科学的特定功能就是激发创造性的想象力"①。这种对既有审美解放和艺术救赎思想的吸收和继承,有助于阿多诺等人从历时角度考察艺术与大众文化争夺个体本质力量的过程,其中既有时代的差异性,如歌德面对的是以纸质刊物为主的通俗文化,而阿多诺和洛文塔尔等针对的是更有诱惑力和控制力的电影和电视;也有不同时代理论家的永恒不变任务,那就是如何揭露大众文化对个体本质力量的弱化,尤其要识别大众文化变体的新伎俩,怎样发挥艺术批判大众文化与拯救个体感知力的作用。

　　至于同龄人间的相互学习,阿多诺借鉴了马尔库塞和洛文塔尔的大众文化批判观点,也吸收了本雅明和马尔库塞关于本真艺术的见解。同样,阿多诺的许多理论也得到马尔库塞等人的肯定。例如在谈论如何突破社会总体性的控制时,马尔库塞肯定了阿多诺的艺术永久陌生化的观念,"阿多诺回答道:在这种语境中,艺术自主以极端方式——作为不妥协的陌生化来捍卫(艺术)自身。作为完整意识和具体化马克思主义美学,陌生化作品显现为精英主义或堕落的象征。但是它们不过是矛盾的本真形式,指明了某个社会的总体性企图将所有一切,甚至是陌生化作品都吸纳到它的范围内"②。本雅明去世较早,但他的文本中也多次出现阿多诺等人的身影。这种共时性的交流有益于第一代深入和多维探讨某个共同话题并形成共同的态度,如他们对大众文化的批判与对自主艺术和本真艺术的肯定;也有助于展现某个分析对象的多面性,以及他们观点的细微差异处,如马尔库塞除了谈论本真艺术解放性之外,还指出黑人等亚文化中也蕴含着变革的潜能。

　　长远地看,第二代和第三代不同程度上吸收了阿多诺的审美救赎观念,并将艺术当作良善生活建构不可或缺的一部分。韦尔默也如阿多诺一样,相信自主艺术能提升人的本质力量,进而提高他们对社会的洞察力,"眼睛(和耳朵)这种敞开的、洞察力的这种转化是对某部分失明(和失聪)的治愈,是对某种无力探究和体验现实的治愈,以此方式,我们学会了借助审美体验这个媒介来探究和体验现实。我们应该说:就是在现代艺术中,

---

①　Leo Lowenthal,*Literature and Mass Culture*,New Brunswick and London:Transaction Publishers,1984,p.31.

②　Herbert Marcuse,*The Aesthetic Dimension:Toward a Critique of Marxist Aesthetics*,Boston:Beacon Press,1978,pp.30-31.

这种由审美体验所得的洞察力转化的契机正日益凸显出来"[1]。在韦尔默看来,这种源自个体洞察力和本质力量的治愈和展现,使得他们能够发现良善生活的基本因素,找到这种伦理环境实现的可能性。当然,我们知道第二代的哈贝马斯并没有像韦尔默一样对阿多诺的审美理论给予信任,在哈贝马斯的整个理论体系中,审美现代性是一个被怀疑的对象,在某种程度上,他的态度影响了第三代的霍耐特,后者很少涉及艺术作品和美学理论。幸运的是,阿多诺的美学理论在第三代的门克那里被重新重视,发挥着它在否定同一性和倡导平等方面的作用。"然而,同时——这正是阿多诺强调的重点——在对每个人平等照顾的普遍规则的道德立场的每种合理化中,蕴含着使先前道德动力衰微的危险。"[2]从门克这个点回看,关于良善生活建构,法兰克福学派一直倡导多个学科共同参与,而艺术因其从个体感知力这个低限度出发,使得它在每个时期的伦理道德讨论方面都扮演着重要角色,艺术也因此确立了与其他学科的批判或合作关系。其中,关于"批判关系",如第一代的工具理性批判,至于"合作关系",如第二代认为,艺术和科学都具有人类解放的潜能。

第四节 错误生活形成与对良善生活的期待

在第一代看来,文化的拜物倾向、文明的抑制和大众文化的愚弄促使一种错误生活的形成,致使个体道德整体性下降,导致现代性陷入信任危机。概括地讲,第一代眼中的错误生活既涉及一种被扭曲的私人生活,权威通过给予大众虚假幸福而控制了大众的头脑和思想;又指向一种不"正当"(right)的伦理生活,权威借助布道文明的谎言而造成一种虚假的共同体;还包括一种荒谬的教育体系,权威依据许多错误观念实现了对青年的规训。对此,阿多诺等人认为,错误生活钝化了受众的感知力,培养了"无发展的灵魂"(洛文塔尔语);泯灭了民众的主体性,造成了许多"逃避自由"的人;培育了很多"无教养的人"(本雅明语),怂恿了人的破坏本能。为此,第一代强调对个体感知力的培养和对作品真理性内容的播撒,注重对权威的质疑和对自由的秉持,提倡对传统的继承和对历史经验的反思,这些举

---

[1] Albrecht Wellmer,*The Persistence of Modernity:Essays on Aesthetics,Ethics,and Postmodernism*, trans.David Midgley,Cambridge,Massachusetts:The MIT Press,1991,p.26.

[2] Christoph Menke,Aesthetic Reflection and Its Ethical Significance:A Critique of the Kantian Solution,*Philosophy & Social Criticism*,vol 34 nos 1-2,Sage Publications (Los Angeles,etc) and David Rasmussen,2008,p.62.

措有助于人们享有一种良善生活,拥有一种至善的伦理环境,还有利于个体和社会共同发展。

一、错误生活:极权者设计的伦理生活

关于错误生活,第一代既有直接的阐述,也有间接的表述,如阿多诺指出"错误生活不可能正确地过活"[①],马尔库塞批判单向度社会制造了"虚假的需求"、助长了"虚假意识",洛文塔尔揭示美国的鼓吹者营造了"虚假的共同体"等。这种错误生活既涉及被扭曲的私人生活,又指向不正当的伦理生活,还触及荒谬的教育体系,它们各有所指,并不重合,而统治者借助这种错误生活和荒谬体系悄然地实施着自己的阴谋和控制。

(一)错误生活指向一种被扭曲的私人生活,权威借助提供给大众虚假幸福而控制了大众的意识和思想

关于私人生活(private life),在阿多诺看来,它类似人们工作时间之外的自由时间或休闲时间,这种时间的出现和增多是资本主义生产力进步和持续发展的一种体现,这意味着人们在花费较少时间和精力就可满足生活需求的基础上,拥有了更多的自由时间和更大的私人空间。从本质上讲,阿多诺认为,既然自由时间属于民众自己,是历史进步性的一种显现,那么民众就应该对它享有自主权,他们既在此中展示某种兴趣和培养新的趣味,也使他们的生活呈现多姿多彩的特征,从而使他们挣脱"周而复始"(eversame)工作的抑制。不幸的是,大众文化通过它所提供的虚假幸福扭曲了这种私人生活,使其蜕变为工作时间的辅助品,变异为自己的对立物,演化为意识形态的试验田。其中,关于所谓的"虚假幸福",第一代认为它是由大众媒介和大众文化等蓄意制造和假意许诺的短浅幸福,其目的在于通过蒙蔽和欺骗民众的眼睛,悄悄地剥夺他们的感知力、生活激情及对长远幸福的谋划。从历史视角看,这种虚假幸福是文化现代性的一个产物和一种特性,因为在传统社会里,通俗文化尚未自治,它需要依赖文学资源且受着文学家的道德监督,所以它很大程度上竭力呈现着"真理性内容",也思考着人们长远和深层的幸福。但是进入现代社会后,随着通俗文化和大众文化获得一定自主性,它们无需再在乎文学家的批评和指责,而是赤裸

---

① 关于"wrong life cannot be lived rightly"这句格言的重要性,恰如阿多诺的"奥斯维辛之后,写诗是野蛮"一样,也被阿多诺在不同语境中提及和强调。See Theodor Adorno, *Minima Moralia: Reflections from Damaged Life*, trans. E. F. N. Jephcott, London and New York: Vorso, 2005, p.39; 参见[德]T.W.阿多诺:《道德哲学的问题》,谢地坤、王彤译,人民出版社2007年版,第189页。

裸地设置着肤浅的娱乐、虚假的圆满和不可触及的成功等,它在吸引和俘获更多大众的同时,也将自身物化为"利润至上"的文化工业。那么,大众文化为何能以"虚假幸福"吸引并俘获大众呢? 对此,第一代分析道:通过视听的刺激和震惊,大众文化满足着大众浅层的感官享受,如流行音乐对听觉的刺激、电影对视觉的震惊;借助虚假的和解和圆满,大众文化满足了大众对作品的幸福结局的期待,转移了他们对生活的失望和对人生的反思;在塑造偶像诸多亲和力的同时,逗引了大众成功的欲望,为他们指出了一条成为偶像的路。也正是依据这样的迎合和满足,大众文化在成为大众的自由时间的主角同时,也慢慢地控制和改变着他们的自由时间,另外,也悄然地在这个空间中塑造着大众的品行。

为此,阿多诺感慨道:在接受和消费这些虚假幸福的同时,自由时间变为利润化社会的一种推动力,而非个人的幸福和自主权的彰显之地,况且这些虚假幸福具有同一性和标准化等特性。这导致民众的私人生活又陷入"周而复始"的窠臼中,"人们会想到消费者完美地适应了文化工业。但是由于文化工业同时已变成总体性的——它自身是一种周而复始的现象,而它许诺使人们暂时地脱离这种现象——因此我们怀疑文化工业与消费者意识彼此之间可以简单地等同"[1]。而且随着生产力的发展和自由时间的增长,从某种程度上讲,他们的自由非但没有增加,反倒受到了更多的控制和制约,"因此不自由逐渐吞并了'自由时间',并且大多数不自由的人们如同没有意识到他们自身不自由一样,没有察觉到这个过程"[2]。而从个性塑造上看,如洛文塔尔所言,以往人们以拥有自己的兴趣和品味而自豪,现在却反转为一种耻辱,因为很多人走向了对偶像兴趣的追逐和效仿,结果,这些受众失去了自己,简化为一个"没有发展的灵魂"[3]。

(二)错误生活涉及一种不正当的伦理生活,权威通过宣传文明的谎言而制造出一种虚假的团结

公正地讲,第一代虽涉及了伦理生活(ethical life),但没有深入地探究和阐述这个理念的内涵和功能,直到第二代重视起包容、平等和自由等术语,伦理生活这个范畴才真正成为法兰克福学派的一个核心理念,进而在

---

[1] Theodor W.Adorno,*The Culture Industry:Selected Essays on Mass Culture*,London and New York:Routledge,1991,p.195.

[2] Theodor W.Adorno,*The Culture Industry:Selected Essays on Mass Culture*,London and New York:Routledge,1991,p.188.

[3] 参见[美]利奥·洛文塔尔:《文学、通俗文化和社会》,甘锋译,中国人民大学出版社2012年版,第172页。

法兰克福学派,以及当代西方马克思主义内部呈现出一种"伦理转向"。①
不过,这种伦理转向与第一代对不正当伦理生活的批判有着一定承接关系,因为第一代所批判的不自由和偏执等人类的陋习恰恰是第二代所提倡的自由和尊重等行为的反题。阿多诺等人之所以批判生活是虚假的,在某种程度上在于人们缺少良知,喜欢偏执地接受和实践某种主流观念,缺少对女性和犹太人等的尊重和包容,他们在伤害女性和毁灭犹太人的同时,自己也扮演着类似的牺牲品角色。究其原因,阿多诺等人认为这与权威布道的文明谎言密不可分,如文化存在着优等文化与劣等文化之分、"知性就是强者的知性"及"同情和悲悯"是罪恶等。这使得人们会自动地区分和认证优等文化群体与劣等文化群体,其中柔弱的女性和弱势的犹太人被视作施虐对象,他们降低为家庭和社会的牺牲品,并且不允许被同情和怜悯,因为这些关怀和体恤也被宣传为弱者的表现,"仁慈和善行退变为罪恶,而控制和压迫则变成了美德"②。于是两性之间便衍生出一种貌似合理的主宰与奴役的关系,构成了一种虚假的和谐,"在爱人的狂喜崇拜中,就如在心爱的人反过来所表现出的无限钦佩中一样,女人的现实奴役被无休止地改变了。一次又一次,两性在他们承认这种奴役的基础上和解了:女人好像欣然接受了她的失败,男人则给予了她胜利"③。而犹太人被法西斯主义宣传为劣等种族和十恶不赦的群体,受"他们的灭绝是世界幸福的依凭"④这种谎言的哄骗和鼓动,许多民众也偏执地把毁灭犹太人当作一项神圣的历史使命,"文明的人类无条件实在论在法西斯主义这里达到巅峰,它是偏执妄想的一种典型,它使自然人口减少,并最终使国家自身人口锐减。在未定性的深渊中,每一个客体化行为都必须跨越这个深渊,而偏执狂则能自主成长"⑤。结果这种偏执和毁灭所造就的共同体外表看似和谐,其实内部充斥着谎言、抑制和牺牲。

另外,洛文塔尔对美国鼓吹者所营造的恐怖氛围进行了揭露和批判,

① 参见[英]佩里·安德森:《当代西方马克思主义》,余文烈译,东方出版社1989年版,第115—118页。

② Max Horkheimer & Theodor W.Adorno,*Dialectic of Enlightenment:Philosophical Fragments*, trans. Edmund Jephcott,Stanford, California:Stanford University Press,2002,p.81.

③ Max Horkheimer & Theodor W.Adorno,*Dialectic of Enlightenment:Philosophical Fragments*, trans. Edmund Jephcott,Stanford, California:Stanford University Press,2002,p.83.

④ Max Horkheimer & Theodor W.Adorno,*Dialectic of Enlightenment:Philosophical Fragments*, trans. Edmund Jephcott,Stanford, California:Stanford University Press,2002,p.137.

⑤ Max Horkheimer & Theodor W.Adorno,*Dialectic of Enlightenment:Philosophical Fragments*, trans. Edmund Jephcott,Stanford, California:Stanford University Press,2002,p.159.

让我们看到这种错误生活中的谎言、欺瞒和偏执。洛文塔尔指出,为了转移民众对社会的不满和更有效地控制他们,鼓动者(agitator)将外来人妖魔化为"超级压抑者、绝对邪恶的和破坏性的古代魔鬼",这些魔鬼如寄生虫一样侵蚀着美国人的生存空间,破坏了美国的"美好旧时光"。而为了维护既有的美好时光,鼓动者怂恿美国人排斥和抑制难民等外来人,既从经济上排挤这些"寄生虫",又从文化上丑化这些"魔鬼",这导致了美国社会中流动着一股蔑视和侮辱的暗流。结果,受蛊惑和蒙骗的民众看似宣泄了自己的不满,实施了自由的权利,实则,他们在不知不觉中被简化为没有思想的原子,成为权威忠实的听众,"这些以空洞希望寻找身份和地位而投向鼓吹者的追随者,他们最终如无个性大众中一个匿名者一样,也如军队中被编排的密码中一个孤单密码一样"[1]。这样的环境看似和谐稳定,实则暗藏着主宰者对大众的愚弄、控制和牺牲,可悲的是,如洛文塔尔所忧虑的那样:那些愚众有可能转化为新的鼓吹者和具有更高超伎俩的权威。

(三)错误生活指涉一种荒谬的教育体系,许多错误观念导致社会道德下降,也毁灭了一代青年

从某种程度上讲,第一代既基于对当时教育方法的批评,又出于对教育内容危害青年的担忧,还因为对极权主义时代教育的反思和对未来教育的提醒,他们批判和反省了当时荒谬的教育体系。关于这种"荒谬性",在第一代看来,大体上存在于这三方面:以流行内容代替了美德教育、用自我创新拒绝了经验的传递、把教育视作权威的附庸。

具体而言,关于"美德教育",本雅明所涉及的是不显眼但对孩童品格有潜移默化影响的儿童读物,而非厚重的文艺作品。本雅明之所以重视这些小人书,原因之一,它们是与启蒙主义一起登上历史舞台的,它们分担了博爱和教育民众的责任,不过,它们的主要责任则是培养儿童良好的品性,如虔诚和善良等。"如果人类生来的虔诚和善良是属于社会的话,那么就必然能通过教育,将生来就具有这些品性的孩子,培养成最虔诚、最善良的人来。"[2]原因之二,小人书以精彩的绘画对儿童形成一种召唤,使他们在凝视书的全景时,感知得以充分调动,使得他们对世界有了初步的全景认识。精致的绘画是小人书重要的一部分,也是本雅明痴迷小人书的一个不可忽视的缘由,这里既涉及不同版式的图书,如铜版和黑白木板,它们激发了儿

---

① Leo Lowenthal,*False Prophets:Studies on Authoritarianism*,New Brunswick and Oxford,New Jersey:Transaction,Inc,1987,p.122.

② [德]瓦尔特·本雅明:《本雅明论教育:儿童·青春·教育》,徐维东译,吉林出版集团有限责任公司2011年版,第44页。

童不一致的感受。①可见,小小的色彩缤纷的图画书能够从细微处培育儿童的细腻感知,促进他们对艺术的喜爱,使他们拥有丰富的精神世界。但是本雅明感慨道:随着世俗化社会的发展,小人书制作者以"迎合"和"迁就"儿童之名,用我们的想象一厢情愿地设计着儿童的生活,以流行的题材取代了美德教育,结果,慢慢地放逐了人们的虔诚和善良等品性。

对于"自我创新",本雅明谈及的是:现代人对传统经验的舍弃和对新事物的自我判决导致了一种"无教养"后果。关于对传统经验的舍弃和漠视,本雅明认为原因有二:一是快速流变的现代性致使经验难以持久,很快贬值和消解,这导致现代人陷入迷惘和困顿之中,"除了天上的云彩,一切都变了,在这一风景的中央,在毁灭和爆炸的洪流力场中,是微不足道的衰弱人体"②。而当人们无法信赖传统经验的时候,便只能依靠自己的判断和探索获取生存的契机和生活的经验,由此现代人较之于传统社会的人显得有些"无教养";恰好,此时很多学说助长了这种自我创新的无教养的生活方式,在本雅明看来,笛卡尔的"我思,故我在"哲学理论、克勒的遵从人物内心的绘画观念等都是批评的对象。二是这些布道"自我创新"的学说肯定了当代人的自我中心主义,给予他们"无教养"的合理性,造成了战争爆发的可能性。本雅明指出,当人们缺少了经验的护佑或束缚后,他们便要从头开始,"以少而为,以少而建构",并且无节制地改造着自然和扭曲着人际关系,结果,"经济危机即将来临,紧随其后的是将要到来的战争的影子"③。从其后的二战来看,本雅明的担忧是具有预见性的。

对于"作为权威附庸的教育",则指在日趋极权化的氛围中,教育逐渐简化为动员民众的手段、整合青年的工具。公允地讲,本雅明的可贵之处表现于他能从细微处察觉一些不合理行为,进而为民众未来的幸福提出相应的警示。例如,就20世纪初的道德教育的设计和主旨而言,他批判了从外部植入善恶观念的功利性教育,因为这种教育容易受到权威的左右和控制,使得教育变异为蛊惑和鼓动青年的手段,转变为布道"英雄情结""振奋精神那样的极端力量"。④客观地说,本雅明这种忧虑是必要的,后来,德国民众唯希特勒马首是瞻应与此前的教育不无关系。与本雅明类似,洛文塔

---

① 参见[德]瓦尔特·本雅明:《本雅明论教育:儿童·青春·教育》,徐维东译,吉林出版集团有限责任公司2011年版,第52页。

② [德]本雅明:《经验与贫乏》,王炳钧、杨劲译,百花文艺出版社1999年版,第253页。

③ [德]本雅明:《经验与贫乏》,王炳钧、杨劲译,百花文艺出版社1999年版,第258页。

④ [德]瓦尔特·本雅明:《本雅明论教育:儿童·青春·教育》,徐维东译,吉林出版集团有限责任公司2011年版,第7页。

尔也揭示了那时的教育逐渐蜕变为权威的附庸,其中,教师利用他们在学生中的权威形象,为社会培养了很多顺从的人,悄然地将青年人整合到社会中。[1]正因为奥斯维辛集中营这样的人为灾难与青年教育密不可分,所以阿多诺提倡要注重早期教育的内容和方法,并且要不断对教育体制进行反思,提防其中的恐怖动机。"当我所谈到奥斯维辛之后的教育时,我涉及了两个领域:1,儿童教育,尤其是幼儿;2,整体启蒙,它能营造一种智力的、文化的、社会的氛围,在此,奥斯维辛不再可能复活,由此在这种氛围里,导致恐怖的动机将清晰地凸显。"[2]

二、错误生活的多种影响

概括地讲,这种错误生活导致了多方面的恶果:营造了一种虚假的共同体,导致了真实与谎言、英雄与盗贼及整合与团结等颠倒混乱;人们逃避了对自由的诉求和奋争,泯灭了自己的良知;文化和美学都成为权威愚人的工具,现代性呈现了虚假的进步。可以说,在这种价值混乱的时代,道德准则遭到扭曲,人的破坏本能显示了野蛮性,现代性遭遇了种种质疑。为此,阿多诺等人积极地从各方面反思着这种错误生活,同时也从不同维度探究着良善生活的建构,他们期望人类能够拥有一种彼此关爱和相互团结的共同生活。

(一)错误生活制造了一种虚假的共同体,致使真实与谎言等混淆颠倒,社会呈现了虚假的进步

对于共同体,第一代虽不及第二代那样器重和赋予其多层含义,但前者还是涉及了共同体的一些种类与它们的内涵,如本雅明在《经验》(1913)和《学生生活》(1915)等中提及了"学生共同体"等概念,指出了这些共同体能凸显一个群体"成员意志的整体性",可促进成员之间的友情和团结。当然,需要注意的是,第一代更多地在批判意义上谈论着共同体,如霍克海默的"否定个体"的共同体和洛文塔尔的"假共同体"(pseudo community)等,他们是基于对错误生活肤浅团结的警惕而谈及这些虚假共同体的,从中我们看到他们对团结和自由等价值理念的重视。在第一代看来,扭曲的私人生活、不正当的伦理生活和荒谬的教育体制等合谋营造了一种虚假的共同体,致使真实与谎言、英雄与盗贼及整合与团结等颠倒混乱,"群魔"当道,

① See Leo Lowenthal, *False Prophets: Studies on Authoritarianism*, New Brunswick and Oxford, New Jersey:Transaction,Inc,1987,p.267.

② Theodor W.Adorno,*Can One Live After Auschwitz?A philosophical reader*,trans.Rodney Livingstone and others,Stanford:Stanford University Press,2003,p.22.

良善者则遭遇了不公正的对待。

　　其中,关于"真实与谎言"的混淆,第一代主要涉及人们的需求和现实处境等问题,例如文化工业通过掩盖物质分配不公的现状,营造了一种众人皆幸福的虚假氛围,致使人们难以辨识真实与谎言,在更多情况下,只能盲信文化工业和其他媒介的宣传,"因此,不过,当自由、诚实的交换本身就是谎言的话,那么对它的否定同时也意味着要讲出这种真相:面对着商品社会的谎言,甚至谴责它的谎言就变成一种矫正物"①。另外,鼓吹者借助媒介将一些异质身份的人妖魔化为有敌意的人,制造了一种敌我交错的氛围,并在持续鼓吹和催眠中牢牢地控制了民众,"也许就因为法西斯主义者怀疑他们自己的'集团心理'的虚构性质,才使他们如此残忍和难以接近。如果他们停下来思考一会儿,整个表演就会瓦解,而他们就会陷入恐慌"②。

　　对于"英雄与盗贼"的混淆,第一代指出,由于现代人疏远和遗忘了传统文化,放逐了道德监督,致使人类的破坏潜能肆意妄为,盗贼和恶魔掌握了领导权和话语权,结果,这些黑暗势力摇身一变,成为文明中的"英雄",真正的英雄却被诬蔑为罪犯。"当然,人类共同体的积极品质确实可能表现在一帮盗贼那里,但这种可能性恰好指出了那帮盗贼存在于其中的更大共同体的缺陷。在不公正的社会里,罪犯作为人来说并一定就是低贱的,而在完全正义的社会里,他们则是毫无人性的。"③

　　至于"整合与团结"的混淆,第一代认为极权主义借助谎言和蛊惑等方式,将社会整合为一个貌似团结与和谐的共同体,实质上,这仅是一个靠强制和欺骗手段制造的虚假共同体,而非依据团结和商谈构建的真正共同体。为此,霍克海默批判这种共同体暗自取消了个体的独立性,荒谬地实践着权威的不正当观点,使许多无辜者成为谎言的牺牲品。

　　正因为如此,第一代对极权主义时代所谓的进步持怀疑态度,认为它只是一种由野蛮力量驱动的虚假进步,其中充斥着毁灭、杀戮和灭绝。本雅明虽然没有目睹和遭受更多的暴力事件,但是他天才般地洞察到进步中所蕴含的野蛮性,如他将进步力量比喻为阻碍天使弥合碎片的大风,当天使试图拼贴废墟的碎片时,所谓的进步力量却把天使推送至其背对着的未来。显然,在本雅明看来,这种进步力量并非历史真正前进的动力,在某种

---

①　Theodor Adorno,*Minima Moralia:Reflections from Damaged Life*,trans.E.F.N.Jephcott,London and New York:Vorso,2005,p.44.

②　《法兰克福学派论著选辑》(上卷),商务印书馆1998年版,第206页。

③　[德]霍克海默:《霍克海默集》,渠东、付德根等译,上海远东出版社2004年版,第210页。

程度上,它反倒是滞缓人类进步的消极力量。相较而言,霍克海默和阿多诺则对暴力事件和虚假进步有着更深感触,因为纳粹的迫害,第一代很多人被迫背井离乡,在惊恐中体会到流亡者的复杂感受和难言痛楚,也看到世界范围内的权威控制和虚假进步,如欧洲和美国共有的反犹太主义,为此,他们期望在反思启蒙的过程中寻找到解答的密码。也正因为对世界范围内的进步和人类福祉持怀疑态度,所以第一代不太注重建构共同体,或者说他们不太相信共同体能够成为人们团结和友爱的共同家园,相反他们比较注重艺术对个体的感知力和判断力的保护和激发,期望这些个体富有自主性,以免为权威所蒙骗和控制,变异为统治者的愚众和帮凶。需要注意的是,第二代因为看到人类福祉的可能性,所以注重探究共同体的相关问题,不过,他们也是基于个体的自我发展和丰富性来探讨共同体如何完善,同时也以个体的自由作为共同体的试金石,来检验共同体的完善程度以及如何继续发展。

(二)错误生活导致人们逃避着对自由的诉求,使他们模糊了道德感,结果,虚假幸福中的人们成为社会牺牲品

按说对自由的诉求是人们的基本冲动和本能诉求,而且自由程度也是人们幸福的验证器,但是在控制和欺骗的错误生活中,人们担心因富有反抗性和求索意识而招致灾祸,成为众矢之的,为此,他们自愿地逃避着对自由的诉求,借助混同于他人而免除非议和灾祸。"这种机制有点类似于某些动物的保护色,它们与周围的环境是那么地相像,以至于很难辨认出来。人放弃个人自我,成为一个机器人,与周围数百万的机器人绝无二致,再也不必觉得孤独,也用不着焦虑了。但他付出了昂贵的代价,那便是失去了自我。"①伴随着对自由的逃避,错误生活中的人们也隐藏了情感,如爱情、友情以及对自身的尊重。正如第一代所言,为了最大可能地躲避权威的惩罚,人们极尽所能地隐藏自身品性的完整性,因为这种完整性意味着对权威的质疑与灾祸的招致,为此他们进一步地遮掩和放弃了情感和思考,保持一种漠然和麻木的状态。"他不仅对邻居而且对他自身都是麻木和冷冰冰的;担心剥夺了他自发的情感的或精神的反应能力。思考变成了一种愚蠢的犯罪;它危及他的生命。这种不可避免的后果便是愚昧像一种传染病在被恐怖控制的人群中蔓延。人类生活于一种恍惚中、一种道德昏迷

---

① [美]艾里希·弗洛姆:《逃避自由》,刘林海译,上海译文出版社2015年版,第123页。

下。"①对于这种以放弃完整性而苟活的人,第一代有多种称谓,如阿多诺和洛文塔尔的"原子化的人"、马尔库塞的"单向度的人"、洛文塔尔的"物质的人"和"权威人格的人"等,这类等同于自然物质的人是权威所期望的结果,因为权威可以为所谓崇高事业而随意支配和献祭这些牺牲品。"在其最发达阶段,统治起着行政管理的作用,在大众消费过度发达的领域,被管理的生活成为整体的良善生活,为了维护它,对立面被统一起来。"②就在这种价值混乱和放弃见解的环境下,人们的道德也令阿多诺等人堪忧,因为此时人们难以评判是非曲直,也不敢言说对与错,兼之物化对人性的侵蚀和扭曲,因此整个社会的道德变得匮乏和虚假。可见,在由文化工业、先进文明和消费社会等同构的错误生活中,人们并没有得到更大启蒙,他们的感知、情感和思想及道德等并没有获得所许诺的进步,相反,他们却简化为唯唯诺诺的、单一的、相似的"权威人格"式人物。为此,霍克海默和阿多诺把权威所乐道的启蒙批判为假启蒙,把文化工业所宣传的幸福看作虚假的幸福,将这些受蒙蔽的民众称为牺牲品,并且是放弃抵抗的待宰"羔羊"。

关于牺牲品,第一代大体上涉及了两类:作为毁损对象的牺牲品和带有权威人格的牺牲品,前者如犹太人和一些异质文化群体等,③他们是极权主义的"文明优劣观"的牺牲品,是被施虐和清除的对象;后者则是崇信媒介宣传和文化布道的民众,他们因迷信权威的蛊惑和惧怕权威的淫威,从而放弃了对自由的诉求,掩盖了感知的应有功能。对于前一种牺牲品,第一代更多的是悲悯,而且第一代也是这个意义上的受害者,他们还经历了作为流亡者的种种恐惧和不适,对此,阿多诺等人更多的是从理性和启蒙等层面上反思这种"现代性大屠杀"发生和加剧的原因。至于后一种牺牲品,则是第一代重点拷问与救赎的对象,从中,阿多诺等人既探究到错误生活如何形成及怎样塑造民众的品性,其中,文化批评和精神分析是阿多诺等人主要采用的方法;他们又看到民众怎样放弃感知和自身权利,从而逐步具有了"权威人格",大众文化借助迎合民众而剥夺了这些受众的想象力和思考力,而多种媒介通过营造一种恐怖氛围迫使民众放弃了对自由的捍卫和争取,从而这些人最终具备了"权威人格";他们还辨识出权威人格的

---

① Leo Lowenthal, *False Prophets: Studies on Authoritarianism*, New Brunswick and Oxford, New Jersey:Transaction,Inc,1987,pp.181–182.

② Herbert Marcuse,*One-Dimensional Man:Studies in the Ideology of Advanced Industrial Society*, London and New York:Routledge & Kegan Paul,1964,p.259.

③ See Leo Lowenthal, *False Prophets: Studies on Authoritarianism*, New Brunswick and Oxford, New Jersey:Transaction,Inc,1987,p.82.

危害,一方面,这些牺牲品自身不再完整,缺乏了想象、思考、情感和道德等,对自身及未来前景缺少信心和希望;另一方面,他们加入毁损犹太人等群体的行列,并在此野蛮过程中,晋升为新的权威,捏造出新的牺牲品。而在细致、多层地分析后一种牺牲品的基础上,第一代指出了救赎和解放的途径,例如通过陌生化、反题的艺术来恢复和激发人们的感知,使他们认清现实处境和自己的幸福诉求,进而了解自己的道德责任感,体现自己的主体性。在某种程度上,这也是第二代的一个重任,只不过他们更多地将这个重任看作政治伦理性质的责任,而非第一代的文艺伦理范围内的事宜。

(三)在更广阔的范围内,错误生活既将文化变异为控制和愚弄的工具,也将美学改装成为很多虚假行为的外衣,致使历史的进步具有了虚假性

单从理论视域而言,第一代值得敬佩之处在于他们文本带有"世界图景"[Weltbild(er)]的特征,除去德国文化,他们还谈及了巴黎、莫斯科、中国、美国及殖民地等地的文化和社会境况,我们可以借助这幅世界图景探究当时这些地方的人文情况,以及辨析它们的某些相似性与差异性。当然,就错误生活而言,第一代主要关注的是欧洲、美国及殖民地等地区,从中,他们看到文化被剥夺了自主权,退化为权威控制和愚弄民众的工具,而这里的文化涉及了大众文化和小学教材等。关于大众文化以及文化工业的欺骗性是第一代重要的理论贡献,例如阿多诺揭示了流行音乐通过弱化听众的听力而悄然地削弱了他们的判断力;洛文塔尔探究了《星期六晚邮报》和《科利尔》借助一些叙事手段既树立了消费偶像,也制造了很多"没有发展的灵魂"的拥趸。而对于给予大众以笑声和体贴的电影,阿多诺认为,它是伪装的人道主义,因为它的目的仅是拓展消费;它以伪善的从属性进行着再生产,这阻止了它改变自身的可能,结果,电影只能制造出更多被控制的消费者,帮助权威实现更有效的控制,"在其所建构的形式中,对现状(status quo)自动展开的自我再生产(self-reproduction)本身就是一种统治的表达"①。而对于小学教材,本雅明除了批评德国的教材出现了一些成人化趋势之外,还批判了西方殖民者试图以教材编写的形式同化殖民地的人民。本雅明指出,编写教材者把教育视作向"未开化的民族"的文化贩卖品,力图将殖民地人民强制地拉入西方的所谓先进文明,从根本意义上讲,对于那些改良主义而言,心理学、教育学和民俗学等都不过是诱骗土著人

---

① ［德］西奥多·阿多诺等:《电影的透明性:欧洲思想家论电影》,李洋主编,河南大学出版社2017年版,第231页。

的幌子而已,"在这种旗号下童话也成了出口的商品,运到黑暗的大陆去。那个大陆的孩子们在用虔诚的童话思考方法经营的殖民地农场里,显露出憔悴的脸容"①。需要注意的是,除去文化的变异,第一代还指出了美学也被权威征用为错误生活的装饰品,虽然阿多诺等人批判了一些艺术家变节为权威的奴仆,其作品堕落为政治工具,但是第一代更注重的是权威如何借用美学来布道和维护自己的言论,使这些虚假言论和行为因披上美学外衣而更有效地愚弄民众。例如本雅明指出,通过宣传战争带来的暴力快感,极权主义使得很多民众认同和加入对他人的毁灭中,也为自己的虚假言论和屠杀行径披上美学和合法性的外衣,即"政治审美化"。

就此而言,当媒介、文化和美学等都变异为权威控制和愚弄民众的有效工具,当这种控制被更多权威仿效而在更广阔范围内发挥效果的时候,所谓的现代性先进性和文明进步便需要人们批判性地审视,为此,本雅明和阿多诺从不同角度揭示着现代性的虚假进步。在本雅明看来,光鲜的文明史其实就是胜利者借助暴力手段获得话语权的过程,这个过程中充斥着杀戮、欺蒙和牺牲等暴力和虚假行为,而文明史里隐藏着遮掩、歪曲和抹杀等非公正行动,为此,本雅明提醒人们要注意文明中的野蛮行径、进步中的暴力事件。阿多诺指出,由于更多民众沉迷于文化娱乐和消费享受之中,而无暇反思幸福本义和审视自由是否缺席,结果他们逐渐简化为缺失"自由感知"的中性人,异化为以"肯定性思维"接受一切事实的人,即使是威胁他生命的恐怖事件。"面对奥斯维辛是可能的这个事实,以及政治直接介入大众谋杀这个事实,肯定性思维退变为某种思想的证词,这种思想无力直面眼前的恐怖,却使这种恐怖持久化。"②这些"肯定性思维"的人除了无法辨识这些恐怖的最终目的之外,也为了苟活而逃避抗争,而深谙心理学的权威很好地利用了这些中性人的心理,从而堂而皇之地愚弄乃至牺牲这些中性人。为此,阿多诺拷问了这种社会进步:"这里浮现的问题有:是否关于某种持续走向高级形式的进步的历史观不包括我们今天所经历的灾难;是否普遍的、广阔的趋势对具体事物的支配不是错觉;是否个体死亡是历史伟大进程这种哲学慰藉今天不总是欺骗了;是否某个人的苦痛能得到进

---

① ［德］瓦尔特·本雅明:《本雅明论教育:儿童·青春·教育》,徐维东译,吉林出版集团有限责任公司2011年版,第130页。

② Theodor W.Adorno,*History and Freedom:Lectures 1964–1965*, trans.Rodney Livingstone, Cambridge and Malden:Polity press,2006,p.7.

步之凯旋曲的补偿。"①从根本上讲，本雅明和阿多诺之所以对进步产生种种质疑，既为了揭穿很多历史谎言和虚假事件，也希望人类能减少人为的悲剧，探寻到一个真正幸福的替代性生活。

三、良善生活：一种蛰伏的远景

在批判错误生活的同时，第一代表达了对一种良善生活的向往，他们期望人们在这种自由的、友爱的伦理生活中保持各自的主体性，团结友爱，使得社会呈现真正的进步。对此，第一代对症下药，提倡发挥艺术的革命和解放功能，通过复活和激发大众的感知，使他们持有批判和反思的能力，形成各自的自由诉求。对于这种以审美形式参与的良善生活，第一代并没有显示强烈的政治激情，他们更多地期望弥赛亚给予这种美好生活以更多希望和更广护佑，这使得他们所谈的良善生活更大意义上是一种蛰伏的远景——有希望但需人们努力奋争。

何谓良善生活？概括地讲，它指一种人类共享自由的伦理生活，它给予着所有人以平等的自由，鼓励他们相互关爱和积极创造，提倡良知和责任感等。对于这种令人期待的社会，第一代有着多种表述，例如除了阿多诺的"良善生活"之外②，还有弗洛姆和马尔库塞的"健全社会"(the sane society)、阿多诺的"正确生活"(true life)等。它们虽然称谓有别，但都强调在这种良善生活中，人们富有爱欲和丰富感知，懂得和能够诉求各自的自由权利，具有良知和责任感等。不过，最能代表第一代意图的是"good life"这种称谓，在很大程度上，这种"良善生活"称呼是针对"错误生活"这个称谓而言的，这意味着前者担负恢复被错误生活所侵蚀的社会环境，复活人们被异化和物化的感知力和判断力，乃至道德和伦理等。

由于这种错误生活主要是由极权主义所营造和导致的，而非现代性之初的社会症状，因此为了恢复被谎言和欺骗所腐化的伦理生活，阿多诺等

---

① Theodor W.Adorno,*History and Freedom:Lectures 1964-1965*, trans.Rodney Livingstone, Cambridge and Malden:Polity press,2006,p.8.

② 关于阿多诺对于错误生活和良善生活的论述的意义，门克在辨析美德与反思的关系，以及分析自主个体的平等权等时，都把这句格言作为他话题立论的基础。施威蓬豪依塞尔则依据阿多诺的观念，思考了"有一种'虚假生活中的替代性生活'吗"问题。See Christoph Menke,Virtue and Reflection:The "Antinomies of Moral Philosophy",*Constellations*, Volume 12,No.1,Blackwell Publishing Ltd,2005,p.37;Menke,*Reflections of Equality*,trans.Howard Rouse and Andrei Denejkine,Stanford,California:Stanford University Press,2006,p.56. 参见[德]格·施威蓬豪依塞尔等：《多元视角与社会批判：今日批判理论》(上卷)，鲁路、彭蓓译，人民出版社 2010 年版，第 155—178 页。

人时常回到康德那里汲取理论资源来阐述这种良善生活。而绝非偶然的是,第二代和第三代也都不同程度上返回康德和黑格尔那里借鉴了相应的伦理和道德思想资源。不过,相较而言,因为第一代首要的责任和使命是批判和反思极权主义社会的诸多不公现象,进而在此基础上,有针对性地构建一种美好的社会,所以他们关于伦理生活的构想并没有第二代和第三代那样丰富。比较明显的是,在"良善生活"中,第一代认为丰富的感知和独立判断力是民众享有自由的基础,因为许多民众之所以被权威的谎言蒙蔽,逃避着对自由的诉求,就在于他们被文明、大众文化及消费品抑制了感知和判断力,从而无力、无意争取应有的权利。为此,阿多诺和马尔库塞倡导以艺术变革恢复人的感知和判断力,弗洛姆则强调爱欲的重要性,进而使民众懂得争取和维护自己的权利,展现各自的道德和良知,体现各自的创造力。这意味着审美形式的创新有着政治和伦理的功能,这一点在第二代的韦尔默及其后的门克那里更加明显。而当民众拥有了丰富感知和自我判断力之后,他们就会摆脱"原子化""单向度"等的魔咒,既能辨识大众文化和消费品所隐含的意识形态,又能看清权威层出不穷的阴谋和伎俩,还能提出自己的权利诉求,享受自己的幸福。

不过,阿多诺强调个体的自由应与集体的自由一起发展,而不能将自我幸福建立于牺牲他人幸福之上,为此,他提倡以一种世界性眼光建构伦理生活,从而使更多人生活于一个团结的场所中。"简言之,在今天也许还能叫道德的东西已经过渡到有关世界建构的问题,人们可以说,有关正确生活的问题将是有关正确政治的问题,如果今天这样一种正确的政治还存在于可以实现的王国之中的话。"[1]进一步而言,当人们富有判断力和自由意识之后,他们就敢于展现自己的良知和维护社会的伦理,质疑和批判不公的现象和社会制度,并能够担负一定的社会责任,这样的人是弗洛姆所言说的"精神健全的人",他们抵御了物化的侵蚀,保持着主体性,富有爱心、理性和创造力等。而他们所创造的社会则是一种"精神健全的社会",其中,个体是自己生活的主人,而非权威的愚众,同时"精神健全的社会促进了人与人之间的团结,不仅允许而且鼓励成员友爱相处;精神健全的社会促使每个人在其工作中进行创造性活动,激励人们充分运用其理性,使人能够通过集体的艺术和仪式表达出自己内心深处的需要"[2]。由此,我们能看到艺术对于健全个体和良善生活的重要性。

---

① [德]T.W.阿多诺:《道德哲学的问题》,谢地坤、王彤译,人民出版社2007年版,第199页。
② [美]艾里希·弗洛姆:《健全的社会》,孙恺祥译,上海译文出版社2018年版,第234页。

　　而从根本上讲,第一代总体上都把艺术看作创建良善生活最可靠的基石之一和理论资源之一,因为艺术是一个培养感知力和提供真理性内容的自洽王国,其中,"培养感知力"指艺术通过形式创新来复苏和激活读者的感知;"提供真理性内容"则指艺术借助破解一些谜团增进了读者对现实处境的辨析和认识;"自治王国"强调了艺术凭借其审美形式保持了一定自主性,减少了社会对民众精神的规训和同化。从某种程度上讲,艺术的这些功能是针对大众文化和日常消费的消极影响而存在的,或者说,艺术因这些消极影响而更显示了其社会性和现实价值,这也是阿多诺和马尔库塞不断强调艺术兼具自主性与社会性的缘由所在。细致地看,关于感知力的培养方面,第一代主要涉及了勋伯格式的新音乐、贝克特式的戏剧及卡夫卡式的小说等艺术类型,音乐对应着人们的听觉,而戏剧和小说对应着人们的视觉。相较于对斯特拉文斯基的音乐弱化观众听力的批判,阿多诺则给予了勋伯格的十二音对位法以高度赞扬,这种对位法在不断变化中为观众制造了一座永久值得探寻的迷宫,从而提升了他们的听力、想象力和思考能力,培养了一双"有批判能力的耳朵"[①]。这也与勋伯格自身对艺术创新的认识和要求有着直接关系:艺术的意义本来就是"新"的艺术,"在一切最伟大的作品中,我们会发现永不衰败的'新',无论他是德普雷、若斯坎还是巴赫、海顿或其他任何一位大师"[②]。针对肤浅文化产品对读者感知的麻痹,马尔库塞肯定了卡夫卡等人的作品对词语和形象的创新,这种创新能刺激读者的视觉、想象力和思考能力,也能激发他们的爱欲和建构能力,进而使他们在逐步摒弃错误生活的同时,憧憬和构建着正确的生活。"今日的真诚的先锋派,绝非那些竭力创造非形式东西,而且同现实生活联盟的人,毋宁是那些在形式的紧迫性面前当仁不让的人,那些洞见着崭新的词语、形象和音色的人;这些崭新的词语、形象、音色能够以唯有艺术所能领悟的方式去'领悟'现实——进而否定现实。"[③]通过赞赏和强调勋伯格和卡夫卡等人的作品对人感知力的培养,第一代期望人们在减少对大众文化和消费品的沉迷基础上,增加对这些自主的、精神性的艺术作品的鉴赏,从中培养起富有批判力的耳朵、丰富的想象力和敏锐的观察力等,明确自己真正的幸福诉求和自由权利,形成对控制的社会和虚假的伦理生活的质疑和

---

① [德]阿多诺:《新音乐的哲学》,曹俊峰译,中央编译出版社2017年版,第222—223页。

② [奥]阿诺德·勋伯格:《勋伯格:风格与创意》,茅于润译,上海音乐出版社2011年版,第76页。

③ [美]赫伯特·马尔库塞:《审美之维》,李小兵译,广西师范大学出版社2001年版,第135页。

批判。

另外，第一代认为，艺术中的真理性内容给予人们以辨识力，也培育着人们的识别力，从而降低他们成为愚众的可能性。关于"真理性内容"，第一代大致上涉及了两方面：一方面指作品对现实真相的揭露和对真理的呈现，这能让人们直接认识到自身的处境和现实的丑陋，进而保持一种清醒头脑，避免成为权威任意驱使的奴仆；另一方面指作品对某些谜的"客观解答"，这种解答需要的是哲学反思，它能够培养解答者的逻辑思维和分析能力，有助于他们辨析权威的各种伎俩和谋计。"艺术作品的真理性内容是对一个个作品所呈现的谜的客观解答。为了这个解答，这种谜指向了它的真理性内容。它只能靠哲学反思得以完成。这就是美学的辩护（justification）。"①相较而言，艺术之所以能培育人们的感知力，而大众文化却简化着人们的感知力，从根本上讲，前者是一个真正的自治王国，后者只是一个受统治者控制的虚假的自治王国；前者是由富有独立精神的知识分子所缔造和维护的审美王国，后者仅是一些有依附性的文化生产者所营造和维持的消费领域；审美王国以自我创新激活受众的感知和拒绝社会的整合，消费领域用感官震惊满足着拥趸的肤浅需求，却剥夺了他们的想象和思考的机会和权利。而艺术之所以能确立和保持一个自治王国，主要是因为艺术以审美形式和审美形式法则体现着自己的自主性与社会性。所谓"审美形式"，"是指和谐、节奏、对比诸性质的总体，它使得作品成为一个自足的整体，具有自身的结构和秩序（风格）。艺术作品正是借助这些性质，才改变着现实中支配一切的秩序"②。在马尔库塞看来，这种审美形式涉及词语、声音和图像等的运用和变化，包括文学、音乐和绘画等门类，对应着人们的视觉和听觉。有创意的艺术家通过精巧地使用词语、声音和图像，创造出有新意、有深度的作品，冲击着人们的视觉和听觉，给予了他们想象和思考的机会和权利。阿多诺认为，由词语和声音等构成的形式法则（law of form）使得艺术成为一个自主的实体，化为一种"纯粹的生产生命力量"，从而对社会进行着抵御和批判，并为完美的社会提供着构想和建议。③在第一代看来，艺术的这种社会性富有"元社会"（metasociety）和"元政治"

① Theodor W. Adorno, *Aesthetic Theory*, trans. Robert Hullot-Kentor, Minneapolis: University of Minnesota Press, 1997, pp.127-128.

② ［美］赫伯特·马尔库塞：《审美之维》，李小兵译，广西师范大学出版社 2001 年版，第141页。

③ See Theodor W. Adorno, *Aesthetic Theory*, trans. Robert Hullot-Kentor, Minneapolis: University of Minnesota Press, 1997, p.226.

(metapolitics)特征,即艺术通过以审美方式影响人们的感知而对社会进行批判和反思,实现社会变革,促成一种良善生活的形成和确立。

那么,这种良善生活的可能性和前景又是如何的呢?

在某种程度上,我们可以通过整体上审视第一代后期的论著来探究他们对这种良善生活的态度,因为这些论著能够比较集中地代表他们对这种完善的伦理生活的最终认识。这里的潜台词是:他们的前期与后期的论著因他们身份的转变而对社会和未来作不一致的认知,前期,他们是遭纳粹迫害而被迫流亡的群体;后期,他们或是西德政府尊重的知识精英,或者是美国高校重视的理论家,这种境遇的差异必定会影响他们的认识和思想。当然,由于这些理论家的寿命并不一致,因此这里难以对这种"后期"作一个精确的界定,假如以最富代表性的阿多诺为基线的话,那么大体上第一代在20世纪六七十年代的论著[1]比较能体现他们对这种美好生活的态度。其中,他们对社会受控的程度依旧不乐观,对"良善生活"的自由度持质疑的姿态,因为二战后社会总体管理这种本质没有改变,即使上层管理者由企业家替换为议会,但是自由的进程依旧漫长和艰险。"尽管其危险的潜在力量,尽管有作为其历程的标志的遍布内外的不公正,可是,自由世界此时仍是时空中的岛屿;这个岛屿在暴力控制的海洋中的沉没也就意味着包括批判理论在内的整个文化的沉没。"[2]而洛文塔尔的忧虑既在于二战的结束是以军事行为而非民主运动取得的,这可能意味着未来社会中人会加剧对自然的控制,从而加速人性的堕落,"甚至这种理想产生的社会并不比现存的社会更人道"[3];也在于他发现美国本土的鼓吹者是意大利法西斯与德国纳粹的合体,他们的言论和行径有悖于真正民主的发展,阻碍着整个现代社会的良善生活的建构。[4]这意味着,曾经目睹和感受过极权主义淫威的第一代不太会走出"错误生活"的阴影,即使他们后期受到了上层阶级的尊重,他们也更多地以谨慎和质疑态度审视着权威对社会的变革和对制度的完善。从某种程度上看,后期的第一代依旧把战后政府的诸多举措看作

① 例如阿多诺的《否定的辩证法》(1966)和《美学理论》(1970),马尔库塞的《审美之维》(1978),霍克海默的《工具理性批判》(1967)和《批判理论》(两卷本,1968),洛文塔尔的《虚假的预言家们》(1948年写完,1987年出版)等。

② [德]麦克斯·霍尔海默:《批判理论》,李小兵等译,重庆出版社1989年版,序言第5—6页。

③ Leo Lowenthal,*An Unmastered Past*,Berkeley:University of California Press,1987,p.243.

④ See Leo Lowenthal,*False Prophets:Studies on Authoritarianism*,New Brunswick and Oxford,New Jersey:Transaction,Inc,1987,p.5

全面控制的伎俩和手段,它们形式有别,但目的一致。基于此,霍克海默和阿多诺等人认为,保持意识清醒和思想独立是每个个体辨识幸福和争取自由的低限度的保证。而这种保证主要来自艺术对人们感知力的呵护和激发,这也是第一代自始至终提倡和实践审美救赎的一个重要理由。相较而言,第二代和第三代认为社会的举措有益于民众的真正幸福,所以他们对制度的建议多于对它的批判,并积极地为民众的平等和商谈等权利辩护着。不过,他们不太关注民众应具备哪些能力才能为自己争取自由,即他们缺少对民众内在潜能的重视和强调,缺失了对艺术在保护感知力方面的探究。当然,韦尔默和门克在这一方面的研究一定程度上纠正了第二代和第三代的偏颇。

可见,第一代对良善生活是憧憬的但并不乐观,因为全面控制仍旧继续着,欺骗和虚假依然在重演,只不过样式有所变更而已,为此,他们相信:良善生活的更大可能来自所有个体的质变和对这种生活的参与。这种"质变"体现为人们不断地从陌生化的艺术中获得感性解放,使眼睛和耳朵等感官具有敏锐的感知力,在反抗和反思社会的欺骗性和虚假性的同时,以"人的尺度"提出自己的幸福诉求,也促进一个健全的伦理生活的形成。为此,阿多诺一直坚信高雅音乐能增进人们"用耳朵思考"的意识和能力,同时他也肯定了艺术通过保护眼睛的洞察力,给予人们抵抗物化世界的信心和勇气,"不可消除的是,对可替代的商品交换世界的抵抗,是不想让世界色彩消失的眼睛的抵抗。在表象中许诺了非表象"[①]。不过,这种感性解放不会让人们陷于一种放纵和无序的状态,相反,它通过抵抗大众文化和消费品对人们感知力的弱化,使他们保持应有的感知力和思想,并在此基础上激发人们的感知力,提升他们对社会和人性的认知,促进其对良善生活的诉求和参与。这也是马尔库塞相信这是一种感性与理性相结合过程的缘由,更细致地讲,一方面,艺术本身就是自由与理性的结合物,是艺术家深思熟虑的沉淀之作,"我们出于正当的理由只应当把通过自由而生产、也就是把通过以理性为其行动的基础的某种任意性而进行的生产,称之为艺术"[②];另一方面,经历艺术熏陶的人所畅想和努力的伦理生活是按照人的尺度构想和建构的,这种伦理生活既要保证个体富有丰富的感知和情感及一定的思想,还要为虔诚、善良和博爱的人营造一个适宜的环境,最终形成一个个体与集体相得益彰的共同体。由于全面控制在继续,异化和物化会

---

①　[德]阿多尔诺:《否定辩证法》,王凤才译,商务印书馆2019年版,第460页。

②　[德]康德:《判断力批判》,邓晓芒译,人民出版社2002年版,第146页。

以新的样式影响人们,因此第一代认为艺术革新和艺术抵抗需要一直持续着,"持久的审美倾覆——这就是艺术之道"①。因此艺术家的责任和使命将会薪火相传,甚至其责任更重,因为权威一直变换着欺骗的伎俩,大众文化时常衍生新的变种,如后现代文化就带有大众文化的某些特性。这意味着不同时代的人总有需要警惕的文化的愚弄和压制,因此要不断借助艺术保持和激发他们的感知力和思考的能力。但是这并不是说"良善生活"就显得遥不可及,其实,它已蛰伏于对当时错误生活的反抗中,"或许人们唯一可以讲的是,正确的生活在今天就存在于对某种错误生活的诸形式的反抗形式之中,这些形式已经被进步意识看穿,并遭到批判的解体"②。或许这种"反抗"给予了第二代对良善生活的信心,使得他们以更大的热情和自信探究着这种平等和团结的公共家园。

---

① [美]赫伯特·马尔库塞:《审美之维》,李小兵译,广西师范大学出版社2001年版,第166页。
② [德]T.W.阿多诺:《道德哲学的问题》,谢地坤、王彤译,人民出版社2007年版,第189—190页。

第三章　重写文化与伦理转向

就地位而言,文化(宽泛意义上)在第二代享受着第一代不曾给予的肯定与尊重,它不但获得了与艺术相平等的地位,甚至在一定程度上超越于艺术之上,被赋予了现代性重构和良善生活建构的责任和使命。文化之所以在第一代与第二代之间处境如此悬殊,既在于彼此关注的对象有别、它们的本性相异,如第一代拷问的是罪债累累的文明与满身铜臭味的文化工业,这些类型的文化难以唤起他们的怜悯之情,更谈不上赞誉之词,第二代探究的则是富有交往功能的文化与蕴含自由民主潜质的后现代文化,以及担负规划责任的文化现代性,它们具有建构功能,可以被委以诸多重任;也在于两代人所处的时代有别,各自担负的任务不同,如第一代处于极权主义时代,人性和社会状况都令人担忧,阿多诺等人需要揭示和反思错误生活形成的原因,文化、文明和文化工业是重点批判的对象,第二代生活在现代性的反思阶段,公正的伦理生活具有了建构的可能性,而文化在其中扮演着极其重要的角色。

正因为注意到文化的建构功能,也因为看到亚文化和异质文化的政治特征和伦理色彩,第二代在一定程度上将研究中心转向伦理学,或者说,以伦理视角辨析文化的内涵和功能,其理论呈现了一种伦理转向,他们将多元文化共处的良善生活视作其研究的目标之一。

第一节　哈贝马斯:重写文化与现代性重构

客观地讲,法兰克福学派第二代与第一代之间存在着反叛和继承的复杂关系,甚至从某种程度上看,哈贝马斯对第一代的反叛姿态和批判成分要大于对他们的继承和肯定,这里面也许有一些私人恩怨,[①]但更主要的原因在于两者的研究路径相异,以及各自所担负的时代责任有别。这些差别体现在包括文化研究在内的多个方面,就文化而言,哈贝马斯更多地看到它的建构功能和积极作用,如交往、对话和团结等,而这种对文化的重写既有助于人们辩证地看待文化的内涵和功能,从而更有效地利用文化来增加合作、共同应对诸多风险的威胁;也有益于哈贝马斯及其他理论家重构现代性,激发它更多的活力,恢复人们对它的信任。

一、重写文化

整体地看,哈贝马斯之所以要重写文化的价值和意义,既在于要为文化正名,使人们认识到它积极性的一面;又在于要挽救现代性的声誉,挖掘其更多潜能;还在于期望彰显自己文化规范研究的结果,使文化发挥其交往和对话的作用。这种重写文化的行为效果显著,很大程度上推进了人们对文化和现代性的理解和认知,让我们在了解第一代文化伦理批判的基础上,也看到文化很多的积极意义和建构作用。

哈贝马斯之所以不辞辛苦地从多方面言说着文化的建构功能,既为了使人们不要囿于第一代的文化伦理批判中,而要关注到文化的交往和对话的作用;也因为文化建构功能关系着现代性方案的可信度,影响着人们对这种生活方式和相关伦理生活的信赖;还因为风险时代对文化提出新的要求,使得文化中的交往和团结因素得以凸显和为人重视起来。其中,关于"第一代文化伦理批判"的深远影响,可以说,它既使人深刻、多维地认识到文化、文明和大众文化消极的一面,也在某种程度上让人保持对它们的批判态度和防范意识。阿多诺等人的文化伦理批判思想之所以深刻,主要在于他们以批判和反思姿态,从精神分析学、马克思政治经济学、哲学批判、文艺批评和伦理学等多角度审视文化、文明和大众文化,从而呈现出它们的拜物性、野蛮性、压抑性、欺骗性及控制功能等。当然,第一代如此多维反思文化、文明和大众文化,除了他们自身的理论志趣和学术爱好之外,也

---

① 关于私人恩怨,就霍克海默与哈贝马斯而言,哈贝马斯作为阿多诺的研究助手,曾与阿多诺合作了"大学与社会"的项目,他倾力调研和写作这个课题。但是出人意料,霍克海默批评这种调研方式是不负责任的,是"半瓶子醋的处理方式"。为此,他否定了哈贝马斯的成果——《组群实验》,并以此作品"有偏见的评价"为借口,试图免去后者在研究所的职位,他还"一直阻止哈贝马斯在法兰克福大学通过授课资格答辩"。参见[德]罗尔夫·魏格豪斯:《法兰克福学派:历史、理论及政治影响》(下册),孟登迎、赵文、刘凯译,上海人民出版社2010年版,第738页。

在于他们期望从中找到人类走出压抑和控制的方法和途径,因为他们作为流亡知识分子,本身就是文化战争的牺牲品。而且他们的这种焦虑和反思也是那个时代知识分子的共同感受,如霍布斯鲍姆将20世纪痛斥为"人类史上最残酷嗜杀的世纪","其间充满了战祸兵燹,其程度、频率、长度以及死在其战火下的人们不计其数,在20年代期间更几乎没有一天停止。与此同时,也由于它为人类带来了史无前例的大灾难,由历史上最严重的饥荒,一直到有计划的种族灭绝"①。这些知识分子不间断批判和反思致使宽泛意义上的文化以及文化现代性,背负了难以摆脱的恶名,也在一定程度上影响着人们对未来前景的信心和希望。

有别于第一代的切身感受和对现实不满态度,虽然哈贝马斯对极权主义也有痛恨之意,但是他无法体会到阿多诺等人作为流亡者的不适和痛楚,②而且哈贝马斯生活在资本主义和现代性的反思阶段,看到了社会的自我纠正意愿和显著效果,因此他对文化多持乐观态度,并期望通过对文化进行规范研究,矫正人们对文化的消极理解和否定性认识,而文化的交往和对话功能在一定程度上是哈贝马斯的一大发现。对于"文化建构功能关系着现代性方案的可信度"的问题,既指启蒙规划和现代性方案某种意义上是一种文化现代性图案,又指文化交往功能有助于挽救现代性的信任危机,使人们恢复对这种生活方式的信心。现代性方案涉及三个领域——科学、道德或法律和艺术,它们分别对应着认知-工具理性、道德-实践理性和审美-表现理性。为此,哈贝马斯赞扬孔多塞③等人的高瞻远瞩,"孔多塞精神所塑造的启蒙思想家们仍有一个奢望,那就是艺术和科学不仅可以促进对自然的控制,而且可以不断深化对世界和自我的认识,促进道德进步、制度公正,甚至人类的幸福"④。但是不幸的是,这些领域的专家各筑壁垒、相互排斥,从而致使工具理性拜物教等问题涌现出来,进而导致战争的发生,这也是阿多诺等理论家批判科技理性至上的主要原因。而在哈贝马斯看来,倘若这些领域能增加交往和对话,就会减少相互猜忌和彼此排斥,降

---

① [英]艾瑞克·霍布斯鲍姆:《极端的年代:1914—1991》,郑明萱译,中信出版社2014年版,第16页。

② 参见[德]尤尔根·哈贝马斯:《在自然主义与宗教之间》,郁喆隽译,上海人民出版社2013年版,第10—11页。

③ 孔多塞(Condercet,1743—1794),法国杰出的启蒙思想家,著有《人类精神发展史概要》。他强调理性是人的天生权利,人类可以凭借理性,摆脱宗教的控制,把握和创造自己的幸福。

④ [德]于尔根·哈贝马斯:《现代性对后现代性》,载周宪主编:《文化现代性精粹读本》,中国人民大学出版社2006年版,第143页。

低科技误用的现象,也就会推动文化现代性方案的整体实施,促进人类真正的进步。实质上,文化本身就蕴含着交往和对话的伦理潜能,同时它本身也是一种重要的交往中介。

至于"风险时代对文化提出新的要求",主要指为了共同应对核威胁和恐怖主义等公共事件,人们从多方面探寻着对话、协商和团结等伦理资源,而文化在这方面扮演着一种重要角色。当代是一个风险不断涌现且交叠的时代,核威胁、恐怖主义、大规模传染性疾病和难民问题等,对全世界产生难以消除的消极影响,而且它们时常同时爆发,严重干扰了人们的正常生活和威胁着人类的生命安全。面对这种局势,哈贝马斯积极地从包括文化在内多个领域中为人类寻找着解放的契机,而共同文化作为一种重要的交往中介,能促进不同阶层的人对话和合作;而且文化本身就蕴含着丰富的对话和团结等理论资源,另外,哈贝马斯谈论了共同创伤性记忆带给人的反思,这种反思更能以历史惨痛教训告诫和提醒人们要注重交往和对话,以免重蹈战争的覆辙。

基于以上几种原因和多重考虑,哈贝马斯从多方面阐述和言说着文化的积极意义,他既从宏观意义上肯定了文化现代性在规划方面的完整性;也从规范层面上凸显了文化的交往中介这个功能和角色;更关键的是,他还从共同文化角度探讨了共同创伤性记忆所蕴含的独特的反思性,等等。具体而言,关于"文化现代性",哈贝马斯认为它是一个完整的现代性方案,涉及科学、道德和法律及艺术等领域。在哈贝马斯的文本中,"文化现代性"这个概念数次现身,另外,一些学者也用这个术语来概括哈贝马斯的交往主义观点。在某种程度上,哈贝马斯的文化现代性就是对启蒙规划的重写与再肯定,"由启蒙哲学家们在18世纪精心阐述的现代性规划,是一种遵循其内在逻辑坚持发展客观的科学、普遍的道德和法律与自主的艺术的努力。同时,这个规划旨在把每个领域的认知潜能解放出来,使之从令人费解的宗教形式中摆脱出来"[①]。另外,哈贝马斯认为,文化现代性的完整规划也体现在康德的"三大批判"中,如《纯粹理性批判》(1781)"解释的是某种客观化了的自然科学的可能性条件,这种科学将人的思维从形而上学的幻想中解放出来";《实践理性批判》(1788)阐释了"人如何借助道德洞察力使他们的意志吻合于自我确立的法则,进而赋予自己自主性";《判断力批判》(1790)则揭示了"某种已独立于任何宗教语境的审美经验所需的主

① ［德］于尔根·哈贝马斯:《现代性对后现代性》,载周宪主编:《文化现代性精粹读本》,中国人民大学出版社2006年版,第143页。

观条件"①。就是说,三大批判分别关注着科学、道德和艺术领域,相应探讨着真实性、真诚性和审美趣味,这三个领域涉及的内容和实现的效果有所差别,不过,哈贝马斯指出,康德将它们统一于批判理性之下,把"相互一致的理性能力视作先验主体性的组成部分"。受康德的启发,"黑格尔也毫不犹豫地将科学和研究、道德和法律、艺术和艺术批评等文化领域视为主体性原则的'体现'"。②不幸的是,人们陷入偏执的泥淖中,过分衷情和依赖于科技而漠视道德和艺术,从而致使科技和经济畸形发展,理性受宠、道德沦丧,结果,现代性堕入内外交困的处境中。有别于许多人的落井下石,哈贝马斯坚信现代性远未完结,他通过重提启蒙规划和文化现代性这个概念,富有洞见地指出,现实的诸多问题不能归咎于启蒙原初的规划和现代性最初的方案,而在于人们忽视了交往理性。从某种意义上讲,这种对文化现代性的书写开启了为现代性辩护的序幕,其后韦尔默等人就是沿着哈贝马斯的思路,通过挖掘交往理性的资源,给予了坚持现代性这种行为以合理性和莫大支持。

再如文化的交往功能,哈贝马斯如是说:"我将文化称作一种知识储备,从中,参与交往活动的人们达成富有共识的解释,以便他们对世界中的事物形成一种理解。"③在他看来,文化与社会和个性都属于生活世界(life-world),④生活世界是相对于系统(政治系统与经济系统)的一个民众的空间,类似于休闲时间和日常生活等。生活世界应该是自由自在的场所,是民众逃避系统管制的避风港,他们在此恢复身心,寻找志同道合者,不幸的是,系统力图控制所有人,其势力渗透到生活世界中,导致了生活世界殖民化这样的悲剧。不过,哈贝马斯相信生活世界并非系统随意宰割的对象,

---

① 以上这三段引文出自[德]哈贝马斯:《现代性的概念——两个传统的回顾》,see Jürgen Habermas, *The Postnational Constellation:Political Essays*,trans.Max Pensky,Cambridge, Massachusetts:The MIT Press,2001,pp.133-134.

② Jürgen Habermas, *The Postnational Constellation:Political Essays*,trans.Max Pensky,Cambridge, Massachusetts:The MIT Press,2001,p.134.

③ Jürgen Habermas, *The Philosophical Discourse of Modernity:Twelve Lectures*,trans.Frederick Lawrence, Cambridge and Maldon:Polity Press,1987,p.343.

④ 生活世界原本是胡塞尔所创造的一个词语,后来他的学生舒茨从社会学角度对此加以发展,使其指向大众建立的一个自在生活空间。哈贝马斯借用了这个词语,将它视作系统的一个对立空间,他认为系统包含着政治和经济等"次系统",它们试图全面控制大众,而生活世界依靠语言交往确立了一个自由空间,抗拒着系统的侵蚀。但是正如阿多诺所担忧的"全面受控制的社会"一样,哈贝马斯看到了生活世界有被殖民化的可怕趋势。参见[英]安德鲁·埃德加:《哈贝马斯:关键概念》,杨礼银、朱松峰译,江苏人民出版社2008年版,第102—104页。

它富有活力,包含着文化、社会和个性等因素,并且它们都具有再生产能力。这使得同一语境的人们能毫无阻碍地交流,相互学习,组成自主的公共领域,抵抗系统的控制,以保持生活世界应有的自治,其实这也保证了人的基本自由。而不同语境的人借助着文化这个中介,突破了地域的阻隔,亲密地交往与对话,这样可以消除分歧和隔阂,减少冲突。为此,"世纪良心"——萨特希望自己作为交往的桥梁,来减少东西方的文化隔阂,增进彼此了解。不过,哈贝马斯对交往中的"文化同质化"显示出一定担忧,他讽刺后现代主义是一种世俗文化,但他也承认全球难以抵御这种文化的蔓延,因为它迎合着大众的低俗需求,并且打着自由主义的炫目旗号。要想在并不公正的交流中保持独特性,哈贝马斯认为各种文化应立足自己的社会现代化的现状,根植于现实的厚实土壤中,这样就会在确保自己自治的同时,有效地学习和借鉴外来文化,从而更好地发挥自己的社会功能。①

　　至于"共同创伤性记忆",重点指人们对巨大灾难的铭记和反思,避免再次遭受这种毁灭和共同痛苦,这里主要指对一战和二战的反思和记忆,这种记忆慢慢沉淀为欧洲乃至全世界的一种不可或缺的另类共同文化。如果说局部冲突还令人们迷狂于战术的革新与结果的胜负的话,那么两次世界大战让人们对武力的巨大毁灭性有了深刻的认知。这种令人惊恐的战争和惨绝人寰的暴行,让人们不再膜拜和诉诸武力,转而积极采用对话和协商方式解决矛盾和冲突,促使人们以世界眼光审视自身与他人。如哈贝马斯所言:人们应有一种世界公民身份认同。这种认同的结果或收获就是要对文明或文化持续反思,不要忘记奥斯维辛这样的人为悲剧,要努力建立一个和睦大家庭,以家庭会议方式解决分歧和冲突,协商公共事件,增进大家亲密团结。换句话说,这种创伤性的文化沉淀使得欧洲人更意识到共同体的必要性,他们拒绝历史重演;他们也认识到建构共同体的可能性,为此,他们倡导交往和对话原则,并且一些共同体的作用已有目共睹。如此看来,相同或相似文化传统的人容易组成共同体,他们也乐意走入共同体,因为它的利大于弊,尤其欧洲深厚的文化传统中蕴含着丰富的共同体资源,如柏拉图的《理想国》、莫尔的《乌托邦》等,但是这些理想以往只是人们的奢求,仅是彼岸的一个亮丽风景而已。不过,随着对共同体的切实需求,人们尝试构建起经济共同体、政治共同体等,这些共同体的成就与不足为人们积累了宝贵的经验,人们认识到共同体的希望以及遭遇的阻碍。对

---

① 参见[德]尤尔根·哈贝马斯:《在自然主义与宗教之间》,郁喆隽译,上海人民出版社2013年版,第258页。

此,哈贝马斯认为,欧洲在经济、社会和政治等方面有着悠久的合作历史,并且拥有丰厚的共同传统与对战争的共同记忆,所以只要加强法律建设,就可以营造出一个和睦的栖息地。同时他指出,联合国这个所谓最大的共同体在诸多方面不尽人意,如制止局部战争、消除核威胁等,这主要归咎于联合国缺乏一种有效的法律,为此,哈贝马斯积极推广欧洲的经验,尤其是德国的模式。可以说,哈贝马斯对德国文化和欧洲经验的自豪乃至自恋,经常不自觉地浮现,如在分析现代性的规范的时候,他赞叹欧洲敢于"从自身传统中汲取洞察力、能量和远观的勇气",使世界用"心性取代理性"。①这种推崇自己文化的现象是我们在研读哈贝马斯及其他理论家的文本时需要客观看待的事情。

　　通过从多个维度重写文化,或者说借助阐述文化在多向度上的积极性,哈贝马斯有效地确立起文化的正面形象,使人们在保持文化批判、文明批判和大众文化批评的同时,也看到了文化积极和肯定的一面。这种重写文化既体现了哈贝马斯自身的理论兴趣和研究方法,也凸显了他的某种时代责任感,因为通过重写,他为现代性复活找到了交往理性这个重要因素,这个因素能够促进科学、道德和艺术等领域的合作与交流,为现代性继续发展探寻到内在动力,更重要的是,挽救了现代性声誉和恢复了人们对它的信任,也增加了人们建构良善生活的信心。

二、现代性重构

　　在重写文化伦理功能的同时,哈贝马斯也积极地从事着现代性重构这项重要工作,其实在某种程度上,这两项工作是相互连接、并行不悖的,因为第一代所揭示的现代性信任危机主要源于人们对文化和文明的失望,因此要想恢复人们对现代性的信任,就一定要使他们看到文化建构性的一面。而在重构现代性的过程中,哈贝马斯既应答着现代性的内部质疑与后现代的诋毁,使人们看到这些观点的局限性;也努力阐释着现代性的可信性,挖掘着其中的内在动力和诸多潜能,如交往理性。经过哈贝马斯重构现代性和一些理论家挖掘现代性的潜能,人们逐渐恢复了对现代性的信任,也增加了重构伦理生活的信心。

　　为了挽回现代性的信誉,哈贝马斯曾同时应对现代性的内部质疑与外部诋毁这两种声音,也同时化解着这两种反对现代性的力量。具体而言,

---

　　①　See Jürgen Habermas,*The Philosophical Discourse of Modernity:Twelve Lectures*,trans.Frederick Lawrence, Cambridge and Maldon:Polity Press,1987,p.367.

内部质疑侵蚀着现代性的根基,它主要表现为将理性视作社会病症的罪魁祸首——批判着理性或宣告理性终结。在哈贝马斯眼中,这方面的著作有:霍克海默的《理性之蚀》(1947)①与霍克海默、阿多诺的《启蒙辩证法:哲学断片》(1947)。对霍、阿而言,现代性的缺陷需要追究到理性和启蒙身上,因为它们开启了现代性之门,也曾是现代性的内在动力,但是理性和启蒙自身中存在着自我毁灭的因素,"启蒙思想的概念本身已经包含着今天随处可见的倒退的萌芽",这种萌芽就是依赖和崇信知识,讲究实用和实效,而轻视目的和漠视后果。于是技术主宰了社会,思想和道德则遭到放逐,拥有一定知识的民众成为技术的娴熟工,但无力辨识真相与谎言、幸福与不幸,实质上,他们就是麻木的高效工具,"在受过技术教育的大众的神秘意愿落入任何专制主义的魔咒中,在其民族主义偏执狂的自我毁灭的亲和力中,在所有这些不可理解的无意义中,当代理论理解力的弱点是暴露无遗的"②。就是说,启蒙的本意是解放民众,却培育出暴政的支持者和呐喊者;理性有望成为民众争取幸福的火枪,却将他们弱化为无判断力的群氓。现代性受益于启蒙,又受损于启蒙;启蒙将理性宣扬为民众的福音,实则理性是罢黜他们感知与思想的恶魔。

在后现代诋毁现代性的方面,利奥塔是主要代表,他的宏大叙事完结观点对现代性是致命的:在后工业社会和后现代文化中,"大叙事失去了可信性,不论它采用什么统一方式:思辨的叙事或解放的叙事"③。就是说,宏大叙事包括"思辨叙事"和"解放叙事","思辨叙事"主要通过理性思考,探究事物的奥秘与事件的真相,这些责任很大部分由大学的人文学者担负;"解放叙事"主要涉及人类的启蒙和解放,设定人类的奋斗目标,构想美丽前景。这两种叙事是现代性确立自身与赢得信任的关键,它们在为现代性勾勒蓝图的同时,拷问着每一个具体事件与每一项目标,使得现代性成为人类积极参与的神圣事业、全球共享的生活方式。但是随着知识爆炸、社会变动不居,信息取代了思考,"知识的思辨等级制被一种内在的、几乎可

---

① 关于理性批判,霍克海默著有:《理性的终结》(The End of Reason)(文章)、《理性之蚀》(Eclipse of Reason)(著作)等。《理性的终结》主要担忧理性堕落为抑制个体的冰冷工具,《理性之蚀》则重点探究二战后,哲学能否给予人思考,避免人类陷入新的野蛮状态。

② Max Horkheimer & Theodor W.Adorno,*Dialectic of Enlightenment:Philosophical Fragments*, trans. Edmund Jephcott,Stanford, California:Stanford University Press,2002,p.xvi.

③ [法]让-弗朗索瓦·利奥塔尔:《后现代状态:关于知识的报告》,车槿山译,南京大学出版社2011年版,第135页。

以说是'平面'的研究网络所代替,研究的边界总在变动"①。于是大学丧失了思辨对象,丢失了追问的动力,大学简化为传递确切知识的载体,而非叩问缪斯之门的信使。另外,启蒙个体和解放人类这种丰功伟业常常令人自嘲和不解,因为不确定性替代了确定性,思想家无力为人们确立一个明确的目标,无法描绘出一幅说服自我的前景,所以解放叙事骤然失效。毋庸置疑,在盛行"消解"的后现代语境中,利奥塔俘虏的信徒甚多,兼之人们存疑现代性由来已久,所以现代性瞬间变异为阻碍人们幸福的巨大障碍物,而信任危机尾随而至。

整体地看,现代性的内部质疑针对的是现代性的基石——理性,相关的理论家认为,启蒙其实就是反启蒙,例如启蒙在抑制个体发展的同时,也造成了极权主义和错误生活;现代性的外部批判指向了现代性的存在方式,一些理论家断言宏大叙事已失去历史效用,它应该让位于微观叙事。可以说,在内部质疑与外部批判的双重夹击下,现代性的前途未卜,其信誉承受着极大损伤。在这种困境下,包括哈贝马斯在内的很多理论家坚信现代性具有无穷潜力,不会终结,为此,他们积极投入到拯救现代性的行动中。其中,哈贝马斯通过一系列演讲及出版相关论著实施着其重构现代性的计划,比如1980年,在被法兰克福市授予阿多诺奖时,哈贝马斯做了题为"现代性:一项未完成的设计"的演讲;1981年,在纽约大学人文科学院的"詹姆斯讲座"上,哈贝马斯做了"现代性对后现代性"的学术报告;1985年,他出版了《现代性的哲学话语》;1996年5月,在韩国哲学研究会上,他提交的论文为《现代性的概念》等。

概括地讲,哈贝马斯重构现代性的行动主要涉及两方面:第一,在批判阿多诺等人的现代性观点和反驳后现代对现代性的偏见的过程中,他阐述了交往理性的必要性和其所负有的伦理责任;第二,在强调文化现代性具有无穷活力和无限潜能的基础上,他为其挖掘着交往理性的理论资源。关于阿多诺等人的现代性理论,哈贝马斯认可它们对理性反思的部分成果,但不赞同它们对理性的彻底否定,因为现代性的问题不在于理性失效了,而在于人们没有正确使用理性;而对于后现代对现代性的偏见,哈贝马斯肯定了后现代的多元价值观念,但反对后现代蔑视和放弃理性的武断做法。在哈贝马斯看来,阿多诺否定理性与后现代理论家放弃理性都存在着误解理性的现象,在某种程度上他们的理论都带有权力理性的特征,即都

① [法]让-弗朗索瓦·利奥塔尔:《后现代状态:关于知识的报告》,车槿山译,南京大学出版社2011年版,第139页。

赋予理性以绝对权力。为此,哈贝马斯既批判了阿多诺对理性的态度与黑格尔的绝对理性观念有相似之处,也揭示了后现代理论对理性他者的追求暗含着对权力理性的崇拜,"因此理性的他者始终是权力理性的镜像。屈从和命令始终与控制欲相联系,如同反权力的抗议与权力压抑之间的关系一样。那些想要把一切范式连同意识哲学范式抛弃、直接跨入后现代性的澄明境界的人,根本无法使自身挣脱主体为中心的理性概念及其令人印象深刻的地形图"①。既然现代性的症结在于权力理性,那么解药就是"非权力理性"了,但是从哪里寻找这种救世良药呢? 就在现代性自家的"后院",即黑格尔的"和解理性"。在哈贝马斯看来,黑格尔曾希望以"和解理性"协调工具理性、道德理性和审美趣味的关系,但他因对"和解理性"的认识具有局限性且陶醉于主体的反思能力,从而他放弃了和解理性,转而投身于对绝对理性的探究和布道。针对这种情况,哈贝马斯返回了黑格尔的"哲学前院",挖掘出和解理性,赋予它生机和活力,并将其重新命名为交往理性。交往理性立足共识的文化资源之上,依赖主体的交往、学习和团结的能力,创建出协商式生活环境。"交往理性使其自身在主体间理解与相互承认的约束力中得以体现。同时,它受制于一种共同生活方式的普遍性。"②交往理性的凸显意味着文化现代性内部具有协调的可能性,而且廓清了霍克海默和阿多诺所批判的理性仅是工具理性,而非所有的理性,因此人们不必徒劳为理性送葬和唱挽歌,因为它的生命力顽强且创造力惊人。至于后现代寻找理性他者的方法,则为它自己设置了一个无法解决的悖论,"这一行动被理解为对主体性所实施的自我膜拜的一种揭露性反转,同时它又掩藏了自身"③。结果,后现代陷入一种虚无境地,追求着一些"匿名资源"。

在积极地为现代性和理性进行辩护的同时,哈贝马斯也强调着交往理性的必要性和重要性,而对交往理性的凸显有助于激发文化现代性的内在潜能,使其发挥其应有的作用。哈贝马斯认为,文化现代性方案关涉科技、道德和艺术等领域,它们虽"术业有专攻",但可以借助交往理性来协调发展,使科技富有人文关怀和道德关切,促进社会健全发展。交往理性为何具备如此魅力呢? 因为各行业的专家绝非目不识丁之人,他们虽专业背景

①　Jürgen Habermas,*The Philosophical Discourse of Modernity:Twelve Lectures*,trans.Frederick Lawrence, Cambridge and Maldon:Polity Press,1987,p.309.

②　Jürgen Habermas,*The Philosophical Discourse of Modernity:Twelve Lectures*,trans.Frederick Lawrence, Cambridge and Maldon:Polity Press,1987,p.324.

③　Jürgen Habermas,*The Philosophical Discourse of Modernity:Twelve Lectures*,trans.Frederick Lawrence, Cambridge and Maldon:Polity Press,1987,p.308.

相异,但同处于相同的文化传统中,具备商谈和达成共识的条件。况且他们都在乎他人的快乐、人类的解放,而且看似冰冷的科技并非意识形态的工具,也非抑制和屠杀生灵的凶手,它们能够作为造福于个体和人类的温情助手。为此,哈贝马斯纠正了马尔库塞的观点——科技的意识形态论,也不赞同阿多诺的科技悲观论。哈贝马斯相信,进入反思现代性之后,科技已化为社会进步的推动力,它关心人的解放,接受着人文学者的批判,也注重培养个体自我反思的意识和能力。可以说,"自我反思能把主体从依附于对象化的力量中解放出来。自我反思是由解放的认识兴趣决定的。以批判为导向的科学同哲学一样都具有解放的认识兴趣"①。换句话说,科技的潜力无限,关键是目的何为?由谁主宰它的发展趋向?如果善者决定着它的方向,那么我们就会受益于它无穷的创造力,享受它所给予的诸多幸福契机;假如恶者操控着它的进程,则我们受害于它不可估量的破坏力,战战兢兢地生存于恐怖氛围中,或自欺欺人地苟活于受控制的环境中。基于对科技的品行思虑,哈贝马斯曾连续撰文批判克隆技术。②对于唯技术论者对克隆技术的赞美,哈贝马斯自然不会认同,因为这违背了人类的发展规律,造成了人们的精神恐慌,引发了技术滥用的风潮。而在克隆技术相关批判中,齐默尔只根据生物学角度评判克隆人的合法性,而哈贝马斯则强调:"生物学不能剥夺我们的道德反思",人们应从平等权利的立场审视克隆技术,既拒绝一些自恋的人复制自己的基因,也提醒个体不要将命运交付于他人支配。③

客观地讲,那个阶段除了哈贝马斯积极重构现代性之外,利奥塔的"重写现代性"和詹姆逊的"反观现代性"也在世界范围内产生了较大影响,这三位理论家为挽救现代性声誉做出了不可忽视的贡献,也为激发伦理生活中的积极因素提供了思路。

作为一个激进的后现代理论家,利奥塔曾在《后现代状态》(1979)中宣告:现代性叙事方式——宏大叙事(解放叙事与思辨叙事)已经退位,微小

---

① ［德］哈贝马斯:《作为"意识形态"的技术与科学》,李黎、郭官义译,学林出版社1999年版,第129页。

② 这些文章有:《自然不禁止克隆:我们必须自己决定》,《时代周刊》(1998年2月19日);《克隆人不会损害公民权利》,《时代周刊》(1998年3月12日)。See Jürgen Habermas, *The Postnational Constellation: Political Essays*, trans. Max Pensky, Cambridge, Massachusetts: The MIT Press, 2001.

③ See Jürgen Habermas, *The Postnational Constellation: Political Essays*, trans. Max Pensky, Cambridge, Massachusetts: The MIT Press, 2001, p.167.

叙事将要登场，即现代性终结、后现代出场。但是在《重写现代性》(1986)中，他重新书写了现代性与后现代性的关系，提倡以"rewriting modernity"取代"postmodernity"这种表述。利奥塔指出，这种修改产生了两种意义：取消"前"(pre)、"后"(post)等空洞的时间分期，赋予现代性以自我超越功能；重写是现代性的自我矫正，而非颠覆重建。第一种意义肯定了现代性的自我超越的意识和动力，现代性不仅在时间中超越自身，而且酝酿出前瞻的、宏大的方案，如乌托邦和解放叙事等，即现代性在自我超越中孕育着后现代性，两者之间并没有出现弑父的奇观。①第二种意义强调现代性不断地反思和自我纠正，后现代就是它的反思阶段，或有人称作反思现代性。比如，反思科技理性妄图解放人类的宏大企图，矫正力图将一切事物工业化和物化的狂妄想法等，为此，我们可以说，重写现代性或重提后现代既是为了减少现代性的缺陷，也是为了书写一个更合理的现代性叙事。②这也说明利奥塔改变了其现代性与后现代性水火不容的对立观点，转而他肯定了现代性尚未退场，后现代性只是它的自省阶段，是现代性自我超越和不断进步的结果。就是说，利奥塔的重写既没有否定现代性的累积，也没有抹杀后现代的激进性，只是创新了现代性的叙事方式罢了。

詹姆逊曾依照经济的发展状况将世界的文化依此分为三个阶层，并认为第二世界文化和第三世界文化最终都将走向神圣的美国后现代主义文化。结果，这种简单论断遭到包括中国学者在内的世界很多学者的批评，对此，他及时地反思和调整自己的观点，③写出论文《对现代性的重新反思》④与著作《单一的现代性》。此时，他认为，现代性是一种叙事类型，每个人都可以对它进行阐述，不过，要想保证阐述的有效性，人们就必须注重现代性与后现代性之间的断裂："现代性是一系列问题和答案，它们标志着现代化的一种未完成或部分完成的境况，后现代性是在一种倾向于更完善的现代化中获得的东西，它可以概括为两种成就：一是农业的工业化，即消灭

---

① 参见[法]让-弗朗索瓦·利奥塔：《非人——时间漫谈》，罗国祥译，商务印书馆2000年版，第26页。

② 参见[法]让-弗朗索瓦·利奥塔：《非人——时间漫谈》，罗国祥译，商务印书馆2000年版，第37页。

③ 关于詹姆逊对现代性的态度转变，可以比较他相关著作的出版时间，反思之前：《Postmodernism, or, The Cultural Logic of Late Capitalism》(1990)，《Seeds of Time》(1994)；反思之后，《A Singular Modernity》(2002)。

④ [美]詹姆逊：《对现代性的重新反思》，王丽亚译，《文学评论》2003年第1期。这篇论文是《单一的现代性》(A Singular Modernity)(2002)的一个章节，题目为《现代性的四个基本准则》(The Four Maxims of Modernity)。

了所有传统的农民,另一种是无意识的殖民化和商业化,换句话说,就是大众文化和文化工业。"①詹姆逊所重写的现代性最显著的特征是承认它的多元化,如拉丁美洲的现代性和印度的现代性等;他也认同以自我方式书写现代性,比如按照宗教,可区分俄国的东正教现代性和儒家的现代性等。多元现代性的理论取代了三个世界的理论,意味着每个地区和国家的现代性都拥有自治性,而不必以美国和第一世界马首是瞻。

三、现代性的希望:一种伦理学路径

　　经过哈贝马斯重写文化,以及他与詹姆逊和利奥塔等人重构现代性,现代性得以被人们重新认识,人们相信这种生活方式仍富有希望,值得继续信赖和坚持实践。不过,需要强调的是,哈贝马斯及韦尔默等人逐渐以伦理学视角探究和言说现代性的希望和潜能,而非仅仅就现代性而言说现代性。这既因为一个完整现代性方案的初衷和最终目的就是培养富有健全人格的个体,也因为哈贝马斯等人所阐述和凸显的文化的交往和对话等功能具有伦理学效用,更关键的是,他们敏锐地发现良善生活具备了构建的可能性。

　　具体而言,其一,重构后的现代性注重科技、道德和艺术的整体性与协调性,这既有助于维护生活世界的完整性,也有益于促进人的健全发展。原初的启蒙规划和现代性方案就强调科技、道德和艺术协调发展,并将人的整体发展和健全成长视作最终目标,但是在"知识就是力量"的观念影响下,科技被赋予了绝对信任,它凌驾于道德与艺术之上,不受道德约束,漠视着人的长久命运。不幸的是,思想家曾经的担忧变成了悲惨的事实,日新月异的科技变成了压抑人类与屠杀物种的高效工具,奥斯维辛集中营就是科技至上带来的一个梦魇。了解到现代性分裂导致的悲剧后,哈贝马斯与韦尔默更加在乎现代性的完整性,并强调其内部的协调性。有别的是,哈贝马斯先积极地为科技正名,因为科技背负恶名,步履蹒跚,进而他倡导道德的规劝,然后强调这两者要与艺术协调发展;韦尔默则从恢复审美现代性的声誉开始,因为它遭到哈贝马斯的贬损,被批判为不堪重任,而在恢复审美现代性的地位的基础上,韦尔默进而提倡伦理的建设,他希望艺术、道德与科技相互合作。

　　哈贝马斯等理论家的这种重构意义深远,它既鼓励科技、道德和艺术各司其职,科技注重生产力的提升,道德重视人们行为的合理性,艺术发挥

---

① 　Fredric Jameson,*A Singular Modernity*,London and New York:Verso,2002,p.16.

其审美批判、反思和交往的作用;它又强调三者要基于个体的健全发展和人类的幸福协调发展,相互比照、互相依存,科技接受艺术和道德的监督,明确技术创新的目的何为,有何禁忌,而艺术和道德借助科技的发展,探究新时代里人类遭遇的困境及如何解放。毋庸置疑,这些理论家的提醒和告诫具有一定的社会影响,这些年科技的研发和利用不再像以往那样肆无忌惮,不计伦理后果和道德禁忌,同时因为跨学科的合作和交流,各学科之间在一定程度上增加了交流乃至监督,所以极权主义时代的技术拜物教就难以死灰复燃。这些积极性的影响创造了诸多希望的契机,比如它可以维护生活世界的完整性,提升它对政治系统和经济系统的抵御能力。以往,哈贝马斯之所以担忧生活世界殖民化,并不是他恐惧政治系统和经济系统的侵蚀力和控制力,而是焦虑于生活世界的内部分裂和价值观的混乱而为系统侵入和殖民化造成机会和可能性。而当生活世界内部增加了协调、价值观清晰后,真、善、美都以人的长久和健全发展作为最终目标的时候,人类生活的自由度就会提高,就会减少被政治愚弄和经济控制的可能性。同时人们既会提升对自我健全程度的认识,也努力保持其自身的整体性,注重真善美的协调关系,辩证看待科技的力量,注重自身的道德发展和伦理反省,保持自己敏锐的审美判断力。

　　个体的这种内在变革和持续进步也许是现代性重构最值得肯定的功绩之一,公允地讲,这种新个体既是重获生机的现代性的一个产物,也是复活后的现代性新使命的承担者,比如怎样为现代性探寻更多的动力,以及如何完成现代性未竟的启蒙使命。从某种意义上讲,新个体就是当代理论家眼中的自主个体,这样的个体知道自身拥有自主性,并且懂得如何运用这种自主性。更关键的是,理论家们认为,自主性是每个个体应有的能力和权利,个体的幸福标准就在于是否充分运用了他们的自主性,是否拥有充分实施其自主性的空间和场所;而社会的公正性在很大程度上就在于它是否基于自主个体的需求来建设和完善,这意味着自主个体既是社会公正性的评判者,也是社会进步的推动者。

　　其二,既为现代性探寻到内在动力——交往理性,也逐步将现代性营造为一个多元文化共存的伦理空间。在曾经那个"终结论"此起彼伏的阶段,现代性承受着口诛笔伐的巨大压力,虽然那些批判中不乏好事者有博取名声之嫌,但是现代性自身的确难辞其咎,其中,单一形式和主客二元对立就是现代性的局限性的体现,为此,哈贝马斯倡导要以"复杂结构"取代单一形式、用主体间性代替主客二元对立。公允地讲,现代性在各方面取得了非凡的成就,例如哈贝马斯指出,现代哲学围绕着主体性来建构人类的生活,这既凸显了主体的自由,也提升了人们对其批判权利、行为自由以及自我意识等的思考;①现代艺术(作品与相关理论)拥有着探索意识与刨根问底的精神,这既拓展了现代性的领域,也加深了人们对生活环境的认识。不过,哈贝马斯揭示出现代性的一个缺陷——创造一个典范后,便固守这种典范而拒绝新事物的介入,结果,哲学陷入主体哲学的窠臼中,将现代性引入主客二元对立的深渊中;而艺术因迷恋自我模仿而失去了创新的意识和突破的精神,无法为现代性的继续发展提供更多的帮助。此后,诸多危机和悲剧都可以从这种单一结构中找到病源,为此,哈贝马斯努力地以充满活力的主体间性取代僵死的主体性原则,积极地为现代性探寻着新的生机和新的力量。在主体间性的思维中,只有主体与主体的交往方式,而没有主体与客体之差别,这意味着交往者之间是平等关系,不存在先后、主次的区分,因此他们乐意交往,希望从这种自由和平等的关系中获得承认。如哈贝马斯所言:"这种完整的主体间性是自由、相互承认的对称关系的一种显现。"②由于社会并非只存在两者之间固定的交往,而是充盈着复杂多元的交往行为,也因为交往者的文化背景并不一致,因此他们编织起一个复杂的交往结构。复杂的交往结构使现代性内部充满活力,使它实现了反省和自救,为此,韦尔默肯定主体间性为现代性创造了更多解放的契机,使它对乌托邦仍抱有信心。而随着对多元性的认识和重视,哈贝马斯更多地以伦理学眼光看待现代性,努力将其营造为适宜多元文化共存的共同家园。

哈贝马斯之所以采用伦理学视角,既因为交往理性和主体间性改变了人们的对话方式,使得人们更多地以相互尊重和平等民主的方式来交流和对话,从而使我们前所未有地听到了多种声音和多样诉求;也因为他看到了文化作为一种知识储备的潜能,依据此储备进行沟通,相似文化传统的人自然地交流,因协商达成一定共识;文化传统不甚相似的人也能够交流,因为人们秉承学习天性并渴望团结,所以也可以实现共识;还因为文化具有再生能力,能够在异乡开花结果,将不同语境联结起来,使不同文化背景的人进行深层的交往与志趣的交谈,"很自然,在生活方式总体性的多元性之间存在着家族相似性;它们相互重叠,彼此交织,但它们最终不会为某些

---

①　See Jürgen Habermas, *The Philosophical Discourse of Modernity: Twelve Lectures*, trans. Frederick Lawrence, Cambridge and Maldon: Polity Press, 1987, p.17.

②　Jürgen Habermas, *Postmetaphysical Thinking: Philosophical Essays*, trans. William Mark Hohengarten, Cambridge, Massachusetts: The MIT Press, 1992, p.145.

超级总体性所统辖"①。这有助于构建共同体和良善生活,而这正是哈贝马斯最期望的文化交往的结果。长远地看,这种伦理学路径既丰富了现代性的内涵,使其在原有的经济、政治和科技等维度上增加了伦理维度;也将良善生活由原来的地域概念扩展到世界范围内,使整个人类的福祉成为理论家们共同关注的对象。

良善生活话题的凸显体现了批判理论的进步,当代批判理论家族的很多成员采用伦理视角审视着人们的生存状态和生活环境,并通过挖掘文学艺术、文化和科学等中的伦理资源,为个体的自由和人类的解放创造契机和希望。因探讨良善生活建构,一方面,理论家们重写了很多术语,丰富了各自的理论框架,例如他们基本上都把多元正义视作良善生活的前提和基础,也把个体美德和社会正义方面的概念糅进他们的理论中;另一方面,他们挖掘出新的伦理资源,为社会发展找到了新的推动力,比如韦尔默从后现代文化中挖掘出自由和民主的潜能、从现代主义作品中找到对话和协商的因质;而霍耐特认为,亚文化承认问题虽然为社会带来一些不安因素,但是它促进了社会的反思和制度的调整,这有益于良善生活走向更高的阶段和使人们进行更高级的交流和团结。

其三,随着现代性由一元化走向多元化,人们的更多民主诉求得以凸显,良善生活建构具有了可能性。关于多元化取代一元化,既是理论家们的一种理论探索,他们相信多元化的社会结构和思维有助于人们表达各自的意愿,有益于达成他们具体的需求,以及促进多元正义良善生活的建构;也是理论家们准确把握现代性内在变化的结果,因为单一的现代性无力再为全人类创造幸福,或者说它的历史使命已经完成,现代性应该倾听民众的呼声、尊重他们的意愿,即多元性应登上历史舞台。为此,哈贝马斯指出:"我的反思指向这个话题:理性的统一体只有在其多元性的声音中才被理解——原则上从一种语言过渡到另一种语言的可能性——某个段落,尽管是偶然性的,却仍旧可被理解。"②理解并承认多元性是多元文化共同发展的良好契机,即承认民众的自我需求与多样的生活方式,就是尊重各民族的文化特征与公正对待他们对未来的设想,其本质就是源自丰富的生活世界的多元现代性。多元现代性从深处激活了现代性的活力,各民族以独特方式选择和构建自己的生活方式,这就避免了某种强势现代性的压制和

---

① Jürgen Habermas,*The Philosophical Discourse of Modernity:Twelve Lectures*,trans.Frederick Lawrence, Cambridge and Maldon:Polity Press,1987,p.343.

② Jürgen Habermas,*Postmetaphysical Thinking:Philosophical Essays*,trans.William Mark Hohengarten, Cambridge, Massachusetts:The MIT Press,1992,p.117.

阻碍。于是如詹姆逊所言,世界涌现了中国现代性、印度现代性和巴西现代性等多种现代性,它们形态各异,各自润泽着自己的民族,但它们富有交叉性和共通处。对于多元性,哈贝马斯既指出了它存在的必要性,也强调多元中的共识的重要性,"即使它们可以被不同方式阐释并可以依据不同标准被使用,那么像真理、理性或正当性等概念就能在每个语言共同体中扮演相同的语法角色"①。这也是哈贝马斯构建共同体的目的——求同存异,在对话和协商中消除隔阂和矛盾,营造一个团结和合作的共同家园。有趣的是,韦尔默则有点儿反其道而行之的意味,他认可共识的必要性,但更注重多元性的存在与涌现,因为偶然性层出不穷,所以衍生出更复杂、更细致的多元性。不过,韦尔默与哈贝马斯和霍耐特等人都把多元文化共存视作完善的伦理生活的基础,也把多元正义良善生活看作他们共同的理论旨趣。而就多元文化来讲,我们能从异质文化身上看到哈贝马斯、韦尔默和霍耐特等人相似的多元性观念。

概括地讲,异质文化涉及移民、难民和有宗教身份的群体等,他们虽然也为社会做出不可忽视的贡献,但是因为文化和习俗的缘故,他们与主流文化之间时常会产生一些冲突和矛盾,而如何合理地解决异质文化问题,是许多国家及整个良善生活建构中不可回避的、一个重要的事情。对此,哈贝马斯倡导以包容和宽容姿态看待和倾听异质文化的诉求,在尊重他们的文化和信仰的基础上,探寻解答他们诉求的规范路径,从而促进一种多元文化伦理生活的构建。哈贝马斯等人是富有信心的,既因为此阶段的现代性倡导反思,并实践着反思,它主动地完善着自身体制;也因为包括异质文化在内的所有公民都是以权利使用者的身份提出民主诉求和政治意愿,都期望能享有一种公正的、团结的生活场所。

整体地看,经过重写文化和重构现代性,哈贝马斯找出了文化中的建构力量、挖掘出现代性中的交往潜能,这在很大程度上缓解了文化和现代性的信任危机,有助于人们以一种辩证眼光审视这两者的作用和功能。另外,加之伊格尔顿等人积极地为现代性辩护,由此,现代性逐渐走出信任危机的困境,它的交往和对话等功能得到了更多人的重视和阐释。而当现代性不再受信任危机困扰后,哈贝马斯等人在重构现代性过程中所发现的伦理问题便成为学者们新的关注点,例如现代性如何成为一个尊重和包容多元文化的生活空间,它的交往理性如何促进自主个体确立一种合作和团结

---

① Jürgen Habermas,*Postmetaphysical Thinking:Philosophical Essays*,trans.William Mark Hohengarten, Cambridge, Massachusetts:The MIT Press,1992,p.138.

意识。其实,第一代之所以质疑和否定现代性,主要在于它导致了个体道德水平下降,制造了一种价值扭曲的错误生活。这意味着伦理问题和现代性品质是紧密相连的。因此,我们不妨认为,今天人们以伦理视角分析和阐述个体幸福和人类福祉,既复活着现代性的生活方式和内在活力,也推动着现代性走向更高阶段——富有自反性和交往性的现代性。而由此带来的自主个体、文化多元和良善生活等话题,影响了霍耐特、门克和弗斯特等人的研究思路和理论建构。他们在以这些概念作为各自理论的基石的基础上,分析着时代症候、探讨着多元正义良善生活建构的可能性和已具备的条件,当然,他们在不同程度上也丰富了这些概念的内涵和意义。

第二节　韦尔默:后现代文化与自由民主伦理生活①

在法兰克福学派中,韦尔默扮演着第二代与第三代之间过渡性人物的重要角色:作为哈贝马斯的学生兼同事,韦尔默继承和丰富了交往理性,不过,在阿多诺美学和后现代文化②等方面,韦尔默与哈贝马斯却存在着一定分歧;作为门克和泽尔等人的老师,韦尔默的美学观和伦理思想对他们产生了不可忽视的影响,比如门克也如韦尔默一样对阿多诺美学持肯定态度。对于韦尔默的思想遗产,有的学者从星丛角度肯定了他的理论多维性,③有的学者从民主和人权的立场评价了他的政治伦理思想,④实质上,就整个法兰克福学派所呈现的伦理转向而言,韦尔默的特殊成就在于,通过以伦理学视角审视后现代文化,他发现其中的自由化的游戏(play)和多样化的风格富有自由和民主等意蕴,这些伦理因素有助于人们积极参与良善

---

① 本节曾刊发于《河北大学学报》(2022年第2期),此处有改动。

② 这里的后现代文化是后现代主义文化的简称。对于后现代主义文化,韦尔默肯定它具有一定的艺术特性,这使得它在以文化形式影响民众的生活同时,也以艺术方式提升着他们的判断力和认知力。为此,韦尔默常将后现代主义文化与现代主义结合起来,整体地评价它们在良善生活建构中的作用。

③ 参见应奇:《"七八个星天外"——追念韦尔默教授》,《哲学分析》2019年第1期。

④ 参见[德]格奥尔格·洛曼:《民主和人权的变奏曲——纪念哲学家阿尔布莱希特·韦尔默》,李哲罕译,《哲学分析》2020年第5期。

生活的建构,发挥各自的主体性和创造力。①可以说,这种伦理学视角既能减少人们对后现代文化的误解,使他们从中发现更多积极的伦理资源;也能提升他们对艺术和文化在完善伦理生活方面的重要性的认识。长远地看,韦尔默努力构建的自由、民主伦理生活并非仅仅为了某个民族和某个地域,其最终目的是实现全人类的幸福,他希望这种良善生活能够有效地解决世界范围内的公共事件,为人类营造一个协商和团结的共同家园和生活空间。

一、解读后现代文化:一个伦理学视角

韦尔默之所以采用伦理学视角来分析后现代文化,既因为文化伦理研究是法兰克福学派的一个传统(不过,与阿多诺等人的文化伦理批判不同,韦尔默是以肯定态度探寻着后现代文化中的伦理资源);也因为第二代及第三代共同倡导着一种伦理转向,他们各自以自我视角从不同类型的文化中为良善生活寻找着伦理资源,而且期望以此解决全球范围内的异质文化(heterogeneous cultures)问题;还因为后现代文化本身就是一个星丛,它蕴含着丰富的交往、自由和民主等资源,这种多维的文化召唤着视野相异的人进行阐释,也给予这些阐释乃至重写(rewriting)以认可和承认。

可以说,对于由第一代人所开创的文化伦理批判路径,韦尔默继承了这种伦理学视角,但采用了理解和肯定态度分析他视域中的文化,这种态度的转变与两代人所面对的不同伦理环境休戚相关。关于第一代的文化伦理批判,大致上包括对文明压抑性的谴责与对大众文化愚人性的批判,例如马尔库塞指出,现代文明通过向人施加双重压抑,使他们简化为顺从和道德麻木的“单向度的人”;阿多诺揭示道,大众文化借助弱化大众的感知力,使他们退变为呈现着虚假行为(pseudo-activity)的人——无法判断是非、善恶观念混淆。“虚假行为是被误导的自发性。被误导,绝非偶然;因

---

① 关于一些理论家的成就,我们除了依据其论著的思想性作客观评判之外,还应该从他们维护其所在的学术共同体的整体性和传统方面进行评价。比如韦尔默,他的后现代文化自由民主思想和后形而上学现代性理论等,在与哈贝马斯的交往行为理论保持基本共通性的基础上,也体现着与哈贝马斯的“不和谐”。对于后现代文化,哈贝马斯批评它暗藏同一性意图,韦尔默则认为它作为一种文化风格和美学形式为良善生活提供着自由和民主资源。可以说,韦尔默从美学立场对后现代文化的辩护及他对艺术的尊重维护了法兰克福学派理论的整体性和传统,因为在这个学术共同体最初确立时,艺术和美学就是他们批判“错误生活”和探究人类解放的基本路径之一。从这个意义上讲,韦尔默是一个被学界低估的理论家,而他与哈贝马斯在后现代文化和艺术的真理有效性上的论争更显示了他的独特价值。

为人们的确对摆脱其身上的枷锁有一种模糊的怀疑。"①这种文化伦理批判使人们认识到,极权主义的形成和维护与文明抑制和大众文化愚弄有一定关系。从今天看,文化伦理研究已然成为法兰克福学派的一个固定理论路径,自然它也化为他们的思想遗产的一部分,因此单就宽泛意义的文化而言,韦尔默和哈贝马斯对后现代文化等的肯定性言说是对第一代文化批判的一次"反叛",也是对文化的一次大规模的"重写",例如第二代涉及了作为交往资源的文化、文化现代性(cultural modernity)和后现代文化等。这种大规模的重写有助于人们辩证地看待文化在伦理生活中的角色和作用,从而合理地利用各种文化中有建设性的伦理资源,同时减少它的消极影响。大体上讲,韦尔默的后现代文化伦理观既继承了第一代的伦理学路径,又实践着第二代对文化的理解态度,由此,他看到了后现代文化的一些风格富有积极的伦理功能,它们有益于提升民众的自由和民主等意识,从而使他们在良善生活建构中更自主地发挥其主体性和创造性。当然,韦尔默和哈贝马斯并非刻意要区别于第一代的批判态度,关键原因在于这两代人生活在完全不同的伦理环境中,第一代面对的是日渐形成的极权主义氛围,社会充斥着欺骗、压制和控制,个体感知力钝化、道德感麻木不仁,因此阿多诺等人在批判这个虚假社会的同时,也从文明和大众文化等方面探寻着这个"不健全社会"的成因及其运作方式;而韦尔默则处于反思现代性阶段,人们可以参与到伦理生活的建构中,即阿多诺所提及的典范式良善生活(强调个体道德与伦理环境的辩证关系)具有了逐步实现的可能性,为此,韦尔默努力从文化及艺术中为良善生活寻找着积极的伦理因素和理论资源。

　　笫三代和第四代与韦尔默的境况相似,他们都处在反思现代性语境中探讨文化的伦理功能,不过,第三代和第四代把亚文化问题和异质文化事件视作伦理问题来看待,而非单纯的文化问题来分析,因为它们诱发了一些"文化战争"和伦理冲突。例如在霍耐特看来,亚文化群体因为其文化和成就遭到社会的蔑视和忽视,为此,他们以集体文化方式进行抗议和斗争,甚至当这些诉求得不到合理解决时,他们就会采用一些非理性方式表达着不满和抗争。弗斯特指出,当异质文化群体的特殊诉求因其文化身份而得不到实现时,他们期望通过合法的辩护达成这种诉求、维护自己的文化传统和文化价值,而当他们的诉求得不到妥善解决时,他们就会使用暴力行

---

① Theodor W.Adorno,*The Culture Industry:Selected Essays on Mass Culture*,London and New York:Routledge,1991,p.194.

动来争取社会的认可。从某种程度上讲,自霍耐特开始,法兰克福学派的文化伦理研究出现了一定的转变,主要表现为从对文化形式的研究转向了对文化群体生活境况的分析,当然,哈贝马斯和韦尔默也对异质文化群体的生活状态进行了一定研究。而在研究亚文化问题和异质文化问题的过程中,一方面,霍耐特和弗斯特揭示了它们是某些社会运动的诱因;另一方面,他们也指出它们是社会进步和制度完善的一种动力,因为它们促使着权威不断调整制度和政策,以便能消除文化矛盾和解决社会运动,能为更多人提供自由和幸福的契机。

在选择伦理学视角方面,韦尔默除了批判性地继承第一代的伦理学研究路径之外,也与第二代和第三代共同倡导的伦理转向有着直接关系。这种伦理转向主要源于人们想要建构一种公正的伦理生活的愿望,他们相信这种共同生活能为个体和集体创造幸福契机,并且它并非遥不可及,为此,诸多理论家竞相构建着各自心目中完善的伦理生活,积极地从各方面为这种生活寻找着伦理资源。在这方面,哈贝马斯、韦尔默及霍耐特和门克等人以"家族式"方式营造了一种伦理转向的氛围,当然,这也推动了更广范围内的伦理转向。

可以说,受益于这种浓厚的伦理转向氛围,韦尔默对后现代文化形成了一定的伦理"期待",他期望从中发现一些伦理资源和政治潜能,以便为良善生活的建构创造更多的可能性。经过细致分析,他发现,后现代建筑的多价性(polyvalency)和折衷主义(eclecticism)等体现着交往理性和民主原则。其中,这种多价性具有一种"迷宫式清晰"(labyrinthine clarity),它可被视为交往理性的一种范畴,[①]它既呈现着一种复杂的日常生活结构,也代表着一种较新的解放观念,这有助于确立一种普遍的民主诉求;而折衷主义是对单一结构的否定和替代,它的模糊性具有将城市生活与民主原则相连接的功效,体现着城市生活设计的民主性和自由性,这对工具理性形成一种批判。需要注意的是,韦尔默以伦理学视角解读后现代文化不只具有理论意义,并非仅仅为了响应伦理转向这个倡议,实质上,它更大的意义在于有益于解决现实中的异质文化问题。近些年,异质文化问题逐渐成为民主社会的一个顽疾,这些文化群体的某些具体诉求因其特殊身份而遭到拒绝,乃至他们本身受以侮辱,如具有宗教身份的移民,为此他们进行着抗议,甚至诉诸暴力。可见,对这种异质文化问题的关注使得韦尔默等人的

---

① See Albrecht Wellmer, *The Persistence of Modernity:Essays on Aesthetics,Ethics,and Postmodernism*,trans.David Midgley,Cambridge,Massachusetts:The MIT Press,1991,p.105.

伦理转向富有较强的现实意义,也使得他们所从事的良善生活建构具有较大的现实价值。

　　为了合理解决异质文化问题,并使这些群体积极参与到良善生活的建构中,哈贝马斯着重论述了"宽容"和"团结"等概念的基本含义,以及它们所负载的责任,韦尔默则借助后现代文化重点阐述了自由和民主的表现形式,而韦尔默的学生门克对平等权进行了规范论证。除了从后现代文化中挖掘自由和民主等伦理潜能之外,韦尔默还倡导将它的多元化风格移植到伦理生活的结构中,他认为,一个完善的共同生活应该是多元前提下的自由、民主的伦理生活。随着时代的发展,这种"多元前提"既为多种文化共处创造了合适的氛围和空间,使得不同文化最大程度地相互尊重、彼此包容,形成更高层次的集体智慧,能有效地应对风险的威胁;也为多元正义的确立提供了一定的理论依据,因为每一种文化风格都代表着一种意愿和诉求,它们都期望获得展现的空间和得到公正的评价。这些表明了艺术对伦理生活具有微观、持久的影响和改造作用,有助于提高人们对艺术伦理功能的认识和了解,可以召唤更多人加入艺术创造的行列,能够吸引更多人挖掘艺术的伦理潜能。

　　后现代文化的多面性给予了韦尔默用伦理学视角进行解读以自信,而这种解读也恰好印证和细化了这种多面性。这种多面性既表现为后现代文化包括了文学、大众文化、雕塑、绘画和建筑等多种类型,使人们可以通过选择某种和几种类型来形成各自的后现代文化理论,这是后现代文化众说纷纭的主要缘由之一;也体现为单单建筑本身就是一种意义的星丛,它涉及技术、经济、文化和政治等因素,这就为理论家深入分析后现代建筑提供了丰富素材,也为他们由此确立各自独特的后现代文化理论创造了可能。而在众多后现代文化理论中,韦尔默理论最新颖之处就在于他以伦理学视角对建筑进行了细致分析,发现了这种新型建筑特有的审美特性和社会功能。在他看来,建筑是一种开放的视觉艺术,虽然它无法用语言表达自己的意愿和诉求,但是人们依旧能从中察觉到主体对美的创造与对使用价值的期待。"只有当这种目的本身如被关注主体的目的那样明显和可辨识时,实用事物的美与目的的联系才能被确立为现实的和可理解的。"[1]立足自己独特的建筑观,韦尔默既看到后现代建筑对现代建筑和现代艺术某些方面的继承,如对工具理性的批判和对理性尝试性的超越;也注意到它

---

[1]　Albrecht Wellmer,*The Persistence of Modernity:Essays on Aesthetics,Ethics,and Postmodernism*,trans.David Midgley,Cambridge,Massachusetts:The MIT Press,1991,p.110.

在城市生活和生态环境等方面的积极作用,这使得艺术与生活紧密连接起来,为此,他将后现代建筑艺术称为"实用美学","我的论点是:'与时代相适宜的形式'这个问题今天首先是实用美学的问题,而且艺术和工业的某种相互作用模式已不再产生某种处理这些问题的自足理念"①。这意味着后现代建筑和后现代文化直接介入人们的生活,它们既通过自身存在带给人们以美的享受,推进了审美日常化;也借助其现实功能提升了人们对艺术和文化的重视、对现实环境的认识。更重要的是,后现代文化是众人参与的狂欢场所,无数人在展现自己的审美冲动和创作潜能的同时,也凸显和再认识着各自的伦理诉求,以及集体的民主意愿。不过,如韦尔默所言,这些民主和自由的意愿更多地呈现一种微观态势,需要人们长久地关注和耐心地呵护。

整体地看,以伦理学视角阐述后现代文化既契合了这种文化的多面性和其终极目的,因为它始终把一种自由和民主的伦理生活视作最终目标;也在一定程度上细化了这种多面性,使我们看到后现代文化的伦理维度上具有如此丰富的意蕴和多样的现实责任,当然,这种伦理维度与这种文化的其他维度从来都是密不可分、相互依存的。

就引导人们如何辩证看待后现代文化而言,韦尔默的伦理学视角无疑富有新意。我们知道,关于后现代文化的有效性,曾经出现了观点相异的两个派别:一方以肯定和理解为主,如哈桑和利奥塔等。他们认为,这种新的文化样式体现着一种新的创作方式,凸显了大众的创新意识,带来了很多新鲜的术语和概念,为人们带来了更多希望,"后现代艺术不仅在时间上,而且在主旨上更接近希望本身的转变"②。另一方以质疑和批判为主,如伊格尔顿和哈贝马斯等人。他们指出,后现代文化具有早熟特征和同一性意图,容易培养个体浮躁性情和虚无姿态。韦尔默的立场在很大程度上属于理解和肯定后现代文化的行列,不过,他有别于哈桑等人之处,主要在于他鲜明地采用伦理学立场辨析后现代文化的价值,以建构良善生活立场来评判这种文化的作用。而就法兰克福学派内部来讲,韦尔默的这种态度带有突破洛文塔尔和哈贝马斯的观点的意味,其中,洛文塔尔批判后现代文化带有虚假性,无益于青年养成一种沉稳和严肃的品行。在某种程度上,这也是韦尔默认为其后现代文化观具有纠正第一代文化伦理批判观的

---

① Albrecht Wellmer,*The Persistence of Modernity:Essays on Aesthetics,Ethics,and Postmodernism*, trans.David Midgley,Cambridge,Massachusetts:The MIT Press,1991,p.110.

② [美]伊哈布·哈桑:《后现代转向:后现代理论与文化论文集》,刘象愚译,上海人民出版社2015年版,第113页。

缘由所在。

二、自由、民主：后现代文化中的伦理资源

在韦尔默看来，后现代文化中的伦理资源主要体现在"自由"和"民主"这两个概念上。韦尔默之所以重点关注这两个因素，既在于后现代文化的制作方法和风格类型具有自由和民主的特征，也在于这种文化中渗透了后传统社会的自由和民主的理念，或者说后现代文化是这两个理念的"试验田"。这意味着在韦尔默心目中艺术与生活之间具有一定亲和力和互渗性，这也是他相信后现代文化中的伦理因素及它的多元化风格有益于伦理生活建构的缘由所在。为此，他将自由和民主的伦理生活视作一种完善的共同生活，希望它能给予人类更多自由和解放的契机。

对于韦尔默而言，概括地讲，自由就是每个个体不受压制、自主地展现自己的意愿和实施自己的行为；民主则是所有个体平等地享有自己应有的权利，能够在良善生活建构中凸显各自的主体性。韦尔默对自由和民主的这些理解主要源于他对后现代文化的生产方式和多元化风格等的细致分析和伦理学阐释。简单地说，在后现代文化中，自由主要体现在它的游戏自由化原则方面，民主则主要表现在其风格多元化层面上，当然，自由游戏原则并不排斥民主，风格多元化中也包含着自由的成分。具体而言，关于后现代文化中的"自由"因素，表现为这种文化"无差别召唤"着所有民众，对他们以游戏方式从事产品制造和产品鉴赏，这有别于有诸多限制的艺术旧体制和文化传统，体现着一种有创造性的"本真（authentic）折衷主义"（詹克斯语）。后现代文化之所以对民众实施着"无差别召唤"，这是由多种原因所致，比如它的门槛较低，对参与者的背景和身份没有太多要求，它只注重他们是否有新的创意，能否创造出一定的商业价值；反过来，很多参与者也希望借助一些创意和其独特风格获得成功的机会，这也是伊格尔顿等人把后现代文化视作一种商业文化的缘由所在。实质上，这里的潜台词为：相对于艺术旧的体制，后现代文化允许和鼓励所有民众以游戏的方式参与其中，因此无论是从参与的人数和参与者的背景而言，还是从他们参与的方式和目的来看，后现代文化都体现着一种自由理念、一种开放姿态。其中，韦尔默所涉及的艺术旧体制大体上指以现代主义为主体的美学范式。相较而言，现代主义为了捍卫艺术的本真性和精神性，[1]在一定程度上

---

①　See Theodor W.Adorno,*Aesthetic Theory*,trans.Robert Hullot-Kentor,Minneapolis:University of Minnesota Press,1997,p.284.

设置了诸多限制,这为普通民众参与艺术创作和审美鉴赏制造了障碍,而后现代文化则欢迎普通民众自由加入其中,也鼓励他们自主地呈现各自的审美经验,由此所呈现的价值多样性和生命形式多元化凸显着一种"本真折衷主义"。这种折衷主义有助于民众高效地利用现代社会所给予的自由,这些自由是现代意识对传统诸多限制抗争的成果,应为所有民众共享和拥有;同时,民众对传统及经典的反叛并非决然地摒弃过去和遗产,相反,自由游戏原则暗含着对过去石化语言(fossilized language)的唤醒,使其为诠释新的生活服务,"倘若我们选择这种折衷主义,那么它就是一种创造性的现在(present)的折衷主义,一种选择并将过去的遗物带入生活的力量"①。

由此可见,后现代文化中的游戏应是一种富有审美性的自由行为,它努力摆脱艺术旧体制的种种限制,但是它始终尊重这种体制中的经典作品和精神性遗产,这也是韦尔默对现代主义与后现代文化没有厚此薄彼的根本原因。另外,虽然后现代文化提倡自由和个体化,但是它也倡导一种集体性,因为它最终目的是希望营造一种众人参与、集体共享的空间和场所,而非某个权威的私人领地,"一个空间概念应是开放的,既要满足个体的不同需求,也要符合对集体品行基本模式的解释,换句话说,空间概念可被个体化地**解释**(赫茨贝赫语)"②。

后现代文化场域中的这些观念既影响了个体的意识和行为方式,使得他们对自由有了更深入的理解、对如何实施自己的自由有了进一步的认识;也推动了相互尊重的集体氛围和共同生活的形成。在此,每个人都可以最大程度地享有自己的自由,同时,他们也尊重他人的权利,并且努力创造能充分彰显个体自由和集体创造力的空间。相较而言,政治家倡导以布道方式将自由和尊重等观念植入民众的头脑,思想家则提倡以细润形式唤醒每个个体对这些概念的理解、对它们的主动争取,而就个体的真正进步和社会的长远发展来讲,以审美方式培养个体的伦理更富有持久性,也更能激发个体自身的主动性和创造力。

至于民主成分,则呈现为后现代文化既鼓励风格多元化,也赋予每种风格以存在的价值和合理性,这种包容姿态是民主观念在文化上的一种实践,同时它也能反馈到民众的日常生活中。在某种程度上,风格多元化不

---

①　Albrecht Wellmer,*The Persistence of Modernity:Essays on Aesthetics,Ethics,and Postmodernism*, trans.David Midgley,Cambridge,Massachusetts:The MIT Press,1991,p.106.

②　Albrecht Wellmer,*The Persistence of Modernity:Essays on Aesthetics,Ethics,and Postmodernism*, trans.David Midgley,Cambridge,Massachusetts:The MIT Press,1991,pp.104-105.

单是后现代建筑具有的特征，它更是所有后现代文化共享的一个特点，在后现代文化这个场所中，参与者都努力凸显着各自个体性的设计和独特的审美经验，而且每种设计都可以得到平等尊重，每种审美观点都被赋予一定合理性。这使得后现代文化呈现出风格多元化、审美经验民主化等特点。而且在韦尔默看来，一方面，这种多元化和民主化为后现代文化所提倡和鼓励，因为它们可以彰显语言游戏的开放性、差异性，进而凸显解构等级秩序的潜能，"这种对某个词语的多元方式运用反射了我此前曾提及的语言意义的'开放性'。我甚至可以说：在语言意义的生命中存在着一种模拟力量，这种力量能确保现实中非同一事物——恰如阿多诺所言——被反射为语言意义中非同一的事物"①。另一方面，这种多元化和民主化得到民众的积极响应和自主地实践，因为他们能够从中展现各自的艺术才能和审美观点，在获得物质上的回报和精神上的满足的同时，他们也逐渐认识到自己在艺术场所中的主体性，乃至由此意识到参与集体生活的必要性。"需要承认的是，在现代立法概念的逻辑之内，任何决策产生过程的共性在于它必须尽可能在实际中得以实现——即所有受影响的人最终都应被赋予一种参与集体过程的平等权利，由此，共同意愿得以形成：这便是民主的理念。"②对于这种多元化和民主化，在韦尔默看来，它们在很大程度上是民主观念在文化上的一种积极的、普遍性的实践，以往倡导平等和相互尊重的民主观念多囿于政治领域，无法推及艺术和文化的空间内，而在后传统社会中，由于多种因素和多种力量所致，文化领域成为民主等伦理观念和政治理念的"试验田"，而倡导差异和自由游戏的后现代文化则是一个最重要的试验场所。事实上，很多民众也有意识地将这种民主和平等观念实践到后现代文化的制作和鉴赏中，这也是他们在这方面显示较大积极性和更多主动性的原因。当然，这无形中赋予了他们的多元化风格以微观的政治意义，在某种程度上，这也是很多理论家给予后现代文化以理解和肯定的主要缘由。另外，他们认为后现代文化的民主性还体现在，它通过培养参与者的民主意识和营造一种集体参与的民主氛围，使得他们很自然地在良善生活建构中彰显自己的主体性，丰富自身对民主观念的理解。

可以说，韦尔默对于后现代文化民主潜能的理解与他对其中的自由潜质的认识具有异曲同工之妙，他在充分挖掘这种文化形式和艺术类型中自

---

① Albrecht Wellmer,*The Persistence of Modernity:Essays on Aesthetics,Ethics,and Postmodernism,* trans.David Midgley,Cambridge,Massachusetts:The MIT Press,1991,p.71.

② Albrecht Wellmer,*The Persistence of Modernity:Essays on Aesthetics,Ethics,and Postmodernism,* trans.David Midgley,Cambridge,Massachusetts:The MIT Press,1991,p.194.

由和民主因质的基础上,也积极地探究着这些伦理因质向现实生活转化的
方式和途径。其中,涉及如何激励个体对自由和民主的自主诉求、怎样培
养他们建构性的自由和民主意识,从而使他们在良善生活建构中发挥出其
主体性和创造性。韦尔默的这种艺术伦理观与哈贝马斯对艺术伦理作用
的认识有较大的差别,这也是他们之间出现商榷和论争的原因所在。

　　可见,后现代文化的自由和民主因质不只表现在它的游戏自由化和风
格多元化方面,它们还体现在参与者由此确立起的自由观念和民主意识
上,这是"艺术与生活"互惠关系的一种体现,也是后现代美学的微观政治
功能的一种呈现。很显然,韦尔默之所以采用伦理学视角解读后现代文
化,就是期望从中探寻出伦理因素和伦理资源,从而将它们转至对个体美
德的培养和伦理生活建构上。事实上,他的确发现了后现代文化中存在着
一种良性循环关系:自由、民主观念——文化领域——个体以自由和民主
意识参与伦理生活建构,尤其当更多民众加入和推动这种循环程序时,它
能产生一定积极的微观政治力量。在某种程度上,这体现并诠释了"艺术
与生活"的互惠关系。以往人们认为生活可以主导艺术,而艺术很难影响
生活,不过,今天一些理论家认为艺术与生活已构成一种相互影响的关系,
例如朗西埃相信,依据审美经验自主原则,艺术能够构造一种"元政治",进
而推进一种平等、和谐的新生活确立。[①]而韦尔默认为,这种艺术与生活的
互惠关系有助于人们挖掘和利用艺术和文化的伦理潜能,重新认识文化在
良善生活建构中的作用,在一定程度上,可以将文化从第一代的文化伦理
批判的"阴影"中解放出来,"立足于这些踪迹,我们得以捍卫艺术与生活世
界的关系已修改这种观念,其中,某种民主实践能够有效地利用艺术的变
革、交往的潜能。我对艺术真理的反思,除了其他原因,那就是期望凸显:
这种在生活实践中艺术'扬弃'的视角真的存在于艺术美的概念中。就此
而言,这也可能将阿多诺背后的理念从不可想象的王国引入可想象的王
国"[②]。当然,虽然韦尔默对后现代文化中的自由和民主潜能给予了充分地
肯定,但是他始终客观地以"微观政治"立场看待这些伦理潜能,既期望后
现代文化能在良善生活建构上发挥着不可忽视的作用,也警惕它激变为一
种直接的暴力手段和毁灭工具。对于这种"微观政治"论,詹克斯和詹姆逊
都给予了不同程度的认可和肯定,例如詹克斯就将"后现代美学与非中心

---

① See Jacques Rancière,*Dissensus On Politics and Aesthetics*,trans.and eds.,Steven Corcoran,Lon-
don and New York:Continuum,2010,p.133.

② Albrecht Wellmer,*The Persistence of Modernity:Essays on Aesthetics,Ethics,and Postmodernism*,
trans.David Midgley,Cambridge,Massachusetts:The MIT Press,1991,pp.31-32.

化的、民主的微观政治相提并论"①。当然,这些理论家对后现代美学具体的政治功能各有侧重,比如韦尔默对自由和民主这两种功能进行了重点阐述,但是这并非说后现代文化只具有这两方面的功能。其实,韦尔默也谈论了交往理性,只不过他把它视为良善生活的必备语境与自由和民主实施的前提条件,这也是他继承和发展了哈贝马斯的交往理性的一个证明。②

总体上讲,通过挖掘和肯定后现代文化中的自由和民主潜能,韦尔默既为良善生活建构找到了更多的理论资源,使我们看到这种文化形式和审美场所中蕴含着不可忽视的伦理资源;也在一定程度上为后现代文化实施了一次正名,增加了人们对它的肯定性的认识,这有助于我们更充分地发挥它的伦理功能;还对审美经验真理的普遍有效性形成了一种辩护,因为有的理论家把包括后现代文化的制作和欣赏在内的审美经验只视作一种顿悟(epiphany)和一种私人行为,而非一种能为更多人共享的真理性因素。韦尔默则告诉我们,后现代文化中的自由和民主因质能够转换为所有人日常生活的行为,能够促进他们确立自主人格和不断自我进步,能够推动整个社会发展。正因为韦尔默对后现代文化具有如此深入了解和独特认识,为此,当他看到哈贝马斯对这种文化及审美话语的真理有效性持否定态度时,他便与亦师亦友的哈贝马斯进行了商榷和论争。这种商榷和论争促使哈贝马斯修正了自己对后现代文化和审美话语的一些偏见,他承认它们在工具理性和实践理性等领域也具有一定有效性。更重要的是,韦尔默的这次辩护和商榷也捍卫了审美话语在法兰克福学派理论研究中的地位,因为自政治伦理转向以来,这个学术共同体内部出现了疏离和摒弃审美现代性的不良趋势,而审美现代性是批判理论的立足之本,也是其思想最富有深刻性的那一部分。

三、坚持现代性与构建良善生活

需要注意的是,韦尔默阐释后现代文化恰恰不是为了宣扬后现代性,相反是要坚持现代性,这是法兰克福学派第二代的共同责任和相同使命,如哈贝马斯积极言说了现代性是一项未竟方案,而韦尔默提倡一种偶然性的现代性,即后形而上学(postmetaphysical)现代性。这种现代性尊重偶然性,认可多元化,倡导互惠性,它有助于人们协商解决公共事件,有益于他

---

① Albrecht Wellmer,*The Persistence of Modernity:Essays on Aesthetics*,Ethics,and Postmodernism, trans.David Midgley,Cambridge,Massachusetts:The MIT Press,1991,p.40.

② See Albrecht Wellmer,*The Persistence of Modernity:Essays on Aesthetics,Ethics,and Postmodernism*,trans.David Midgley,Cambridge,Massachusetts:The MIT Press,1991,pp.111–112.

们齐心协力建立一种多元的自由和民主的伦理生活。

从一般意义上讲,阐释后现代文化和为后现代文化正名应该是为了宣扬后现代性,因为在很大程度上,后现代文化是后现代性的产物,这也是诸多后现代理论家固定的思维模式,如哈桑。但是令人诧异的是,韦尔默重写后现代文化却是为了坚持现代性,并且他通过倡导一种后形而上学现代性,赋予了现代民主和现代性精神以新的生命力。韦尔默为何要坚持现代性呢?

原因之一是,他是在坚持现代性和为现代性辩护的语境中分析后现代文化的。这里之所以将坚持现代性和为现代性辩护称为一个语境,是因为20世纪后半叶许多理论家参与了这场针对现代性的"否定与坚持""诋毁与辩护"的论辩中[①],这场论辩大体上持续了二十多年——从利奥塔断言宏大叙事退场(1979)到伊格尔顿强调宏大叙事依旧在场(2003),由于它关系着人们对现代性和后现代性两种生活方式的选择和取舍,因此当时很多理论家基本上围绕着这个重大话题进行着各自的理论研究,乃至建构起各自的理论体系。其中,韦尔默也如哈贝马斯一样,认为现代性是一个包括科技、道德、法律和艺术的完整方案,虽然它在实践过程中出现了问题,但是仍值得人们继续坚持和不断完善。为此,韦尔默在坚持现代性这个语境或氛围中分析了后现代文化,从中他既探究出工具理性批判和交往理性的因素,这些有助于现代性完善其自身;也挖掘出自由和民主等伦理因质,它们有益于良善生活的构建。

原因之二是,由于他对现代性有着独特理解,他所倡导的后形而上学现代性结合了现代性精神与后现代文化伦理观念,因此他对后现代文化的解读具有一石二鸟的作用。这种后形而上学现代性,概括地讲,就是以后形而上学视角对偶然性语境中的现代性进行的言说和阐述,其中,后形而上学是诞生于后传统社会的一种思维方式,它承认语言交往的重要性,认可偶然性的地位,反对绝对主义,倡导多元共存。"后形而上学现代性是一种没有终极和解梦想的现代性,但是它仍保留着现代民主、现代艺术、现代

---

① 这种论争与利奥塔宣告"现代性终结"有着直接关系,而后很多有后现代身份的人也表达着相似观点。面对着这股后现代浪潮,哈贝马斯在多个场合积极地为现代性进行辩护,他的相关成果有:《现代性:一项未完成的设计》(1980)、《现代性对后现代性》(1981)、《现代性的哲学话语》(1985),以及《现代性的概念》(1996)等,而韦尔默在坚定地支持哈贝马斯的立场同时,也通过阐述审美现代性和后现代文化来强调现代性继续存在的必要性,其中,相关的论著有:《现代性与后现代性辩证法:阿多诺以来的理性批判》(1985)、《坚持现代性》(1991)和《决胜局:不可和解的现代性》(1993)等。

科学和现代个人主义等的理性、颠覆性和实验精神。就其道德和智力实质
而言,它是欧洲启蒙运动伟大传统的继承者而非终结者。"①这表明后形而
上学现代性是在继承现代性的基本理念基础上,对当下语境的新境况和新
现象所尝试的阐述和言说,如对后现代文化的解读。因此韦尔默对后现代
文化的诸多肯定有助于他的后形而上学现代性理论的确立,使人们看到现
代性与后现代性具有交叉性,事实也如此。为此,利奥塔后来重写了后现
代性与现代性的关系,"后现代性并非一个新时代,而是对现代性所声明的
某些特征的重写,其中,首当其冲要重写的是:现代性所声明的其合法性在
于其通过科学和技术来实施整个人性解放的计划"②。

　　从今天回看,我们发现韦尔默擅长扮演辩护者角色,例如他为现代性
是否继续存在辩护,又如为后现代文化的真理有效性辩护。在为现代性辩
护方面,韦尔默与哈贝马斯一起强调了现代性仍是人类可信赖的叙事方式
和生活形式,这种坚定的声音有力地回击了利奥塔等人的现代性终结论
调,维护了现代性的信誉。不过,有别于哈贝马斯借助批判后现代文化来
捍卫现代性的声誉,韦尔默则通过挖掘后现代文化中的交往理性因素,来
表明这种新生的事物其实蕴含着现代性继续发展的动力。而在为后现代
文化辩护方面,韦尔默认为,这种文化能够培养参与者的自由和民主等意
识,能够激发他们参与良善生活建构并发挥其主体性和创造能力。韦尔默
对后现代文化的辩护在一定程度上纠正了法兰克福学派内部对这种艺术
形式和审美话语的偏见,因为在哈贝马斯看来,连同后现代文化在内的审
美话语都只是个人的顿悟体现,它们不具有更广的接受度,很难为其他领
域共享和利用。由此看来,无论是为现代性辩护,还是为后现代文化正名,
韦尔默都凸显着自己的独特立场和独立判断。这样的立场和判断使得韦
尔默揭示出了现代性的内在生机和后现代文化的建构力量,这可以为人们
带来更多解放的契机和创造出彰显自由精神和民主意识的共同生活。

　　与哈贝马斯相似,韦尔默在坚持现代性上所作的努力更深远的目的是
构建一个完善的伦理生活,他认为当代已经具备了谈论和实践这种伦理生
活的条件和可能,既因为现代性已步入自我反思阶段,它能够在接纳批判
和建议中修正自己的偏执和完善自我机制;也因为民众呈现着参与良善生
活建构的主动性和主体意识,例如他们通过现实行为表达着自己的诉求和

① Albrecht Wellmer,*The Persistence of Modernity:Essays on Aesthetics,Ethics,and Postmodernism*, trans.David Midgley,Cambridge,Massachusetts:The MIT Press,1991,p.viii.

② Jean-Francois Lyotard,*The Inhuman:Reflections on Time*,trans. Geoffrey Bennington and Rachel Bowlby,Stanford:Stanford University Press,1991,p.34.

意愿,以及借助艺术活动和审美场所彰显各自独特的审美观和认知能力,进而形成多元化的政治诉求和具体的伦理呼吁。而在这种多元化的良善生活建构中,韦尔默既注重挖掘现代主义方面的伦理潜能,也努力探究着后现代文化中的伦理资源,对于前者,他认为共同阅读某些迷宫式作品,有助于培养读者的协商意识和合作精神,这些因质都是他们在良善生活构建上彰显其主体性的基础;关于后者,他则积极地呈现着其中的自由和民主等意识,他认为这些伦理因素不单涉及个体的权利和幸福,而且它们具有互惠性,这有益于促进个体的合作和团结,共同营造一种平等和协商的伦理环境。长远地看,这种互惠性是人类整体进步实现的前提和基础之一,它要比强制命令和虚假布道更富有效果,因为每个个体的自由和民主诉求都关系着他人的幸福,反之亦然,这使得每个人既在乎自己的权利争取,也在意和支持他人的伦理诉求。为此,韦尔默强调在良善生活构建中,个体自我诉求与他人承认、自我反省与整体进步的辩证关系,"它保留了一个纯粹的事实性契机,这与以下事实有关:在相互承认的结构之外,我们无法成为我们现在这样的人,也无法生活。……从这个意义上讲,理性确实在普遍主义道德中恢复了自己的基础。但是从实用语言哲学角度看,道德基本基础的不可能性与这样一个事实有关:如果我们不能直视自己,那么道德的良善生活不可能性,就无法为我们的最终分析提供一种基础,而我们却只能接受它"①。从"家族相似性"来看,第四代的弗斯特也强调互惠性与整体性在良善生活的构建和实践上的辩证关系。他之所以倡导给予异质文化群体的诉求以辩护权,是因为这些诉求也富有互惠性,能够带给相似身份和相似处境的人以平等尊重和公正对待,从而促进多元正义的良善生活的确立。②其实,当我们历时地分析法兰克福学派理论的时候,时常会从中找到它们新的"家族相似",以及对它们曾有的"家族相似"形成新的理解和更深的认识。这里面,既有新的理论家自觉地对其前辈关注对象的沿袭和对他们研究路径的继承,也有他们之间的研究对象和分析方式的某种暗合。这些"家族相似"有助于我们整体地分析某个学术共同体,使得我们在凸显他们之间的共通点的同时,也可以辨析他们的差异和变化;更有益于我们集中地探析某个研究对象和某种事件,从而更有效地解决一些困扰人类的问题。

---

① Albrecht Wellmer,*The Persistence of Modernity:Essays on Aesthetics,Ethics,and Postmodernism,* trans.David Midgley,Cambridge,Massachusetts:The MIT Press,1991,p.208.

② See Rainer Forst,*The Right to Justification,trans.* Jeffrey Flynn,New York:Columbia University Press,2012,p.146.

　　对于这种自由和民主的伦理生活，韦尔默持比较乐观和自信的态度，既因为有无数民众自觉地参与到这种生活的建构和实践中，这对他们自己的具体权益和社会的整体进步都不无裨益；也因为他们中的许多人通过参与艺术活动而提升了对自由和民主的自主性理解，进而将这些理解运用到社会实践中；还在于在多元化的世界秩序中，异质文化群体仍在承受着诸多不公正的对待，很多国家都面临着如何建立一种自由和民主伦理生活的现实难题。为此，韦尔默倡导从道德普遍主义视角理解和构建伦理生活，他认为，"普遍主义的道德是认知性的(cognitive)"，"在理性条件下谈论生活的事实不会产生误导。生活的这种事实可以提醒我们自己与他人，但以这种方式提醒我们自己并不等同于证明理性不可避免性的义务。这种提醒行为一定不能采取某种基本的基础形式，它也许是德性可被建立的唯一可能基础"。①这使得这种自由和民主的伦理生活具有更广范围的接受度，也能让它在应对具体问题与世界性事件时，呈现自己的优势及暴露自我不足，进而调整和完善自身。当然，我们知道韦尔默一直把现代主义与后现代文化平等地看作良善生活的伦理资源。他认为前者体现着交往理性的宗旨，是哈贝马斯应该认可而非否定的艺术形式，另外，现代主义还能促进人们养成协商和合作等意识；而后者被韦尔默视为民众的自由和民主等意识的"试验田"，这种微观的审美革命能推动现实解放和伦理进步，从这一点看，这既是对后现代文化的一种辩护和肯定，使人们看到它的建构作用和积极的伦理功能。这也是对现代主义的某种精神的继承，而非摒弃，为此，韦尔默在阐述后现代文化的这方面功能时，时常引入康德等人的美学理论和伦理学观念。随着哈贝马斯和韦尔默增加了对文化的伦理特性以及政治功能的关注和研究，结果，除了他们自身呈现伦理转向之外，也在更广范围内提升了其他学者以伦理学视角分析文化、艺术和哲学等的兴趣和责任。为此，王凤才肯定道：韦尔默的许多独到见解为批判理论的"政治伦理转向"做出了重要贡献。②这既影响了法兰克福学派的第三代和第四代的研究旨趣，也使得他们将文化伦理作为一个研究重点，并且无形中使这四代人的文化伦理理论具有了内在联结性。当然，后辈对前辈也有突破和创新，如就宽泛意义上的文化而言，霍耐特和弗斯特既看到它已成为伦理冲突和社会矛盾的诱因，也指出它身上暗含着这些冲突和矛盾的"解毒

---

① Albrecht Wellmer,*The Persistence of Modernity:Essays on Aesthetics,Ethics,and Postmodernism*, trans.David Midgley,Cambridge,Massachusetts:The MIT Press,1991,pp.210–211.

② 参见王凤才：《"法兰克福学派"四代群体剖析——从霍克海默到弗斯特》(下)，《南国学术》2015年第2期。

剂",这与哈贝马斯和韦尔默把文化视为良善生活建构的重要中介和基本资源是有区别的。

客观地讲,从所建构的良善生活的健全程度而言,韦尔默的后现代文化伦理研究还具有弥补哈贝马斯和霍耐特的政治伦理路径缺陷的作用。这些年,哈贝马斯和霍耐特积极倡导基于自主个体的需求来建构良善生活,并且赋予了自主个体诸多美德,如包容、尊重和团结等,但是他们忽略了如何使这些个体拥有这些美德这个基本问题。这使得他们的观念和理论多了一些政治口号色彩,具有激励性但与个体确立其自主性益处不大。而韦尔默在一定程度上解决这个问题。他认为,后现代文化可以培养参与者自由和民主的意识和观念,进而使这些观念转化为他们的现实行为。更关键的是,后现代文化是一个全民皆可参与的场所和空间,这意味着它会对很多个体的伦理和道德产生潜在的影响。

总的来看,透过韦尔默的后现代文化伦理思想,我们既增进了对后现代文化的创作理念的了解,如多价性和折衷主义;也加深了对其潜在的伦理功能的认识,如它培养着民众的自由和民主等意识。另外,结合他对现代主义的协商和合作等因质的分析,可以说,韦尔默的整个文艺伦理思想的最终目标就是:人们在享有自由和民主等权利的同时,共同营造出一种协商合作的生活氛围,从而更有效地应对偶然性的威胁和更合理地构建良善生活。这种注重个体自由和整体利益的文艺伦理观得到很多理论家的认可。不过,也有些理论家更提倡个体的自由、更注重主体的伦理,例如福柯在研读古希腊、文艺复兴和康德等论著的基础上,提出了依据自我来确立社会关系的主体伦理美学。福柯把主体化模式视作一种美学形式,把自我的存在看作一种美好的存在,为了这种美好的存在,人们需要基于自我进行选择并立足自我来建构社会关系。[①]从今日共同应对公共事件的角度来看,显然,韦尔默的文艺伦理思想要比福柯的主体伦理美学更能增进人们的合作和团结。

第三节 伦理转向与良善生活建构的可能

整体地看,第二代分享了第一代的很多理论话题,也继承了后者的一些学术旨趣,并因这些旨趣悄然地转变着自己的研究方向。例如哈贝马斯

---

① 参见[法]福柯:《论伦理学的谱系学:研究进展一览》,载汪民安编:《自我技术:福柯文选》(Ⅲ),北京大学出版社2015年版,第165—166页。

的后期伦理思想中就很清晰地有阿多诺"良善生活"影子,在一定程度上,这意味着前者的伦理转向是对后者"良善生活"这个理念的一种探索,表明哈贝马斯试图在新语境下为多元文化构建一种适宜的伦理生活。①为此,第二代通过关注教徒和移民等异质文化群体,拓展了自己对伦理生活多元性和公正性的认识;也借助与伯恩施坦等人的论争,提升了自身对多元文化语境中的"陌生人"的理解;还在引导和评介第三代和第四代的伦理观的基础上,推动了整个研究所对伦理生活的建构。由此,第二代既重写了文化的概念,赋予公正和宽容等理念以新的含义和功能,也影响了第三代和第四代的文化伦理观,还推动了欧美学界的伦理转向,为异质文化群体带来更多公正和平等的契机。

一、伦理转向:对良善生活的一种探索

第二代的伦理转向大致出现于20世纪80年代后期,从此,哈贝马斯和韦尔默相应地探究着一些伦理概念和道德术语,也在不同程度上与大洋彼岸的伯恩施坦和罗尔斯等人进行了多次论争,从而引起了更多人关注和探讨伦理生活问题。不过,哈贝马斯和韦尔默的伦理转向中都显现着阿多诺的一些伦理观念,尤其哈贝马斯赞赏阿多诺用"良善"界定伦理生活富有典范的意义,因此可以说,第二代的伦理转向是对典范式良善生活的一种探索。

具体地讲,就研究的问题而言,自20世纪80年代后期起,第二代增加了对跨民族和超地域的异质文化的研究,将对良善生活的探索拓展到多元文化的语境中。整体地看第二代的论著与他们所关注的问题,我们发现虽然他们最初也谈及了伦理道德,但是那时他们专注于寻找各自心仪的术语和确立彼此的研究路径,并无太多心思探究和建构伦理生活。而当找到富有时代精神的理念之后,他们就逐渐用它们来分析现实问题,也借这种分

---

① 就哈贝马斯对法兰克福学派的贡献而言,可谓不胜枚举。在此,我们着重肯定的是他的领导才能和学习精神,"领导才能"指:经过哈贝马斯的规划,社会研究所已经从第二代发展至第四代,每一阶段都有著名的理论家和代表性理论涌现,如霍耐特的承认理论、弗斯特的辩护思想;同时他们通过与罗尔斯和弗雷泽等学者论争,完善了各自的理论,扩大了批判理论的影响。"学习精神"指:哈贝马斯在阅读韦尔默、霍耐特、门克和弗斯特等人的论著,以及听取这些学生和后辈对他的批评时,能谦逊地吸收他们的观念和建议,这在形成一种互文性的现象同时,也间接地提携了霍耐特等人,提升了他们的知名度;当然,这也促进了哈贝马斯自身理论的发展和完善,如韦尔默与哈贝马斯的论争使哈贝马斯减少了对文学艺术的偏见。整体而言,哈贝马斯推动了批判理论内部的更新,拓展了这个学术共同体的研究范围。

析的所得来丰富各自的术语和理念的内涵和功能。例如哈贝马斯在充分挖掘、梳理和论证"交往理性"(Kommunikative Rationalität)这个理念之后，①便持续地用它来研究跨民族和超地域内的公共事件，期望为更广范围内的异质文化谋求一个对话、包容和团结的生活空间。进入21世纪之后，哈贝马斯增加了对伦理和道德问题的论证与交流。2019年6月，在哈贝马斯90岁诞辰时，他在法兰克福大学作了"再谈：道德与伦理"学术报告，这意味着，他对这方面的话题又有了新的发现。②相较而言，韦尔默一方面保持着对道德伦理的论证和阐述，另一方面拓展着交往理性的涉及范围，例如他从现代主义和阿多诺的审美现代性中挖掘出交往理性的因素，而对阿多诺的这种探究在一定程度上纠正了哈贝马斯对阿多诺的误解。后来，韦尔默则专注于对民主和自由的阐述，他既肯定了后现代文化拥有自由和民主等伦理潜能，也积极构建着一种自由和民主的伦理生活。③就在各自的伦理转向过程中，哈贝马斯和韦尔默将眼光扩展到欧洲乃至世界范围内的教徒和难民等人的身上，也就此丰富了他们对包容、宽容和协商等概念的理解。另外，第二代与美国学者的论争在全球范围内直接提升了人们对伦理道德的关注，例如20世纪90年代，哈贝马斯与罗尔斯就民主政治与公正的伦理生活展开了论争。此外，哈贝马斯和韦尔默与罗蒂就理念的理想化与实用化进行了商榷。在某种程度上，这种跨洋的论争已沉淀为法兰克福学派的一个传统，其后，霍耐特与弗雷泽在"再分配"与"承认"上的探讨则将伦理问题拓展到物质分配与文化身份的层面上。从某种意义上讲，第二代的伦理生活建构是对阿多诺式良善生活的一种探索，是把这种良善生活放置于一个广阔的、富有反思性的多元文化语境中来探讨，他们既期望将这种语境营造为一个平等、包容和团结的公共家园，也希望能为更多异质文化群体创造一个自由和协商的民主场所。

　　需要指出的是，阿多诺式的良善生活也启发了第三代的门克及"非法兰克福学派"的理论家，他们也借助这个话题思考了当代的伦理道德问题。

---

①　按照哈贝马斯所言，《交往行为理论》(1981年)这本书，最初的写作冲动大致开始于1970年前后，而具体的写作时间为四年。See Jürgen Habermas, *The Theory of Communicative Action · Volume 1: Reason and the Rationalization of Society*, trans. Thomas McCarthy, Boston: Beacon Press, 1984, Author's Preface, pp. xxxix-xl.

②　See Jürgen Habermas, Noch einmal: Zum Verhältnis von Moralität und Sittlichkeit, *Deutsche Zeitschrift für Philosophie*, Volume 67, Issue 5, 2019, pp.729-743.

③　关于第二代的伦理转向，王凤才认为可以从他们著作关注重点的变化看出端倪。参见王凤才:《"法兰克福学派"四代群体剖析——从霍克海默到弗斯特》(上、下)，《南国学术》2015年第1、2期。

例如在《美德与反思："道德哲学的二律背反"》一文中，门克既指出，阿多诺通过批判性地呈现康德道德哲学的二律背反特征，为自己的"错误生活不可能正确地过活"这句格言找到新的理论支持；[①]也揭示了在阿多诺所生活的道德错乱时代，阿多诺着实无力解答个人的善与社会的恶的和解问题，"这将道德行为者引向了至少阿多诺没有找到的那种替代者：他或者将美德私人化，并力图将它限制于行动的某种场所内，以好保护它免受社会反转的威胁，但是这种场所并不存在。或者他力主美德的政治化，并竭力提出对道德行为的政治前假设，但是后来他却陷入了策略与道德的漩涡中"[②]。相反，在今天这个提倡反思的时代，门克看到了探究良善生活的可能性，为此，他与哈贝马斯、霍耐特和弗斯特等人从多个维度为多元文化共存构建着正义和包容的伦理生活。另外，一些"非法兰克福学派"理论家也把良善生活视作思考伦理生活的切入点，如卡塞尔大学的格·施威蓬豪依塞尔在为多元文化构想一种包容的生活环境时，认为阿多诺"良善生活"中的道德二元论为这个问题提供了一种"实践性批判的规范性准绳"[③]，相反，罗蒂的道德一元论则有意无意地遮蔽了很多现实问题。

　　辩证地看，第二代的伦理转向既是对第一代相关思想的继承，也是他们基于现实观照所作的一种学术兴趣的调整。关于对第一代思想的继承，其中，哈贝马斯在对"我用我的生活时间应做什么"进行伦理思考时，就回到和重思了阿多诺的"良善生活"这个命题。在哈贝马斯看来，"良善"富有值得为所有生活效仿的典范意义，例如个人生活与政治共同体生活等；而就生活时间与这种良善生活的关系而言，既涉及着个人伦理行为的合理性，又关系着他们所生存的生活环境。这两者密不可分，一方面，生活环境培养、规训和认可着个体的现实行为和道德；另一方面，个体维护、营造或反对着某种环境。阿多诺和洛文塔尔之所以批判当时欧美的生活环境是虚假的、不正当的，就是因为它们抑制和规训着民众，使他们成为感知钝化、良知泯灭的人，反过来，这些人又成为虚假社会的维护者、"社会水泥"和"腻子"。为此，第一代期望通过艺术激活民众的感知，使他们保持批判和反思的能力，重新养成良好的品德。有别于身处极权主义氛围的第一

---

① See Christoph Menke,Virtue and Reflection:The "Antinomies of Moral Philosophy",*Constellations*,Volume 12,No.1,Blackwell Publishing Ltd,2005,p.37.

② Christoph Menke,Virtue and Reflection:The "Antinomies of Moral Philosophy",*Constellations*,Volume 12,No.1,Blackwell Publishing Ltd,2005,pp.47-48.

③ 参见[德]格·施威蓬豪依塞尔等：《多元视角与社会批判：今日批判理论》（上卷），鲁路、彭蓓译，人民出版社2010年版，第174页。

代,第二代则生活于一个倡导包容和团结的反思性语境下,从这个角度看,第二代理论家所要思考的问题主要有:包容和团结的对象有哪些,以及如何实施包容和团结等原则。对此,哈贝马斯和韦尔默从伦理生活与个人道德两方面探讨着良善生活。而整体地看法兰克福学派的四代人的学术研究,他们在审美现代性、文化现代性和伦理生活等方面上,都有着千丝万缕的联系。这里既有前辈对后辈的学术观念上的指导与潜在的影响,更有后辈对前辈学术路径的继承与突破,这与他们同属于社会研究所、遵守"批判理论"这个契约密不可分。不过,就良善生活这个话题而言,它除了激发哈贝马斯对伦理生活的完美性的思考之外,还在于它契合了他对新的关注对象的幸福观照,为他自身找到了新的责任和使命。比如多元文化语境下的边缘人和外来人,他们因其异质文化的身份而遭到蔑视,无法享有应有权利。其中,就所关注的群体的影响范围而言,教徒成为哈贝马斯重点探究的对象,宗教则充当了他重新审视文化冲突、世界图景及伦理生活的一种诱因和一个路径。在哈贝马斯和韦尔默最在意的欧洲范围内,带有信仰色彩的人近些年之所以遭到排斥,既因为全球范围内很多冲突都与宗教有着直接关系,又因为欧洲的一些不稳定因素与穆斯林的移民和难民有些瓜葛,还因为历史造成的宗教恐惧症。在这些因素的合力下,无数教徒承受着多个阶层的蔑视和排斥,为此,哈贝马斯和韦尔默期望通过重写宗教来提醒人们公正地对待有信仰身份的人。

实质上,宗教问题今天已成为众多理论家关注的一种公共事件,这既因为激进主义制造的恐怖事件引起了很多人对整个宗教的警惕,也因为宗教能够黏合多个阶层的人共同应对风险。今天,恐怖主义已然是在全球游荡的幽灵,它威胁着人们的财产和生命安全,同时也损害了宗教的声誉,殃及了那些善良的教徒、移民和难民等,为此,很多思想家努力厘清激进主义与宗教的关系,期望减少宗教人士承受的不公正对待。"很多杰出的左派思想家,从巴迪欧、阿甘本以及德布雷到德里达、哈贝马斯以及齐泽克,因此转向了神学问题,转向了自己某些追随者的委屈或困惑。"①另外,伊格尔顿相信信仰能够将多个阶层的人黏合起来,使人们一起应对风险,从而降低风险的威胁,也为人们赢得安全和合作的可能性和机会。

虽然第二代对第一代的"良善生活"观念多有继承,但是他们还是基于自我的现实体会提出了自己的伦理生活观,这是伦理转向的一种必然结

①　[英]特里·伊格尔顿:《文化与上帝之死》,宋政超译,河南大学出版社2016年版,第224页。

果。无论是出于遵守批判理论"家族契约"的缘故,需要成员之间不同程度上相互学习和彼此借鉴,还是由于"良善生活"理念自然地激发了哈贝马斯思考的原因,使他需要从个体与环境两方面探究典范式的伦理生活。总而言之,第二代从多个方面继承了第一代的伦理思想,如本雅明的救赎思想。不过,既然第二代较之于第一代实践与凸显了伦理转向,这说明他们更注重伦理道德的问题,也相信好的伦理道德养成的可能性,以及良善生活逐步形成的必然性。相比之下,第一代则认为在虚假社会中这些愿望是一种奢侈,为此,他们的批判多于建构,而第二代则建构甚于批判,这也是王凤才称第二代为"后批判理论"的缘故。整体地看,第二代是在世界范围内谈论着伦理生活,或者说探究的是世界性的伦理生活,这种世界视野是整个批判理论的一种低限度要求,只是不同时期的理论家所关注的对象和所谈论的话题有别而已。其实,在某个时间段,哈贝马斯和韦尔默都偏向与执着于对某个理念和某种话题的规范论证,而缺少对现实对象生存境况的辨析,为此,罗蒂曾批判他们带有理想化色彩。不过,随着对某些亚文化群体的关注增加之后,他们的理论和思想更富有了现实价值与时代感,如边缘人和教徒等,这些群体身上交织着诉求承认与遭受蔑视、文化平等权与公民权等矛盾因素。对于"边缘人",包括黑人、同性恋者、移民和难民等,他们期望得到社会的公正对待,从而能充分地施展自己的才能,但是他们因异质文化身份的缘故而承受着蔑视,无法享有应有的权利。而当自己的诉求无法得到合理解决时,他们多会诉诸暴力手段,从而导致了社会冲突。尤其近些年,移民和难民仍旧不断移入欧洲,这些"门口的陌生人"(鲍曼语)依然是理论家们思考伦理生活的重要切入口:这些陌生人的道德、当地人的伦理行为及伦理生活的变化等。至于"教徒",涉及全球范围内的各种类型教徒,由于多种原因,他们成为第二代及当代西方马克思主义近些年重点关注的对象,这致使这些理论家的伦理转向中存在着一种宗教研究。反过来,这种宗教研究在一定程度上推动着这种伦理转向,使其拥有了一个全球性的观照群体,也为它指明了一个目标——多元文化平等共存的语境。当然,对边缘人的思考也激发了第二代对多元文化语境的建构,不过,这种建构中的一个动力是第二代近些年持续关注的宗教问题,其中交织着诸多因素,如教徒承受的不公正对待、地域性冲突背后的宗教身影,以及其中的共同体思想资源等。①

对比第一代与第二代的文化伦理观,他们之所以都期望一种正确的生

---

① 参见李进书、冯密文:《当代西方马克思主义的共同体思想》,《东岳论丛》2017年第2期。

活,是因为他们分别看到很多人承受着来自文化的愚弄与歧视,如阿多诺和洛文塔尔所批判的大众文化的虚假启蒙、文明的抑制,第二代所担忧的世界范围内的文化歧视与它所诱发的冲突。这种具体的幸福观照赋予了他们各自理论以持久的生命力,也有助于人们历时地探究文化伦理功能的内在变化,如从文明、大众文化到异质文化,它们凸显了不同的伦理特性;还有益于人们共时地审视某一阶段的文化的多重伦理功能,如今天的人大致上共同承受着现代文明、大众文化和消费文化等施加的压制、欺骗和控制等。因此一种真正意义上的良善生活需要法兰克福学派及更多理论家共同、持久地探索和建构。

二、伦理生活:多元文化的共存家园

依照自身的伦理转向与自我的理论兴趣,第二代为伦理生活确立了一种低限度的责任,即为多元文化营造一种平等和民主的氛围。在很大程度上,这种理解的形成既与他们关注和同情诸多异质文化的处境有关,又与他们不断反思共同创伤性记忆密不可分,为此,他们期望异质文化能享有一种自由民主的语境。从这方面看,第二代继承了第一代世界性的视野和言说宏大叙事的使命,体现着批判理论对人类幸福的观照,这有助于消除文化歧视所造成的社会矛盾与地域冲突。

就伦理生活的低限度责任来讲,第二代之所以强调它应为多元文化营造一种平等和民主的语境,主要与他们担忧异质文化的处境休戚相关。随着对教徒和边缘人等的持续关注,第二代发现了更多的不公事件与社会问题,所以他们也就把多元文化共存的问题纳入其伦理生活建构,他们期望多元文化能享有一种平等和民主的环境。从某种意义上讲,第二代时常为人所诟病的是:他们因偏爱"规范论证"而呈现理论的"理想化",他们希望辩证地阐述某个理念和某种话题来涵盖乃至理论地解决全球相关的问题。为此,罗蒂批评道,对于未来的成熟社会而言,虽然哈贝马斯和韦尔默的理想化伦理思想富有超越性和普遍性,但是它们对具体目标的贡献却是有限的。①公正地讲,罗蒂的批评是中肯的,因为在一定时期内,哈贝马斯所从事的规范论证,如他所愿有助于弥补第一代经验批判的理论漏洞,但是当他力图用一种完美论证涵盖并同一诸多具体事物的差异性时,他的理论就因缺乏具体所指之物而缺失了一定的生命力。不过,当探究了宗教等文化

---

① 参见[美]理查德·罗蒂:《实用主义哲学》,林南译,上海译文出版社2009年版,第190—191页。

的具体境况后,他们对伦理生活的思考就从根本上增添了一些现实因素与不完满成分,而这种不完满恰恰是他们追问真理的不竭动力。其中,"现实因素"有:非洲的伊斯兰教和拉美的福音教的迅猛发展、伊朗宗教的暴力潜能及法国等地的骚乱,①多元文化社会中的亚文化群体的境况,以及欧洲范围内移民的处境等,可以说,这些因素涉及全球范围内的具体群体和特定事件,丰富或突破了第二代原初对伦理生活的构想。而"不完满成分"包括:一方面,宗教群体和其他文化群体抗议着社会的蔑视与不公正对待;另一方面,很多人因一些恐怖威胁而质疑和排斥带有信仰色彩的群体及外来人,这些不完满召唤与激发着第二代在一定程度上重新思考了他们的道德观和伦理思想。例如他们更强调尊重、包容、宽容和学习等原则,这些原则和姿态延伸与拓展了"交往理性",更多地指向了个体行为与整体语境。这意味着,文化群体之间要相互尊重、宽容和学习,要认可其他文化的既有价值,学习其中的有关人类幸福的伦理资源,这样既有助于这些文化的保留与传承,也有益于社会安定,"宽容意味着信仰者、其他信仰者与无信仰者相互承认自己所拒斥的实践与生活形式。这种承认必须建立在相互承认的共同基础之上,在此基础上,尖锐的意见分歧才能得以弥合"②。而社会则需要为多元文化营造一种平等和包容的环境,拒绝文化之间的压制,使它们在平等与共处中,为整个社会的发展提供相应的理论资源。

在这里,就异质文化的处境而言,第一代揭示了极权社会借助宣传工具和大众文化等,将那些文化群体丑化为危害民众幸福生活的有害因素,从而在同一化过程中,剥夺了他们应有权利,乃至毁损了他们的生命。而第二代则批判了民族国家和全球对异质文化的偏见,将后者视作危及社会安全和世界和平的不安定因素,从而通过妖魔化与抑制这些异质文化,实现了暂时的安稳状态与和平局面。为此,第一代提倡以"非同一性"来对待社会中的异质因素,这种观念启发了后现代理论对差异原则的重视和尊重;③第二代则主张用包容和宽容看待异质因素,在保持社会和世界的多元状态下,为人类文明的发展探寻更多的动力。

从这种多元文化共处的可能性而言,既有的共同文化为它们交往和相

---

① 参见[德]于尔根·哈贝马斯:《世俗化的辩证法》,李琲琲译,《当代国外马克思主义评论》,人民出版社2009年版,第9—10页。

② [德]于尔根·哈贝马斯:《世俗化的辩证法》,李琲琲译,《当代国外马克思主义评论》,人民出版社2009年版,第18页。

③ 参见[美]道格拉斯·凯尔纳、[美]斯蒂文·贝斯特:《后现代理论:批判性的质疑》,张志斌译,中央编译出版社2004年版,第300页。

互学习提供了丰厚资源与交往中介,而后现代文化则为它们创造了一种自由和民主的空间。在第二代眼中,"共同文化"包括:某个区域长期合作与相互学习所沉淀的共同经验,这些经验有助于这个区域的人对话和协商;人类共享的精神产品,如康德的论著和宗教典籍等,它们既为人们所熟知,又蕴含着世界和平与人类互爱等思想资源;大规模战争与人为灾祸等导致的共同创伤性记忆,它时常提醒某个地域的人反省自身,避免重蹈覆辙,如奥斯维辛集中营事件等。第二代认为,这些共同文化既可以作为不同文化群体交往的基础,使他们比较顺畅地对话,进而协商更多、更大的合作;又为他们提供了对话、商谈和团结等思想资源,使他们更明确如何交往和协作;还能够提醒与促进他们以对话而非武力解决分歧和冲突,从而增进交往和团结,"因为两次世界大战的灾难告诉欧洲人:他们必须放弃民族主义、排外性机制所依赖的思维方式。为什么文化和政治上的归属感不应该从这些特殊经验中产生出来呢,这些经验有别于早已具有世界历史意义的共享传统的丰富背景,同时立足于欧洲共同体这些年经济成功中最近发展出来的交叠利益和密集的交往网络的基础上?"①至于后现代文化所富有的伦理潜能,韦尔默进行过充分论证并给予了很高的评价,而哈贝马斯曾对后现代多持质疑态度。②不过,在关注了宗教和多元文化的境况之后,哈贝马斯给予了后现代观念及其营造的语境以一定的肯定,他看到这种语境对自由、差异和多元等原则的宣扬和遵守,这些原则能够赋予多元文化以平等权利和宽容的空间。"因为以此观之,不同价值导向仅仅体现在不同的生活方式中。而不同的价值和不同的真理不一样,它们并不彼此排斥。这样对世俗意识而言,要承认异质伦理对他人而言——就像自己的伦理对自己一样——具有同样的本真性和优先地位,是毫无困难的。"③韦尔默比较认可后现代文化在艺术、政治和伦理等上的成就,因为它在鼓励民众参与艺术活动的基础上,激发着他们的民主和自由诉求,同时也营造了一种自由民主的语境。这个语境在很大程度上允许个体表达自我观点,并保护由此形成的差异性与多元性,而且韦尔默认为这将是一种世界性趋势,具有康德意义上的世界政府(cosmopolitan state)的功能,能从人权与公民权角度

---

① Jürgen Habermas, *The Inclusion of the Other: Studies in Political Theory*, eds., Ciaran Cronin and Pablo De Greiff, Cambridge, Massachusetts: The MIT Press, 1998, p.152.

② 例如在《现代性的哲学话语》(1985)中,哈贝马斯批判了以尼采为始的后现代排斥性理性,认为后现代在现代性的衰落期扮演着不光彩的"落井下石"的角色。

③ [德]尤尔根·哈贝马斯:《在自然主义与宗教之间》,郁喆隽译,上海人民出版社2013年版,第256页。

辩证地、公正地对待异质文化群体,使他们的物质收入和权利得到应有的保障,使他们的文化受到平等的尊重。①

　　单从伦理生活的政治潜能来看,后现代文化是一个受到越来越多理论家重视的理论资源,主要原因在于它的很多叙事策略富有微观政治性,它期望在挑战和反叛艺术权威中,培养起民众的质疑意识与革命愿望。比如后现代文化呼吁和倡导全民参与,并认可他们的艺术成果,这体现了一种民主和平等的原则;再如后现代文化的拼贴(collage),它将现代艺术拼贴方式发展为自身的一种生存策略,它在打乱和突破艺术边界的基础上,实践着"感性分割",保持着意义的多样性,"意义的多样性也正是因为这些作品有时也被展现为艺术民主的证据,它拒绝摆脱任何既定态度上的复杂性和边界的可依赖性,因为这些东西反映的是世界的复杂性"②。当然,后现代文化的伦理功能和政治潜能也许有被夸大的嫌疑,这也是理论家们对它一直不乏论争的缘由之一。

　　总体地看,正视这些文化,既为伦理生活建构带来了丰富的理论资源,也能从多方面探究它所担负的责任。在积极地为多元文化探寻平等和包容的语境的同时,第二代也倡导从多方面汲取这些文化中的伦理资源,这样既有助于良善生活建构,使它在吸收新鲜因素中保持活力,也有益于人们正视和接受异质文化,从而弥补自身的道德敏感性。比如关于"团结",哈贝马斯指出,曾经的"兄弟会"(fraternity)与后来的许多宗教共同体都提倡"互爱""团结"等观念,今天,这些思想已经融入伦理生活,并在一定程度上潜在地影响了很多人的团结意识。③而这种多元文化更大的政治影响,可以从美国身上找到直接证据,因为美国社会制度的确立与多元文化密不可分。在美国,"美国的反例表明了:即使没有这种文化同质人口的支持,民族国家也能采取并维持一种共和制形式。然而,在这种情况下,植根于主流文化的市民宗教取代了民族主义"④。至于如何汲取宗教等文化中的思想资源,哈贝马斯提倡一种"习得"(Aneignung)的方式和姿态,也就是以

---

① See Albrecht Wellmer,*Endgames:The Irreconcilable Nature of Modernity*,trans.David Midgley, Cambridge,Massachusetts and London:The MIT Press,1998,p.54.

② [法]雅克·朗西埃:《美学中的不满》,蓝江、李三达译,南京大学出版社2019年版,第70页。

③ See Jürgen Habermas,*The Lure of Technocracy*,trans.Ciaran Cronin,Cambridge and Malden:Polity Press,2015,p.27.

④ Jürgen Habermas,*The Inclusion of the Other:Studies in Political Theory*, eds.,Ciaran Cronin and Pablo De Greiff,Cambridge, Massachusetts:The MIT Press,1998,p.113.

"学习"态度对待这些资源,用"收获"标准来检验学习的效果,其目的是丰富自我理论和伦理观念,而非为了复兴和布道宗教文化等。韦尔默是基于对真理的获得来谈论学习的,他认为由于某种语言和文化所谈及的真理并不一定正确,因此就需要依据真理本身来学习和看待对方的语言和文化,同时借此来审视和修正自己的语言和文化。"真理并不是相对于概念框架的;但这并不意味着所有语言都共有一种真值结构,而是意味着任何概念框架必须为了真理而加以修正。"①另外,这些多元文化也为第二代带来一些审视伦理生活的新视角,丰富了他们的理论体系。例如哈贝马斯用后世俗社会的立场辨析了知识与信仰的关系,这里的"后世俗"指:在当前语境中,宗教并没有如很多人猜想的那样已经消失,实质上,它一直以某些方式保持着在场,而且今天它有助于人们弥补自身的道德敏感性和伦理缺失。哈贝马斯曾用后传统社会和后形而上学等称谓表述当代社会和伦理生活,它们相应地强调了现代性与传统的承接关系,肯定了哲学思辨在现代性中不可或缺的地位。后世俗社会这个称呼没有绝对意义上的先进性,不过,它有助于我们在整体上辨析世界范围内的一些冲突和人类自身的道德问题。

韦尔默则用世界主义社会的视角为多元文化构建了一个温和的商谈语境。这个语境是一个鼓励多元竞争的有法治功能的场所,它允许不同文化身份的人参与其中,进行自由选择,于是"它将是这样一种状况,自由结社原则在其中已经成为普世的:改变一个人的公民身份的难易程度就像当今改变一个人的地址、工作、大学或婚姻伴侣一样。这并不是伊甸乐园,而不过是我们现在已经享有的特权的普遍化"②。在韦尔默看来,这种伦理生活取消了文化等级的划分,也淡化着文化的地域之别,这有益于人们辨识文化群体的人权与公民权的关系,给予这些成员应有的尊重和承认,从而减少矛盾和冲突的发生。这种从人权立场审视与检验伦理生活公正性的视角,在一定程度上影响了第三代和第四代的伦理观念,比如弗斯特从文化完整性与个体被侵犯的角度分析世界范围内的人权问题,进而提出辩护的必要性和重要性。

①　[德]阿尔布莱希特·韦尔默:《后形而上学现代性》,应奇、罗亚玲编译,上海译文出版社2007年版,第118页。

②　[德]阿尔布莱希特·韦尔默:《后形而上学现代性》,应奇、罗亚玲编译,上海译文出版社2007年版,第249页。

三、异质文化群体的幸福与新的伦理理念

在实践自我的伦理转向过程中，第二代既重写了"文化"等概念的内涵，赋予了它们以新职责和更多功能；他们又通过参加国际会议、借助与伯恩施坦等人论辩，丰富了"理由"和"公正"等理念的含义，带动了更广范围内的伦理生活的讨论；他们的文化伦理观也直接影响了第三代和第四代对文化的认识，使得"承认"和"辩护"等术语成为探究良善生活的新路径。这种三代人"济济一堂"是学术界的一道亮丽风景，前辈给予后辈以指导、监督和呵护，后辈报予前辈以聆听、学习和突破，从而推动了批判理论的内成长，也丰富了伦理生活的内涵。

文化是我们探究哈贝马斯文化现代性思想的一个关键因素，自然也是我们辨析他文化现代性理论内在变化的一个切入点，可以说，当哈贝马斯增加了对多元文化的关注之后，他的现实观照也随之增强了，他看到了不同文化之间的隔阂和冲突在一定程度上就是世界不安定的主要诱因。关于"文化"，在《现代性的哲学话语》(1985)中，哈贝马斯大概进行了两次界定，而且都出现在第十二章"现代性的规范内容"：第一，在谈论生活世界的三个组成部分时，他指出文化作为一种知识储备，能使交往者形成沟通与达成共识；第二，在强调自主的公共领域需要依赖生活世界时，他认为文化包括哲学的解释潜能、道德观念的启蒙潜能及审美现代性的激进经验内涵等，这个界定与他宽泛意义上的"文化现代性"概念相似。而就哈贝马斯当时的理论兴趣来看，他应该比较注重前一种文化的内涵与其所担负的功能，这与他拓展其交往行为理论和构想一种规范的交往语境有关。不过，当他加强了对教徒等异质文化群体的处境认知之后，便在一定程度上重写了文化的定义，如"'文化'将自身理解为解决问题的活动的可能性条件之总体。文化给予从中成长起来的主体的，不仅是基本的语言、行动和认知能力，还有先于语法结构的世界观和积累的语义知识"[①]。再如"传统更多的是这样来保存其生活能力的，即在相互交织的个体生活史的渠道中穿梭，与此同时每个个体的[文化]享有者也就具有了自主判断的批判水准。"[②]这意味着，当将注意力转移到多元文化共存的问题上时，哈贝马斯更注重文化的自我生存能力与文化对其成员判断力的培养上，这种"自我生

---

① ［德］尤尔根·哈贝马斯：《在自然主义与宗教之间》，郁喆隽译，上海人民出版社2013年版，第251页。

② ［德］尤尔根·哈贝马斯：《在自然主义与宗教之间》，郁喆隽译，上海人民出版社2013年版，第251页。

存能力"关系着某种文化的存亡,也暗示着文化之间的竞争与较量;"自主判断力"影响着个体对传统文化的继承与对其他文化的选择,而这两方面是相互联结的,某种文化的生存能力依赖于其成员的继承与弘扬,而个体的判断力源于其传统文化的熏陶和培养。可以说,在重新言说文化定义的过程中,哈贝马斯找到了平等对待各种文化的方法,其中就包括他反复论证和不断强调的"学习"和"宽容"等原则,此时,这些原则已经不再局限于个体之间,而是扩展到不同文化之间的共处与同存的领域中。在哈贝马斯看来,这里既涉及世俗社会与宗教之间的开放性学习,也关系着不同文化之间的相互吸收与平等对待;既指世俗社会对不同异质文化的宽容姿态,也指这些异质文化内部的相互宽容,当人们能够营造出一个多元文化平等共存的语境时,那么世界就会少些"文化战争"和暴力事件。

在个人实践伦理转向的同时,第二代还通过参加国际性会议与进行辩论扩大和推进了多元文化语境的研究,这从整体上推动了良善生活的探讨与建构。其中,关于"国际性会议"的影响,就在于它们往往围绕着某个伦理道德概念邀请多个领域的专家,从多个维度探究这个话题,这样既能破解这个概念的奥秘,也能增进与会者对伦理生活的理解,延伸他们对这个领域的学术兴趣。就目前所掌握的材料看,哈贝马斯参与这方面的会议要比韦尔默多些,这或许与个人的名声或性格有关,不过,由于这些会议并不成体系,因此哈贝马斯所刊发的会议论文之间也就不太具有内在承接性。例如《宗教、法律和政治——论文化多元的世界社会中的政治正义》(2009)①、《论理由的象征性体现》(2011)②等,前一篇主要立足解决后世俗社会中的"信仰与知识"的冲突,哈贝马斯在认可多元文化具有商谈的必要性与可能性的基础上,指出了"公共的"理由(reason)的重要性,"在哲学商谈中,有说服力的是所有'公共的'理由,并且也只能是'公共的'理由,也就是说是那些声称能够获得超出特定宗教共同体之外的确信的理由"③。后一篇则着重探究日常交往的理由和可能性,哈贝马斯认为经典作品是人们

---

① 这是 2009 年 11 月 16 日哈贝马斯在莫斯科的"世界哲学日"活动上所作的全体大会主题报告,这次活动以"文化对话中的哲学"作为主题,历时四天。参见《哲学分析》2010 年第 1 期。

② 该文是哈贝马斯在第二十二届德国哲学大会(2011 年 9 月 11—15 日)上所作的专题报告。这次哲学大会的主题是"理由之世界",为了能够从多方阐述这个话题,大会的组织者邀请了现象学、自然主义和人道主义的代表人物,如塞拉·本哈比、苏珊·尼曼和罗伯特·皮平等。参见《哲学分析》2013 年第 1 期。

③ [德]尤尔根·哈贝马斯:《宗教、法律和政治——论文化多元的世界社会中的政治正义》,任俊、谢宝贵译,《哲学分析》2010 年第 1 期。

进行交往与达成共识的重要基石与主要中介,为此,要保护这些优秀著作,避免它们遭受非议与排斥,"现已得知,对优秀而重要著作的选择亦兼有这种尝试,即试图以豁免的方式平息这些批判性的异议。直到今天,一切传统的影响力仍在于保护知识储备里被选出的内核,使其免受质疑和异议之问题化漩涡的影响"①。这两篇论文都强调了学习的重要性,只不过,前一篇坚信世俗理性与信仰应该"互补学习","后形而上学思想应该在不损害其世俗的自我理解的情况下,对宗教同时采取不可知论的态度和乐于接受的态度。对世俗思想者来说,信仰仍具有他既不能否认也不能简单地予以接受的晦暗不明性质。世俗理性应该坚持在信仰的确定性与可公开批判之有效性主张的确定性之间的区别,但要避免以此来评价宗教本身的合理性或非理性"②。后一篇则指出了累积式学习可以产生一种解构既有思想的认知力,"它们以此使整个类别的理由无效,彻底变革某个社会占统治地位的自我理解和世界理解"③。这种面对面的、多维视角的交流能够丰富与会学者所谈的理念的内涵,无形中提升了人们对伦理生活的关注度,既找到了多元文化平等共存中的某些阻碍因素,也探寻了这种安全和协商语境实现的诸多可能性。

与哈贝马斯相似,韦尔默也借助一些会议论文探讨与延展了自己的某些伦理观念。例如在《民主文化的条件:评自由主义/社群主义之争》(1992)④一文中,他着重探究了多元文化中"共同善"的可能性。在韦尔默看来,这种"共同善"看似是多种文化共享的伦理标准,其实是对文化自由和民主的约束和制约,"就是说,唯一的共同善(即对所有人都有约束力的善)只能存在于唯一有可能针对暴力破坏而保护个别社会的特殊传统和文化认同的那些自由主义和民主原则的实现和捍卫中"⑤。在一个倡导文化多元与竞争的世界中,刻意追求共同伦理标准有可能会压制文化的发展与多元化趋势。为此,韦尔默提倡一种温和的世界主义社会,它以多元、差异和民主等为原则和动力,给予着多元文化以一种民主和包容的环境。

---

① ［德］尤尔根·哈贝马斯:《论理由的象征性体现》,鲍永玲译,《哲学分析》2013年第1期。

② ［德］尤尔根·哈贝马斯:《宗教、法律和政治——论文化多元的世界社会中的政治正义》,任俊、谢宝贵译,《哲学分析》2010年第1期。

③ ［德］尤尔根·哈贝马斯:《论理由的象征性体现》,鲍永玲译,《哲学分析》2013年第1期。

④ 这是1992年5月韦尔默在法兰克福举行的"社群正义"会议上所作的主题报告。参见［德］阿尔布莱希特·韦尔默:《后形而上学现代性》,应奇、罗亚玲编译,上海译文出版社2007年版,第225页,脚注①。

⑤ ［德］阿尔布莱希特·韦尔默:《后形而上学现代性》,应奇、罗亚玲编译,上海译文出版社2007年版,第248—249页。

　　至于辩论的效应,主要体现在辩论双方就某个理论家的某个理念和某种观念进行集中辩争,这有助于多维度地辨析所探讨的对象,也有益于揭示这个对象的多面性,从而既直接地促进了这个理论家伦理思想的发展,也间接地增进对话者及更多人对伦理生活的认识。论争是法兰克福学派的一个传统,第二代也经常在论争中阐述和发展自己的伦理思想。哈贝马斯喜爱并擅长辩论,这种方式贯穿于他的学术生涯,他曾跟随阿多诺参与了"实证主义论争"和"保守主义论争"等。其间,他凸显了与阿多诺更多理论上的亲和力,同时在汲取对手理论的基础上,哈贝马斯提升了自己的论辩能力。如与保守主义者盖伦的论争中,"从盖伦那里学到不少东西的哈贝马斯,再一次把更多的关注投向了作为对手的盖伦,并扩展了自己的观点,努力在与盖伦的争论当中使自己的观点更加合理"①。其后,哈贝马斯参与和推动了多场论争,而就多元文化的伦理生活建构而言,比较重要的论争有"关于《事实与价值》——对卡多佐法学院会议文集的回应"②,以及与罗尔斯商榷等。不过,哈贝马斯与罗尔斯的论争主要集中于民主政治与理性公用上,没有过多涉及多元文化问题,而他与伯恩施坦和迈卡锡等人则重点讨论了多元文化语境下如何对待"陌生人"的态度和方式。在伯恩施坦看来,人们可以通过扩展自我的伦理观达成对陌生人的理解,而哈贝马斯认为需要得到所有参与者的认同,才能为他们确立一种公正的、相互宽容的多元主义的伦理生活。在判断这些正义问题时,我们努力寻找一种公平的解决办法,而这样的解决办法必须得到所有参与者(以及相关者)深思熟虑的赞成。只有在互相承认的对等条件下,通过非强制性的对话,我们才能获得这样的赞成。与迈卡锡的论争则集中在"法律与宽容"的关系上,可以说,迈卡锡与哈贝马斯都赞同以法律和宽容共同解决多元文化的价值冲突问题,使陌生人能够享有一个公正的、自由的生活环境;不过,迈卡锡不相信正义会享有共同的伦理观念,因此他认为陌生人可以利用暴力捍卫自己的价值观,而哈贝马斯坚信这种共同的伦理观念是存在的,为此,他主张法律要保证公正地对待多元文化的价值观念,进而使不同的群体用

---

① [德]罗尔夫·魏格豪斯:《法兰克福学派:历史、理论及政治影响》(下册),孟登迎等译,上海人民出版社2010年版,第769—770页。

② 1992年哈贝马斯出席了纽约叶史瓦大学的本杰明·卡多佐法学院组织的哈贝马斯法哲学思想研讨会,后来,该会议的论文集出版时,哈贝马斯撰写了《关于〈事实与价值〉——对卡多佐法学院会议文集的回应》一文,对伯恩施坦和迈卡锡等人对他的批评进行了回应。参见[德]斯蒂芬·穆勒-多姆:《于尔根·哈贝马斯:知识分子与公共生活》,刘风译,社会科学文献出版社2019年版,第274页。

宽容姿态看待与学习其他群体和陌生人的价值理念。这意味着,在哈贝马斯眼中,多元文化的伦理问题是动态的、变化的,对此,他期望用规范概念达成对陌生人和异质文化以低限度的认知,进而为他们的公正对待探寻更有效的解答方式和途径。

相对于哈贝马斯这种直接的、多维的论争,韦尔默所参与的论争多数杂糅在他的讲座和会议论文等中,这使得他的论争缺少了一些直面交锋的尖锐性和多维性,当然,这种样式的论争也增进了韦尔默对某些伦理观念的理解。例如在《人权与民主》(1996)一文中,①他探究了在世界公民社会中如何处理宗教等多元文化认同的问题。在文中,韦尔默既指出了罗尔斯的"重叠共识"存在的可能性,也辨析了施密特对于"民主与人权"关系的犹豫态度,从而他归纳道:在文化多元的语境中,民主只有为包括其对手在内的所有人的人权而斗争时,它才富有现实意义,才能为人类创造幸福的契机。这意味着,"世界公民社会观念并不标志着民主政治的终结,而是作为新的情况下现代民主需要进一步发展的生存条件"②。有趣的是,在这种杂糅着论争的论文中,哈贝马斯和罗尔斯是韦尔默"对话"的常客,而在客观地评价他们思想的过程中,韦尔默丰富了自己某些伦理观念的内涵与对民主伦理生活的认识,也延展了他对这些观念和这种生活的探究。

客观地看,第二代除了自身实践这种伦理转向之外,还带动了第三代和第四代对文化伦理的研究。一方面,就在于这些人同属于社会研究所,第二代的理论兴趣和学术思想会对第三代及第四代产生潜在的熏陶和指导作用,尤其霍耐特的《为承认而斗争》这部著作就是在哈贝马斯指导下完成的,霍耐特也效仿哈贝马斯重返黑格尔的"哲学前院"寻找理论资源,所不同的是,哈贝马斯挖掘的是"和解理性",而霍耐特找到的是"承认"观念。而这种承认理性后来成为霍耐特探究亚文化问题的切入点与理论依据。另一方面,则在于第二代一直注重后辈的学术成长,能够虚心地借鉴与公正地评价后者的理论,如在《文化的平等对待与后现代自由主义的界限》一文中,哈贝马斯在肯定门克规范研究平等概念的基础上,也指出了门克拒绝"采用参与者"视角的缺点。③另外,哈贝马斯还谈及了弗斯特对罗尔斯

---

① 这是1996年韦尔默在荷兰阿姆斯特丹大学的斯宾诺莎讲座上所作的一个报告。

② [德]维尔默:《人权与民主》,载复旦大学当代国外马克思主义研究中心编:《当代国外马克思主义评论》,人民出版社2009年版,第295页。

③ 参见[德]尤尔根·哈贝马斯:《在自然主义与宗教之间》,郁喆隽译,上海人民出版社2013年版,第242页。

正义论的拓展,也赞同霍耐特对法律规范的提倡。①可以说,这种学术帮带首先给予了霍耐特等人的学术理念以小范围的认可与评判,进而为他们继续从事自己研究与走向更广阔天地奠定了基础与树立了信心。就第三代的霍耐特而言,他以承认理性的视角或在承认理论的范围内探究了亚文化问题,构建着一种多元正义的伦理生活,既使人了解到亚文化群体受辱的多种原因,也给予了这些群体争取平等权利与获得社会认可的途径和方式。不过,亚文化问题原本并不在霍耐特重点关注之列,因为他曾担心这个话题会破坏其承认理论框架的完整性,但是随着与弗雷泽论争的加深,霍耐特在一定程度上以"亚文化承认"作为分析跨民族和跨文化的切入点,也因此重构了自己的承认理论,如把亚文化承认视作第四种承认。面对世界范围内复杂的亚文化问题,霍耐特首先指出了身份的蔑视(disrespect)和文化的受辱(humiliation)是这些群体不满和抗议的基本原因,进而提出了多元正义的这种解决途径。这种探寻张力与解决矛盾的思维和方式是法兰克福学派的一个家族传统,如第一代所呈现的"社会全面控制"与"审美形式革命"、第二代所凸显的"文化歧视"与"宽容"和"学习"等矛盾关系,这使得他们的理论富有生命观照与具体的指涉对象。针对亚文化群体受辱的问题,霍耐特构想了多元正义的伦理生活,包括爱、法律和成就三个原则,涉及妇女、黑人和同性恋等群体,霍耐特期望借助爱、法律和成就的规范性来解决相应的社会问题。如关于妇女,"因此,我们要做的不仅仅是减少那些支持不公正劳动分工的社会条件的消极性工作——所有施加于妇女的制度强制力;而且在更高层次上,可以通过加强对家庭的规范基础的理解,通过参与者自己,在家庭中获得被他们所接受的公正的劳动分工"②。不过,兴许是霍耐特坚持以其既有的理论框架涵盖诸多新问题的缘故,这在一定程度上束缚了其思想的发展,也掩盖了一些社会症候,"对文化多元化问题的敏感性赋予了更新的批判理论以一种额外意义。批判理论必须在规范性与方法论上多元化:它不能满足于一种探索,正如它不能止步于已知的有效可能性一样"③。

---

① 参见[德]尤尔根·哈贝马斯:《在自然主义与宗教之间》,郁喆隽译,上海人民出版社2013年版,第236页。

② [德]霍耐特:《从为承认而斗争到多元正义构想——阿克塞尔·霍耐特访谈录》,载复旦大学当代国外马克思主义研究中心编:《当代国外马克思主义评论》,人民出版社2009年版,第352页。

③ Nikolas Kompridis,From Reason to Self-Realisation? Axel Honneth and the 'Ethical Turn' in Critical Theory,*Critical Horizons*,2004,2,p.342.

至于第四代的弗斯特,他以辩护理论探讨了全球化中的文化完整性与人权概念的关系。在《辩护这个基本权:关于一种建构主义的人权概念》中,弗斯特从文化完整角度分析了世界范围内的人权冒犯问题。在他看来,文化应是一个富有完整性的充分整合单位,"在此基础上,任何一种单一的外在入侵都被视作对这种完整性的一种暴力,逼迫这种文化放弃其价值以及其本真性。因此某种人权的'外来'道德的介入便被看作这种入侵"①。而当人权受到冒犯时,受害者有权为自己辩护,颇有新意的是,弗斯特采用"书写者"(author)与"接收者"(addressee)这种表述来构建一种正义的人权伦理生活。弗斯特指出:在这种伦理生活中,基于互惠和完整性,书写者需要体会到接受者的辩护要求,适时地改变自己行为,从而促进人权的真正发展;而作为一名世界公民,书写者和接受者都有义务尊重他人的人权,也有义务援助那些权利受到损害的人,"作为一名道德人、人类共同体的一员,当他人权利受到侵害时,当人类的基本权利在另一个国家被体系地歧视时,每个'世界公民'不仅有义务去尊重他人的人权,也有义务实施援助"②。历时地看,弗斯特也是沿着正义这条线来探究与发展良善生活的,而他的独特之处在于贡献了辩护这个视角与路径,这在一定程度上推动了法兰克福学派及整个现代性的伦理转向。当然,弗斯特理论中少不了哈贝马斯及学派其他人的身影③,这也是他们的理论呈现多种家族相似性与凸显某些共通性的主要缘由所在。

---

① Rainer Forst,*The Right to Justification*,trans.Jeffrey Flynn,New York:Columbia University Press,2012,p.206.

② Rainer Forst,*The Right to Justification*,trans.Jeffrey Flynn,New York:Columbia University Press,2012,p.224.

③ 在《基本权利的辩护中》,弗斯特既感谢哈贝马斯所给予的论文细节上的建议,也参阅了哈贝马斯的《话语伦理学解释》(*Erläuterungen zur Diskursethik*)和《事实与有效性》(*Faktizität und Geltung*)著作等;也参借了霍耐特的"相互承认"观点。See Rainer Forst,*The Right to Justification*, trans. Jeffrey Flynn, New York: Columbia University Press, 2012, note, pp.317-322.

第四章 文化双重伦理性:制造不满 与推动良善生活建设

法兰克福学派到了第三代,这个阶段的理论家整体上把文化视作一种内含伦理因质的事物,把文化伦理看作探究个体自由和建构良善生活的重要路径。①在他们看来,文化具有双重伦理性和现实作用,它既制造了不满和抗议,也具有化解这些消极情绪和破坏行为的能力。这有别于第一代对文化的批判态度,也有异于第二代对文化的肯定姿态,这既与三代人所分析的文化类型不同有关,也与他们所处的环境相异和所担负的责任有别相联系。第三代总体上以建构多元正义良善生活为己任,他们期望以此满足人们的多种权利需求,达成不同文化群体的权益要求,从而促进社会团结,也有效地解决诸多风险的威胁。

其中,霍耐特重点关注的是亚文化群体的承认问题,这些群体虽然也为社会做着贡献,但是遭到社会蔑视并承受着文化羞辱,为此,他们通过文化认同方式以一种集体文化形式进行抗议。对此,霍耐特强调要尊重亚文化群体的文化属性,要公正地承认他们所做的贡献,并倡导以爱、法律和成就三种承认为基础构建一种多元正义的良善生活。

门克着重分析的是文化平等问题,在他看来,错误的文化漠视个体的平等权,能将诸多个体异化为权威的奴仆和邪恶计划的执行者,而健全文化能平等对待所有人,鼓励人们积极参与良善生活建构。门克立足平等理念构建多元正义良善生活,并提倡以悯爱姿态对待异质文化群体的特殊需求,他将这种生活称作"成功生活"(successful life)。

霍耐特和门克都倡导以多学科方式建构良善生活,他们相信这有助于为个体带来更多自由契机,有益于增进人们的团结和合作,所不同的是,霍耐特倚重的是政治伦理和精神分析等方式,而门克重视的是政治伦理和艺术等途径。总之,第三代与其前辈一样,同一阶段的理论家既有明显的共

---

① 就对文化的伦理特性的认识上,第一代批判了文化和文明是错误生活和全面控制社会的推动者,他们揭示了文化和文明的消极伦理作用;第二代肯定了文化能为良善生活提供交往和民主等理论资源,他们凸显了文化及后现代文化的积极伦理作用;第三代则把文化伦理问题视作良善生活建构的一种事件,它们诱发了很多社会冲突,不过,在一定程度上它们也充当着促进社会反思的内在力量。

通处,也有难以回避的分歧和不易解决的争议。

第一节　霍耐特:亚文化承认与多元正义良善生活①

在整个法兰克福学派文化伦理理论方面,霍耐特的亚文化承认理论具有一种承前启后的作用:一方面,他沿袭着哈贝马斯倡导的规范研究,对亚文化承认进行了深入分析和多维度论证;另一方面,他提倡的病理学方法影响了其后的弗斯特,后者以这种研究姿态分析了异质文化辩护问题。②关于亚文化承认,主要指亚文化群体因其独特身份遭到社会蔑视和不公正对待,为此,他们选择以文化认同的方式进行集体反抗和斗争,期望借此能更有效地获得社会承认和更大限度地展现自己的才能。在霍耐特看来,亚文化承认问题已是当代一个不可回避的伦理和政治事件,因为它是一些文化冲突和社会矛盾的主要诱因之一,它既关系着亚文化群体本身的自由和平等,也影响着社会整体文化的完整性和其伦理生活的公正性。原本,亚文化承认并不在霍耐特的理论规划之内,在很大程度上,他是因为与弗雷泽论争才重点关注亚文化这个话题。可以说,亚文化承认位于爱、法律和团结等承认原则之后,属于"第四种承认"。不过,亚文化承认这个话题既促使霍耐特修改了他的承认理论框架,如他用"成就"替代了"团结"作为社会中的人的价值体现;也在一定范围内造成了"承认理论转向"(recognition-theoretical turn)这种学术影响,推动了批判理论的发展;还提升了霍耐特对良善生活的正义多元性的认识,为此,他把多元正义的良善生活视作亚文化群体及人类的理想栖息之所。在这种伦理生活中,每种文化都能得到平等对待,所有个体都可以依靠成就获得社会认可和他人尊重;人们能确立和凸显更高级的美德,能充分展现其自主性(autonomy)和创造潜能,进而推动良善生活走向更高阶段,使其为个体和人类带来更多自由、正义和团结的契机。

---

① 本节曾刊于《中国语言文学研究》(校庆版),社会科学文献出版社2022年版,此处有改动。

② 随着哈贝马斯年事已高与弗斯特崭露头角,霍耐特担负起社会研究所传帮带的角色,他的研究方法和学术理念对弗斯特有着很大影响。客观地讲,霍耐特在发展批判理论方面成就卓然,例如,他将世界范围内的一些优秀学者吸收到社会研究所内,真正意义上将法兰克福学派国际化。除此之外,霍耐特善于自省,比如,通过与弗雷泽论辩亚文化承认问题,霍耐特修改了他的承认理论结构;为了加深对自主个体心理的认识,他加强了对精神分析和文学的研究。不过,他和哈贝马斯一样都对文学和美学存有偏见,这对社会研究所整体的学术走向产生了不良影响。

一、亚文化抗议:反对蔑视和诉求承认

在霍耐特看来,社会中之所以出现以亚文化形式进行的抗议,既在于这些群体的亚文化身份招致社会蔑视,即使他们做出与他人一样的成就和贡献;也在于这种蔑视阻碍着这些群体对其应有权利的享有,使得他们在很多场合承受着偏见和不公正对待,为此,他们通过抗议乃至暴力行动来反抗蔑视并为自己争取承认的机会。客观地讲,亚文化承认问题既加深了人们对现实不公的认识,也促进了法兰克福学派的伦理转向,使霍耐特等人看到了文化身上更多的伦理潜能。

作为自主(autonomous)个体和做出成就的社会成员,亚文化群体因其独特身份而遭到诸多排斥和蔑视,为此,他们借助文化认同方式,以集体形式表达着不满并进行着承认诉求。①在霍耐特看来,这些亚文化群体大体上包括:女性、青年、穆斯林和一些边缘群体等,他们原本具有一定的文化共性,共享着一些符码、语言和生活方式等,而在历史行进过程中,他们又因遭受相似的社会歧视加强了文化认同和内在团结,从而逐渐确立起相应的文化独立性,形成了独特的女性亚文化、青年亚文化等。②这意味着亚文化及异质文化本身就蕴含着一些政治因素和一定的伦理因质。随着社会发展和民主化程度提高,这些亚文化群体在享有和使用社会平等权的同时,也为社会做出不可忽视的成就和贡献,其中,"平等权"赋予他们以自主性,使他们成为具有自主权的个体,他们也以此自主权充分地发挥着其创造才能,展现着其主体性;而"成就"是指作为自主个体和有生产力的公民,女性和青年等凭借自己的禀赋、技能和劳作,为社会的物质生产和精神生产做出了贡献,③同时他们的行为也体现着美德,促进了伦理生活发展。基于其自主人格和所做出的成就,亚文化群体期望能得到社会平等的尊敬(esteem)、受到公正的对待,但是令他们不满的是,他们的亚文化身份竟招

---

① 当代,亚文化已成为社会矛盾和文化冲突的一种诱因,同时这些文化群体也借助文化认同方式形成集体诉求和共同抗议。这些诉求和抗议在促进社会制度完善的同时,也由此有效地解决了一些亚文化诉求问题,为此,霍耐特指出,亚文化具有一定伦理功能——既制造了伦理事件,也扮演着这类事件的解毒剂角色。

② See Nancy Fraser and Axel Honneth,*Redistribution or Recognition? A Political-Philosophical Exchange*,trans.Joel Golb,etc,London and New York:Verso,2003,p.162.

③ See Axel Honneth,*The I in We:Studies in the Theory of Recognition*,trans.Joseph Ganahl,Cambridge and Malden:Polity Press,2012,p.207.

致一定程度的社会排斥和权利限制，他们的某些独特文化风格受到歧视，他们的权利诉求得不到公正对待和合理解决，从而无形中他们就被界定和被归类为身份特殊的"社会少数派"（social minorities）。①

面对成就受蔑视、身份受歧视和自主性被抑制等状况，这些社会少数派或亚文化群体在表达他们的共同痛苦和相似不满的过程中，增进了他们内部的交流和相互支持，提升了他们对文化共同性的认识和对其身份相似性的认同，这也是霍耐特评价亚文化具有偶然组合（contingent collections）特征的原因。而对文化共同性认识的提高促使亚文化群体选择以共同文化方式表达他们的不满和承认诉求，如女性以女性群体方式、青年以青年亚文化形式等。霍耐特认为，虽然这些亚文化群体各自的不满和诉求并不一致，它们所造成的文化冲突和社会影响也不尽相同，但是它们整体的威胁乃至破坏力冲击着社会整体文化的完整性，扰乱着人们的生活秩序，也拷问着社会的正义程度。结果，在一定程度上，亚文化承认问题已成为人们必须面对的一种富有政治性、伦理性的事件。相较而言，在一般意义上，很多人把亚文化问题限定为文化风格和生活方式等方面的冲突和矛盾，以此来对抗主流文化和反抗社会生活方式，如赫伯迪格；也有很多人把亚文化事件理解为物质需求和地位提升等问题，在某种程度上，弗雷泽是这种观点的代表。而霍耐特从身份承认和成就尊重的立场剖析亚文化问题，抓住这个问题的核心，使我们认识到，这些文化群体在当代语境下最担心的事情是其如何获得平等和尊重，如何在社会发展中自主地发挥其创造力等。公允地讲，霍耐特是将亚文化问题放在文化多元的全球化语境中来审视和解答，自然富有一定的普遍性和广泛的响应。

更令人担忧的是，亚文化抗议引发了新的社会解放运动，诱发了更多文化矛盾和社会冲突，这对人们的共同生活（common life）产生了极大威胁。公允地讲，亚文化承认问题原本不是霍耐特重点研究的对象，虽然他曾经触及了女性主义话题，但是为了维护既有承认理论体系的稳定性，他有意回避了女性主义及亚文化问题。"尽管当前的女性主义政治哲学著作经常指向与承认理论目的相交叉的一种方向，但是我不得不推迟与这种讨论进行批判性对话的想法。因为这不仅会打破我论证框架的边界，而且会使我超出我当前的专业水平。"②但是有趣的是，霍耐特最终还是无法回避

---

① 　See Nancy Fraser and Axel Honneth,*Redistribution or Recognition? A Political-Philosophical Exchange*,trans.Joel Golb,etc,London and New York:Verso,2003,p.162.

② 　Axel Honneth,*The Struggle for Recognition:The Moral Grammar of Social Conflicts*,trans.Joel Anderson,Cambridge,Massachusetts:The MIT Press,1995,p.2.

亚文化承认这个话题，一方面，他在与弗雷泽论争的过程中，发现了亚文化承认问题与他原来的理论之间具有亲和力，能够促进他对"蔑视与承认"进行整体意义上的规范思考。霍耐特因此修改和完善了他的承认理论，将亚文化承认诉求提升为一种规范的承认原则，这使得他对"承认理论转向"的形成更有信心。①另一方面，亚文化承认问题已经转化为新的社会解放运动的一部分，这种运动在凸显文化、信仰和社会不公等问题的同时，也引发了一些新矛盾和更大冲突。为此，理论家们从不同角度探究着亚文化承认问题和这种新的解放运动，其中，弗雷泽将这些问题归属到身份政治（politics of identity）范畴内，而霍耐特则把它们视为道德和伦理问题，并通过对亚文化承认进行规范论证，增进了人们对社会不公的认识。"以此方式，我向批判社会理论推荐的'承认理论转向'在弗雷泽论点的下一层运行。这种范畴转型并不服务于包括解放运动在内的所有尚未充分主题化的运动，而是要解决涉及社会非正义主题化的那些问题。"②其实，从某种程度上讲，亚文化承认问题赋予了霍耐特承认理论以更大现实意义和更多实践价值，使他的规范论证找到了更多指涉对象，使更多人认可了"承认理论转向"这种研究动向，也吸引了更多人从事承认理论研究。实质上，法兰克福学派的第二代、第三代和第四代在不同程度上都偏爱规范论证而疏于现实批判，这也是王凤才称他们为"后批判理论"的缘故，因为他们身上已淡化了第一代鲜明的现实批判精神，而较突出的则是对某些伦理观念的分析和抽象化阐述。亚文化承认问题既推动了霍耐特对"承认"和"正义"等概念的分析，促进了他对这些概念的规范论证；也加深了他对现实问题和伦理环境的认识，使他的视域中多了一些现实观照和具体关注对象，使他的理论更具生命力。

其实，这种现实观照在一定程度上弥补了当代法兰克福学派规范研究的缺陷，避免了这些理论家陷入"为理论而理论"的窠臼，从而使其思想缺乏解答和解决个体幸福的能力。而经过对某一现象和同一事情的持续关注，或对相似事件的分析，哈贝马斯等人从中发现了新的理论生成点，如哈贝马斯从异质文化权利诉求中发现了"宽容"这个术语，进而他经过论证"宽容"这个概念，丰富了他建构良善生活的思路。由此看来，哈贝马斯等人后期的一些概念并非他们单纯的理论论证所得，恰恰是他们深入分析时

---

① See Nancy Fraser and Axel Honneth,*Redistribution or Recognition? A Political-Philosophical Exchange*,trans.Joel Golb,etc,London and New York:Verso,2003,pp.125-126.

② Nancy Fraser and Axel Honneth,*Redistribution or Recognition? A Political-Philosophical Exchange*,trans.Joel Golb,etc,London and New York:Verso,2003,p.134.

代症候和现实具体事件所获。

　　从某种程度上讲，亚文化承认问题既增进了人们对现实生活不公性的认识，也推动了法兰克福学派的伦理转向，使得霍耐特能够将亚文化问题放在整个伦理生活建构中思考。作为一个笼统的称谓，霍耐特笔下的亚文化涉及女性、青年和一些边缘群体等，这些群体呈现着共同的诉求，也凸显着各自独特的需求；他们共有着相似的不满和共同的抗议对象，也各自面对着并不一致的蔑视和不公正对待；他们各自以独特的亚文化方式进行斗争，同时也用整体性的亚文化形式表达着共同的权利诉求。事实上，通过分析亚文化承认问题，霍耐特既看到这些群体作为自主个体并没有享受应有的权利，也看到他们因其亚文化身份而承受着社会的蔑视和排斥。这说明法律制度仍不健全，无法充分体现权利的平等性；也表明社会的包容度仍有缺陷，很多人错误地认为对亚文化的承认会破坏整体文化的完整性。对此，霍耐特在重构其承认理论时，既重申了自主性与法律的紧密关系，也强调要基于成就原则公正地认可亚文化群体的贡献和价值；而且他依据亚文化群体的承认诉求，更加明确了多元正义原则，并认为这种原则能使不同群体都得到平等尊重和公正对待，能使人们在需求、自主性和成就上都得到相应的满足。"就此而言，我用来作为批判社会理论基石的正义概念呈现出一种多元形态。这里不再是一个原则，而是由三种原则为社会斗争分析提供信息，为被视作合理的道德诉求转换过程提供消息。"[1]可以说，霍耐特的三分原则体现了批判理论自我变革的新成果，它使得批判理论能为新的现实问题提供有效的解决方法，也极大地解决了多元正义的规范问题，因为自哈贝马斯以来，虽然法兰克福学派的理论家都明白多元正义应是良善生活的基础和前提，但是他们却难以找到一个阐述规范多元正义的立足点。其间，哈贝马斯和韦尔默都曾以文化多元为前提，强调一个完善的伦理生活应该富有自由、民主、包容和团结等特征，但这些不成一体的概念无法构成一种富有内在逻辑性的多元正义理论。而霍耐特基于自主个体的完整性所倡导的多元正义，既照顾到这些个体的人格完整性，考虑到他们基本的需求和权利，也涉及亚文化群体的感受和他们的特殊诉求。爱、法律和成就三方面的承认需求对应着社会不同领域的公正性，考验着这些不同领域各自的公正性，以及整个伦理生活的正义程度。其后的弗斯特也在努力构建一种具有内在连结性的多元正义，如辩护、宽容和公正等，不过，

---

　　① Nancy Fraser and Axel Honneth,*Redistribution or Recognition? A Political-Philosophical Exchange*,trans.Joel Golb,etc,London and New York:Verso,2003,p.258.

它们之间的内在关系还需要我们进一步挖掘和探究。

从整体意义上讲，亚文化承认问题推动了法兰克福学派的伦理转向，既使他们看到了当代伦理生活中有很多文化群体承受着身份蔑视和文化羞辱；也使他们认识到良善生活建构的必要性及艰难性，因为很多消极因素阻碍着社会公正、制造着不满和仇视。这种伦理转向最初体现在第二代的哈贝马斯和韦尔默身上，他们在看到很多异质身份的人承受着不公正对待后，加强了对"团结"和"民主"等概念的探究，增加了对良善生活和共同体的探讨，这使得他们的理论本身呈现一种较明显的伦理转向。而后随着霍耐特、门克和弗斯特等人的加入，法兰克福学派整体上展现出一种伦理转向，其中，既有这些理论家各自独特的关注重点，如弗斯特对异质文化辩护的探究；也有他们对良善生活和共同体的共同探讨。对于霍耐特来讲，这种整体的伦理转向与伦理研究趋向有助于他从伦理生活层面上来审视亚文化承认问题，使得他既可以从自主个体的视角来分析亚文化群体的不满，也能够从成就立场为他们的地位和价值进行辩护；既可以从社会完整性的维度反思亚文化承认的伦理意义，也能够以文化多元化姿态分析这种承认的多维性和正义的多元性。

二、亚文化承认：穿过平等针眼的第四种承认

在认识到亚文化承认问题的重要性后，霍耐特便积极地为这些群体的承认诉求进行着辩护。一方面，他指出这种承认诉求并非无病呻吟，而是真实地揭示了社会制度的某些缺陷；另一方面，他肯定了亚文化群体在社会生产和伦理建设等方面的多种贡献，支持他们对自主权和社会地位的诉求。为此，霍耐特把亚文化承认纳入其承认理论框架中，将其视为爱、法律和成就三种承认之后的第四种承认。不过，他强调这四种承认原则都必须穿过平等针眼（needle's eye of equality），都需要遵守平等原则并依据这个原则为各自探寻解决的方法。

对于亚文化承认问题，霍耐特坚定地认为，这些文化群体并非社会破坏者，相反，他们所承受的蔑视真实地反映了社会制度的某些缺陷和亟待完善的地方；他们是自主个体和平等公民，他们为社会生产和美德推行做着不可忽视的贡献。在与弗雷泽的论辩过程中，霍耐特加深了对亚文化承认问题的了解，这既源于他自我认识的提高，例如他意识到亚文化问题是辨析社会正义的一个重要切入点，是探究规范伦理环境的一条基本路径；又在于论辩对手弗雷泽给予他启发和反思，比如通过争辩亚文化问题到底属于"再分配"（redistribution）范畴还是"承认"范畴，霍耐特坚定了以道德

立场分析亚文化承认的思路，加深了对社会不公的了解，提升了对正义多元性的认知。正是基于对亚文化承认有了更深的认识，霍耐特在指出这些文化群体的承认诉求富有合法性的同时，也给予他们的成就和品德以充分地肯定。

其中，对于他们"承认诉求的合法性"，主要指亚文化群体关于公正认可和平等尊重的要求属于公民基本的权利，因此他们这方面的诉求是合理的、合法的，而且他们某些深层诉求（deep-seated claims）加深了人们对社会不公的认识。"这是一种被那些相关人员认为合理的社会的规范期望令人失望或让人抗议的事情。因此，这种不满和痛苦的感受，只要它们被指定为'社会的'，那么就与社会正在做的某些不公正的、不正当的事情的经验相一致。"①虽然这些承认诉求以及相关的抗议带来一些令人不安的因素，但是它们有助于人们进一步了解社会弊端和时代症候，有益于他们有针对性地完善社会制度，从而从根本上解决亚文化群体的不满及社会中相应的抗议，维护社会更高级的完整性。

至于对他们"成就和品德"的肯定，霍耐特指出，亚文化群体也如社会其他成员一样，促进着社会生产，展现着美德，他们的有些成就虽无法估算但不可低估，例如女性为家庭所做的牺牲，因此他们应该得到社会公正的承认和平等的尊重。另外，当下随着越来越多的陌生人涌现，②社会文化的多元化越来越明显，这些文化群体为社会创造着物质财富，也展现着良好品格，但是他们因其独特身份而受到了社会排斥乃至文化上的羞辱，无法享有一个自主个体应有的平等权和社会承认。因此为了合理解决亚文化承认问题，也为了保持社会稳定发展，霍耐特认为需要建立"承认与辩护"机制，这种机制有助于亚文化群体阐述其承认诉求的缘由，有益于人们更全面地认识这些诉求，从而能有效地、合法地解决他们的承认问题和相应的社会危机。

实质上，从阿多诺到哈贝马斯，再到弗斯特，他们在分析个体伦理问题和社会道德危机的时候，将其主要笔墨倾注于对社会体制和文化环境的反

① Nancy Fraser and Axel Honneth,*Redistribution or Recognition? A Political-Philosophical Exchange*,trans.Joel Golb,etc,London and New York:Verso,2003,p.129.

② 由于移民和难民已成为影响乃至威胁欧洲生活秩序的一种公共事件，因此很多理论家从不同角度思考了这个问题，他们在剖析这种现象持续发生的缘由的基础上，也谈论了如何公正地看待这些陌生人（strangers），怎样将他们有序地吸收到社会生活中，从而建构起一种多元文化共处的伦理环境。这方面的论著有：鲍曼的《我们门口的陌生人》（2016）、伊格尔顿的《陌生人身上的麻烦》（2009）等。

思上,而非对个体的意识和品德的谴责上。因为他们从奥斯维辛悲剧和艾希曼事件上看到文化环境和社会体制对个体行为的善恶具有决定性的影响,所以在面对个体伦理道德问题时,法兰克福学派既努力从制度和文化本身探究问题的根源,也积极地从制度和文化身上探寻着解决的方法。可以说,这是法兰克福学派注重伦理生活的主要原因所在,相较而言,健康、健全的伦理生活能够认可和培养个体的美德,能够激发不同文化群体的建构能力,相反,偏执、病态的伦理生活则会导致文化冲突和社会矛盾。而为了确立一种公正的伦理生活,霍耐特既强调自主个体参与的重要性,也指出了不断完善体制的必要性,因为这样,才能有效地满足个体的物质需求和保证他们的社会尊重。"因此,除了社会承认信任度的评价维度之外,我们必须认识到:物质因素,依据某个既定社会交往的复杂程度,维系于适宜的个体行为或合适的体制程序。"①

从某种程度上讲,为亚文化承认的辩护也使霍耐特自身受益良多,其中,他在将这种承认视作第四种承认的同时,也从整体上修改了他的承认理论框架。在其成名作《为承认而斗争》(1992)中,霍耐特把爱、法律和团结当作其承认理论的三个基本要素,同时也把它们看作三种承认形式,分别对应着自主个体的自信、自尊和自重等情感经验。虽然这三种承认形式各有所关注的对象和所担负的责任,但是它们基于"有效性盈余"(surplus of validity)原则协同合作,共同构成一个完整的自主个体,其中,"团结"原则是霍耐特对黑格尔和米德的伦理观念批判性继承的收获。霍耐特认为,从更广阔的生活世界来看,黑格尔和米德都缺少对"团结"概念的分析和阐述,为此,霍耐特在强调团结对于个体完整性的重要性的同时,也把团结与爱和法律同等地视为基本的承认形式。"在这种新境况中,这里所勾勒的概念必须从黑格尔和米德建议的失败中得到的唯一教训就是要允许一种不可避免的张力:我们不能抑制实质性的价值——它们被假设为一种能产生后传统团结的立场——沿袭着承认形式在爱和发展的法律关系中找到它们的位置。"②这里,霍耐特指出了自己是基于社会变革和人类发展重估了团结的价值,也以此构建了其承认理论框架。但是当他与弗雷泽就亚文化承认问题进行多维、深度的论争的时候,他既发现亚文化问题是哈贝马斯和他共同倡导的伦理转向中不可回避的问题,因为这个问题关系着世界范

---

① Axel Honneth,*The I in We:Studies in the Theory of Recognition*,trans.Joseph Ganahl,Cambridge and Malden:Polity press,2012,p.92.

② Axel Honneth,*The Struggle for Recognition:The Moral Grammar of Social Conflicts*,trans.Joel Anderson,Cambridge,Massachusetts:The MIT Press,1995,p.179.

围内诸多类似个体及相似群体的切实幸福，影响着不同语境中的人际交往和社会稳定；他也看到亚文化问题所凸显的"成就"原则要比"团结"原则更富规范性，更契合其对多元文化伦理生活的承认理论建构。为此，霍耐特在将亚文化承认视作第四种承认形式的同时，也用"成就"替换了"团结"。"假如是这样的话，那么当前的文化冲突就产生了一种规范原则，其道德结果并非是对传统宽容的补充，而是对其的超越。因为这个第四种承认原则意味着：我们也必须彼此承认为文化共同体的成员，这些成员的生活方式值得那种善意关注的衡量，这种衡量对评判它们的价值是必要的。"①于是，今天霍耐特把爱、法律和成就当作其承认理论三个基本要素，把爱、法律、成就和亚文化承认看作四种承认形式。可见，亚文化承认问题对霍耐特的理论建构产生了较大影响，其中包括：将亚文化群体正式纳入他的研究对象中、把亚文化承认归入他的承认理论框架内、用成就原则替换了团结原则等。在某种程度上，将亚文化承认问题糅合到他的承认理论中，这对霍耐特承认理论产生一种学术研究转向式的影响具有不可忽视的作用。当然，这也表明霍耐特是一个善于学习和不断反思的学者，这一点从他后来的论著《我们中的我》（2010）中可见一斑。其中，基于新的理论需要和新的发现，霍耐特增加了对文学和精神分析学的关注和研究，这些领域以往曾是他疏远的对象或批判的目标。不过，他也指出，亚文化承认在很大程度上不具有其他三种承认形式的普遍性，它更大意义上属于文化伦理方面的问题，它与爱、法律和成就并不在同一等级上。

而为了达成社会的公正性和维护整体生活的完整性，亚文化承认需要穿过平等的针眼、需要遵守平等原则，这样既能使社会客观地评价亚文化群体的成就，也能有效地实施平等和公正原则。目前情况下，虽然亚文化问题是一个棘手的社会事件，它能否得到合理解决直接影响着社会是否稳定和人们生活的好坏，不过，霍耐特冷静地指出，包括亚文化承认在内的所有诉求都应穿过平等的针眼，因为在平等原则下，一方面，这些群体能为自己合理的诉求进行合法的辩护，也可以在与他人诉求的比较中，撤回自己不合理的诉求；另一方面，他们的某些诉求能被提升为一种规范性的需求，使更多人从中受益。"意在保护群体生活完整性的那些文化身份承认的诉求，它们需要穿过平等原则的针眼。因为其目标能规范地申诉的所有事情

---

① Nancy Fraser and Axel Honneth,*Redistribution or Recognition? A Political-Philosophical Exchange*,trans.Joel Golb,etc,London and New York:Verso,2003,p.169.

最终源于这种理念：合法的平等需要从文化差异中抽离出来。"①可以说，"平等的针眼"形象地说明了平等原则在伦理生活建构上的重要性，这种倡议既能肯定所有自主个体和不同的文化群体公正地享有提出其诉求的权利，尤其某些亚文化群体有权为其独特诉求进行辩护；也强调了平等原则和法律的神圣性，它们在保护弱势群体的权利同时，也能有效地制止不公正事情的发生。

　　实质上，平等原则也得到哈贝马斯和弗斯特等人不同程度的重视，他们都把此原则视作良善生活和共同体的基石，因为不同个体和相异文化群体只有受到平等尊重、公正地享受他们的权利，他们才能积极地发挥其建构能力和创造才能；才能展现出某种集体智慧，进而社会可以利用这种集体智慧来应对公共事件，为人们营造一种安全、多元、团结的生活空间。这种多元、团结的生活空间也是霍耐特期待的目标：其中，包括亚文化群体在内的不同文化群体都能得到平等尊重，他们的成就受到公正承认，他们的权利诉求享有辩护的权利。对于这种完善的生活空间，哈贝马斯和霍耐特等人都采用了良善生活和共同体②这两种表述方式，他们不同程度上都把它们视作不同文化群体互惠互助的场所，并赋予了它们以多元正义属性。相较而言，良善生活主要基于个体美德和社会正义来构建，其中，"美德"包括悯爱意识、正义感、包容姿态和团结观念等，"正义"涵盖公正的物质分配、平等享受各种政治权利，以及公正承认特殊群体的成就等；共同体则立足共同文化和共同需求来建构，这里，"共同文化"既包括共同体成员共享的文化传统、经典作品和重要理论论著等，也包含某些共同的创伤性记忆，如奥斯维辛集中营事件，"共同需求"则涉及平等的文化尊重、公正的价值认可以及共享的辩护权等。由于理论家们的侧重点各有不同，因此他们对良善生活和共同体的关注度也不尽相同。例如哈贝马斯原来偏爱谈论共同体，但这些年他增加了对多元正义良善生活的谈论，因为他在重读阿多诺的"良善生活"概念时发现，在探究人类幸福方面，良善生活与共同体是两条并行不悖的路径。而霍耐特重点探究的是良善生活，他认为基于爱、法律和成就所构建的良善生活契合了多元正义的宗旨，它在为自主个体提

---

① 　Nancy Fraser and Axel Honneth,*Redistribution or Recognition? A Political-Philosophical Exchange*,trans.Joel Golb,etc,London and New York:Verso,2003,p.164.

② 　霍耐特眼中的共同体与伦理生活具有一定交叉性，"一个相关术语，'伦理生活'（Sittlichkeit），表示一种具体的、综合的社会设置，其中，规范和价值体现在共同体成员的基本态度和生活方式之中"。Axel Honneth,*The Struggle for Recognition:The Moral Grammar of Social Conflicts*,trans.Joel Anderson,Cambridge,Massachusetts:The MIT Press,1995,p.ix.

供多方面的承认和辩护的同时，也能给予亚文化群体的成就和价值以公正承认和充分肯定。反过来，这些个体和文化群体可以推动良善生活走向更高阶段，使其能够解决更复杂的文化问题和更宏大的公共事件。

三、爱、法律和成就：多元正义良善生活

整体地看，霍耐特对亚文化承认问题的规范论证[①]既造成了一种"承认理论转向"学术影响，促进了批判理论的发展，增进了人们对伦理和道德重要性的认识；也完善了其承认理论结构，丰富了他对良善生活的正义多元性的认识。这种多元正义的良善生活要求爱、法律和成就三个原则发挥各自的有效性盈余，推动良善生活走向更高阶段，既使个体享有更高级的自主和具备更高级的善，也使社会环境更具包容性，能充分地展现平等和公正等原则。

公允地讲，霍耐特和弗雷泽的论争，以及霍耐特对承认理论的后续研究，引起了更多人对"承认"概念和承认理论的关注，由此带来了一种承认理论转向，也促进了批判理论的革新。应该说，《为承认而斗争》这本书已经使学界对承认理论有了一定了解，不过，就承认理论的世界性影响而言，我们必须提及霍耐特和弗雷泽多维度的辩论，以及霍耐特其后相关的深入研究，它们使得更广范围内的学者在了解承认理论的基础上，对其有了进一步的认识。更关键的是，在世界范围内，很多学者加入了"承认"概念和承认理论的研究之列，以此来确立自己的研究方向或借以解决某些现实问题。霍耐特将这种研究趋向称作"承认理论转向"，这里虽不乏一种自豪感，不过，承认理论的确有助于人们认识和解决当代的一些文化冲突和社会矛盾。另外，承认理论是继交往理论之后批判理论内部的又一次革新，赋予了批判理论以新的生机和更多活力。历时地看，自20世纪30年代霍克海默确立批判理论至今，[②]这个学术群体内部先后出现了两次转向和革新，即交往理论转向（communication-theoretical turn）和承认理论转向，当然，就第四代弗斯特的辩护理论发展趋势而言，[③]未来批判理论内部也许会

[①]　由于认识到亚文化承认问题的重要性，因此在与弗雷泽论辩结束后，霍耐特就一直保持着对亚文化承认及相关问题的关注，例如他在《我们中的我》（德文版，2010）一书中，将亚文化成员的权利诉求提升为自主个体的权利诉求，进而以自主个体视角探究着良善生活建构和共同体构建。

[②]　参见[德]霍克海默：《社会哲学的现状与社会研究所的任务》，王凤才译，《马克思主义与现实》2011年第5期。

[③]　参见李进书、冯密文：《弗斯特异质文化辩护理论》，《美学与艺术评论》2021年第2期。

出现"辩护理论转向"。

　　总体地讲,每次转向和革新都是对之前理论的继承和创新,例如霍耐特既指出了承认理论与交往理论的亲密关系,"我为用黑格尔'为承认而斗争'主题来丰富社会理论所做的努力可被理解为使哈贝马斯的独创性概念站稳脚跟"①;他也认为承认理论在构建多元正义的良善生活方面具有一定优势,这有助于确立一种更高级的良善生活,满足更多文化群体的权利诉求。就批判理论的内部发展而言,自哈贝马斯开始,社会研究所的理论家们从不同角度积极建构着良善生活,在他们看来,这种共同生活已经具备了建构的可能,已经拥有了实现的希望。而后,随着对文化多元化趋势和异质个体需求的了解,哈贝马斯等人又开始探索多元正义良善生活问题,为此,他们把团结、民主和宽容等视作这种共同生活的基本原则。不过,他们始终无法从一种整体立场来阐述正义的多元性,或者说他们难以将多元正义构建为一个有机体,这使得他们所倡导的多元正义良善生活缺少一种规范性和普遍的适用性。而霍耐特基于自主个体的完整性所提倡的良善生活富有内在的一体性,它涉及个体的家庭成长、社会地位和生活的价值。它们同时存在是一个健全个体的基本要求,任何一个维度有所缺陷就会导致个体的不满,就会引发一些文化伦理问题,乃至导致破坏性的社会运动。

　　当然,承认理论更体现了对批判理论传统的沿袭和革新。比如霍耐特所倡导的病理学方式就带有批判和反思的意味,也就是在质疑和拷问社会问题和时代症候的基础上,追问其缘由和探求对其合理的解决方法,而"批判"和"反思"是批判理论得以确立的两个基本原则,例如借助这两个原则,第一代人揭示了文明的野蛮性和压抑性,剖析了奥斯维辛悲剧发生的深层原因。就革新而言,承认理论、交往理论和辩护理论都属于规范研究,这有别于第一代的经验批判。在某种程度上,规范研究缺少了批判理论曾有的锋芒和激情,多了一些学术论证和问题论争,它有助于人们在系统学习某个学术理念和某种学术理论的基础上,整体地认识和深入地探究世界范围内的类似文化伦理事件及相关问题。

　　可以说,三个承认原则很好地阐释了正义的多元性,并且它们通过发挥各自的有效性盈余,使特殊诉求和一般诉求处于变动的辩证法中,进而推动良善生活向更高阶段发展。从某种程度上讲,今天理论家们基本上都把多元正义视作社会公正的一个基本体现,也就是正义应该是多维的、多

---

①　Nancy Fraser and Axel Honneth,*Redistribution or Recognition? A Political-Philosophical Exchange*,trans.Joel Golb,etc,London and New York:Verso,2003,p.242.

层面的、开放性的,它应该满足人们多个层面的合理需求,应该尊重不同文化群体的合法诉求,并且能够依据现实情况调整其内在结构。总体上看,理论家们对多元正义的体悟和倡导,既源于他们理论建构的需要,他们看到多元正义已是文化交往、伦理生活发展的前提和基础,他们的文化伦理研究和良善生活理论要想具备广泛的认同感和接受度,就需要立足多元正义来构建和完善;也源于他们对文化伦理问题的深入了解,这里面,一方面包含他们对文化伦理冲突的思考,这种冲突主要是由文化歧视、信仰羞辱等引发的,而为了消除这种歧视和羞辱及相应的冲突,人们就需要逐步确立多元正义的观念,社会生活就需要依据多元正义来建设和发展;另一方面涉及他们对文化建构力量的认识,例如韦尔默指出后现代文化倡导自由创作和多元批评,这些审美经验中蕴含着自由和民主潜能,而这些伦理潜能能够转化为良善生活建构的力量。另外,异质文化群体富有极大创造力,能够为社会带来活力和新的智慧。可以说,基于多方面的原因和考虑,当代理论家已将多元正义视作一个必须正视的理论话题和现实命题。不过,由于各自视角有别,不同理论家对于何谓规范的多元正义各执一词,为此,他们之间时常会发生论争,如德沃金对沃尔泽的分配多元正义论的批评。①在霍耐特看来,他所确立的三个承认原则能够很好地诠释正义的多元性,能够比较周全地考虑到自主个体对需求、生活处境及贡献承认等公正性的要求,使他们在家庭、法律和社会价值等方面都得到平等尊重和公正对待。

公允地讲,霍耐特的多元正义理论富有内在逻辑性,是正义理论的一种进步,也丰富了批判理论的多元正义观。相较而言,虽然哈贝马斯和韦尔默也在不同程度上阐述了多元正义,但是他们基本上是基于文化多元来淡论正义多元,因此无法对多元正义做出一种规范的论证;而霍耐特以爱、法律和成就三个原则阐述正义的多元性,基本上确立了一种规范的多元正义,也勾勒出一幅多元正义良善生活的蓝图。

在这个良善生活中,爱、法律和成就拥有各自的领域,每个领域实践着各自的主旨,但它们并非孤立,相反,它们利用各自的有效性盈余原则,在相互交织、共同作用下,使得个体的特殊诉求和集体的一般诉求处于一种变动的辩证过程中。"在每个领域内,它总有可能将一般和特殊的一种道德辩证法放置于变动中:通过呼吁一种一般承认原则(爱、法律和成就),某种

---

① 参见王凤才:《从"作为公平的正义"到多元正义——罗尔斯、沃尔泽的正义理论评析》,《哲学动态》2008年第10期。

尚未找到适宜考虑的特殊视角(需要、生活境况以及贡献)能够提出诉求。为了达成这种批判任务,这里所概述的正义理论能够利用承认的有效性盈余原则来对抗它们社会性阐释的真实性。"①这意味着,霍耐特所构建的良善生活的正义多元性指涉着爱、法律和成就三个方面,它们在满足不同个体和不同群体的具体需求的同时,也能实现自主个体对人格完整的要求;反过来,这三方面也维护着正义的多元性,避免正义原则因简单化而丧失解决现实复杂问题的能力。这种辩证性的多元正义为良善生活带来了诸多生机和活力,使它能够依据现实问题调整正义的内在结构,从而能更有效地解决文化冲突和社会矛盾,推动良善生活走向更高阶段。

辩证地看,这种多元正义良善生活能为不同个体和不同文化创造自由和平等的契机,但也对他们的道德提出了一定要求,期望他们以高级的自主性参与到更高阶段良善生活的建构中。以发展眼光看,多元正义良善生活能够在保证不同文化共同存在的基础上,依据成就原则给予亚文化群体以公正对待和平等尊重,有效地避免他们因其文化身份而遭受蔑视和不公正对待,也能有效地减少文化歧视和信仰冲突;这种良善生活在合理地解决个体具体的承认诉求的同时,也能够提升个体对其自主性和公民权利的认识,使其能够从自主个体的角度争取其承认权,以及使用其辩护权。不过,霍耐特指出,这种多元正义良善生活也对个体和文化群体有着一定要求和期待,比如,如何使他们的承认诉求和辩护理由升华为一种规范的承认和辩护,成为使所有人受益的权利;注重个体间和文化群体间的交往和对话,增加相互合作和共同抗争,因为这种共同行为富有互惠性,它对所有个体和不同的文化群体都不无裨益。"只要我们仅将承认概念从人际层面移至社会群体或运动的行为上,那么我们就不会有任何术语方面的障碍。在这种情况下,我们能将某个特定共同体的集体身份视作个体身份或自我关系的更高层次的等价物。因此,当个体或群体参与到为承认的某种斗争中时,我们就会对为何战斗有了一种相对清晰的了解。"②多元正义良善生活与自主个体的这种互动关系,一方面,能够保证良善生活的多元性和包容性,使它在接纳新的异质因素和外来文化的同时,也呈现出更大活力和更强的集体力量;另一方面,它也给予自主个体以新的自由契机和更多挑战,使他们在新的环境下重新认识自己权利和自我价值,从而有助于他们

---

① Nancy Fraser and Axel Honneth,*Redistribution or Recognition? A Political-Philosophical Exchange*,trans.Joel Golb,etc,London and New York:Verso,2003,p.186.

② Axel Honneth,*The I in We:Studies in the Theory of Recognition*,trans.Joseph Ganahl,Cambridge and Malden:Polity press,2012,p.139.

确立更高级的善和做出更大的成就。这样的多元正义良善生活能得到更多人认可，也会吸纳更多成员，进而可以利用他们的集体智慧应对风险的威胁，为他们营造一个安全和互惠的生活空间。实质上，以往言说风险的威胁往往会给人一种耸人听闻的感受，似乎有制造紧张气氛和兜售新奇观点的嫌疑，但是今天，随着自然灾祸、极端天气等一起爆发，人们相信已经处于一种多种风险交织的时代和处境。①这些风险无法靠单个人和少数人应对和解决，必须借助集体智慧和整体力量来抗争和消除，而且也能最大限度地降低风险的危害，乃至彻底消灭某些风险。更关键的是，消除风险所赢得的生存空间能为不同肤色和不同文化群体共享，使他们有机会争取各自的权利要求和利益需求，进而追求更高级的幸福生活。在某种程度上，正是基于对这种互惠性的认识，霍耐特在谈论欧洲发展时指出，它应以包容和开放姿态对待各国文化及异质文化，使个体得到更大自由空间，使不同文化受到平等尊重，从而逐渐形成一种新的共同文化和高级的共同价值，"最简要的回答是，这种新的文化资源应当拥有迄今为止深植于各个国家历史中民族属性的一切性能，也就是除了信任和互助的承认关系，还要为共同关注那些有着道德敏感以及涉及个人自由的行动领域，开拓必要的空间"②。在欧洲内部的交往和合作方面，霍耐特与哈贝马斯有很多共同认识。

可以说，通过研究霍耐特亚文化承认理论，我们既增进了对当代亚文化群体权利诉求和其实现方式的认识，也加深了对法兰克福学派文化伦理思想的了解，还提升了对多元正义良善生活的理解。本节采用的伦理学路径，既契合于霍耐特关注亚文化问题的初衷和目的，也增进了我们对亚文化伦理潜能复杂性的认识，如它导致了社会矛盾但也是化解这些矛盾的解毒剂，另外，它还促进了我们从良善生活和共同体层面上审视亚文化承认问题，以及相关的文化伦理事件。由于未来世界必然是个多元文化共存的公共空间，不同的文化群体在凸显共同的权利要求的同时，也呈现着各自具体的权利诉求，反之亦然。在这方面，霍耐特的亚文化承认理论和多元正义良善生活思想能够给予我们一定启示，有助于我们更深入认识和更有效地解决亚文化和异质文化等问题，从而推进互爱、平等和团结的共同家园的建设。

---

① 参见李进书、侯雨：《"人类命运共同体"：风险时代人类的"共同福祉"》，《河北大学学报》2018年第4期。

② ［德］阿克塞尔·霍耐特：《自由的权利》，王旭译，社会科学文献出版社2013年版，第551页。

第二节 门克:文化平等与成功生活

在门克①看来,个体在争取平等(equality)的过程中,不同的文化会对他们产生不同的影响。门克眼中的文化主要指一种生活环境和文化氛围,它是社会体制、主流价值观和文化教育等因素合力的结果,大体上有错误文化与健全文化之分:错误文化会抑制个体规划自我生活和构建良善生活的平等权,从而造成个体人格的扭曲和加剧社会等级差距;相反,健全文化和良善生活②则能赋予个体设计各自生活和参与共同生活建构的自主权,促进个体人格完善和增强社会团结。失去设计生活的平等权,就会导致个体依据权威的标准理解人生的成就(achievement),将假的价值视作真的价值来实施,将破坏行为当作英雄事迹夸耀,如歧视和屠杀犹太人。基于此,门克既指出文化对个体道德具有直接的影响力,也强调自主个体拥有设计和维护健全文化和良善生活的权利和能力。在今日倡导良善生活建构的氛围中,自主个体被赋予了更多的责任和使命。在门克眼中,自主个体应是自我生活和相互关系的书写者,由这样的书写者设计和参与建设的良善生活能给予所有人以平等权,能以正确的成就观引领人们的行为,从而使他们共同营造出一种富有悯爱和团结意识的文化氛围。而在自主个体的形成和成长过程中,艺术能够唤醒并增强他们内在善的力量和自由的动力,使他们自觉地、自主地实施其应有的权利和能力,使良善生活显示更多公正性和更大创造力。基于良善生活的诸多先进性,以及对这种伦理环境的信任,门克将他心目中的良善生活称作"成功生活"。他认为,这种生活能最大可能地满足个体和人类的需求和诉求,个体能得到充分地发展,人类可以不断进步。客观地讲,门克的"成功生活"这种称谓带有很多期望成分和一定乌托邦色彩,它反映了当代人对拥有一种完善的共同生活的信心,这种生活属于不同个体,服务于不同文化群体,更指向整个人类的自由和团结。

---

① 作为法兰克福学派第三代重要理论家之一,门克的思想富有一定的星丛特征,他对文化、美学和政治伦理等都进行了深入研究,并把它们都放在良善生活建构的层面上评价。门克的文化理论和美学思想对阿多诺的相关理论多有继承,这使得他对文化持一定的批判立场,而把艺术和美学视作个体发展和社会进步中不可或缺的因素。

② 对于文化环境和伦理生活的理解,门克继承并发展了阿多诺和尼采的理论。门克认为,文化环境和伦理生活能够通过不同性质的成就观念引导个体的现实行为,使他们成为破坏者或蜕变为建构者。

一、文化:影响个体平等对待的环境

门克认为,健全文化能够使个体感受到平等对待,并能够实施其平等权,包括平等地享有设计自我生活、平等地参与良善生活构建等权利。由此,他们在凸显各自自主性的基础上,共同创造出一种富有生机和团结意识的生活环境。不过,现代性在行进过程中生产出一种价值扭曲的错误文化,它漠视个体的平等诉求,误导了个体的成就观,既制造了无数冷漠的个体,更造成了奥斯维辛事件。在反思这些伦理问题时,文化成为理论家重点拷问对象之一。

作为现代性的一个规范理念,平等包括平等地考虑(consideration)和对待(treatment)每个个体,而健全的文化能够给予他们这种平等权,使他们能够自主地设计自我生活和参与良善生活建设。就法兰克福学派而言,各位理论家在遵循批判理论①宗旨的基础上,各自创造出富有深意的理念和具有解放作用的理论。第一代如此,第二代、第三代和第四代也如此。例如霍耐特有承认理论、弗斯特有辩护理论,而门克对平等②进行了深入挖掘和细致论述,并赋予了这个理念丰富含义和更多伦理功能。虽然霍耐特、弗斯特和门克对各自重视的概念论证方式并不相同,但是这些概念今天在不同程度上都成为良善生活建构的基石,都化为这种共同生活的构成要素。在门克看来,现代伦理和现代政治与个体争取平等紧密连接在一起,由于平等涉及个体的幸福和集体的团结,因此平等可被视为现代性的最重要规范理念之一,"倘若我们问我们彼此所拥有的义务和权利的话,那么,现代性的第一答案便是它们是关于平等的义务和权利:平等是现代性首要的规范理念。现代关于平等的斗争就是以这个认识作为其出发点"③。对于平等,门克强调它并非以等同方式看待每个人,而是平等地考虑和对待每个人。其中,"平等地考虑"指给予所有人尊重,尊重他们的个体性(individuality),承认他们的独特性;"平等地对待"指一视同仁对待所有人,

---

① 就法兰克福学派自身发展和内在变革而言,批判理论(critical theory)大体上可以分为:阿多诺时期的批判理论与哈贝马斯时期的批判理论,前者是传统意义上的批判理论,注重凸显现实的矛盾、现代性的张力;后者是当代语境下的批判理论,提倡规范研究和政治伦理建构。前者富有明显的批判性,后者具有突出的建议性和建构意图。

② 关于门克的平等观,哈贝马斯认为,它有助于解决后传统社会的文化冲突和信仰歧视等问题,能为良善生活多元正义形态的确立提供有效方法。参见[德]尤尔根·哈贝马斯:《在自然主义与宗教之间》,郁喆隽译,上海人民出版社2013年版,第235—236页。

③ Christoph Menke,*Reflections of Equality*,trans.Howard Rouse and Andrei Denejkine,Stanford,California: Stanford University Press,2006,p.2.

任何人都没有高于他人的特权。①这意味着平等不是平均主义,它强调的
是尊重和公正。从现代性的确立角度来讲,这种平等地考虑和对待的观念
富有解放意义,它打破了传统社会严格的等级制度,在使每个个体感受到
尊重的同时,极大地激发了他们的自主意识和创造潜能。可以说,这种平
等观和解放性凸显了现代性的召唤力和进步性,反过来,由此受惠的个体
给予了现代性信任,为这种新的伦理生活贡献着各自的才智和创造力。由
此,我们看到伦理生活和文化对个体幸福的影响力,尤其经历奥斯维辛之
后,伦理生活和文化在决定个体行为道德方面的重要性昭然若揭。门克在
重读阿多诺的"错误生活"论断的基础上,结合自己对平等观念的理解,进
而概括性地指出,一种健全文化和完善的生活环境能够保证个体的平等
权,使每个人得到平等地考虑和公正地对待,使他们有能力设计自我生活、
有权利参与良善生活建设。这种平等观比现代性初期的平等观有了较大
进步,例如它将自主性加入个体的平等权中,这更有助于释放个体的潜能
和挖掘他们的创作力。这意味着,平等观的进步并非纯粹理论建构的结
果,其中也包含着人类对"现代性大屠杀"(鲍曼语)深入反思的一些沉重
收获。

　　历时地看,文化一直对个体平等保持着一定影响力,而从奥斯维辛事
件中,我们看到一种错误文化对个体伦理道德具有决定性影响,它导致无
数个体走向毁灭之途。在某种程度上,奥斯维辛事件是很多理论家反思现
代性症候的切入点,因为它是极权主义制造的一个巨大文明丑闻,展露了
人类非理性状态下偏执行为的可怕后果。为此,理论家们不同程度上从这
个"现代性大屠杀"中探寻着某些荒谬现象的根源,思考着人类进步的可能
性。在门克看来,奥斯维辛事件表明了错误文化的巨大危害,这种荒谬的
文化既剥夺了个体的平等权,制造了权威与奴仆这种新型的不平等关系;
也通过错误的成就感和荒诞的价值论,将诸多平庸个体物化为权威的工
具,使他们成为极权者毁灭计划的忠实执行者。极权主义控制下的文化之
所以被理论家们批判为错误的、虚假的和偏执的,②从历史进程上讲,在于
它带有反历史潮流的特性,具有违背现代性初衷的缺陷。可以说,这种文
化非但没有推进现代性的平等和民主等进程,反倒通过各种手段宣传权威

---

① See Christoph Menke,*Reflections of Equality*,trans.Howard Rouse and Andrei Denejkine,Stan-
　ford, California: Stanford University Press,2006,p.3.

② 关于极权社会的错误和虚假等特征,阿多诺和洛文塔尔曾进行过不同程度的批判和反
　思,他们的思想加深了人们对不健全文化危害性的认识。而门克通过重新阐释阿多诺
　的错误文化批判思想,对当代伦理生活的不公正方面有了更深的了解。

的绝对权力而制造了新的等级秩序，这在一定程度上损害了现代性的声誉。

　　而从价值理念上看，它借助向观众灌输很多错误的观念而误导了他们，使他们成为冷漠的物体，相互质疑、彼此提防。这些错误观念包括对犹太人的仇视、对破坏行为的鼓动等，这些荒谬邪恶的观念组成了当时的文化关于人生成就的界定，而惊恐生活于其中的人需要依照这些错误观念确立其奋斗的目标和前进的方向，否则就会被视为另类和异端遭到清除。"这些模式塑造了某种文化对于生命成就的理解；不求助于它们，人们就无法获得对其生命成就的理解。另外，文化无法决定或确定我们人生是否富有成就；然而，它实施着我们理解我们生命成就的方式。"①而当无数个体忠实执行这些错误观念时，就会导致很多可怕后果，一方面，他们成为邪恶的工具，加入到毁灭犹太人等的队伍中；另一方面，他们自身隐藏了良知和勇气，逃避了对平等和自由的诉求，化为错误文化和虚假生活的维护者。这会产生一种恶性循环，即随着这些平庸个体的维护，错误文化变得更僵硬、更邪恶，它对外实施着毁灭性破坏，对内进行严密控制。在这种境况下，对于个体而言，平等尊重和公正对待只是奢望而已，他们既不可能得到现代性所许诺的这些幸福，也放弃了对这些基本权利的诉求和斗争，因为这样会招致惩罚和毁灭，而且他们早因文化工业的愚弄丧失了自主表达的意愿和冲动。为此，阿多诺感慨道："错误生活不可能正确地过活"②，而门克在阿多诺这个观点的基础上进一步指出，错误文化无法达成个体平等的意愿，反倒制造了一种新的等级秩序，致使无数个体成为权威颐指气使的奴仆。

　　通过反思错误文化的危害性，门克既看到文化的特性对个体平等具有重要影响，也认识到个体在建构一种健全文化上拥有自主权。客观地讲，奥斯维辛事件在很多理论家思想发展过程中扮演着极其重要的角色，他们不同程度上通过反思这个现代性的极端事件，检验并完善了各自的理论，或者说促使他们的思想走向成熟。对于门克而言，一方面，他深刻认识到文化在个体诉求平等和争取自由方面担负着重要职责，这种重要作用并不仅仅表现为文化会影响个体享有这些权利，更重要的是，它能通过宣传和实施某种成就观和价值论，来引导个体的行为选择和道德表现，从而使他

---

①　Christoph Menke,*Reflections of Equality*,trans.Howard Rouse and Andrei Denejkine,Stanford, California: Stanford University Press,2006,p.56.

②　Theodor Adorno,*Minima Moralia: Reflections from Damaged Life*,trans.E.F.N.Jephcott,London and New York:Vorso,2005,p.39.

们成为积极建构者或者变异为邪恶的破坏者。另一方面,门克从中发现个体命运掌握于个体手中,他们各自拥有书写自我生活的自主权,具有参与建构健全文化和良善生活的主动权,而由他们自己建构的文化必然会降低极权主义出现的概率,也会减少错误文化形成的可能性。也就是说,门克在充分认识到文化重要性的基础上,也深刻意识到自主个体在创建健全文化和建构良善生活方面的核心地位。

就门克自身理论发展而言,与其说对文化认识的提高体现了门克理论的深入化,倒不如说对自主个体的强调表明了他的思想走向成熟。因为他找到了避免错误文化死灰复燃的最有效方式,也找到了个体达成平等的最可靠保障。相较而言,阿多诺在批判错误生活和野蛮文化的基础上,强调了审美救赎的重要性和审美反思的必要性,其间,阿多诺谈及了自主个体,但没有对此作过多阐释,这也许与他对个体解放不抱太大希望有关;哈贝马斯在反思错误文化之后,加强了对自主个体的探究和强调,增加了对良善生活的研究,从而推进了当代伦理转向(ethical turn)。其中,在肯定罗尔斯"公正社会"思想的基础上,哈贝马斯指出:"它赋予了每个人一种平等发展某种伦理自我理解的自由,以便人们可以依据自我能力和选择实现一种私人化的'良善生活'概念。"[①]门克从阿多诺和哈贝马斯身上汲取了不同的理论资源,例如,门克继承了阿多诺的否定美学理论和文化批判视角,沿袭了哈贝马斯的政治伦理路径。可以说,门克也如哈贝马斯一样不断深入研究自主个体,因为这个概念已成为他们各自思想发展的基石和动力之一,已成为当代法兰克福学派政治伦理研究的最重要因质之一。从这个意义上讲,门克的文化平等理论和自主个体观点也为当代伦理转向注入了动力。不过,有别于哈贝马斯之处在于,门克将艺术作为个体确立自主性和自我提高的必需资源。这一点是他继承阿多诺美学遗产的体现,这使得他能从根本上探讨自主个体的形成及其自我不断完善问题。

二、自主个体:自我生活和健全文化的书写者

经过反思错误文化,门克指出,自主个体是杜绝错误文化和确立健全文化的关键所在。在门克看来,自主个体既是自我生活的书写者,也是健全文化确立的参与者,这种自我生活能够以单子的方式影响文化的内在构成和价值趋向。不过,自主个体的形成绝非一蹴而就的产物,而是个体经过长时间的学习和思考的收获,审美教育在其中扮演着不可或缺的角色。

---

① 　Jürgen Habermas,*The Future of Human Nature*,Cambridge and Malden:Polity Press,2003,p.2.

门克的这一观点与哈贝马斯和霍耐特是有区别的，后两位理论家对文学艺术持怀疑态度。

从某种程度上讲，"自主个体"是当代伦理生活建构的基本概念之一，为此，它被理论家们赋予了不同含义和多种职责。而门克通过反思奥斯维辛事件和错误文化指出，自主个体既具有规划自我生活的能力和权利，又拥有参与建设健全文化和良善生活的权利。也就是说，自主个体兼有书写自我生活和整体文化的能力和权利。这种"自我生活"是每个个体应有的生活方式和私人空间，它体现着现代性的进步性及其平等原则，因为在等级森严的传统社会里，人们无权享有自我生活方式和独特的感性空间，他们都湮没于贵族生活之中，根本没有自我和个体性可言。进入现代性之后，社会一直在进步。可悲的是，到了极权主义时代，人们拥有的仅是一种虚假的自我生活，而非本真的自我生活。因为此时的自我生活统一于权威操纵的整体生活中，同时它也体现着这种整体生活的特性——冷漠、邪恶，无形之中，这导致了大量平庸个体展现出恶的一面，成为极权者的帮凶。通过反思错误文化，门克认识到个体的自我生活必须由个体自己规划和书写，而由此形成的生活富有双重含义："它不仅涉及设计生活规划的（虚构）瞬间行为，而且涉及它们的持续关系。自我确定并非一种准时能力，而是一种永久能力：它是持续转化和调整生活规划的能力。"①也就是说，个体既需要具备规划当下自我生活的能力，还必须拥有不断调整和完善它的能力，这样既可以跟上时代对他们的要求，又可以以自我方式影响整体生活和整体文化。

至于"整体文化"，它是一种体现着民众意愿的文化氛围。现代性初期，整体文化主要由权威设计和掌控，它也能代表民众某些意愿，但是到了极权主义时代，整体文化则完全成为极权者意志的别称，成为抑制和同一民众私人生活的工具。对此，哈贝马斯和门克等人都把拯救整体文化的希望寄托于自主个体身上，他们在不同程度上认为，只有由自主个体参与建设并体现着他们诉求的整体文化才是健全的文化。而且在哈贝马斯和门克看来，参与健全文化的建设是每个自主个体的权利，是不可剥夺的，同时这种权利的使用情况是检验文化和伦理生活的试金石。另外，有别于极权主义时代的整体文化对私人生活的整合，门克认为，当代的私人生活能够以单子的方式对整体文化实施影响。也就是说，这些各富独特性的、具有

①　Christoph Menke,*Reflections of Equality*,trans.Howard Rouse and Andrei Denejkine,Stanford, California: Stanford University Press,2006,p.146.

不同形态的善的私人生活构成了一个社会的整体文化氛围,它们从内部影响着这种整体文化的道德观和价值趋向。更关键的是,由这些善的私人生活塑造的自我个体来参与整体文化的建设,能最大限度地杜绝错误文化的出现,能充分地激发整个社会的建构力量和创造力。

富有这些能力和权利的"自主个体"更大程度上是一个现代概念,它的形成需要一个过程,而艺术能够通过自主阅读和审美反思等方式培养个体的自主性,使他们成长为自主个体。之所以把自主个体视作一个现代概念,主要在于它与现代形式的权利休戚相关,这种形式的权利许诺赋予每个个体平等尊重及其规划自我生活的自主权。在门克看来,这是现代性语境下法律激进变革的成就之一。"现代形式的权利并不因为有自主主体就会存在,但是自主主体会因现代形式的权利存在而存在。现代形式的权利源于一种激进的法律变革。这种变革之所以是激进的,在于它涉及法律的意义。"①康德从审美判断和实践理性等方面对"自主"这个概念进行过深入分析,其核心要义就是自我意识、自由和自我立法等,②但是这种自主权在极权主义时代被践踏和被抑制,制造出无数具有依赖人格的奴仆,也导致了一种错误文化的出现。不过,这促进了理论家们对自主个体的研究和阐释,他们赋予了自主个体不同的含义和责任,使其成为当代不同学科共享的重要概念之一。在对自主个体的使用上,哈贝马斯和霍耐特着重阐述了这种个体应有的权利和责任,但并未对其如何形成进行分析,这使得他们眼中的自主个体更像权利的斗士,有激情却缺乏内蕴和反思能力。在很大程度上,这与他们放逐了艺术和美学密不可分,也与他们将自主个体问题限制于政治伦理领域有关。而门克在从政治伦理角度分析自主个体的权利同时,也积极地从艺术立场探究这种个体的形成和自我提升,这对我们完整地认识自主个体或认识完整的自主个体不无裨益。

就自主个体的形成而言,门克既指出个体可以通过自主阅读培养起自主审美的意识和独立思考的能力,也认为审美反思能够提升个体的自由意识和激发他们的伦理潜能。其中,"自主阅读"是针对自动(automatic)阅读而言的,它是审美自主的一种表现。自动阅读是一种被动性的、重复性的阅读,它会在钝化个体感知力的基础上,造成他们对他人的依赖,导致他们的冷漠和冷酷。在某种程度上,阿多诺之所以批判文化工业,就在于它通

---

① Christoph Menke,*Critique of Rights*,trans.Christopher Turner,Cambridge and Medford:Polity Press,2020,p.8.

② See Immanuel Kant,*Fundamental Principles of the Metaphysics of Morals*,trans.Thomas Kingsmill Abbott,Garden City and New York:Dover publications,INC,2005,p.72.

过为大众营造一种畅快的自动阅读场所，进而将他们规训为具有依赖人格的奴仆。而自主阅读倡导个体选择有难度的文本进行鉴赏，鼓励他们充分地运用自己的感知力和想象力。这种阅读过程并不畅快，但是它能保持并提升个体的感知力，使之确立自主审美的意识和具备独立思考的能力。"审美反思"是人们在审美鉴赏过程中对其想象力和创造力的自由运用，它既能提高人们对审美对象的认识，洞察到它们的本质，也能激发自己的内在动力，提高对自身的能力和权利的了解。为此，门克认为，审美反思具有伦理功能和解放潜能，它为人们创造了自由的契机，也为社会带来了变革的力量。"审美愉悦并不暗含一种善的道德趋向。然而，审美愉悦实践着一种自我反思，这也有利于道德趋向。"①当代很多理论家都认可审美活动具有伦理作用，只不过，他们各自的侧重点不同、彼此寄予的期望有别而已。

　　就体现个体的自主性而言，对自我生活和健全文化的书写权能够充分展现个体的才能和潜能，他们在书写时需要兼顾自身的发展和集体的进步，需要不断依照外在环境完善自身的认识和提高自己的能力。所谓书写权就是现代人享有的规划私人生活和参与文化建设的权利，这种权利受到当代理论家们不同程度的重视，因为它能够使我们整体地了解个体的身份和处境，能够提升我们对自身的权利和潜能的认识。"通过民主参与的方式，当个体成为福利国家的'书写者'时，他们自身就能揭示它对作为这个国家'接受者'的个体生活方式所产生的后果。"②也就是说，当我们以书写者与接受者的双重视角看待自主个体时，就可以整体地、辩证地认识他们的权利和义务，也可以客观地评判文化的进步程度和伦理生活的公正程度。客观上讲，对书写权的提倡和强调是理论家们反思奥斯维辛的一个收获，因为从那个极权主义时代里，理论家们看到个体作为单纯接受者的悲剧——被愚弄、受控制，既扮演着毁灭他人的工具，也充当了毁损自身的元凶。这种书写权绝非只是满足个体生活规划的工具，它还需要体现对整体文化建设的参与意识，展现提升集体生活空间的自主意识。因为只有最大限度地允许个体参与的文化，才能在最大程度上具有平等性、包容性，也才能使个体对自我生活的规划富有意义、具有本真性。这意味着书写者需要依据外在环境的变化不断调整自己的认知和规划，而不能将自己的视野限

---

①　Christoph Menke,Aesthetic Reflection and Its Ethical Significance:A Critique of the Kantian Solution,*Philosophy & Social Criticism*,vol 34 nos 1–2,Sage Publications (Los Angeles,etc) and David Rasmussen,2008,p.63.

②　Christoph Menke,*Reflections of Equality*,trans.Howard Rouse and Andrei Denejkine,Stanford, California: Stanford University Press,2006,p.120.

定于自己生活中。对此,门克将进行书写的自主个体比作传统意义上的"讲故事的人"(storyteller),这样的群体能够凭借自己的言语构成一个交往和相互尊重的温馨空间。"成为我们生活的书写者并不意味着我们要将这些生活归于我们自我的法则中,相反,我们要将自身暴露于外在环境和经验的'多变性'下。然而,在实践的模式中,书写者的身份指向传统的讲故事的人,而在规划的模式中,它指向资产阶级作家,这种完美模式为浪漫主义'散文'概念重新制定了一个契机:它认为书写者并非某种语言的起源,而是不可通约的语言间一种去中心化的对话场景。"[①]这样的生活空间和文化富有本真性,能够最大程度上体现自主个体的意愿和诉求,也能够最大限度上推进主体间的交往和展现这种交往的伦理效果,从而促进一种健全文化的形成和良善生活的确立。这样的文化和伦理生活对个体享有平等权不无裨益,它们也能有效地解决一些公共事件,而且它们具有开放性和包容性,能够依据异质文化群体的特殊需求来调整其内在结构,妥善地处理平等与团结的关系。

三、成功生活与新的平等诉求

长远地看,门克倡导健全文化的目的在于构建多元正义的良善生活,这种伦理生活是一种成功的生活,因为它能最大限度地实现现代性个体平等的诺言,也能有效地营造一种悯爱和团结的氛围。这种良善生活需要不同学科共同参与建构,艺术能为人类的这种共同生活提供动力、反思和创造力,使其避免重蹈奥斯维辛覆辙,同时能促进个体进步和人类发展。在这个偶然性的时代,异质身份的人的平等诉求已是不可回避的伦理问题,这意味着良善生活要在反思和完善自身的基础上,合理地解决这些平等诉求,从而达成一种更高阶段的团结。

整体地看,当代法兰克福学派都把多元正义良善生活视作他们理论建构的共同目标,门克将人类的这种共同生活称为"成功生活",因为它能成功地确立一种平等、悯爱和团结的氛围,实现对不同个体的平等对待,促进人们共同进步。基于对阿多诺良善生活观念的继承,以及自身对这种共同生活的理论需求,哈贝马斯之后的法兰克福学派成员增加了对良善生活的探讨和倡导,他们在不同程度上都把多元正义良善生活作为人类自由和团结的象征。有别的是,这些理论家在遵循公正的前提下赋予多元正义不同

---

① Christoph Menke,*Reflections of Equality*,trans.Howard Rouse and Andrei Denejkine,Stanford, California: Stanford University Press,2006,p.139.

含义,如哈贝马斯倡导交往、包容和宽容,霍耐特提倡承认和尊重,而门克注重平等和辩护,而且他们对良善生活有着各自独特的称谓,如门克称之为"成功生活"①。门克之所以用这种"成功"(successful)口吻称呼良善生活,在于他认为由自主个体所书写和建设的良善生活,一方面,能使个体感受到平等尊重和公正对待,也能激发个体身上积极的伦理力量和创造潜能,这样就能避免错误文化和虚假社会的复现,避免个体成为权威的附庸和破坏的力量;另一方面,也能增进个体的相互关爱和彼此团结,凝结集体智慧,从而更有效地应对风险。这种集体智慧不是同一性下邪恶力量的化身,而是反思现代性过程中创造力的源泉。从某种意义上讲,良善生活的这种成功特性在于它的书写主体由权威替换为自主个体,这使得这种伦理生活能够真正地体现民众的意愿,也能充分地发挥他们的创造力。"理性规划的生活,被设计为现实主义、和谐以及持续,它使得这些成为可能,并将书写权扩展为这种控制能力。"②为此,哈贝马斯夸赞这种以自主个体为书写主体的生活为本真生活(authentic life)。③换言之,依照权威意志布局的生活是"非本真"的生活或虚假的本真生活。在良善生活多元正义的理解上,门克重点倡导的是平等对待和公正辩护,这里面既涉及对个体的平等考虑和公正对待,这是现代性的基本原则之一;也包括对异质群体特殊诉求的尊重,这些诉求多数与这些群体的信仰有关,它们带有文化伦理性质。这些个体及异质群体的不同诉求要求社会必须平等、区别对待他们,否则就会引发身份歧视和文化羞辱等问题,导致暴力事件。门克认为良善生活本身就具有多元正义的特性,因为它富有内在的异质性,它对异质身份的人具有一种天然的包容姿态,这使得它对现代性进程中不断涌现的异质身份的人自然地表现出一种平等尊重和公正对待,赋予他们为其特殊诉求辩护的权利,进而将他们融合到社会中。而这与健全文化的特性休戚相关。这种文化既提倡和培养着个体的自主性和创造性,也倡导和塑造着个体的悯爱意识和团结观念,从而使得个体和集体都能得到进步和发展的机会。

　　在良善生活建构上,门克倡导多学科参与其中,它们相互依存、缺一不

---

①　关于"成功生活",门克认为马丁·泽尔(Martin Seel)对此有着独到而深刻的理解。See Christoph Menke,*Reflections of Equality*,trans.Howard Rouse and Andrei Denejkine,Stanford, California: Stanford University Press,2006,p.201,notes 19.

②　Christoph Menke,*Reflections of Equality*,trans.Howard Rouse and Andrei Denejkine,Stanford, California: Stanford University Press,2006,p.138.

③　See Jürgen Habermas,*Justification and Application:Remarks on Discourse Ethics*,trans.Ciaran Cronin,Cambridge, Massachusetts and London:The MIT Press,1994,p.9.

可,艺术能为人们带来自由的力量和创造的动力,能为他们创造成功的机会。由于良善生活关系着所有人的幸福,也涉及个体人格的完整性,这意味着某一个学科难以担负建构人类这种共同生活的重任,因此很多理论家都采用多学科方式建构着各自的良善生活。相较而言,哈贝马斯和霍耐特更多地将良善生活视作一种政治伦理行为,他们对哲学、政治学和伦理学等委以重任,而对艺术持怀疑态度,因为他们认为艺术带有创作者的个人好恶,所以它无法作为良善生活建构的一个可信赖的资源。而他们放逐艺术的后果是比较明显的,例如,哈贝马斯一直强调发挥个体的自主性,但是他无法解决如何使个体确立自主性的问题;他积极地建构着良善生活,但对这种生活的内在动力缺乏足够认识。作为阿多诺的继承人与韦尔默的学生,门克坚信艺术是个体进步和人类解放最主要的方式之一,他保持着以政治伦理和艺术伦理等多个视角探究良善生活的姿态,这既增进了我们对这种共同生活多面性的了解,也加深了我们对其建构的可能性的认识。在门克看来,艺术既可以为良善生活带来自由的力量,也可以为其提供创造的动力。其中,关于"自由的力量"体现为,作为富有自主性的美学和艺术,它们始终呈现和强化着人类的自由这个维度;[1]至于"创造的力量",主要指艺术家借助其想象力摆脱了现实的桎梏和传统的束缚,为人们创造一个富有超越性的作品,从而使人们在鉴赏作品时获得思想解放,释放其创造力。不过,艺术的这种创造力并不蕴含于所有艺术作品中,在门克看来,它主要蕴藏在悲剧性的作品中,因为它们诉诸个体的生命体验和对自由的探索。基于对艺术中创造力量的认识,门克倡导着审美自主这种观念。他认为,审美自主能够培养读者的独立判断力和审美反思能力,能够促使他们确立自主意识,能够激发他们的创造力。由于艺术是以内在且持久的方式影响着个体,因此这些自由力量和创造力量会逐渐内化为个体的能力和伦理自信,他们在确立其自主性的同时,也能自然地把这些力量转化到健全文化和良善生活的建设上,这有益于个体拥有更多成功的契机,有利于伦理生活步入高级阶段,体现出某种成功的特性。在某种程度上,艺术的在场解答了自主个体为何能参与人类共同生活建设的难题,而这个难题困扰着钟情于从政治伦理视角看待良善生活的哈贝马斯。霍耐特后来增加了对艺术内在力量的关注,这也许与他发现政治伦理路径的局限性有关。

---

[1] See Christoph Menke,Aesthetic Reflection and Its Ethical Significance:A Critique of the Kantian Solution,*Philosophy & Social Criticism*,vol 34 nos 1-2,Sage Publications (Los Angeles,etc) and David Rasmussen,2008,p.62.

在流动的现代性中，异质文化群体的特殊诉求需要被平等对待，这些群体为良善生活带来挑战，也为这种共同生活走向更高阶段提供了动力。整体地讲，当代法兰克福学派都将异质文化群体视作一个重要的研究对象。一方面，在于这些群体带来不可回避的文化伦理问题。这些群体具有特殊的文化背景和特定的信仰，有着某种特殊需求，如果这些需求及诉求没有得到合理解决，那么就会引发文化矛盾和社会冲突。为此，哈贝马斯、霍耐特和弗斯特等人不同程度上把异质文化问题看作他们良善生活建构非常重要的一部分，并由此创造了一些新的理念，如哈贝马斯的"宽容"、霍耐特的"成就"和弗斯特的"辩护"等。异质文化问题加深了门克对文化平等的理解，他认识到既要平等尊重不同文化，也要依据新的需求保持文化的平等原则。另一方面，在于异质文化的特殊诉求是良善生活发展的动力，它能使这种共同生活在反思和完善自身过程中走向更高阶段。虽然这些特殊诉求始于异质文化群体的自我信仰需要，但是长远地看，它们可以成为更多人共享的新权利，给予他们更多的自由契机，提高良善生活克服暴力的能力。"然而，恰恰通过实施变革的暴力，新权利打破了迄今为止所有法律暴力基础上（神话般的）对强迫的重复。暴力，作为改变事物的东西，当它完成其目标后，总是被放弃。……新权利的暴力就是解放的暴力。"①这意味着良善生活从来不是一个业已完成的完美目标，而是一种不断发展的、始终处于完善中的生活环境。这也是霍耐特和弗斯特将更高级的良善生活视作人类进一步奋斗目标的原因之一。从这个角度讲，门克的"成功生活"观念带有某种期待和期望的意味，令人向往但需长期建设。在这种伦理生活中，个体将富有更高的道德标准，他们以此要求自身和善待他人，以此参与健全文化和良善生活的建设，期望自身和社会都能得到不同程度的进步；整个生活环境具有多元性和团结性，不同文化和不同个体能得到平等对待，他们新的诉求能得到辩护的机会。

就自主个体如何发挥其主体性和展现其美德而言，门克认为，可以将艺术家视作一个学习对象，因为这些艺术家既为人类创造着自由的契机，带给我们挣脱束缚和自我创新的力量；也为人类书写着高级的善，鼓励着我们为平等和团结的前景而努力。"艺术家的本领在于突破自由、挣脱现实善的控制并置身于另一种善：他自身增强力量状态下的善与他们游戏性的

---

①　Christoph Menke,*Critique of Rights*,trans.Christopher Turner,Cambridge and Medford:Polity Press,2020,p.294.

生活运作。"①立足不同学科的力量和智慧,人们所建构起来的良善生活富有完整性,它能全面地展现真善美的现实作用,能有效地培养完整的个体;它也具有多元性和包容性,能使不同个体和不同文化群体得到平等尊重,能使他们的成就和价值得到公正认可;它还拥有更高的智慧和更大的善,能有效地解决公共事件,能使社会成员具有更多美德和更大创造力。当然,这种伦理生活能为个体带来更多成功的机会,也为自身不断发展创造可能。

通过研究门克的文化平等思想,我们提升了对平等的内涵和对这种权利重要性的了解,加深了对文化塑造个体价值观的认识,从而有助于我们辩证地看待个体权利与文化的张力关系。门克对自主个体书写权独到的阐释,增进了我们对我们自我生活如何规划和健全文化怎样建设的理解,从中,既看到我们的自主性,也看到我们的责任性。门克在倡导多学科建构良善生活的基础上,注重从艺术中探寻着解放力量和伦理潜能,这使得他所建构的良善生活富有活力和流溢着创造力,也蕴含着成功的契机。更关键的是,这种艺术伦理路径和审美现代性视角在当代法兰克福学派有被遗弃的趋势,实质上,它们是第一代为这个学术共同体创造的珍贵财富。可敬的是,韦尔默和门克这师徒二人对艺术和美学的研究捍卫着法兰克福学派这个研究路径,这个路径对自主个体的成长、对健全文化的确立和良善生活的形成都不无裨益。

第三节　良善生活:承认或平等之上的多元正义

就对良善生活的认识而言,法兰克福学派第三代面临的主要任务是论证规范的良善生活,②探究这种完善的伦理生活所具有的共通性,从而使人们从中既看到他们的共同需求,也找到他们共同争取的权利。在共同认可善(good)作为良善生活的核心要素的前提下,霍耐特把爱、法律和成就等

---

① Christoph Menke,*Force:A Fundamental Concept of Aesthetic Anthropology*,trans.Gerrit Jackson, New York:Fordham University Press,2013,p.94.

② 历时地看,法兰克福学派第一代已对良善生活有所阐述,但是他们的侧重点在于揭露和批判错误生活的危害和形成的原因;第二代明确强调建构良善生活的必要性和可能性,并对这种共同生活的基本特性进行了研究;在继承第一代和第二代的良善生活思想的基础上,第三代把建构规范的良善生活视作自己的主要职责,这既契合于当代法兰克福学派倡导的规范研究,也与批判理论解放人类的初衷相吻合,因为规范的良善生活概念能为所有人提供可借鉴的理论和方法;第四代的弗斯特依据辩护原则来建构规范的良善生活。

承认作为良善生活的内在构成,同时他依据现实情况,把亚文化承认视作第四种承认;门克则依据平等权论证了良善生活的公正性和包容度,强调文化环境对个体价值观具有不可忽视的影响。在他们看来,论证良善生活的规范性并非把它界定为一个完美的、封闭的框架,而是在确立这种共同生活的基本特性的基础上,以一种开放眼光看待一些例外(exception)事件,并从中抽取良善生活变革的动力。基于各自的学术研究方式,霍耐特主要采用政治伦理方式和精神分析方法建构良善生活,而门克使用的是政治伦理方式和艺术研究方法。艺术的在场有益于解答自主个体确立的问题,这个问题一直困扰着哈贝马斯和霍耐特。虽然霍耐特和门克有一定的分歧,但是他们都把自主个体的低限度幸福视作良善生活的基础,并把这个标准看作这种共同生活的试金石。他们相信经过人们的共同努力,良善生活会逐步确立下来,并在人们不断完善中走向更高阶段,使人们享有富有自由精神和团结意识的生活空间。

一、良善生活:承认的多元性与平等的复调化

对于良善生活,霍耐特在把承认原则作为其基本构成要素的基础上,以承认的多元化对应个体的多种需求,呈现着正义的多元性;门克认为平等是这种共同生活首要倡导的原则,并以一种复调式平等达成对不同个体的平等考虑和公正对待。承认的多元化与平等的复调性体现着良善生活的善的宗旨,它们在保证个体的人格完整、道德水平和自由程度的前提下,营造着一个包容、自反和团结的生活空间。承认与平等这两个原则没有高低之分、先后之别,它们只是对自主个体的幸福诉求不同呈现而已,从中我们既看到现代性对人们的允诺,也看到这些允诺实现的艰难程度以及现代性所作的自我调整。

关于良善生活,第三代的理论家都把它视作一个富有多元正义的生活环境,所不同的是,他们具体凸显和强调的要素并不一致,由此,他们在形成各自良善生活理论的同时,也丰富了我们对这种伦理生活内在构成的认识。作为一种完善的伦理生活,良善生活需要保证其公正性,但是这种公正性并非单一的和固定的,它是多维的、多元的,而且它需要依据人们的具体需求和新的诉求调整自身。为此,理论家们在认可罗尔斯正义论的价值的基础上,根据各自的理论发现探索着不同形式的多元正义,也建构着自己心目中规范的良善生活。霍耐特倚重"承认"概念探究着个体的自由和社会的进步,在他看来,承认涉及自主个体的基本伦理诉求,也关系着他们的人格完整,而且这个概念富有现代性的历时性,受到卢梭、黑格尔和萨特

等人不同程度的关注。这使得"承认"概念已成为人们审视现实生活的一个重要切入点,在这方面,黑格尔做出了突出贡献:"我已经提到过,这样认为的原因在于,黑格尔将他与费希特共同发展出的关于承认的社会作用的思想,从先验的领域中拉了出来,并且将它放进一种已然客观地成为了'精神'的社会现实之中,这种精神囊括了制度化的图景、道德习惯,以及致力于创造制度与道德的有血有肉的人。"①有别于霍耐特,门克立足平等理念思考着个体的自由和社会的团结。他认为,平等是现代性的首要规范理念之一,现代政治和现代伦理都与个体争取平等的斗争密不可分;从政治和法律方面讲,平等意味着每个人应得到社会公正对待;从伦理和道德层面上看,平等体现为每个人看待自己应该如同对待他人,"依靠设计和制定强制性的普遍规则,现代法律实施着'平等理念'(笔者加),通过这些规则,每个人被平等地对待;现代道德则借助要求每个个体一视同仁对待自己和他人来实施平等理念"②。由此看来,经过门克对"平等"概念的重写,它兼备了个体权利与个体间关系等内容,负载了个体发展和集体团结的责任。对于霍耐特和门克而言,他们分别认为"承认"和"平等"是富有现代性特质和现代精神的概念,它们既体现着个体的权利诉求和需求意愿,也凸显着集体的进步趋向和团结意识;它们既具有极高的理论意义,也带有较强的现实价值和伦理意味。由于两人都立足个体的基本需求、现实的具体境况来分别探究"承认"和"平等"这两个概念,这使得它们并非一种单维的概念,而是富有多元性和复调性的观念,由这样的观念构建的良善生活本身具有多元化和复调性。

　　多元化的承认和复调性的平等并不会使社会的价值观碎片化、零碎化,相反,它们实践着善的理念,并丰富着良善生活这个核心观念,这既提升了个体的道德认识,也营造出一种积极的、团结的生活氛围。良善生活的核心是善,这种善大体上涉及个体美德与社会正义;辩证地看,个体美德的形成有赖于一种公正的社会,而公正的社会环境需要由富有美德的个体创造和维护。细分起来,个体美德包括悯爱、自主、尊重和团结等,其中,个体自身要有较高的道德立场,能够在反思中提高自身,同时他们要拥有交往、合作和团结的意识和能力;社会正义主要指一种公正的、包容的生活环境,个体的基本权利能得到合法保护,他们的特殊需求能得到阐述的机会

---

① ［德］阿克塞尔·霍耐特:《承认:一部欧洲观念史》,刘心舟译,上海人民出版社2021年版,第217—218页。

② Christoph Menke,*Reflections of Equality*,trans.Howard Rouse and Andrei Denejkine,Stanford, California: Stanford University Press,2006,p.4.

和辩护的权利。当然,每个理论家对个体美德和社会正义有着不同的理解和认识,他们会依据各自的理论建构和现实体验凸显个体的某些美德,强调社会的某些进步性,或者他们会为个体的某些美德和社会的某些功能进行呼吁。由此,我们看到,哈贝马斯对交往和宽容等的强调,霍耐特对承认的提倡,门克对平等的倡导。

对于承认,霍耐特既指出它是影响个体幸福和个体道德的关键因素之一,因为个体如果得不到公正的认可,他们就会产生不满,进而展现其破坏性的一面;也揭示了承认是检验社会公正程度的一个标尺,一个为人称道的社会需要基于公民权和他们所拥有的成就给予他们肯定和承认,而非依据他们的出身和权势评定其社会价值;他还阐述了承认的多元化和多维性,这里面包括自主个体的三种基本承认需求,如爱、法律和成就,也涉及不同的亚文化群体的承认诉求。正因为承认具有如此重要的地位,为此,霍耐特自信地说一种"承认理论转向"正在形成,[①]人们可以借助承认理论增进对个体人格、个体道德和社会公正等的认识,同时提升对自我权利诉求和自我价值的了解。

关于平等,门克既指出它是所有个体应享有的基本权利,是现代性对个体的首要承诺之一;也阐明了平等富有、平等考虑和平等尊重等内涵,这些因素关系着个体的尊严,当个体感受到侮辱时,他们可能采用暴力手段表达他们的不满。门克还阐明了平等的复调性,即作为一个道德主体,人们同时需求来自家庭、日常交往和社会等多方面的平等尊重,需要在爱、友谊和共同体的多重情感纽带中健全成长,进而回馈于他人和社会。"在爱、友谊和共同体的关系中,情感纽带促使我们采取个体公正的态度;由此,我们也被推动着从这种态度中抽取出深远的实际后果。"[②]

正如所有理念同等重要一样,承认与平等之间没有轻重之分、前后之别,它们都是理论家探究自主个体形成和良善生活确立的有效方式,从中我们看到个体自由和人类团结涉及很多因素,同时它们可以依靠多种途径获取成功的契机。客观地讲,霍耐特与门克之间没有直接的学术论争和激烈的观念商榷,为此,我们采用"学术分歧"为契入点分析他们建构良善生活的方式和策略,实质上,他们在某些方面存在着认识的不同。例如门克认为,霍耐特倾向于从主体自我意志(subjective self-will)方面探究个体权

---

① 参见李进书:《霍耐特亚文化承认理论探微》,载《中国语言文学研究》(校庆版),社会科学文献出版社2022年版,第211页。

② Christoph Menke,*Reflections of Equality*,trans.Howard Rouse and Andrei Denejkine,Stanford, California: Stanford University Press,2006,pp.44-45.

利,而他侧重于从自主或普遍意志立场挖掘个体潜能。①这样的差别必然会影响他们对承认理念和平等理念的倡导。另外,哈贝马斯的评价有助于我们辨识承认和平等的关系和差别。作为当代法兰克福学派的学术指引人,哈贝马斯体现出对后辈的关心和提携,他时常在其著作中借鉴和评价他们的理论,这对传播这些人的观点和提升他们的影响力不无裨益。在哈贝马斯看来,承认理论和平等思想揭示了个体不同的权利诉求,同时也给出实现这些诉求的方法,所不同的是,霍耐特一直强调以法律规范形式达成个体的权利要求,而门克除了倡导规范的法律之外,还关注异质文化群体承受的苦难,并将这种"例外状况"作为思考个体自由的一个重要出发点。②

从第三代的整体责任和总体贡献来讲,他们的良善生活建构使我们认识到规范良善生活并不是一种固定框架,而是一种公正之上的多元价值场所。这里不变的是公正社会这个前提,变化的是具体体现公正和平等的方式和途径,例如霍耐特和门克从承认和平等理念中发现诸多自由契机和团结因素;守恒的是现代性对个体幸福和人类福祉的许诺,渐变的是个体得到更多权利保障、人类获得更多团结的契机。由此,我们拥有了更多为个体和人类创造幸福契机的途径和方式,这意味着今天的人们要比以往的人们享有更多的自由和团结的机会,意味着我们的生活环境更为人称道。实质上,今天无论是个体的权利还是社会的正义都取得显著的进步,这与人们不断奋争和持续反思密不可分,不过,这也揭示了社会涌现着新的不公现象和新的歧视问题,为此,需要新的理论提供有效的解决方法。这些不公现象和歧视问题与文化偏见和偏执的价值观有关,它们既是政治伦理问题,也是文化教育的事情,另外也涉及精神和心理方面的事宜。对此,霍耐特在探究社会蔑视现象出现的缘由的基础上,从政治、心理和伦理等方面为个体的多种承认探求着理论资源和实现的途径;门克在分析身份歧视问题产生原因的基础上,从政治和艺术等方面为个体平等寻求着伦理资源和斗争的武库。

二、例外状况:良善生活的不规范性

需要注意的是,霍耐特和门克在探究良善生活的规范性时,也注意到

---

① See Christoph Menke,*Critique of Rights*,trans.Christopher Turner,Cambridge and Medford:Polity Press,2020,p.332.

② 参见[德]尤尔根·哈贝马斯:《在自然主义与宗教之间》,郁喆隽译,上海人民出版社2013年版,第235—236页。

这种伦理生活的例外状况,如亚文化群体和异质文化群体的特殊权利诉求。这些不断涌现的、复杂的文化伦理事件不宜用既有的承认理论和平等观念解答,需要具体对待和合理解决。在分析这些例外状况的过程中,霍耐特和门克在不同程度上调整了各自的理论,也正视由此造成的良善生活的不规范性。毕竟,理论建构和思想创新的目的在于解决现实问题,它们需要依据新的事件更新其内涵和现实责任,而不能强制性地同化所有现实问题,以达成所谓的理论完善和思想成熟。

自哈贝马斯确立规范研究方式之后,法兰克福学派的成员竞相对重要概念进行规范界定,也积极地参与到规范良善生活的建构中,由此他们为批判理论带来一个个重要理念,如哈贝马斯的交往和宽容、韦尔默的自由和民主、霍耐特的承认、门克的平等及弗斯特的辩护等。同时他们推进了法兰克福学派良善生活思想的发展,使我们看到规范良善生活的立足之本,如霍耐特强调的三种承认,门克凸显的复调式平等。这些规范研究不同程度上成就了这些理论家的学术地位,而他们的良善生活规范书写相应地厘清了一些重要现实问题,为个体自由的实现和人类团结的达成提供了有效的方法和丰富的伦理资源,这有助于保障个体的基本权利、促进社会的整体进步。不过,现实中总有些特殊事件超出规范良善生活之外,构成良善生活的例外状况。它们需要人们特殊看待,如果我们武断对待这些例外状况,就有可能导致文化冲突和暴力活动。在霍耐特和门克看来,这些例外状况主要属于文化伦理问题,如亚文化群体的承认诉求、异质文化群体的信仰尊重要求。这些文化群体的诉求原本并不突出,它们常被社会的整体权利要求掩盖和淹没,不过,随着偶然性的增多与现代性的流动性增强,亚文化群体和异质文化群体在增加自我文化认同的基础上,成为每个社会不可忽视的一股力量。这些文化群体除了享有一般社会成员所拥有的基本权利之外,还基于自身文化特点和信仰特征提出特殊的权利要求。但是由于习俗的缘故和社会体制的问题,这些文化群体的权利诉求遭到漠视,甚至他们还经受着文化羞辱,这引发了他们的抗议和暴力反抗,致使他们成为带有暴力标签的例外群体。在一定程度上,"例外的逻辑即法律暴力的逻辑。例外是法律裂缝暴露的时刻——即法律被撕开的时刻,因为它显示法律对规范的假设是不正确的,这种假设为:法律是一种关于某种已经是合法事物的决定,由此它可以用一种纯粹规范的模式运行"[1]。由于例

---

[1]　Christoph Menke, *Critique of Rights*, trans. Christopher Turner, Cambridge and Medford: Polity Press, 2020, p.84.

外状况暗含着不稳定因素,对人们正常生活形成不可忽视的威胁,为此,它们引起了理论家的重视,他们把它们视作各自理论的试金石和更新的催化剂。例如,面对涌入欧洲的有信仰背景的难民问题,哈贝马斯发现其交往和包容理论有些捉襟见肘,于是他在完善这些理论的同时,重写了"宽容"(tolerance)概念。他相信宽容姿态有助于合理解决这些群体的某些特殊需求,保持社会的稳定和团结,也有益于激发这些异质文化群体参与社会建设,发挥他们的才能和创造力。①

　　面对例外状况,霍耐特用"成就"原则代替了"团结"原则,进而将其承认理论调整为爱、法律和成就三方面的承认;门克则引入"悯爱"概念,为其良善生活理论注入一种情感因素。原本,霍耐特是以爱、法律和团结三种因质构建承认理论和阐述良善生活,他曾注意到亚文化群体承认这种例外状况,但为了保证其既有理论框架的稳定性,他选择了回避这种例外状况。②不过,当他与弗雷泽就"再分配"与"承认"问题论争时,他开始正视亚文化群体的承认问题,并从中发现"成就"方面的承认不单是这种特殊群体的权利要求,它也是所有个体对其社会价值及其在共同体中地位的基本要求。③可以说,经过思考例外状况,霍耐特重写了其承认理论,他也最终把爱、法律和成就三种承认确定为良善生活正义多元化的体现。

　　当然,他也由此将亚文化问题看作透视现代性症候的一个重要契入点,以此探究当代文化伦理问题的实质和有效的解决方法。针对例外状况,门克倡导用悯爱方式进行具体对待。在他看来,例外状况主要涉及文化差异和信仰不同等问题,不宜武断地用法律裁决,而应用一种理解、包容的方式处理。这样可以在尊重异质文化群体的基础上,合理解决其中所凸显的文化歧视和所导致的信仰冲突,这有益于激发他们参与伦理生活的积极性和创造力。为此,门克指出,悯爱是对法律达不到的特定领域的观照,是一种表达社会公正和关爱的特殊方式,"这里,悯爱不再是一种超越法律的、无端慷慨的仁慈,而是一种对法律合理且无罪的悬置:以正义名义对其不完美处的一种校正。……悯爱立足于'内在于人类'的事物;它是必需

---

① 参见[德]尤尔根·哈贝马斯:《在自然主义与宗教之间》,郁喆隽译,上海人民出版社2013年版,第257—258页。

② See Axel Honneth,*The Struggle for Recognition:The Moral Grammar of Social Conflicts*,trans. Joel Anderson,Cambridge,Massachusetts:The MIT Press,1995,p.2.

③ See Axel Honneth,*The I in We:Studies in the Theory of Recognition*,trans.Joseph Ganahl,Cambridge and Malden:Polity press,2012,pp.206—207.

的,因为它旨在纠正接受者因遵守或适用某种法律而陷入的紧急状态"①。整体地看,例外状况触发了哈贝马斯和门克等人对一些重要伦理概念的重视,如"宽容""悯爱"等,这些概念富有情感性和心理特征,体现着对特殊群体的特定需求的理解和尊重。这样的处理方式有别于法律的实施形式,但是法律和这种伦理形式都是解决现实问题和伦理事件的必须途径,这也是理论家们在设计良善生活时,把法律和伦理共同归到人们的实践理性领域的缘由所在。②当然,这些伦理概念绝非为了解构法律的神圣性和公正性,它们只是以一种例外方式彰显社会正义,表达对特殊群体具体需求的尊重和对其社会价值的认可。

由此,我们不妨说例外状况是良善生活的一种常态化症候,虽然例外状况的具体指涉对象会有所变化,但是这种例外状况总以一种格格不入的形式显示着其独特存在。从某种程度上讲,理论家们期望通过建构一种规范的良善生活,然后一劳永逸地品味这种理论所获得的成功,体会这种成功为自己带来的赞誉;他们也希望能用这种理论解答很多伦理问题,解决很多现实矛盾,这也是规范的一种寓意所在。不过,客观存在的例外状况打破了良善生活的规范性和稳定性,促使理论家在正视它们的前提下,调整他们的理论和完善他们的良善生活思想。其实,这样的处理方式和反思结果契合于理论家的初衷,因为他们思考的目的在于解决现实问题,并且依据新的现实矛盾完善自己的认识,而非用既有的理论僵化地解答人们的困惑,生硬地为人们探究自由的契机。为此,门克等人认可良善生活的同质化与异质化、规范性与非规范性、特殊事件与普遍事件等共同存在,"在规范的语境下,在这些抽象描述的行动领域间存在着一种'同质化',这些领域为每个人平等地享受,并且每个人被赋予对生命的具体实施。这是以法律的习惯适用对'规范性'进行的不假思索的假设。然而,倘若这种规范性被认定对个体是必需的但无法在对每个人敞开的行动领域内实现的话,那么,它就会破碎,进而一种'存在的'异质性、一种敌意甚至仇意会在平等允许的领域与个体必需的领域之间浮现"③。正因为对良善生活的例外状况持一种客观态度,为此,霍耐特和门克既能从中发现一些具体原因,也能

① Christoph Menke,*Reflections of Equality*,trans.Howard Rouse and Andrei Denejkine,Stanford, California: Stanford University Press,2006,p.191.

② See Jürgen Habermas, *Moral Consciousness and Communicative Action*,trans.Christian Lenhardt and Shierry Weber Nicholsen, Cambridge and Maldon:Polity Press,1990,p.17.

③ Christoph Menke,*Reflections of Equality*,trans.Howard Rouse and Andrei Denejkine,Stanford, California: Stanford University Press,2006,p.195.

从中抽离一些普遍问题,例如霍耐特看到亚文化群体之所以诉诸暴力,并不在于他们天生就带有攻击性,而在于他们得不到社会公正地认可和平等地尊重,可以说,这种承认的诉求是所有个体的一种低限度尊严的保证和体现。因此在与弗雷泽论争时,霍耐特坚定地认为当代福利国家的一些社会矛盾主要源于社会成员对承认的诉求,而非弗雷泽所言对"再分配"的要求。更关键的是,霍耐特和门克都注意到情感因素在例外状况中的重要性,因为无论是亚文化群体还是异质文化群体,他们都把尊重和平等对待视作衡量自己社会价值的一个重要标准,得不到尊重时,他们会产生不满并进行抗议,而受到平等对待时,他们会积极参与良善生活建设。就此而言,包括这些群体在内的所有个体都应是一种自主的情感体,他们有着各自的感受、体验和权利要求,也有着共同的身份认知和自由的期待,他们的自由和进步既需要自己努力争取,也需要他们共同奋争。为此,理论家们在强调培养自主个体的同时,也注重健全文化的建设和良善生活的规划。

三、自主个体的低限度幸福与高级良善生活

虽然霍耐特和门克在认识良善生活的规范性和非规范性上意见不一,但是他们都把自主个体的基本权利作为他们理论建构的初衷,这些基本权利可谓自主个体低限度的幸福,它们是一个完善的伦理生活给予他们应有的观照。不过,在这种低限度幸福的实现上,霍耐特和门克显示出一定的差异。基于对良善生活的例外状况考虑,这两位理论家认为这种伦理生活是一种逐步走向更高阶段的生活环境,它既需要诸多自主个体参与建设,也需要社会不断自我反思和自我提高。

"自主个体"在很大程度上是理论家由反思所得的一个重要概念,因为他们发现人们是否富有自主性对个体自身的幸福及整个社会的道德影响重大,拥有自主性,个体能够充分表达自己的真实意愿,争取自己的权利,而由自主个体参与建设的良善生活才有资格称为本真生活。所谓自主个体大体上指具有自主性的个体,这种自主性是现代性赋予所有人的权利和能力。不过,以往自主个体更多地停留在概念层面上,很少适用于现实生活中,因为人们相信遵从权威指令就可以实现个体的自由和达成社会的富裕。"可以争辩,随便争多少,随便争什么;但是必须听话。"[①]但是奥斯维辛

---

① [德]康德:《答复这个问题:"什么是启蒙运动?"》,载[德]康德:《历史理性批判文集》,何兆武译,商务印书馆1990年版,第31页。客观地讲,单从启蒙的解放性而言,康德这篇文章启迪了无数个体,激发了他们运用自身理性和才智的信心和勇气,而从长远的结果来看,他倡导听命于开明君主的观念对极权时代的权威人格的形成有一定的影响。

事件打破了人们的这种单纯观念，遵从权威指令只会制造出无数依赖个体（dependent individuals），只能使这些依赖个体成为权威的附庸，成为邪恶计划的坚定执行者。这种依赖性的流行既牺牲了个体的真实意愿和他们的自由，也加剧了社会的偏执性和伦理生活的抑制性，正是基于此，阿多诺和洛文塔尔等人强调了自主个体的重要性，也积极倡导以艺术和美学方式培养自主个体。其后，哈贝马斯进一步阐述了自主个体在良善生活建构上的重要性，他也明确指出基于个体的幸福并由他们参与建设的良善生活才有本真性可言。由此可以说，当代的理论家基本上都立足自主个体谈论他们的伦理观和政治理想，霍耐特和门克虽然有诸多分歧，但是他们都把自主个体低限度的幸福视作他们理论思考的核心，无论是良善生活的规范状态还是其例外状况，都需要以这种低限度立场探究一般成员和特殊文化群体①的权利诉求。对于这种低限度的幸福，霍耐特重视的是个体的多种承认诉求——爱、法律和成就，它们共同构成自主个体的完整性和健全性，这种完整性和健全性是包括亚文化群体在内的所有人的基本需求。倘若个体某方面的承认遭到抑制和破坏，就会造成他们的人格扭曲，引发他们对社会的不满。有别于霍耐特，门克重点关注的是个体多样的平等要求——爱、友谊和共同体方面的尊重与重视，这些因素共同构成完整的自主个体、富有创造力的人，它们是涵盖异质文化群体在内的所有成员的基本要求。假如个体感受到他某些方面遭到歧视和不公的话，他们就会对社会产生怨恨。按照霍耐特和门克的设想，当个体获得充分认可或感受到平等对待后，他们就会展现出人格的健全性，体现出自信和悯爱，在回馈于他人以关爱与彰显自主性的同时，提升着自我道德和推动着良善生活建设。

　　在自主个体低限度幸福的实现上，霍耐特和门克都认为它是一种跨学科的实践行为，所不同的是，霍耐特倚重的是政治伦理和精神分析等方式，门克信赖的是政治伦理和艺术等途径。对于自主个体的权利要求，霍耐特和门克共同认定它是一种政治伦理问题，因为它属于生活世界中伦理实践范畴的事情，个体的基本权利是否得到满足，与某个社会的法律的公正性和健全程度休戚相关，也与伦理生活的包容度和多元化密不可分。当然，良好的政治环境和适宜的伦理空间需要个体努力争取和集体建设，同时社会需要确立一种反思机制，需要依据个体新的需求自我调整和不断进步。

---

①　在此，特殊文化群体是对亚文化群体和异质文化群体等的统称，这些文化群体可以借助各自的文化认同方式进行集体诉求，形成一种抗议的力量，不过，他们的诉求也能揭示出社会不完善的地方，进而促进社会变革和制度完善。这也是霍耐特和弗斯特认为文化伦理问题富有双重特性的缘由所在。

这也是霍耐特和门克对法律和社会机制保持一种低限度关注的缘由所在。不过,霍耐特还以精神分析的视角探究了自主个体低限度的幸福诉求。在他看来,精神分析能够深入剖析个体无意识的、非理性的依恋问题,能够加深我们对他们承认要求的理解,而且这种方法就是法兰克福学派的一种学术传统,①从霍克海默、弗洛姆和阿多诺,到哈贝马斯都通过精神分析这种方法揭示了个体不同的心理问题,揭露了集体不同的价值趋向。在霍耐特看来,个体对多种承认的需求既是他对其公民权的要求和维护,也是他作为一个道德主体的无意识依恋的体现,他需要在家庭、社会和某个群体之间获得情感认同和心理依靠,以此得到更多的安全感和温馨感。"因此,我相信我们有理由假设:主体有一种被承认为社会群体成员的规范且自然的需求,在其中,在与他人的直接交流中,他们的需求、判断和不同技巧能够获得持续的肯定。"②

在某种程度上,霍耐特对精神分析方法的重视体现了他不断反思、自我进步的精神,这既丰富了承认理论的内在性,也为我们了解自主个体的成长提供新的视角。有别于霍耐特,门克则从艺术和美学方面探究着自主个体的低限度幸福。在门克看来,审美活动是自主个体形成的一个关键环节,即鉴赏者通过不间断的自主阅读和独立判断,能够逐渐确立起自我意识和较高的道德认识,从而他既懂得争取自身的权利,彰显自己的才能,也知道悯爱他人和团结友邻。在某种程度上,门克这个论证解答了困扰霍耐特的自主个体形成的难题,霍耐特看到了个体表达自我见解和自身诉求的意愿,但解答不了他们如何成长为富有自主性的个体的问题。在门克看来,自主个体的形成绝非政治宣讲和伦理布道的产物,而是个体经过持续自主阅读和审美反思的收获,从而他们拥有了自我立法、自我较高要求的意识和能力。而且门克认为,审美活动能给予人们以自由意识和创造的动力,因为审美活动是富有游戏性的自由行为,参与者可以在这种活动中自主地创造和突破。这些意识和行为能够转化到个体的现实生活中,有利于他们争取合法权益和显示其创造性。

对于良善生活,霍耐特和门克都以发展眼光看待它的建构,都把构建更高级的良善生活作为他们理论的追求,因为这种富有反思意识的生活环境能有效地解决文化冲突和社会矛盾,能为民众创造更多自我提升和相互

---

① See Axel Honneth,*The I in We:Studies in the Theory of Recognition*,trans.Joseph Ganahl,Cambridge and Malden:Polity press,2012,pp.194-195.

② Axel Honneth,*The I in We:Studies in the Theory of Recognition*,trans.Joseph Ganahl,Cambridge and Malden:Polity press,2012,p.206.

合作的机会。以往很多理论家都把确立良善生活作为他们的终极关怀,在他们看来,这种完善的伦理生活能够化解一切矛盾,能够在最大程度上达成民众的权利要求。在某种程度上,这与他们没有客观地审视现实生活中的新问题和新现象有关。当代,很多例外状况挑战着理论家们既有的良善生活设计,当然,也推动着这种生活环境发展。正是基于对良善生活的例外状况及其内在动力的客观认识,霍耐特、门克和其后的弗斯特都将一种更高级良善生活作为人类奋争的目标。这并不是说良善生活不完善,而是说它需要以自反姿态为个体和人类提供幸福的契机。霍耐特和门克都正视着良善生活的例外状况,他们既尊重特殊文化群体的具体权益诉求,也从中抽取出可为所有个体共享的权利,这有助于个体享有更多权利,彰显自己更大的才能,也有益于完善良善生活的内在构成,使其内蕴更丰富、功能更多元。由此看来,虽然例外状况和某些文化伦理问题挑战着既有的良善生活观念,但是它们也扮演着这种伦理生活动力的角色,促使着人们不断改善自己的观念,也推动着人们重新认识自己的权利。新的权利,"它的每个决定都立足于法律,然而它们并不服从于法律。新权利同时是法律的形成与对它的背叛"①。当然,关于具体产生了哪些新的权利及它们如何实施,霍耐特和门克意见不一、观点有别。不过,恰如霍耐特所言,一切都需要穿过平等的针眼。在正视和认可不断涌现的例外状况的基础上,霍耐特和门克认为,作为一个富有完整性的伦理生活,良善生活通过不断丰富其内蕴和提高其伦理功能,从而在自我蜕变和外力推动下走向更高阶段。"以这种方式,伦理生活史可被视作一系列制度化的规范,每一个后续的规范在其伦理能力和对善的容纳方面都超过以往的规范。当然,在这种观点下,代理人也不能控制他们不同的倾向和愿望的历史性的形成和消亡。但是至少这些不断变化动机的历史将由同样争取承认的斗争来调解,这种承认也推动着伦理生活领域中道德的进步。"②更高级的良善生活为个体带来更多的自由契机,为人类带来更大的团结保证,同时也对个体和人类提出更高的要求,如个体要懂得尊重异质文化、要以悯爱姿态看待他人特殊诉求,而人类要在进步中保持一种反思意识和团结精神,这样能够减少大规模冲突爆发的可能性,能够有效地共同应对风险的威胁。

　　正如第一代、第二代一样,法兰克福学派第三代的观点分歧更多的是

① Christoph Menke,*Critique of Rights*,trans.Christopher Turner,Cambridge and Medford:Polity Press,2020,p.290.

② Axel Honneth, The Normativity of Ethical Life,*Philosophy and Social Criticism*,Vol.40(8), Sage, 2014, p.824.

一种学术事件(event)，而非个人恩怨，它有助于我们辩证地看待同一时期理论家相似的学术志趣与不同的研究成果。这些共通性与差异性使得法兰克福学派理论呈现层次感乃至复杂性，召唤不同学科的学者对它进行研究和阐述，破解理论之谜，汲取辨识现实真相的经验。可以说，对他们理论的研究既丰富了这些理论的内涵，增强了它们的现实意义，也提升了我们的理论素养，使我们对文化伦理有了更深的认识，对文化的解放作用有了更多的了解。其实，随着第四代逐步形成，这一时期的成员也会逐渐凸显他们理论的共同点。从目前情况来看，异质文化群体的境况应是他们共同关注点之一。第四代也会生成一些学术分歧乃至论争，不过，具体情况需要我们掌握相关文本后，方可进行深入分析和细致研究。

第五章　异质文化辩护与多元
正义良善生活①

作为一个有共同理论志趣的学术群体,法兰克福学派的文化观念也如它的艺术理论和哲学思想一样富有传承性,这与他们代际之间相互学习和彼此借鉴密不可分。就异质文化辩护这个问题而言,第四代的弗斯特②也将它放置于第二代和第三代所关注的多元文化语境中审视和分析,而且"辩护"这个概念与哈贝马斯的宽容观念和霍耐特的承认理论都担负着为受歧视的异质文化群体探究自主权和解放契机的责任。弗斯特所关注的异质文化群体受歧视问题,主要涉及他们具体和独特的诉求因其文化身份而遭到搁置和否定,因具有破坏文化完整性的嫌疑而被摒弃。这些群体主要采用文化认同的方式达成一致意愿,并以文化形式表达着他们的诉求乃至抗议,为此,理论家们将这种文化伦理事件称作异质文化辩护,当然,它代表着异质文化群体对其需求的诉求。这与霍耐特论述亚文化承认问题的方式是一致的。对此,立足人权,弗斯特倡导给予这些文化群体以辩护权:这种权利为每个个体共有,也应由他们来实践,它富有互惠性(reciprocity)和总体性(generality),既可以使每个个体受益,也能够促进民主建设和多元正义良善生活③建构。这种生活倡导自主性、低限度分配(minimal

---

① 本章曾刊发于《美学与艺术评论》(2021年第2期,山西教育出版社2021年版),此处有改动。

② 弗斯特(1964—),法兰克福大学政治理论与哲学教授,"规范秩序的形成"研究组与"正义论"高级研究中心的联合主任。1993年,在法兰克福大学取得博士学位,导师为哈贝马斯;1996—2002年,在法兰克福大学哲学系做科研助理,导师为霍耐特。目前,他形成了以"宽容和辩护"为核心的多元正义理论,论著有《冲突中的宽容:过去与现在》(2003)、《辩护的权利:建构正义理论的要素》(2007)。另外,他与美国学者布朗的论辩增进了其他学者对宽容适用范围的认识,这种论辩方式沿袭和继承了法兰克福学派与美国学者交流和争辩的传统。参见王凤才:《"法兰克福学派"四代群体剖析——从霍克海默到弗斯特》(上、下),《南国学术》2015年第1、2期;Wendy Brown and Rainer Forst,*The Power of Tolerance:A Debate*,New York:Columbia University Press,2014。

③ 弗斯特声称他的良善生活观念主要来自哈贝马斯,其实,哈贝马斯的这种观念直接借鉴了阿多诺的良善生活思想,哈贝马斯夸赞阿多诺的这种思想富有典范特征,因为它强调了个体道德与社会环境的辩证关系。See Jürgen Habermas,*The Future of Human Nature*,Cambridge and Malden:Polity Press,2003,p.1。

provision)和自由(liberty)等原则,这些原则在保证个体享有基本物质资料和自主权的基础上,促进他们养成善良和团结等美德。具有这些美德的人既积极地为自己的基本权利辩护,享受着其作为正义"接受者"所拥有的权利;也努力为他人及整体争取公正的对待,彰显其作为"书写者"应担负的义务和职责,从而促进多元正义良善生活的构建,推动世界伦理环境的发展和完善。

第一节　遭摒弃的异质文化诉求

弗斯特之所以谈论异质文化辩护,就在于他看到很多这样的群体因其文化身份而无法实现诉求,他们具体、独特的需求被质疑有损于文化的完整性(integrity)而遭摒弃,这种歧视和侮辱会导致仇视和冲突,既影响文化的内在接受,也容易招致外力的干涉和入侵,造成文化殖民。对此,弗斯特从人权角度给予异质文化诉求以细致分析:这种诉求是每个自主个体的主体性体现,其目的是更好地维护文化完整性,造就一种更具张力的完整文化。

在今天这个倡导民主和平等的时代里,具有讽刺意味的是,异质文化群体的特殊诉求因被怀疑威胁多数人的信念而被搁置,因被质疑破坏文化完整性而遭摒弃,而且它们还为异质文化本身招来了羞辱和诋毁。从哈贝马斯开始,法兰克福学派就将异质文化的幸福诉求视作研究的一个重点,这些群体正常的及某些特殊的诉求常因其独特文化身份而遭否决,同时他们自身还时常承受着诸多不应有的侮辱和蔑视。在这里,哈贝马斯等人为何将异质文化群体作为重点关注对象呢?原因之一,欧洲和世界许多地方近些年涌入很多异质文化群体,他们的出现引发了文化冲突和社会矛盾,他们的存在冲击着既有的社会机构和文化结构,这就需要理论家们从异质文化群体的合法性和社会文化的完整性等角度进行思考和分析,从而使社会客观地、包容地对待这些群体和文化。原因之二,哈贝马斯等人看到了异质文化群体承受的不公,他们期望在分析这些群体境况的基础上给予他们辩护和肯定。哈贝马斯对于异质文化群体是持包容和理解态度的,因为欧洲一直以来就存在着一定数量的异质文化群体,同时欧洲也不断向外移民,这些异质身份的人总体上为新的栖息地带来生机和活力,促进了当地的经济和文化等的进步和发展,"与此同时,19世纪和20世纪初的人口外流改善了他们所逃离的国家经济状况,反过来,正如第二次世界大战后重建期间移民到欧洲的人所做的贡献一样。无论哪种方式,欧洲都是这些移民潮的受益者"①。原因之三,合理解决异质文化群体问题是哈贝马斯等人理论的目的之一,同时它也是他们理论的试金石。哈贝马斯的交往理论和弗斯特的辩护理论除了是他们自身理论探索的体现之外,也是他们尝试解决地域冲突和人类团结的方法和路径,其中,异质文化问题既能检验他们的交往理论和辩护理论的有效性,又能为这些理论带来革新的灵感和动力。关于这些群体蒙受不公正对待的原因,哈贝马斯在很大程度上将它归咎于文化习俗和信仰偏见,如对难民和宗教人士的敌视和排斥;霍耐特把它归因于旧秩序对身份的强调,在某些偏执者的眼中,异质文化即使做出较大贡献也依旧遭到蔑视;弗斯特则指出,异质文化的诉求因被视作对多数人信念的威胁、对文化完整性的冲击,从而遭到搁置和摒弃,并由此招致所谓"合法性"的羞辱和歧视。关于异质文化的特殊诉求,如一些教徒要求公勋学校允许悬挂宗教符号、同性恋呼吁婚姻平等权、穆斯林女教师坚持在学校戴头巾等,②这些要求是异质文化具体、独特的行为展现,在霍耐特和弗斯特看来,这些行为无可厚非,却与多数人的观念产生了冲突,因而被视作社会不安定的诱因,结果异质文化群体的这些诉求虽可得到少数人的理解,却无法获得社会认可和法律承认。

而且这些诉求还被人误认为破坏了文化的完整性,瓦解着整个文化的价值和本真性,也无助于文化成员的团结与应对外来文化的挑战,因此这致使异质文化的诉求被搁置乃至被摒弃。更不利的是,一些恐怖主义事件引发了人们对带有神学身份的陌生人的警惕和怀疑,这更为异质文化获得公正对待增加了难度。为此,弗斯特指出,欧洲很多人并不把异质文化群体看作自由民主国家的成员,他们认为这些群体属于他者,对社会主流价值和观念充满着敌意。正因为对异质文化持质疑、排斥乃至敌视的态度,所以社会主流对这些群体的特殊诉求只是表示了一定宽容,却不情愿给予它们以法律上的认可,这就默许了很多保守人士对异质文化的歧视和羞辱,并使这种不道德行为趋于合理化、"合法化"③。更重要的是,这种异质文化事件已成为西方话语和伊斯兰世界话语中都不可忽视的一种社会现象,"在这两个语境中,某种总体认同被施加上复杂的社会性和文化性的星

---

① Jürgen Habermas, *The Inclusion of the Other:Studies in Political Theory*, eds.,Ciaran Cronin and Pablo De Greiff,Cambridge, Massachusetts:The MIT Press,1998,p.231.

② See Rainer Forst,*The Right to Justification*,trans.Jeffrey Flynn,New York:Columbia University Press,2012,pp.149-150.

③ See Rainer Forst,*The Right to Justification*,trans.Jeffrey Flynn,New York:Columbia University Press,2012,p.150.

从,有时夹杂着意识形态的含义"①。可见,异质文化问题影响着很多人的幸福和社会正义,为此,弗斯特以其擅长的方式对其进行了规范研究。

异质文化的诉求是其自主性和尊严的体现,自主性需要认可,尊严需要尊重,而当它们遭到否定和冒犯时,异质文化就会给予坚决反抗。概括地讲,这里的"自主性"主要指语言的自主使用权,这是每个文化成员被赋予的基本权利;"尊严"是厚重的人的重要组成部分之一,不容他人冒犯和羞辱。具体地讲,在弗斯特看来,异质文化诉求是其成员基于其语言自主权所提出的规范性声明,这种诉求和声明体现了他们的自由,但这种自由不可超脱共同的文化语境,在这个语境中,这些诉求者既能展现其作为权利和自由的书写者与接受者的双重身份,也能拥有被倾听和被接受的场所和空间。"在某种程度上,诉求者将这种要求与语言权利相联系,他们声明的核心是一个兼有给予和要求双重理由(reasons)的生灵这样人的概念,因此在这个意义上,人是自主的。"②由于这些诉求的载体是共享的语言,而共享语言使得个体的诉求能代表更多处境相似的人的意愿,富有规范性,因此弗斯特肯定异质文化诉求具有互惠性,能够为更多人带来公正对待,而长远地看,这种诉求更具有总体性效果,能够促进社会整体进步。另外,弗斯特指出,异质文化诉求中蕴含着一种厚重人的观念:尊重、尊严和荣耀等,"他们拥有关于人的完全另外的'厚重'的观念,包括属于人的尊重以及人的尊严或荣耀,由此他们将他们权利诉求与他们独特文化自我理解和格言联结起来。这些成员并不为建立一个合理存在的共和国而努力;他们却为一个更公正社会而奋斗,这个社会值得被认可为他们自己的社会"③。这些人格方面的因素虽沉默无声,却是每个人的底线,当它们被他人冒犯和羞辱时,我们就会竭力捍卫自己的尊重和诉求,所以在被冒犯的意义上,此时的诉求与尊重和尊严是对等的。在对个体人格的尊重方面,霍耐特与弗斯特具有共通之处。在霍耐特看来,亚文化群体抗议的主要原因既在于他们的成就没有得到社会公正的认可,致使他们的情感和尊严受到了伤害;

①　Rainer Forst,*The Right to Justification*,trans.Jeffrey Flynn,New York:Columbia University Press,2012,p.153.

②　Rainer Forst,*The Right to Justification*,trans.Jeffrey Flynn,New York:Columbia University Press,2012,p.211.

③　Rainer Forst,*The Right to Justification*,trans.Jeffrey Flynn,New York:Columbia University Press,2012,p.210.

也在于他们的文化遭受了羞辱,其文化价值得不到社会尊重,[1]为此,他们以其文化认同方式进行集体抗议和整体斗争。

这些年,霍耐特又增加了从精神分析学和文学角度剖析自主个体的心理和意识,这种视角的调整对于探究亚文化群体的权利诉求有诸多益处,当然,这对于分析异质文化群体的心理和情感也有很大帮助。而令弗斯特担忧的是,一些保守人士在反对异质文化诉求的同时,也对后者施加了歧视和羞辱,这导致了这些文化群体会以暴力方式争取自己的语言权利、辩护权利和民主权利,当然,他们在一定程度上也为了彰显和捍卫他们的尊严和荣耀。这种羞辱和反抗使得社会呈现一种紧张气氛,为民众生活制造了诸多不安定因素,在某种程度上,异质文化为尊重而战与霍耐特所说的为承认而战具有一定相似性,这说明在今天的伦理生活建构中,正义问题已是一个不可回避的事件,而物质分配虽不可忽视,但其重要性和社会影响远不及以前。更关键的是,异质文化问题也是一种文化冲突,如果这种冲突得不到合理解决,就会引发更复杂的社会矛盾,在更广范围内造成连锁反应和持久影响。

这种文化冲突具有双重危害,既影响着某种文化的内在接受度和自我持存能力,也为其他文化侵入和殖民带来可乘之机。公正地讲,因身份蔑视所诱发的文化冲突危害巨大,它会引起诸多异质文化的抗议和反抗,造成社会冲突和暴力事件,这是近些年哈贝马斯和霍耐特等人注重异质文化问题的主要缘由之一,也是他们建构公正的伦理生活的理由之一。对于弗斯特而言,这种冲突会对文化本身带来内外双重消极影响,从内部看,冲突会直接威胁着文化的完整性,而这种完整性是某种文化经历长期磨砺、不断进化和自我持存的见证,"'完整性'是一个契合于这种语境的术语,因为它意味着:所讨论的文化是一种自我持存的、在某种程度上'完备'的统一体,也是一种满足了某种真实性和尊重性标准的有感觉的、准有机体"[2]。这种自我持存的文化也需要在外在尊重的基础上进化和发展,但前提是它应得到其成员的非强制接受,这意味着内部接受与外部尊重是紧密相连、缺一不可的,"作为一个充分整合的完整体,某种文化之所以得到外在者的尊重,就在于它得到了其自我成员的同等认可。关于外在尊重的论争要假

①　See Nancy Fraser and Axel Honneth,*Redistribution or Recognition? A Political-Philosophical Exchange*,trans.Joel Golb,etc,London and New York:Verso,2003,p.179.

②　Rainer Forst,*The Right to Justification*,trans.Jeffrey Flynn,New York:Columbia University Press,2012,p.206.

设内在接受"①。由此可见,当异质文化的特殊诉求因其身份缘故而遭到摒弃时,这些文化群体就会因这种不尊重而质疑他们所处的文化语境的价值和真理,这势必在文化内部造成猜忌和隔阂,危及这种文化的完整性,即使权威以强制力维护这种完整性,但其内在裂痕终究是不可避免要出现的。更可怕的是,外力入侵会随着文化内在裂痕不约而至,它们往往以维护人权为借口,强制性迫使这种文化放弃其价值观和本真性,转而信奉外来的伦理观和道德观,由此形成了一种新形式的文化殖民。②而令弗斯特更担心的是,遭受内外交困的文化是一种不"健康"(health)的文化,不健康的文化生产出不健康的成员,不健康的成员营造了不健康的文化氛围,这种恶性循环会对文化及其成员造成持久消极影响。而在这种令人堪忧的社会中,个体的美德和良善生活都是一种奢求,恰如阿多诺所言,在不正确社会中,没有良善生活可言,而个体道德自然也就乏善可陈。对此,弗斯特别出心裁地从人权平等的角度来辨识这种文化冲突,而非就文化谈文化,这样就可以在凸显个体的主体性和自主性基础上,辩证看待文化的完整性与变化性。

第二节　异质文化的辩护

为了消除文化冲突与维护文化完整性和社会稳定,弗斯特认为应当给予诉求的异质文化群体以辩护的机会和权利,使他人能比较客观地看到他们的目的和愿望,如他们的诉求有助于促进文化发展与抵御外力入侵,有益于确立高级正义和规范的良善。从人权立场看,辩护权是所有公民都应享有的一项基本人权,这种权利既能体现个体作为权利接受者的身份,也能凸显他们权利书写者的角色,从而通过辩护和论争来消除他人歧视,避免暴力冲突,减少社会不安定因素。

从发展的角度看,异质文化诉求能带来富有厚重性的健康成员,而健康成员能创造厚重的健康文化,使其成为适宜栖居的道德之家。在弗斯特看来,一个富有完整性的文化并非依靠禁忌和保守来捍卫它的价值和观念,相反它需要不断通过内在变化与外在交往提高它的内在接受和外在尊重,从而在更高层面上体现它的完整性。因此一个完整的文化并不惧怕异

---

① Rainer Forst,*The Right to Justification*,trans.Jeffrey Flynn,New York:Columbia University Press,2012,p.207.

② See Rainer Forst,*The Right to Justification*,trans.Jeffrey Flynn,New York:Columbia University Press,2012,p.71.

质文化诉求以及由此带来的变化,因为它们能为所有成员带来福祉(well
being),包括公正的物品分配、信仰尊重和平等权利等,这有助于他们成为
厚重的健康个体,富有爱心、正义感和创造力等。而这样的个体有信心、有
能力创造厚重的健康文化,这种文化尊重个体的自主性,鼓励异质文化为
自我诉求辩护,同样这样的文化积极地呈现着自己的价值和真理,使其成
员在分享这些财富的基础上自觉地维护着文化的完整性,"因此,整体的完
整性无法脱离个体福祉而被界定和声明。而且,为人尊重、充分整合的完
整体的声明依赖于这样声明:反之这种文化成员的完整性就会受损"[1]。这
意味着异质文化诉求不会破坏成员的完整性和文化的完整性,相反它能在
更高阶段实现这两种完整性,这会极大地推动文化的发展,使它在得到内
部认可的同时,也能在与其他文化交往中赢得尊重。这样既能保证文化的
自主性,也可避免发生外力干涉和文化殖民这类事情。"我们可以用某种模
式来表达这个要点:文化内在文化性、道德性的一致性越强,那么它期望外
在尊重的诉求就越强,假如这种一致性立足于非强制支持之上的话。"[2]正
因为异质文化群体也在一定程度上认识到其诉求的重要性,因此他们既努
力为自己诉求争取辩护机会和公正对待的权利,也反对别人因其异质文化
身份而无端否定他们的正当诉求,更反感他人别有用心地诋毁和侮辱自己
的文化和信仰。可以说,这些异质文化诉求既凸显了社会中的一些不公正
和某些偏见,使人看到了社会亟须完善和改进的地方,也为构建公正社会
环境这个共同目标做出了贡献,"因此,人权同时具有某种否定与某种肯定
的双重意义。一方面,它们对具体的非正当性社会发展和非正义提出抗
议;另一方面,它们是确立公正社会关系的共同方案的构成性和建构性的
组成部分"[3]。由此,可以说文化和社会会更具包容性和宽容性,会逐渐成
为不同身份的人们适宜居住的"道德之家"(沃泽尔语),他们在享受公正对
待和平等尊重的同时,也通过具体的、特定的诉求为这个道德之家探求着
更高级的正义和规范的良善品行。

---

[1]　Rainer Forst,*The Right to Justification*,trans.Jeffrey Flynn,New York:Columbia University Press,2012,p.207.

[2]　Rainer Forst,*The Right to Justification*,trans.Jeffrey Flynn,New York:Columbia University Press,2012,p.208.

[3]　Rainer Forst,*The Right to Justification*,trans.Jeffrey Flynn,New York:Columbia University Press,2012,p.213.

就关于异质文化的合理性或对其辩护而言,哈贝马斯、霍耐特①和弗斯特的立场和理由各有千秋。哈贝马斯认为,一个交往和包容的生活环境应该能接受异质文化群体,要平等地对待他们的信仰和习俗,而且这些群体能为社会带来生机和动力,促进多元化语境的确立,②推进经济和文化等发展。霍耐特指出,不同的文化群体都能为社会做出贡献,他们的行为也都体现着善的特征,因此他们的成就应该得到社会的公正认可,他们文化的价值需要受到社会尊重。而弗斯特从异质文化对原有文化的影响出发,阐明了这种外来文化并不会损害既有文化的完整性,相反它会促进后者走向更高级的完整性,另外,它所作出的呼吁和诉求能够凸显原来伦理生活的缺陷,从而促进伦理生活不断完善自身和更有效地解决文化冲突和社会矛盾。相较而言,哈贝马斯对于异质文化的辩护更多地是从伦理生活的包容程度和宽容限度来谈的,他认为这种包容能力和宽容态度是一个本真的良善生活必备的能力和姿态;霍耐特是从异质文化群体的成就和其文化价值等立场为异质文化辩护的,从而依此来构建多元正义良善生活;弗斯特则重点从异质文化所带来的影响为其申诉的,这种辩护可以消除人们对陌生人和外来文化的担忧和恐惧,促进他们之间的交流、对话和合作。

从长远的目的来讲,异质文化诉求能推动高级正义的确立,使其他文化和所有人都有所受益,而这种互惠性和总体性还能促进社会制度的完善。客观地讲,异质文化诉求并非恣意生事,故意制造矛盾和事端,相反,这些文化群体的目的恰恰是促进高级(higher)正义和规范良善的确立,使社会更富包容性和宽容性。这是因为他们是以社会的主人而非过客和陌生人的身份提出诉求的,所以这些诉求看似只涉及某些群体的文化尊重和权利辩护,实质上,它们在很大程度上指向了制度本身和社会伦理,如权力(power)的公平使用、善的标准等问题。"权力,被理解为个体有效的'辩护权力',是更高层次正义的良善。这种'话语'权力要求和提供着辩护,也挑战着错误的合法化。这等同于一场论争,既涉及有关正义辩论中的一种'政治转向',也关系着作为辩护关系批判的一种正义批判理论。"③这意味

---

① 虽然霍耐特重点分析的是亚文化问题,其实,他视域中的亚文化与弗斯特笔下的异质文化是有交叉之处的,例如他们都谈到少数族裔,这说明霍耐特所论述的成就承认原则适用于这里所谈的异质文化的辩护问题。

② 参见[德]尤尔根·哈贝马斯:《在自然主义与宗教之间》,郁喆隽译,上海人民出版社2013年版,第257页。

③ Rainer Forst,*Justification and Critique*,trans.Ciaran Cronin,Cambridge and Malden:Polity Press,2014,p.35.

着高级正义惠及更多人的自由和公正对待,能够从制度和社会本身为人们创造幸福的契机,这也是弗斯特一直强调异质文化诉求富有互惠性和总体性的缘故。这种互惠性指,每种异质文化诉求虽带有特定和具体的色彩,但它最终目的是确立高级真理和规范的良善品行,使所有异质文化和"陌生人"得到尊重,享有辩护权,从而合法地为自己和他人争取平等权;每个异质文化群体需要尊重其他人的特定诉求,不能以自我文化理解来武断地否定这些诉求,因为这些诉求最终目的也是实现高级正义、高级真理和规范良善。①由此,我们可以看到这些来自不同异质文化群体的诉求为良善生活的正义增添了更多多元化的因素,反过来,这种多元正义能为异质文化创造一种包容和宽容的语境和空间。总体性则指,高级的正义应该普及至所有有关的人身上,而不能被某些人或某个党派专有和控制,"总体性意味着总体有效的基本规范的理性必须为所有有关的人共享"②。正因为能为多数人带来幸福,所以异质文化群体要坚持自己的诉求,并希望得到合理解决;也因为能从社会制度和伦理环境本身为多数人创造自由契机,所以异质文化群体期望能为自己的诉求辩护,使他人看到其中的合理性以及其所具有的互惠性和总体性。而为了能听到更多异质文化群体的诉求,也为了推进高级正义、高级真理和规范良善的确立,弗斯特提倡赋予包括异质文化群体在内的所有人以辩护权,使得社会成员在诉求与倾听、论争与辩护过程中实现自己的诉求和愿望,从而促进社会制度的改进和完善。

在某种程度上,弗斯特用高级形式指称其理论建构的下一个目标,如高级正义、高级真理等,这是一种创新和进步,这样的目标是一个可以达成的意愿和期望,而这种意愿和期望的达成能显示人们共同奋斗和一起进步的结果,给予他们进一步努力的信心和勇气。以往,一些理论家习惯制定一种完美目标、设计一种终极目的,但是这些目标和目的常因现实的多重阻碍而搁浅,反倒不利于人们保持信心和进行伦理生活建构。而弗斯特使用高级正义等称谓看似是一种谨慎和保守行为,其实,它富有辩证性。一方面,弗斯特吸收了一些历史经验教训,不再赋予真理和正义等以完美无缺的特征,而只是强调个体的奋斗目标是一个个更高级的价值标准和生活境界;他也看到了偶然性的影响,这些未定因素阻碍着个体自由和人类解放,强制性地修改着个体的计划和人类的规划,人们需要在相互合作中解

---

① See Rainer Forst,*The Right to Justification*,trans.Jeffrey Flynn,New York:Columbia University Press,2012,p.146.

② Rainer Forst,*The Right to Justification*,trans.Jeffrey Flynn,New York:Columbia University Press,2012,p.6.

决这些偶然性带来的危害,将自身的道德和社会的伦理推进到更高阶段。

而从人权立场看,作为所有人共享的一项基本权利,辩护权能凸显其自主权,彰显他们对良善生活的构建能力。虽然异质文化群体知道其诉求具有合理性,有助于创造一种厚重的健康文化,也有益于社会制度的完善,但是要想保证诉求的成功率,他们还需要争取以法律途径来为自己辩护,使更多人听到自己的声音和理由,从而得到更广泛的支持乃至产生更大的论争。对此,弗斯特指出,辩护权是一项基本人权,是每个个体避免其诉求遭摒弃而行使的否决权,没有这种基本辩护权,人们就无从谈起相互尊重和政治自由,"基本的道德'辩护权'对应于处于被忽视或遭湮没危险中的所有诉求的某种否决权。没有这种基本形式的道德的、相互的尊重,也就没有政治自由可言"①。当然,这种辩护权并非武断地反驳和否定他人,而是要在阐述和论争中得到他人认可,证明自己的诉求具有互惠性和总体性,这也是弗斯特强调语言权利对于异质文化辩护重要性的缘故。"显而易见的是,辩护权总能采用一种实质性的异议或论争的形式,以及辩护话语需求的程序形式,而这些话语能产生更佳论争的无强迫力量或者推动更佳论争的力量。一种正义的话语理论拥有多种本质规范假设和含义,这些假设和含义不经过推论无法生效,因为它们必须用正确建构的话语验证其合理性。"②

在某种程度上,这种语言权利和辩护话语的争取和使用是哈贝马斯话语伦理学的延续和发展,它使得这种伦理学有了新的指涉对象,如异质文化,也使其担负了新的职责,即为遭蔑视的文化群体争取辩护权。其实,对于一个道德主体而言,辩护权能凸显其自主性,展现其在事情判断上的自我洞见和社会伦理的建构能力,这种洞见既体现了个体的理性和自我判断力,这是一个自主个体应有的能力和潜能;也彰显着其对高级正义和规范良善的责任,呈现出辩护权的互惠性和总体性。因此弗斯特指出,自主权并非只指个体的自我决定能力,它也强调其富有承受力(suffering)的一面,而这样的个体才能辩证地诠释其权利接受者与书写者的双重身份及责任。对于多元正义的共同体而言,其成员的自主性是这个共享空间的内部和外部原则,"倘若没有这种自主性的话,正义就无从确立,因为政治语境下的

---

① Rainer Forst,*The Right to Justification*,trans.Jeffrey Flynn,New York:Columbia University Press, 2012,p.130.

② Rainer Forst,*The Right to Justification*,trans.Jeffrey Flynn,New York:Columbia University Press, 2012,p.7.

正义所需要的是不能'超越辩护'的社会关系"[①]。当自主性得到凸显后,异质文化便会更积极地展现其建构良善生活的能力和创造力。

　　历时地看,从阿多诺到哈贝马斯,再到弗斯特,我们清晰地看到这四代人共享的一些概念的内在变化,如自主性。在阿多诺那里,他重点谈论的艺术自主,进而他依据艺术自主阐述自主个体的基本特征。在阿多诺看来,自主艺术能够保护个体的感知力和本质力量,使他们认识到并确立起个体的自主性。哈贝马斯强调的是伦理个体的自主性,这种个体是良善生活的基石,同时他们的幸福是良善生活的试金石。霍耐特和弗斯特以自主个体的立场辨析亚文化群体和异质文化群体的处境和需求,他们既依据自主个体应有的权利辨析这些群体的诉求和抗议的合理性,分析社会的正义程度,同时也依照自主个体应尽的义务对他们提出公正的要求。在共时层面上,当代的门克的艺术自主理论与霍耐特的自主个体理论具有一定互补性。[②]可以说,经过这些理论家的持续使用和重写,"自主"在今天已经成为一个包含艺术、政治和伦理等多个维度的星丛式概念,这些维度拓展了"自主"这个概念的内涵,也赋予了它更多的现实责任,还为个体自由和集体进步带来了更多的契机和希望。

第三节　平等、宽容和辩护:多元正义良善生活

　　为了保证异质文化群体充分地行使其辩护权,弗斯特提倡建构一种多元正义的良善生活,在这种公正和宽容的场所中,异质文化既能合法地使用其辩护权,使其诉求得到合理解决,也能更好地凸显其自主性和创造力,促进正义多元化,推动世界良善生活的发展。从更长远的意义看,这有助于培养人们的世界公民意识,使他们共同抵御世界霸权的野蛮行径,一起应对风险的威胁和危害,合力营造一种平等、团结和安全的生存环境。

　　那么,何谓多元正义的良善生活呢? 概括地讲,就是基于尊重和宽容

---

①　Rainer Forst, *The Right to Justification*, trans. Jeffrey Flynn, New York: Columbia University Press, 2012, p.266.

②　这里之所以说"在共时层面上""门克与霍耐特的理论具有互补性",是因为霍耐特和弗斯特等人沿袭着哈贝马斯的思路,着重以政治伦理立场探究自主个体的需求和成长,这的确凸显了自主个体的伦理诉求和自由意识,但是忽略了个体自主意识如何培养这个基本问题,而门克的艺术自主理论弥补了法兰克福学派这个阶段忽视个体的自主意识培养这个缺陷;整体上看,门克的艺术自主理论和霍耐特的自主个体理论共同阐明了自主个体如何确立其自主意识、怎样实践其自主权等问题。在某种程度上,韦尔默与哈贝马斯在自主性上也存在着一种理论互补、思想共进的关系。

的原则,给予异质文化具体诉求以认可和辩护的生活空间。立足尊重和宽容,这种生活空间承认和正视着多种文化和多种信仰的存在,也为不同异质文化群体的具体诉求提供着阐述和论辩的机会和场所,更关键的是,它会依据这些具体合理的诉求和辩护来修改和完善"正义"概念,使其体现出平等和公正的精神。另外,弗斯特一直保持着一种世界性的眼光和视野,他期望所有人都能享有这种多元正义的良善生活,也能积极地参与到这种体现着个体自主性的生活建构中,这意味着良善生活是人类意义上的共同财富,而非某地域和某民族的私有品。弗斯特的良善生活观念既借鉴了哈贝马斯这方面的理论,即个体以哪种方式和怎样的目的生活才富有意义,这凸显了个体在良善生活理解和建构上的自主性和主体性[1];也吸收了霍耐特的承认理论,即每个个体应是相互尊重的,他们为承认和正义的斗争是为了完善社会的基本结构[2]。基于这些借鉴和自己的辩护理论,弗斯特对良善生活多元正义这个特征进行了规范论证,当然,这并不是说哈贝马斯和霍耐特没有提及多元正义,只是说弗斯特因异质文化诉求和辩护而对多元正义有着更深的认识、更强烈的理论建构需要。

就对多元正义良善生活的认识而言,法兰克福学派内部大体上出现了两次转向。第一次是由倡导良善生活转向对它的建构,这主要指从阿多诺到哈贝马斯的转变;第二次是由良善生活建构转向多元正义良善生活的规范论证,这重点指从哈贝马斯到霍耐特和弗斯特的转变。具体而言,对于处在错误生活中的阿多诺等人而言,良善生活是一个美好的远景——值得向往但不易实现,而生活于反思现代性阶段的哈贝马斯则坚定认为良善生活值得建构,并可以逐步实现。哈贝马斯的这种自信主要源于他看到个体自主意识的不断提高和现代性具备了较完善的反思机制,这使得社会能够基于个体涌现的需求和意愿来调整其观念和方法,缓解社会矛盾和促进自身发展,为此,哈贝马斯积极倡导良善生活建构。同时,他不断地提升着自己对这种共同生活的认识,例如他通过吸收门克的平等理论,增进了对文化多元语境和正义多元性的了解,[3]再如他经过对良善生活本质的反思,将基于自主个体需求建立的伦理生活称作本真的良善生活。可以说,哈贝马

---

[1]　See Rainer Forst, *The Right to Justification*, trans. Jeffrey Flynn, New York: Columbia University Press, 2012, p.65.

[2]　See Rainer Forst, *The Right to Justification*, trans. Jeffrey Flynn, New York: Columbia University Press, 2012, pp.59-60.

[3]　参见[德]尤尔根·哈贝马斯:《在自然主义与宗教之间》,郁喆隽译,上海人民出版社2013年版,第238页。

斯在提倡良善生活建构的同时,业已对这种生活的多元正义有了一定认识,而后霍耐特大体上将三种承认原则确立为良善生活的多元正义,①这些是法兰克福学派内部在良善生活建构上第二次转向的前奏。其后弗斯特依据异质文化的特殊权利要求更明确地提出建构多元正义良善生活的必要性和可能性,由此弗斯特和霍耐特共同促进着这种宽容、平等的伦理生活构建,也完成了良善生活建构的第二次转向。今天,多元正义良善生活成为理论家们的一种共识,他们之间所差别的只是何谓规范的多元正义?

立足多元正义,人们可以听到多种文化的声音,能看到这些文化的差异性和相似性;也能理解它们为自己具体诉求辩护的初衷和艰难,认识到这些诉求的互惠性和总体性,这样的倾听和理解既有助于保护异质文化的独特性,也有益于维护整个文化的完整性,使其在与其他文化交往中合理地彰显自己的价值和真理性内容。更关键的是,在弗斯特看来,这种多元正义的良善生活并非某个国家和某个地域的私有品,而应该是全人类共享的空间和共有的财富,这既是理论家解放兴趣的初衷和最高体现,即他们都把人类福祉作为其最终的追求;也是所有人诉求权利和争取自由的最终目的,更是互惠性和总体性在世界范围内的体现。为此,弗斯特认为在世界范围内,每个人都有义务援助那些遭到不公对待的人,使后者享受到辩护权,实践着各自的自主性。

对于异质文化而言,多元正义的良善生活既能保证其成员的平等权,也能发挥其自主性以及建构能力。弗斯特认为,这种伦理生活在为诸多异质文化提供一种宽容和自主的空间的同时,也为他们的成员彰显其双重身份创造着机会。需要说明的是,这种双重身份是包括异质文化成员在内的所有公民应有的特征,例如权利的接受者与权利的书写者、自由的使用者(freedom-users)与自由的授予人(freedom-grantors),这意味着弗斯特是从人权的立场公正地看待异质文化成员的,而非仅仅就异质文化而论异质文化。当然,他们具体的文化诉求最终目的也是为所有人带来高级的正义和更多自由的契机。

一方面,作为权利接受者和自由使用者,异质文化成员能够在多元正义良善生活中得到公正对待,既平等地分配到应有的生活物品,也平等地享受各种权利。关于生活物品的再分配,虽然异质文化群体因其特定身份而有特殊的需求和标准,如在教育和就业等方面,但是这种特殊标准也具

---

① 参见[德]霍耐特:《从为承认而斗争到多元正义构想——阿克塞尔·霍耐特访谈录》,载《当代国外马克思主义评论》,人民出版社2009年版,第354—355页。

有一定的社会关联特征，①否则这种特殊照顾就会导致社会矛盾，违背正义的宗旨。为此，弗斯特指出多元正义在具体照顾每种文化的同时，也需要注重正义的最大化，使其能惠及所有人。"因此从本质意义上，或原则上看，正义并非为了一种特定的物品分配，而是为了社会关系自主辩护的一种基本结构的发展，这种辩护是确立一种充分公正的基本结构——最大化正义的条件——在不同的正义语境中，内部的和外部的。"②从这种物品分配的角度看，这里既继承了马克思政治经济学立场，也吸收了霍耐特"再分配与承认"的一些观点，从根本意义上讲，物品分配平等既是社会公正的最基本体现，也是所有人对基本权利的低限度要求。

另一方面，作为权利书写者和自由授予人，异质文化成员能够在多元正义良善生活中展现其自主性，充分发挥其建构能力以及创造力。"自主性"是西方马克思主义的一个富有星丛特征的概念，涵盖艺术、伦理及政治等领域，同时这个概念也具有悖论性，如弗斯特认为它既指个体的自我决定能力，也指他的承受力和社会责任。而在宽容的良善生活建构中，异质文化成员也如其他人一样，可以行使其作为权利书写者和自由授予人的权利，参与到个体品德与社会正义的讨论中，体现出他们的建构能力及创造潜能。当然，这种书写权利的行为既为了他们自身的利益，更为了使所有人享受到高级正义，使每种文化都平等地得到公正对待，这也正是多元正义的初衷和目的。

从长远目标看，多元正义良善生活是世界性的，它提倡一种低限度的跨民族正义（minimal transnational justice）原则，能推动整个伦理环境的发展。无论是弗斯特个人的理论初衷，还是整个法兰克福学派的解放兴趣，他们都把人类的幸福看作其终极关怀，希望所有人能共享一种公正的伦理生活。不过，每个理论家构建这种世界性的良善生活的路径各有不同，其中，弗斯特倡导一种低限度的跨民族正义原则，它有助于促进具体国家的政治和经济的发展，也有益于确立一种平等的、互助的国际体系。"依据这个原则，多重控制的社会成员有权要求必需的资源，以便在他们政治共同体中建立一种（低限度的）正当的民主秩序，并且这种共同体在全球经济和

---

① See Rainer Forst, *The Right to Justification*, trans. Jeffrey Flynn, New York: Columbia University Press, 2012, p.8.

② Rainer Forst, *The Right to Justification*, trans. Jeffrey Flynn, New York: Columbia University Press, 2012, p.235.

政治体系中处于一种(大体上)平等参与者的地位。"①在弗斯特看来,更重要的是,多元正义良善生活的成员拥有一种集体性的"帮助义务",他们有职责为那些负担沉重的国家提供一些援助,如食品、医疗服务及基本教育等,从而使这些国家逐步确立起其自主权。这种帮助既为更广范围内的伦理生活注入了关爱和温暖,推动了不同文化之间的对话和交流;也促进了相关国家以及全球的民主建设,这有助于消灭专制政权和霸权政治。"内在和外在民主化不得不同时实现;两者需要一种资源再分配和当前全球秩序的一种根本上的改变。"②可以说,这种内外民主化进程能够推动多元正义良善生活的建构,使诸多异质文化得到公正对待,从而体现出正义多元性这个特征,同时,考虑到每个国家的具体历史与各自不同的发展境况,这就需要正义原则依据具体情况来作相应调整,为不同的国家提供一种低限度的公正。"立足于这种低限度的公正上,一幅复杂正义的图景凸显出来,它包含着不同的原则和考虑。"③长远地看,这种多元正义良善生活既能有效地解决异质文化群体所诉求的问题,消除很多文化歧视和身份羞辱,也能在更广范围内推进辩护权的确立,丰富正义的含义,使其负担更多的责任。不过,由于弗斯特注重的是对异质文化辩护的规范论证,缺少对具体事例的分析,因此他的理论现实指涉性不强,这或许会影响他理论的生命力。为此,在与弗斯特就宽容必要性论辩时,布朗从同性恋等异质文化出发,认为暴力和残暴行径是不能被宽容的。④在某种程度上,也如弗斯特自己所言,多元正义良善生活是一种乌托邦,给人以希望但困难重重,不过,人类始终不会放弃自己的梦想和希望。⑤

　　就弗斯特自身理论结构来讲,这种异质文化辩护思想与他的政治学和伦理学等密不可分,因为它们的最终目的都是实现多元正义良善生活;从法兰克福学派整个理论志趣而言,弗斯特和哈贝马斯等人的异质文化理论,又与整个学派的艺术、美学、哲学及伦理学等理论紧密相连,因为它们

---

① Rainer Forst,*The Right to Justification*,trans.Jeffrey Flynn,New York:Columbia University Press,2012,pp.263-264.

② Rainer Forst,*The Right to Justification*,trans.Jeffrey Flynn,New York:Columbia University Press,2012,p.264.

③ Rainer Forst,*The Right to Justification*,trans.Jeffrey Flynn,New York:Columbia University Press,2012,p.265.

④ See Wendy Brown,*Regulating Aversion:Tolerance in the Age of Identity and Empire*,Princeton and Oxford:Princeton University Press,2006,pp.10-11.

⑤ See Rainer Forst,*Justification and Critique*,trans.Ciaran Cronin,Cambridge and Malden:Polity Press,2014,p.190.

都是为了人类的解放和文明的进步。从学术交往和文论建设方面来讲,法兰克福学派为中国文论提供了很多有价值的理论资源,以及值得借鉴的学术路径,前者如否定美学和大众文化批判等,后者如批判立场、病理学视角①和规范研究等,而就文论的时代责任和呈现新意而言,弗斯特对异质文化的关注或许能带给我们一些启示。这可能意味着我们在保持对常规问题和宏大事件的研究的同时,也可以通过探究异质性因素,发现一些新涌现的事件和被遮蔽的问题,为我们的研究找到新的观照对象和新的使命,还可以对我们整个文论达成一定程度上新的认识,从而使其更好地为人类谋求福祉和带来真理性内容。

---

① 　See Axel Honneth,*A Social Pathology of Reason:On the Intellectual Legacy of Critical Theory*,载[英]弗雷德·拉什编:《批判理论》,生活·读书·新知三联书店2006年版,第357页。

第六章　共时上的分歧和论争

作为一个兼有历时性和共时性的学术共同体,法兰克福学派在展现其文化伦理思想的历变性的同时,也彰显着其共时层面上的一些分歧和论争。大体上,这些分歧和论争主要表现为:对同一种文化的伦理功能的不同认识,对良善生活建构方式的不同理解,对良善生活内在构成的相异看法。例如,阿多诺与本雅明等人在大众文化的解放性和抑制性上意见不一,韦尔默与哈贝马斯对于审美话语在良善生活建构中的作用进行了商榷,门克与霍耐特在良善生活的内在构成上存有分歧。这些分歧和论争并不证明法兰克福学派内部存在着很多矛盾和不团结现象,而只是凸显了同一时期的学者对同一研究对象具有不同的认识,或者说,我们恰恰更能从这些分歧和论争中看到他们对个体自由和人类解放的共同追求。实质上,法兰克福学派不单单在文化伦理研究方面具有这种共时的分歧和论争,他们在艺术伦理研究等方面也具有这样的特性。这种特性在给予法兰克福学派的整体理论以层次感和深度感的同时,也赋予了它魅力和神秘特性,召唤更多研究者加入对它的研究和分析之列,从而揭示出更多意义,传播着法兰克福学派的各种理论,也为个体解放和人类自由创造出更多契机和更多希望。

第一节　大众文化伦理之争:解放性与抑制性

对于大众文化,法兰克福学派第一代既表达了一些相似观点,如它是新媒介制造的一种商业文化;也呈现了一些分歧和出现了一些论争。分歧焦点之一是:它解放了民众还是抑制了民众?持"解放"观点的理论家,大体上有本雅明和洛文塔尔等,他们认为这种新兴文化给予了所有民众以平等尊重,提供给了他们以成功和成名的机会,这在一定程度上推进了社会的民主化;持"抑制"立场的理论家,主要是阿多诺和霍克海默等人,他们指出,这种新技术产品在讨好民众浅层的娱乐需求的同时,悄然地弱化了他们的感知力,剥夺他们对自由和民主的自主需求,使他们退化为权威的奴仆。表面上看,这种分歧看似水火不容、不可调和,实质上,它带有一些假象。一方面,对立双方所谈论的大众文化并不完全等同,大体上,他们涉及了通俗文化(popular culture)、大众文化(mass culture)、文化工业(culture industry)和亚文化(subculture)①等,这些文化形式之间本身就有差异,因此这些理论家对相应文化的评判自然会造成一种论争的现象,当然,其中存在着一种真正的分歧;另一方面,这些理论家都是以各自的伦理视角肯定或批判大众文化,结果,有的理论家认为这种商业文化提高了民众的社会地位,有的理论家则批判这种愚人文化制造了民主假象。而从最终目的看,第一代人都期望人们能拥有一种民主和自由的良善生活,在其中,所有人都能彰显各自的自主性和高尚品德,相互关爱,共同构建和一起维护一个自由和平等的共同家园。

一、大众文化:多面性与伦理歧见

志趣相似的第一代之所以对大众文化的伦理功能产生分歧,在一定程度上与他们关注的具体对象有关,如洛文塔尔研究的是纸质的通俗文化,霍克海默批判的是电影;再如本雅明分析的是电影,阿多诺则将流行音乐作为重点批判对象。由于这些文化形式各有特定的现实功能,因此这就导致了这些理论家之间的分歧不易调和。当然,这也说明了整体的大众文化富有多面性。这种多面性既是大众文化历时性的一种体现,不同阶段的大众文化具有不同的形态和特征,也相应地拥有不同的意识形态功能;又是不同形态的大众文化共时性的展现,它们在呈现各自特殊性的同时,也凸现着它们的共同性。

从大众文化的不同称谓来看,它们在呈现这种商业文化的历时性和多面性的同时,也凸显了它们各自的时代性和具体的伦理作用。单从第一代人的生活跨度而言,他们多数人对20世纪有着一种比较整体性的认识,②尤其洛文塔尔对20世纪具有更全面的理解。而20世纪也是大众文化巨大历变的世纪,这种文化既由一般意义上的通俗文化发展至更具诱惑力的大众文化,也从无意识的商业运作蜕变为有意图的意识形态控制。由此,我们看到第一代视野中出现了"popular culture""mass culture"和"culture in-

---

① 关于第一代人涉猎亚文化的问题,赵勇有创建地指出,马尔库塞所分析的黑人音乐和青年文化就带有亚文化特征,而且马尔库塞赋予了它们一定的颠覆现存秩序的力量和潜能。参见赵勇:《整合与颠覆:大众文化的辩证法》,北京大学出版社2005年版,第286页。

② 从霍克海默(1895—1973)、马尔库塞(1898—1979)、洛文塔尔(1900—1993)和弗洛姆(1900—1980)等人的生卒年代看,他们可以依据自己的生活体验归纳出20世纪的一些特征。

dustry"等不同称谓的大众文化,甚至洛文塔尔还谈及了后现代主义(post-modernism)。这些不同的称谓并非语言游戏,而是比较客观地对应着不同阶段的大众文化,也暗含着不同的时代性和特定的伦理功能,自然,这也就造成了这些文化形式之间的差异性。

历时地看,通俗文化主要指,以戏剧和报刊为载体的娱乐性和消遣性的作品,它们大体上出现于16世纪,后经17世纪、18世纪和19世纪的变化和发展,到20世纪时,这类作品化为了大众文化阵营中的常客——并不尊贵,但一直在场。在通俗文化研究方面,洛文塔尔做出了卓越贡献。他指出,通俗文化的出场和发展反映了现代性中人们排遣生活压抑的需求,这使得当时的学者把通俗文化视作一个具有社会性、历史性的事物来看待,其中,交织着宗教、哲学和政治等方面的论争。①在某种程度上,因为报刊的出场带有一定的解放力量,所以在18世纪它得到了民众的大力支持,发展迅猛,很多人加入报刊的创作行列和阅读队伍中,最后在19世纪创造了一个"作家时代"。大众文化主要指,以广播和电影为载体的娱乐性和宣传性的产品,电影在20世纪20年代就展现了较大的影响力,在市民社会内部造成了较大的震动,而后在极权主义时代,大众文化成为权威愚弄和控制民众最有效的工具之一。在大众文化分析方面,本雅明和霍克海默的成就比较突出,本雅明将电影称为"机械复制时代的艺术作品"(The Work of Art in the Age of Its Technological Reproducibility),他既指出了电影为很多民众带来参与电影制作和作品鉴赏的机会,也担心这种新技术作品会成为权威驱动民众和发动战争的工具。文化工业主要指,类型化的音乐和批量生产的影视作品。这个诞生于20世纪40年的称谓主要由阿多诺使用,它是阿多诺接触了美国的电影制作和汽车流水线生产之后的思想产物。对于文化工业,阿多诺在将它视作消费品的基础上,深刻地分析了它暗含的愚弄作用和意识形态功能。另外,马尔库塞将20世纪60年代兴起的亚文化看作一种解放性的大众文化;洛文塔尔则把后现代主义视作虚假哲学的一种源头,认为它造成了青年的浮躁和虚无等品格。②

就此而言,单从称谓上讲,大众文化自身就拥有一个谱系,它包括通俗文化、大众文化、文化工业、亚文化和后现代文化等。这种称谓上的差异对应着大众文化的某些具体特征和某些特定功能,如"popular culture"主要突

---

① See Leo Lowenthal, *Literature and Mass Culture*, New Brunswick and London: Transaction Publishers, 1984, p.11.

② See Leo Lowenthal, *An Unmastered Past*, Berkeley: University of California Press, 1987, p.263.

出的是这种文化的通俗化和普及性,"mass culture"重点表明这类文化将大众作为它的服务对象。这些称谓的命名带有一定目的性,如阿多诺所命名的文化工业就是特指采用工业化生产的大众文化,而一些理论家在使用不同称谓的大众文化时,也会依据他们的理论需要对它们的某些功能作重点研究。例如基于对全面控制社会的认识,阿多诺和马尔库塞指出,电影、电视和广告等都参与了大众文化同化大众的行动。当然,从大的方面讲,法兰克福学派本身创造了一个文化伦理谱系,而我们这里所谈论的大众文化伦理谱系属于这种文化伦理谱系的一部分,在整个文化伦理谱系中分析大众文化伦理谱系能够在分析大众文化独特且复杂的伦理作用的基础上,辨析大众文化与其他几种文化的联系和关系。

而从大众文化的类型来讲,报刊、流行音乐和电影等诉诸不同的感知方式,它们产生的审美体验和现实影响也有所差异。可以说,大众文化的多面性既在于其有多种称谓和多副面孔,这使得第一代宽泛的大众文化伦理观内部存在着不易调和的分歧;也在于大众文化包含着多种文化类型,如报刊文学、流行音乐、电影、电视和亚文化等,很多理论家依据各自对某种类型或几种类型的审美经验归纳出相应的大众文化伦理观,因此这些理论之间必然有难以和解的地方。当然,洛文塔尔和本雅明等人在以不同的称谓言说大众文化伦理观的时候,也各自涉及了具体的文化类型。不过,有所差别的是,不同称谓的大众文化指涉着现代性的不同时期,体现着时代性和大众文化的历时特征,而具体的文化类型则凸显了大众文化对不同感官的利用和对它们潜在的影响,使我们看到了不同的内在渗入无形中塑造出受抑的人或自由的人。比如当基于人的阅读能力来评价报刊的历史价值时,洛文塔尔欣喜地谈到18世纪英国的阅读人数经历了两次激增,这些民众渴望读到新奇的故事,也有些民众踊跃地加入写作的队伍中。①从这个角度评判大众文化的伦理功能,人们看到的多是直观上它的社会作用,包括有阅读能力的人的数量不断增加、创作者队伍扩大,以及图书出版和销量的增加。在某种程度上,洛文塔尔的这些描述与霍加特对通俗文化提升民众识字能力的阐述有相似之处。而在洛文塔尔看来,报刊发行量的增加带来了一个更重要的结果:由于作家依靠写作可以实现自给自足,因此他们便尝试着自主写作,享受着作家这个职业的独立性和社会承认感,

---

①　See Leo Lowenthal,*Literature and Mass Culture*,New Brunswick and London:Transaction Publishers,1984,pp.90-91.

"他不仅得到其应有的报酬；而且现在他第一次成为自尊和独立的人"①。
再如，基于人的视觉冲击感辨析电影的作用时，本雅明指出这种摄影艺术
将人们引入一个新奇的世界，在这里，人们既能看到肉眼观察不到的细微
事物，也能欣赏到视力不及的远方风景；既能观览某个事物的全貌，也能透
视某个具体物体。"借助特写，空间得以扩展；通过慢动作，运动得到延展。
某种快照的放大并非仅仅使任何情况下都可见的事物更加精确，虽然不清
晰：它揭示了物体全新的结构形式。"②正是立足视觉上的这些惊奇感受，本
雅明对电影乃至大众文化持有一种惊喜感和赞叹感，而这些感受有助于解
释当初的民众为何神迷于电影、膜拜这种图像艺术，因为通过电影，他们开
阔了视野，接触了新奇事物，生活充满了很多乐趣和笑声。有别于本雅明
的这些欣喜感受，阿多诺则基于个体的听觉，批判了单一、肤浅的大众音乐
（mass music）造成听众听力的退化、判断力的衰退，甚至导致成年人与孩童
的智商等同，从而致使整个群体的听力退化和人格同一化。"的确存在着社
会差异，但是这种新听力如此扩展以至于受抑者的愚蠢影响到压迫者自
身，他们变成了这种自驱车轮超强动力的牺牲品，这些牺牲品认为他们确
定着自己的方向。"③这些受愚弄和同一化的人无从谈起人格的自主，他们
甘心作权威的奴仆，也缺乏悯爱意识和正义感，这在某种程度上加剧了错
误生活的同一、僵硬和残酷等特性。

从今天看，阿多诺的大众文化批判理论之所以富有启迪性，既在于他
基于个体的本质力量的得失分析了多种形式的大众文化的伦理作用，如大
众音乐造成个体听力的退化、电影的透明性阻碍了个体对真相的探问、电
视的多层结构对个体实施着精神和心理控制等，这些分析增加了我们对音
乐、电影和电视等的控制功能的认识，加深了我们对整个大众文化的"社会
水泥"功能的了解；也在于他始终将大众文化伦理批判与"错误生活"的形
成进行整体思考，在他看来，极权主义时代错误生活的形成与大众文化富
有垄断性的欺骗和控制休戚相关，同时大众文化这种全面性的控制是错误
生活怂恿和支持的结果。今日，社会民主程度不断提高，但个体的本质力
量仍没有得到健全发展，其中大众文化是否仍在暗中阻碍着个体的自由，

① Leo Lowenthal,*Literature and Mass Culture*,New Brunswick and London:Transaction Publishers,1984,p.113.

② Walter Benjamin,*Illuminations:Essays and Reflections*,trans.Harry Zohn,New York:Schocken Books,1968,p.236.

③ Theodor W.Adorno,*The Culture Industry:Selected Essays on Mass Culture*,London and New York:Routledge,1991,p.47.

实施着其欺骗的作用呢？

　　另外，大众文化与艺术的关系的复杂性导致了一些歧见，致使一些理论家无法对大众文化的伦理功能作明确判断。大体上讲，第一代都同时关注了艺术和大众文化，都拥有各自独特的艺术理论和大众文化观，并对这两者的关系各持己见，这使得第一代理论中存在着艺术与大众文化的多种二重奏：有对立性的、有合作性的，还有模糊性的。①就第一代而言，他们对艺术基本上都持肯定和颂扬的态度，他们把艺术视作个体美德养成和良善生活确立的最可靠保证，并且在一定程度上他们依据大众文化与艺术的亲近程度来确定他们对大众文化的态度。比如，阿多诺认为艺术与文化工业是绝然对立的，文化工业试图通过弱化个体的感知力而将他们规训为权威的奴仆，而艺术则在竭力保护他们的感知力的基础上，使他们保持各自的自主性和展现其健全的人格。洛文塔尔从历时的角度指出，倘若把文学视作一种黏合社会群体与其成员的基本符号和价值的适宜载体的话，那么，"以这个路径来看，文学包含着两种强有力的文化合成物：一边是艺术，另一边是面向市场的商品"②。基于这样的认识，洛文塔尔将文学分为作为艺术的文学与作为商品的文学，其中，通俗文化属于商品文学这个范畴。这样的认识和区分无形中导致洛文塔尔对通俗文化和大众文化产生了一种暧昧态度，使我们难以判断他对大众文化的明确立场，就容易引起我们的猜疑和误解。本雅明则把本真性艺术③和机械复制艺术或电影都归入艺术范围内，这使得他本能地不排斥电影及大众文化。在他看来，本真性艺术富有膜拜价值（cult value）和神圣性，带有灵韵，而机械复制艺术体现着展览价值（exhibition value）、世俗性，制造着震惊感。④由于是从艺术发展的

---

①　其实，从宽泛意义上讲，整个法兰克福学派具有审美现代性与文化现代性的二重奏，如第二代的哈贝马斯认为，文化现代性包含着审美现代性，而韦尔默则指出两者是平等的；第三代的门克分析了艺术中蕴含的自主和反思等潜能，剖析了异质文化遭遇的一些不公待遇和社会歧视。这些理论家之所以对这种二重奏认识不一，既因为他们所分析的文化和艺术并不一致，也在于他们对同一种文化和同一类艺术的看法也不尽相同。

②　Leo Lowenthal,*Literature and Mass Culture*,New Brunswick and London:Transaction Publishers,1984,p.x.

③　关于本真性，本雅明认为它是艺术作品的此地此刻性，它是经典作品穿过历史空间持久生命力的体现。具有本真性的艺术作品是不可复制的，它是唯一的。See Walter Benjamin,*Illuminations:Essays and Reflections*,trans.Harry Zohn,New York:Schocken Books,1968,p.221;p.243,note2.

④　See Walter Benjamin,*Illuminations:Essays and Reflections*,trans.Harry Zohn,New York:Schocken Books,1968,p.224.

立场评判电影的合法性,因此本雅明更大程度上看到的是这种机械复制艺术的积极作用,而非消极作用,"艺术的机械复制改变了大众对艺术的反应。由对毕加索一幅画的被动态度转变为对卓别林一部电影的主动响应。这种主动响应是由视觉和情感享受与专家的定位直接、紧密的融合所确定。这种融合具有重要的社会意义"①。也就是说,电影很明显地提升了大众对艺术的热情和参与度,使他们在一定程度上从艺术的被动欣赏者转变为评判艺术作品的行家。这种身份转变在以往的艺术场所不容易实现,而电影则为大众提供了这样的机会,从这方面来看,电影可被视为促进市民社会变革的一种微观力量。

二、解放与抑制:解读大众文化相异的伦理路径

除了大众文化自身多面性所导致的伦理歧见之外,不同的理论家所持的具体伦理视角也造成他们对大众文化具有不同的认识,客观地讲,后者应是第一代对这种商业文化产生分歧的最主要原因。这种分歧主要呈现为:大众文化是解放性的,还是抑制性的;它为民众带来了自由的契机,还是限制和剥夺了他们的自由。相较而言,解放性的观点主要诉诸大众文化直接的社会作用,抑制性的理论主要指大众文化通过弱化民众的感知,使他们自己忘却了自由和自主意识,放弃了对自身幸福的争取。

就解放性而言,它主要指大众文化为许多民众提供了体面的工作,也促进了多个行业的发展,这些有助于推动社会的民主进程。众所周知,传统社会里很多行业壁垒森严,例如普通民众无权参与艺术的制作和鉴赏,在这一定程度上阻碍了他们对自身的认知和对自由的争取。而自报刊出现后,很多人通过讲述自己的故事成为职业作家,既有了一定收入,也具有社会地位。洛文塔尔指出,这种成功方式富有效仿效应,激励着更多人加入报刊文学的创作中,也推动着文学的创作和发展,一时间,创作成为一种时尚、一种热门行业,当然,也存在着良莠不齐的现象。在洛文塔尔看来,这种文学参与活动既给予了这些民众以生活保障,也提升了他们的社会地位,使他们感受到他人的尊重和自己的社会价值,这无疑是社会进步的一种体现。而就解放意义来讲,洛文塔尔认为,女性作家和女性读者的出现则具有划时代意义,因为在某种程度上,女性的解放富有双重革命效果——普通民众对等级制度的突破与女性对男权秩序的挣脱。这些女性

---

① Walter Benjamin,*Illuminations:Essays and Reflections*,trans.Harry Zohn,New York:Schocken Books,1968,p.234.

作家在为女性本身写作的同时,也在一定程度上影响了文学的风格,如感伤(sentimental)情调,"这个时期小说流行的感伤情调部分归功于这个事实:有一大批女性小说家涌现,她们主要是为女性小说阅读公众而写"①。相似的是,电影的出现也具有打破旧的社会阶层的效果。最初的电影令人神迷,参与者需要能在摄影机面前自然地展现角色,不过,这个并不苛刻的要求和技能难倒了很多有身份的人,却为诸多普通民众提供了展示表演才能和改变地位的机会。由于电影比报刊文学更富有普遍性,因此它在一定程度上为全世界的普通民众提供了就业和成功的机会,也改变着社会生活结构。在本雅明看来,电影既使许多普通民众成为演员,使他们体会到此前不曾有的尊重;也使一些普通民众通过评价电影成为这个领域的评论家,使他们收获一种成就感。②另外,大众文化推动了一些行业发展,促进了经济增长。例如洛文塔尔指出,报刊文学带动了流动图书馆和出版业等的繁荣,使更多人依靠自己的劳作获得了相应的回报。为此,一些理论家给予报刊文学和通俗文化以一定的肯定。其实,单从普通民众的就业和社会地位而言,大众文化的确做出了一定贡献,它促进了社会的民主和平等,也促使伦理生活发生了转变。而在马尔库塞看来,黑人音乐及此类的亚文化具有解放功能,这些奴隶和贫民借助其喊声和歌声,展现了他们身体的苦痛和难受,表达了对白人统治的控诉和反抗,形成了一种潜在的颠覆力量。除了黑人音乐之外,马尔库塞还肯定了黑人文学的革命性,"我已经提及过黑人音乐;还有一种黑人文学,尤其是诗歌,可以被称作革命性的:它赋予了一种总体反叛以审美形式表达"③。

从民众参与热情和社会经济发展的立场来看,洛文塔尔和马尔库塞的大众文化解放性的观点是具有合理性的,许多民众因参与大众文化的制作和传播而获得了工作,体会到成就感,感受到社会的尊重;社会经济得到一定提高,大众文化的蓬勃发展也催生了很多新兴行业。正是基于这些效应,一些理论家给予了大众文化肯定和赞美,对它持"理解"(understand)的态度,可以说,韦尔默就是以理解姿态看待后现代文化的伦理潜能的,从中他探究出自由和民主等因素。从某种程度上讲,后现代文化是大众文化的一个变体,因为前者与后者一样都富有商业性,都遵循着一定的市场规则。

---

① 　Leo Lowenthal,*Literature and Mass Culture*,New Brunswick and London:Transaction Publishers,1984,p.123,note.

② 　See Walter Benjamin,*Illuminations:Essays and Reflections*,trans.Harry Zohn,New York:Schocken Books,1968,pp.240—241.

③ 　Herbert Marcuse,*Art and Liberation*,London and New York:Routledge,2007,p.177.

这样的后现代文化必然是批判理论的批判对象,例如洛文塔尔就批判了后现代文化的肤浅特征。而韦尔默基于理解立场看到了后现代文化积极的伦理作用,看到了文化的建构力量,而且他认为这种理解方法有助于把文化从阿多诺的批判中解放出来,使它释放出积极力量。

　　而抑制性则主要指,大众文化通过抑制人们的感知力,使他们的判断力退化和道德标准下降,从而异化为不健全社会的维护者和牺牲品。在某种程度上,自然状态下人的感知力是丰富的、敏锐的,而感知力丰富的人也具有敏锐的道德判断力。不过,外在环境会对个体的感知力和其伦理道德产生潜移默化的影响和规训。第一代认为,严肃艺术能够保护并提升人的感知力和品行,而大众文化则弱化了人的感知力,使他们的道德辨识力变得钝化,成为不公正社会的拥趸。可怕的是,大众文化这种抑制作用既具有整体性和系统性,也暗含着一定的精神控制和意识形态功能。在阿多诺看来,这种"整体性"指,收音机、电影和电视等看似是不同类型的大众文化,其实它们在标准化(standardization)和单一化等方面并无差别,它们以一种整体方式弱化着大众的感知力,抑制着他们的想象力和自主性;"系统性"则表现为:依照金钱逻辑,不同样式的大众文化共同组成了一个自治领域,进而它们按照娱乐原则有策略地设计所有角色,也毫无差别地愚弄着所有大众,既弱化了他们的感知力,也抑制了他们的智力。"借助不计其数的机会,电视的体系(schema)融入到国际反智主义氛围中。"[1]至于"精神控制"主要体现为,自成体系的大众文化熟稔于以隐含信息和隐蔽手段控制大众的心理,使他们在满足于感官享受和信息接受的同时,成为大众文化所期望的"没有发展的灵魂"。而且大众文化既懂得取悦不同年龄段大众的心理需求,也知道从不同心理层面上去讨好和奴役大众,"当我们讲电视节目的多层结构的时候,我们想到了大众文化把不同程度的外在的和隐含的多种层次当作操控听众的技术手段。洛文塔尔在创造'逆向精神分析'这个术语时,曾巧妙地表达出这一点"[2]。而"意识形态功能"重点指,标准化的大众文化通过弱化大众的感知力和想象力,使他们退化为没有自主意识的虚假个体,例如大众音乐,"这个领域的生产标准化,和其他领域一样,如此强大以至于听众根本无从选择。产品向他们施加压力。他的自由就

---

①　Theodor W. Adorno, *Critical Models:Interventions and Catchwords*, trans. Henry W. Pickford, New York:Columbia University Press, 2005, p.64.

②　Theodor W. Adorno, *The Culture Industry:Selected Essays on Mass Culture*, London and New York: Routledge, 1991, p.166.

此终止"①。结果,他们既无力争取自己的自由,也无法展现其良知和正义感,而只能扮演着虚假社会和错误生活的维护者。可以说,这种批判视角使我们看到了这种商业文化和消费品的隐在功能,这既有助于我们深入了解大众文化的多面性,也有益于我们认识它的消极伦理作用。

公允地讲,今天的大众文化仍具有这种消极伦理作用,因此人们在消费它的时候,需要提防阿多诺等人所揭示的那些愚人性和欺骗性。令人奇怪的是,作为批判理论的一种珍贵遗产,这种大众文化批判在第二代和第三代这里几乎销声匿迹,而且在哈贝马斯和霍耐特对大众文化仅有的涉及里,他们强调的又都是这种文化的交往功能。但是我们也知道大众文化并不因为哈贝马斯和霍耐特的回避而自动消解其愚人性和欺骗性。究其原因,这既与哈贝马斯和霍耐特的学术兴趣和研究理念有关,他们擅长规范研究和学术论辩,而不太热衷社会批判和历史反思;也与他们的建构者身份有关,建构者多是制度的维护者,而非批判者;当然,还与今天社会的反思机制有关,这种机制能依据人们的需求而适时地调整观念和完善体制,这使人们既体会到其主体的地位,也看到了完善的伦理生活建构的可能性。但是大众文化的本质不会变,社会与个体的紧张关系不会消除,因此我们在关注其他文化的同时,也要保持对大众文化的警惕。这也是我们倡导以文化伦理谱系的立场审视当下的生活环境的原因,因为通过这个谱系,我们知道不同文化一直同时在场,一起发挥着各自的作用,共同影响着我们的道德和伦理。

解放性与抑制性这两种相异的伦理学路径致使第一代内部出现一些分歧和论争,这在进一步明确批判理论基本原则的同时,也带给了后来的大众文化批评一些启示。按常理来讲,一个大的学派内部出现观点论争和学术分歧是一种正常现象,这也是他们的理论多元化和思想多维性的一种体现。不过,法兰克福学派第一代在艺术方面并无太多异议,而在大众文化方面却有着较明显的分歧,这既与他们持有不同伦理学路径有关,也与他们以哪种立场看待大众文化有关。例如以自主艺术的标准审视大众文化时,我们基本上都会看出后者的浅薄性、依赖性,乃至对大众的抑制性,反之,以文化的立场言说大众文化时,我们就会发现它的积极性和解放性。第一代较突出的分歧有:阿多诺与本雅明之争、阿多诺和霍克海默对马尔库塞的《文化的肯定特性》(1937)的不同评价。这里面都有阿多诺的身影,

---

① T. W. Adorno, A Social Critique of Radio Music, *The Kenyon Review*, Vol. 7, No. 2 (Spring, 1945), p. 216.

而且他扮演的都是批评者或惹人的角色。阿多诺之所以担当这样的身份，这与他所持的自主艺术标准和他对批判理论宗旨的坚持密不可分，这些因素会自然地导致阿多诺对那些肯定大众文化的文章提出批评意见。其中，关于阿多诺与本雅明之争，主要集中在《机械复制时代的艺术作品》(1936)这篇文章上。在阿多诺看来，本雅明高估了电影这种依赖艺术的价值和地位，尤其过高抬升了摄影技术的解放功能，其实，电影这种技术艺术很少触及现实的真实问题，很难带给大众革命性主张和解放力量。"两年前，我曾在纽巴尔斯堡工作室待了一天，给我印象最深的是：看到了少量蒙太奇和你所强调的先进技巧是如何使用的；其实，现实先用一种稚嫩摹仿建构起来，进而成为'图像性的'。"①对于阿多诺的批评，本雅明基本上没有作针锋相对的回应，他只是委婉地表示阿多诺的建议有助于他辩证地看待电影的艺术价值和现实作用。至于马尔库塞的《文化的肯定特性》，霍克海默肯定道：这篇论文是"研究所工作的典范"，"把对形而上学范畴的批判同历史理论的具体运用结合起来"。②但是阿多诺则认为这篇文章具有较多的乐观和天真的成分，给予了当代大众艺术太多的信任和认可，却忽略了现实的残酷性和解放的艰难性。经过几次这样的论争之后，法兰克福学派最终将自主艺术观念确立为其基本标准，由此明确了他们的批判性和反思态度，"这两种模式一个是指洛文塔尔的研究，另一个则是指阿多诺的研究，前者以资产阶级的文化概念为中心，后者以审美现代主义为中心。但是最终本雅明和阿多诺的立场在社会研究里得到了认可，正是这个立场使审美现代主义在经验上成为社会批判观念的基础"③。这种审美态度影响了第二代和第三代，如韦尔默和门克继承并发展了阿多诺的否定美学理论，也使得整个法兰克福学派始终保留着审美现代性与文化现代性这种二重奏特质。

三、相似的幸福观照与共同的良善生活探索

其实，除了阿多诺与本雅明、阿多诺与马尔库塞的分歧之外，细究起来，第一代之间还存在其他的分歧和论争。不过，这些分歧和这种众声喧哗并没有损害到批判理论的声誉，相反，透过分歧和喧哗，我们既看到阿多

---

① Theodor Adorno,Walter Benjamin,etc,*Aesthetics and Politics*,London and New York:Verso,2010,p.135.

② ［德］罗尔夫·魏格豪斯：《法兰克福学派：历史、理论及政治影响》(上册)，孟登迎、赵文、刘凯译，上海人民出版社2010年版，第290页。

③ ［德］罗尔夫·魏格豪斯：《法兰克福学派：历史、理论及政治影响》(上册)，孟登迎、赵文、刘凯译，上海人民出版社2010年版，第293页。

诺等人相似的幸福观,也看到他们对良善生活的共同追求。实质上,这种共性与差异性成就了批判理论的学术地位和历史价值,其后的第二代和第三代的文化伦理理论也在凸显各自差异性的同时,呈现着各自的共性和相似的幸福观。

整体地讲,解放与抑制仅是理论家探究大众幸福的两种路径而已,它们分别指向大众的现实幸福和精神自主,共同构成了一幅大众幸福的图谱。一般情况下,我们或多或少会把学术分歧和观点论争视为一个学术团体内部不团结的缩影,而就法兰克福学派而言,阿多诺与本雅明的论争、阿多诺与马尔库塞的分歧的确对他们的关系产生了微妙的影响。不过,由于本雅明和马尔库塞针对阿多诺的批评反应不一,因此相应地导致了不一样的结果,其中,本雅明以温和的态度对待着阿多诺的意见,马尔库塞则以坚定的姿态回应阿多诺的评价。而当马尔库塞与阿多诺的分歧不易化解时,就导致了一些不良反应,也许马尔库塞后来疏离社会研究所与这种分歧的持续有一定关系。①不过,这些分歧和论争并不影响法兰克福学派的成就,反倒使我们看到不同的大众文化伦理观,也使我们从这些相异观点中发现这些理论家相似的幸福观照,以及一些具体的"家族相似"。

总体上讲,第一代都把个体的幸福和人类的幸福视为己任,只是他们在幸福的具体体现和实现方式等方面存在着分歧。相较而言,洛文塔尔和本雅明对大众的现实幸福倾注了很多笔墨,他们看到通俗文化和电影为大众带来大量的就业机会和转变身份的可能,为此,他们认为大众文化在一定程度上促进了社会民主的发展。而霍克海默和阿多诺则注重大众的精神自主,他们认为大众文化弱化了大众的感知力和自主意识,为权威培养了无数奴仆和帮凶,因此他们批判大众文化导致了人类一定的退步。由此可见,解放与抑制这两种解读大众文化的伦理路径不存在非此即彼的对立性,相反,它们在共同勾勒大众幸福图景的基础上,也为实现他们相应的幸福带来了启示。正因为如此,面对阿多诺的批评,本雅明委婉地坚持着自己的观点,马尔库塞则坚定其对文化肯定性的认识,并且他认为亚文化中蕴含着颠覆单向度社会的某种潜能;后来,哈贝马斯批评道,阿多诺奉行的

---

① 除去《文化的肯定特性》之外,后来阿多诺与马尔库塞在《爱欲与文明》(1955)上也产生了较大分歧,这无形中加大了他们的隔阂。"马尔库塞对阿多诺的批评感到莫名其妙。……即使对相距遥远地生活着的理论家共同体来说,他们的相互保留也太深了,而且乐意讨论这些保留的愿望也太微弱了。"[德]罗尔夫·魏格豪斯:《法兰克福学派:历史、理论及政治影响》(下册),孟登迎、赵文、刘凯译,上海人民出版社2010年版,第663页。

是冬眠式防御策略,拒绝客观地看待新事物的解放功能,相反,哈贝马斯赞美本雅明能以开放心态探究大众文化中的革命力量。①公正地讲,哈贝马斯只是看到了"阿本之争"的某些表象,却没有洞察到阿多诺的担忧和焦虑,没有认识到这种解放与抑制之争的深层问题。在阿多诺所处的那个极权主义时代,诸多自以为是的民众之所以被权威轻松地俘获和控制,在一定程度上,这与他们耳濡目染的大众文化有着直接关系;充斥着谎言和意识形态的大众文化快速地塑造出无数个同一化的大众,同时它推进了单向度社会的形成,也维护着这种全面控制的环境。阿多诺这样的焦虑和担忧,本雅明是体会不到的,哈贝马斯和霍耐特更是无法感受的。今天,类似阿多诺式的担忧好像已经不合时宜,其实,大众文化的本质和权威对它的使用都没有根本性的变化。这也是我们倡导以文化伦理谱系的方法审视当下不同文化的现实功能的缘由所在,即法兰克福学派所分析的文化同时在场,都实施着各自的功能,发挥着各自的作用。

长远地看,解放与抑制这两种观点影响当代的大众文化研究,其中,在解放的维度上,如约翰·费斯克以理解姿态肯定了大众文化中的民主意识和反抗力量;而在抑制的维度上,阿多诺的文化工业批判成为当代文化伦理研究的基本立场之一。如霍尔指出,"有四种主要的流行/大众文化的概念:某种文化工业的产品;与工人阶级文化相联系的;神话;国家的某种意识形态工具"②。这说明无论大众文化如何发展、怎样变体,关于它的论争却永远不会停止,对于它的批判会永久持续,民众对它的提防和抵抗永不过时。

更重要的是,透过解放与抑制这样的论争,我们能看到阿多诺等人对良善生活的共同探索,看到他们在良善生活建构上的共通点和相异处。从解放的角度来看,本雅明、洛文塔尔和马尔库塞认为,大众文化既是大众获得平等、民主和自由等权利的途径,也是培养他们平等观念和反叛意识的场所,由此,这些理论家期望人们最终能拥有一个自由和民主的伦理生活。而从抑制的立场来讲,霍克海默和阿多诺认为,大众文化既是塑造大众依赖意识和权威人格的场域,更是权威愚弄和控制大众的最有效的隐蔽工具,"作为痛苦和矛盾的一种表达,那种被合法称作文化的事物企图掌控良善生活这个理念。文化既无法呈现只存在的事物,也无力呈现传统性的事

---

① 参见[德]哈贝马斯:《启发性的批判还是拯救性的批判》,载刘小枫选编:《德语美学文选》(下卷),华东师范大学出版社2006年版,第378页。

② Stuart Hall etc, *Culture, Media, Language: Working Papers in Cultural Studies, 1972–1979*, London: The Academic Division of Unwin Hyman Ltd, 1980, p.250.

物,并且它不再黏合秩序的范畴,文化工业覆盖了良善生活理念,好像当下现实就是良善生活,好似那些范畴就是其真正的标准"①。为此,这些理论家在揭示虚假社会全面控制的同时,也大体上展望了良善生活应有的特性,如自主和民主等。因此从终极关怀来讲,第一代观点分歧的双方都期望人类能享有一个自由、自主和民主的伦理生活,在这个共同空间中,个体拥有诸多美好品德,而生活环境呈现着激励性和创造性。而且由于他们目睹了极权主义的野蛮行径和其毁灭性,为此,他们在正面阐述理想社会的基本特征同时,也以这些毁灭结果作为参照物,从而有针对性地探索着完善的伦理生活,因此他们基本上都以相对立的概念从正反两方面描述这种完善的伦理生活,如阿多诺的错误生活与良善生活、马尔库塞的单向度社会与非压抑社会等。从长远影响来看,单向度社会这种称谓更富批判性,良善生活这个表述更具有建构性,因为阿多诺的这个概念注意到了个体品德与社会环境的互依关系,这为其后建构良善生活的理论家们带来了启示。而就法兰克福学派来看,在良善生活建构方面,相似的是,他们都委于艺术以重任,认为它能保护并提升人的感知力和判断力,能培养他们良好的品行,使他们确立起自主人格;不同的是,阿多诺认为,大众文化阻碍着个体的发展,妨碍着良善生活的建构,艺术与大众文化没有调和的可能,而马尔库塞相信,亚文化含有新感性的因素,是一种具有本真性的大众艺术,它在保留特定阶级的幸福诉求同时,能够超越性地代表人类的整体解放意愿。"不,在我看来,艺术并非是无产阶级或工人阶级的一种特定斗争代码,而是能够超越任何特定阶级的利益而又不取消这种利益。它总是关涉着历史但是此历史是所有阶级的历史。"②总的说来,这种众声喧哗的学术氛围使得法兰克福学派的大众文化伦理思想呈现了一种多元化的景观,也为我们今天建构良善生活提供了诸多宝贵的理论资源。

其后,第二代和第三代都在不同程度上存在着"众声喧哗"现象,同一阶段的学者对同一研究对象各持己见,进行商榷和论争,例如第二代对于阿多诺美学出现了不同看法。不过,就喧哗的强度而言,第一代在大众文化伦理功能上的论争是不可复制的,他们参与的人数多、他们的学术素养都很高、各自的见解深刻,对后世产生了深远的影响。不过,这种学术上的"众声喧哗"绝非这些学者刻意为之,而是他们对共同关注对象的具体解放

① Theodor W.Adorno,*The Culture Industry:Selected Essays on Mass Culture*,London and New York:Routledge,1991,p.104.

② Herbert Marcuse,*Art and Liberation*,London and New York:Routledge,2007,p.229.

作用存有不同见解所致。这些不同见解既展现了这个对象的多面性，也从中释放了很多建构力量，当然，还使我们看到其中的消极因素。

客观地讲，学术分歧往往会对人际关系产生一些潜在影响，也会导致后人重新评说这种分歧和这段历史。这种重新评说或许会产生误导作用，也许会赋予某些理论以新的生命力。例如哈贝马斯曾以本雅明为核心，既辨析了本雅明与马尔库塞在大众文化上的差别，也分析了本雅明与阿多诺在探求人类幸福上的不同。在哈贝马斯看来，表面上看，《文化的肯定特性》似乎是对本雅明艺术理论的展开，实质上，马尔库塞的理论与本雅明的理论有较大差异，比如本雅明不会像马尔库塞那样让自己受制于某种艺术的意识形态批判，他总是在对研究对象持保守态度的基础上，进而从中拯救有价值的碎片。"他的独立艺术的消解与马尔库塞对文化扬弃的研究在意义上有所不同。……批判虽然以'败坏作品'为目的，但却仅仅是在把值得认识的东西从美的媒介转移到真的媒介中来以拯救艺术品时，才谋杀了艺术品的。"①

至于本雅明与阿多诺的论争，哈贝马斯肯定了本雅明理论的开放性而批判了阿多诺思维的防御性。哈贝马斯认为，作为大众参与和交往的一个领域，大众文化给予了大众诸多满足感和幸福感，这些方面，阿多诺没有注意到而本雅明则关注到了，"本雅明的目的是要揭示那幸福的隐秘感受，并普及它。因为，甚至只有在把自然亲密无间地纳入自身、仿佛重新建立起一个自然的那种交往关系中，主体才能打开自己的眼界"②。与哈贝马斯相似的是，霍耐特也认为，阿多诺的固执和封闭致使他执迷于系统整合观点，从而不可能看到大众文化中的解放性和大众身上的创造潜能；相反，本雅明则看到，大众文化蕴含着突破社会整合的力量，交往的大众具有改变既有秩序的潜力。"是的，本雅明从不怀疑，正是社会阶级的文化斗争本身决定了社会的整合力量。这最终也给本雅明提供动力，促使他对现代大众文化作出不同于阿多诺的评价。"③而且耐人寻味的是，哈贝马斯整体上对阿多诺美学持较大怀疑态度，而霍耐特既批判了以阿多诺和霍克海默为代表的内部圈子对本雅明和弗洛姆所构成的外部圈子的压抑和排斥，也质疑阿

---

① ［德］哈贝马斯：《启发性的批判还是拯救性的批判》，载刘小枫选编：《德语美学文选·下卷》，华东师范大学出版社2006年版，第370页。

② ［德］哈贝马斯：《启发性的批判还是拯救性的批判》，载刘小枫选编：《德语美学文选·下卷》，华东师范大学出版社2006年版，第380页。

③ ［德］阿克塞尔·霍耐特：《分裂的社会世界：社会哲学文集》，王晓升译，社会科学文献出版社2011年版，第43页。

多诺的理论是"灌注着欧洲中心主义视野的体系",这种体系对非洲和亚洲等地区有一种选择性忽略。①由于哈贝马斯和霍耐特分别是法兰克福学派第二代、第三代的领军人物,他们都拥有着话语权,因此他们对阿多诺的这种评价会产生广泛的负面影响,会误导一些人对阿多诺美学理论的认识。

幸运的是,第二代的韦尔默积极地为阿多诺美学理论进行了辩护,而第三代的门克则从美学和伦理学方面继承和发展了阿多诺的理论,这使得第二代和第三代的内部也分别产生了分歧和论争,从而既使我们看到每一代理论的共性,也让我们看到他们思想的差异之处。在某种程度上,这种学术观念的复杂化和缠绕性是一个有契约性的学术共同体的魅力和成功的体现,就法兰克福学派而言,契约性体现为他们同属于社会研究所,基本上都遵照相似的研究宗旨进行文化研究、艺术分析、哲学探究和伦理探讨等,他们相互学习、彼此交流,经常商榷及论争。可见,他们学术上的分歧和论争是一种自发现象,是他们近距离、多向度交流和对话的体现,这种学术行为既丰富了法兰克福学派自身的理论和思想,使它们富有多维性、交叉性;也对它们的研究者形成较大的召唤力,使更多人自觉地对法兰克福学派不同维度的理论进行研究,对这个学术共同体的思想实施整体性的分析。

对于多面性的大众文化,人们可以采用不同路径阐述其特征和分析其影响,而伦理学的视角有助于我们辨识这个复杂事物的本质和其隐性的伦理作用,从而使我们既对大众文化的历史有了深刻的认识,也让我们对当下的大众文化及它的一些变体保持着一种清醒的认识。例如很多理论家都把后现代文化看作大众文化的变体——后现代文化只是换了新装的大众文化而已,因为它本质上就是一种商业文化。而法兰克福学派在大众文化伦理性上的论争,在过去增进了人们对这种商业文化多维度的认识,使他们看到一种流行性的文化对个体产生着多层面的潜在影响,对伦理生活具有着持久的不可忽视的作用。今天,虽然社会环境和伦理生活好于极权主义时代,但是由于大众文化的商业性和愚人性不会改变,因此这就提醒我们要以一种冷静眼光看待形式多样、垄断力更强的大众文化,以免我们在不知不觉中被其弱化了感知力和道德判断力,成为新一代的不健全的人。

---

① 参见[德]霍耐特:《"法兰克福学派在中国"国际学术研讨会开幕致辞》,载[德]阿梅龙等主编:《法兰克福学派在中国》,社会科学文献出版社2011年版,第1页。

第二节　良善生活建构之争：
后现代文化和艺术的真理有效性

就法兰克福学派成员之间的分歧和论争而言，众所周知的是第一代的阿多诺和本雅明之争，这两位挚友围绕电影的进步性和抑制性所进行的论争影响至今。实质上，这个学术共同体的韦尔默①与哈贝马斯之间也进行过多次商榷和论争。韦尔默之所以与亦师亦友的哈贝马斯商榷，是因为哈贝马斯在论证现代性的规范性和建构良善生活的过程中，对后现代文化和艺术的真理有效性持质疑乃至否定态度。在哈贝马斯看来，后现代文化和艺术中的真理富有本真性（authenticity），但缺乏普遍有效性（validity），因此它无法作为一种规范的真理为科技和伦理学等领域共享，无法为更多人带来自由的契机。为了反驳哈贝马斯，韦尔默既论证了后现代文化能够培养个体自由和民主等观念，也以阿多诺美学为例证明了艺术蕴含着人类自由的潜能。②这意味着后现代文化和艺术是良善生活建构可信的伦理资源，它们能够促进个体解放和人类进步。鉴于韦尔默对后现代文化和艺术富有说服力的辩护，哈贝马斯修正了一些偏见，调整了后现代文化和艺术在其良善生活建构中的地位。在某种程度上，"韦哈之争"既影响了韦尔默和哈贝马斯这两人及与他们彼此相关的学者的学术路径，也影响了整个当代法兰克福学派对后现代文化和艺术的态度及建构良善生活的方式。也许正是这些重要性引来一些学者③对"韦哈之争"的关注，他们辨析了这两位理论家观点的分歧所在，并指出这次论争的后果和影响：哈贝马斯采纳了韦尔默的部分观点、韦尔默在其思想成熟时期回归阿多诺美学等。近些

---

① 在法兰克福学派中，韦尔默被视为第二代与第三代之间过渡性的角色。参见王凤才：《"法兰克福学派"四代群体剖析——从霍克海默到弗斯特》（下），《南国学术》2015年第2期。

② 为了纠正哈贝马斯的偏见和为后现代文化和艺术辩护，韦尔默于1985年发表了《艺术和工业生产：现代主义和后现代主义的辩证法》《真理、表象、和解：阿多诺对现代性的审美救赎》和《现代主义与后现代主义的辩证法：自阿多诺之后的理性批判》这三篇论文。

③ 这些学者包括拉拉、库克和霍耐特等人。他们的论文分别为：María Pía Lara, Albrecht Wellmer: Between Spheres of Validity, *Philosophy & Social Criticism*, vol. 21, No. 2, Sage, 1995; Maeve Cooke, "Albrecht Wellmer(1933–)", In *The Cambridge Habermas Lexicon*, eds., Amy Allen and Eduardo Mendieta, Cambridge: Cambridge University Press, 2019; Axel Honneth, Artist of Dissonance: Albrecht Wellmer and Critical Theory, *Journal Compilation, Constellations*, Volume 14, No. 3, Columbia University Press, 2007.

年,受"政治伦理转向"的影响,很多学者热衷于从政治伦理角度谈论自主个体和良善生活,却忽略了文学艺术在此中的必要性和重要性。而韦尔默的辩护及相关影响纠正了这方面的一些偏见,有助于我们保持多学科方式建构良善生活。由于某些原因,"韦哈之争"的重要性尚未得到学界的充分重视,其蕴含的重要内容和涉及的重要话题有待学者们深入探究和详尽阐述。

一、哈贝马斯的"偏见"与韦尔默的辩护

在哈贝马斯看来,倡导差异性的后现代文化暗含着同一性的企图,韦尔默则认为,后现代文化提倡多元、自由和民主,它能有效地抵制同一性的复活;哈贝马斯指出,艺术因带有个人好恶而无法为人们提供可信的经验,而韦尔默认为艺术体现着创作者本真的经验,这种经验有助于人们认识社会真相和完善自身。由于韦尔默使用了交往理性为后现代文化和艺术辩护,这使得他的辩护富有双重作用:扩大交往理性的影响力与纠正哈贝马斯的偏见。哈贝马斯采纳了韦尔默的部分观点,随着韦尔默的辞世,他们失去了进一步调和分歧的机会。

具体而言,在后现代文化方面,哈贝马斯批评它暗含着同一性意图,无益于良善生活建构,韦尔默则认为它抵制着同一性复活,为良善生活提供了自由、民主和交往等资源。在哈贝马斯看来,规范的良善生活是能达成自主个体的诉求的本真生活,这种本真性主要体现之一就是良善生活倡导交往理性,并赋予每个自主个体以交往的意识和能力。由于这里的自主个体既包括一般意义上的公民,也涵盖带有诸多未定性的异质文化群体,这使得良善生活需要不断地反思自身,需要持续地汲取新的伦理资源,从而通过营造一种交往和团结的氛围,给予所有自主个体以更强的交往和团结的意识和能力。而通过考察,哈贝马斯认为后现代文化①并不适合作为良善生活的伦理资源。因为后现代文化既存在着某种品行上的缺陷,如奇怪的同时性,"它的特点是一种奇怪的同时性,一方面,它是现实主义、政治介入的学派,另一方面,它是经典现代主义的忠实追随者,我们将后者归结为美学特定意义的结晶。在现实主义和政治介入的艺术中,认知的和道德实

---

① 在这里,哈贝马斯是以后现代艺术(postmodern art)代称后现代文化,并以后现代艺术的缺点指代整个艺术的表现。很显然,哈贝马斯将艺术问题简单化了,或者说,他出现了知识上的错误,因为自启蒙运动之后,最能体现和实践艺术自主性的艺术形式应是现代主义,并非后现代艺术。在这一方面,阿多诺、詹姆逊和门克等人所阐述的自主艺术主要指的就是现代主义,而非后现代艺术。

践的因素再次发挥着作用,但是在丰富的形式层面上,这些因素却被先锋派释放了"①。它也暗含着一种同一性的欲望,即后现代文化貌似是理性的批判者和差异的倡导者,实质上,它只是权力理性②和同一思维的变体而已。针对哈贝马斯对后现代文化的"偏见",韦尔默为它作了这样的辩护:作为一个召唤所有人参与创作和鉴赏的场所,后现代文化既蕴含着丰富的自白、民主和交往等资源,也培养着民众自由、民主和交往等意识,这使得后现代文化能以一种整体形式对伦理生活实施着一种微观革命。这里需要说明的是,韦尔默所分析的后现代文化是真正意义上的后现代文化,它包括建筑、音乐和电影等文化样式,而哈贝马斯所批评的后现代文化泛指后现代艺术,无法代表规范意义上的后现代文化,这也许影响了他对后现代文化的整体理解和客观评价。由于韦尔默是从整体上审视后现代文化,并且以伦理学视角探究着其中的解放潜能,结果他发现,这种文化的游戏自由化原则体现着现代性的自由理念,其多元化风格展现着民主观念。因为后现代文化"无差别召唤"所有人参与创作和鉴赏,并且给予这些创作和鉴赏以平等尊重,所以这个场所是众人狂欢、众人交流和一起进步的公共空间;况且后现代文化包含着多种文化形式和多种艺术样式,它们既实践着自由、民主和交往等理念,也丰富了这些理念的内涵。在韦尔默看来,这种众人参与和多样的审美形式拉近了后现代文化与日常生活的关系,使得这个文化场域中的伦理观念能自然地移植到现实生活中,使其更有效地完善自身和解决社会冲突。③这意味着后现代文化并没有暗含同一性意图,反倒是它抵抗着同一性的复现。

在艺术方面,哈贝马斯因它具有个人好恶而断定其无法提供可信的伦理资源。对此,韦尔默辩护道,哈贝马斯所言的"个人好恶"其实是艺术本真性的体现,这种本真性蕴含着艺术家个人深刻的审美体验和深邃的人生思考,它们能增进人们对自身了解和对社会认识;读者共同阅读这种本真性的作品能够提升其交往和协商的意识和能力,而交往和协商观念是良善生活的基本原则。相较于对后现代文化一以贯之的不满,哈贝马斯对艺术的态度具有一定的矛盾性。例如,他在重写现代性与回击后现代的"现代

① Jürgen Habermas, *Moral Consciousness and Communicative Action*, trans. Christian Lenhardt and Shierry Weber Nicholsen, Cambridge and Maldon:Polity Press,1990,p.18.

② See Jürgen Habermas,*The Philosophical Discourse of Modernity:Twelve Lectures*,trans.Frederick Lawrence, Cambridge and Maldon:Polity Press,1987,p.309.

③ See Albrecht Wellmer,*The Persistence of Modernity:Essays on Aesthetics,Ethics,and Postmodernism*, trans. David Midgley, Cambridge, Massachusetts:The MIT Press,1991,p.110.

性终结论"时指出,艺术与现代科学、法律和后传统伦理共同构成了一套完整的现代性方案,它们在引导人们挣脱宗教控制和展现他们的主体性等方面做出巨大贡献。①在这个语境下,哈贝马斯给予了艺术和科学等平等的尊重,并没有显示他对艺术的另类看待。而在回溯和反思现代性时,哈贝马斯经过对现代性不同阶段的艺术表现进行分析和论证,最终得出对艺术的否定结论:艺术曾经在现代性自我确证方面扮演着急先锋的角色,但是后来因自我封闭和展现强烈的善恶感而无法为人类带来规范的意义,比如尼采的艺术理论和阿多诺的美学思想就体现着这些特征。"尼采把鉴赏力,即'对味觉的肯定与否定',提高为超越真理与谬误、善与恶的唯一'知识'感官。他把艺术批评家的鉴赏判断力提升至价值判断的模式、'评价'的模式。批评的合法意义就是价值判断的合法意义,这种判断建立了一种等级秩序,衡量着事物并检测着力量。由此所有阐释都是评价。"②为此,哈贝马斯认为,艺术在良善生活建构中只分担着一些交往理性的责任,而无法像哲学和法律那样独立担负某一方面的重任。而且哈贝马斯和霍耐特时常以阿多诺美学理论为例,表达着他们对艺术和美学的质疑乃至否定。为了纠正哈贝马斯对艺术的"偏见",韦尔默积极地为艺术进行了辩护。不过,相较而言,如果说他的后现代文化辩护主要是想提醒哈贝马斯等人要客观看待它的建构性的伦理作用的话,那么他的艺术辩护则带有双重任务:既为艺术在良善生活建构中的重要性辩护,又为阿多诺美学理论的真理有效性申辩,甚至在某种程度上,后一种辩护激发出韦尔默更多的智慧和更多的思想火花。③韦尔默之所以捍卫阿多诺的美学理论,很大程度上是因为它代表着艺术理论的一个高度,它既有对艺术自主的辩证阐述,也有对艺术伦理功能的深刻分析,比如个体能够通过自主阅读确立独立判断力和自

---

① 参见[德]于尔根·哈贝马斯:《现代性对后现代性》,载周宪主编:《文化现代性精粹读本》,中国人民大学出版社2006年版,第143页。

② Jürgen Habermas, *The Philosophical Discourse of Modernity: Twelve Lectures*, trans. Frederick Lawrence, Cambridge and Maldon:Polity Press,1987,p.123.

③ 客观地讲,阿多诺对韦尔默的影响,或者说韦尔默对阿多诺美学理论的信赖得到很多理论家证实。恰如霍耐特所言:虽然韦尔默对哈贝马斯和阿多诺的理论都有所吸收和借鉴,但是其理论的整体风格更靠近阿多诺,尤其他成熟论著(mature work)的"不协调"(Dissonance)特征就是阿多诺的"非同一"观念的复现。"因此,在韦尔默哲学理论的一种历史新的和高级的阶段,阿多诺的声音再次被听到;在变化了语境的交往理性中,再次使用他对非同一的敏感性应该被视为阿尔布莱希特·韦尔默这位哲学家基本的关注点。"Axel Honneth, Artist of Dissonance: Albrecht Wellmer and Critical Theory,*Journal compilation,Constellations*, Volume 14, No.3, Columbia University Press,2007,p.306.

主人格。而且韦尔默在接受阿多诺美学的精髓基础上，他自己也探究了艺术的伦理作用，其中，他对艺术的交往和协商等功能有着独特见解。在韦尔默看来，一方面，现代艺术体现着艺术自主原则，许多艺术家创作了具有复调、谜团和密度等特性的作品，这些作品既需要人们充分发挥各自的感知力，也召唤他们共同阅读、相互交流阅读感受和一起破解其中的谜团；①另一方面，阿多诺等人的美学是关于自主艺术的批评理论，例如阿多诺既肯定了这种自主书写行为，也为艺术自主进行了规范说明。实质上，阿多诺的美学也实施着艺术自主原则，它有密度和谜团，也召唤着人们共同阅读和相互交流。"只有在一种复调的和交流放松的阅读中，文本的审美能量才得以发挥作用。"②通过这样的论证和辩护，韦尔默既希望哈贝马斯减少对艺术的偏见，又期望他增加对阿多诺美学的了解，能够正视它的价值。

　　作为同一个学术共同体的成员，哈贝马斯和韦尔默各自的观点能够比较直接地被对方听到，彼此的论著可以比较便捷地被对方阅读，况且他们之间具有亦师亦友的亲密关系。另外，法兰克福学派内部一直保持着互文性的传统，各成员之间相互阅读对方的论著，彼此引用和评价对方的观点和理论。针对韦尔默的批评及对他的观点纠正，哈贝马斯的确调整了自己的认识。这一点，霍耐特作过说明，这表明韦尔默的辩护对哈贝马斯产生了一定影响。单从时间上看，韦尔默是在1985年左右表明他的后现代文化和艺术的立场，显示出他与哈贝马斯的"不和谐"，而后他就一直依照这种"不和谐"节拍，探究后现代文化和艺术对于个体自由和人类解放的作用。在此过程中，韦尔默既找到哈贝马斯与阿多诺在"交往理性"上的共同点，也发现后现代文化和艺术中蕴含着丰富的伦理潜能。而从哈贝马斯的理论发展和思想变化来讲，他的《真理与辩护》（2003）给予了审美话语以尊重，而不再像以往那样对它持否定态度。此时他认为，无论是从个体健全的角度看，还是从伦理生活完整的立场讲，艺术和美学都担负着重要角色，它们所呈现的真理性内容与伦理、法律等领域的真理具有同等价值。③关于哈贝马斯因韦尔默辩护而修正其观点这个事实也得到其他理论家的证实。如库克所言，通过了解韦尔默的艺术理论，哈贝马斯认识到艺术真理

---

①　See Albrecht Wellmer,*The Persistence of Modernity:Essays on Aesthetics,Ethics,and Postmodernism,* trans. David Midgley, Cambridge, Massachusetts:The MIT Press,1991,pp.53-54.

②　Albrecht Wellmer,*The Persistence of Modernity:Essays on Aesthetics,Ethics,and Postmodernism,* trans. David Midgley, Cambridge, Massachusetts:The MIT Press,1991,p.54.

③　See Jürgen Habermas,*Truth and Justification,* trans. and eds., Barbara Fultner, Cambridge, Massachusetts: The MIT Press,2003,p.167.

和审美经验贯穿于科技、法律或道德及审美判断三个领域之间，而非仅仅存在于艺术领域之内，这样的纠正帮助哈贝马斯解答了真理、法律或道德及鉴赏力或本真性这三个领域相互孤立的问题。"原初，哈贝马斯假定真实性/本真性的声明与自主艺术作品暗含的本真性的声明存在着直接关联。现在，他认可了：审美有效性的声明与三个有效性的维度的任何一方都不存在着一一对应的关联。相反，艺术作品是一个使三个维度相交叉的符号形态，它具有改变三个维度中自我和世界的关联的能力。"①虽然哈贝马斯因韦尔默而调整了他对后现代文化和艺术的认识，不过，整体地看，由于哈贝马斯把良善生活建构视作一种政治伦理行为，因此他最在意的是：自主个体如何实践其政治和伦理等观念，怎样营造公正的政治氛围和民主的伦理环境。这意味着后现代文化和艺术在哈贝马斯继续建构的良善生活中依旧不会被赋予重要使命，而且哈贝马斯期望良善生活具备有效解决现实棘手问题的能力，如移民的信仰自由诉求。这种直接的社会功用并非后现代文化和艺术的特长，为此，哈贝马斯近期增进了对神学的研究，而文学艺术仍不在他重点关注之列。就此而言，韦尔默针对哈贝马斯对后现代文化和艺术的偏见所作的辩护，减少了哈贝马斯对它们的误解，但是难以根本性改变哈贝马斯对它们的成见。另外，韦尔默的离世使得这两位亦师亦友的学者不再有交流和相互学习的机会，这使得他们的分歧成为一种永久性的存在，成为召唤人们解读的又一个开放性的话题。②

二、阿多诺美学的真理性与后现代文化和艺术的伦理潜能

从本质上讲，哈贝马斯与韦尔默分歧的焦点在后现代文化和艺术的真理性上，前者认可这种真理的本真性，但对其普遍有效性持怀疑态度；后者则认为本真性就意味着普遍有效性，艺术揭示着现实真相，也给予人自由契机。"韦哈之争"的重点之一是阿多诺美学的可信性问题，类似的分歧也存在于霍耐特与门克之间，而阿多诺美学是否在场影响了这些理论家建构良善生活的方式。从深处讲，韦尔默和哈贝马斯之争涉及后现代文化和艺术在良善生活中的地位，而韦尔默对这两种话语的倡导弥补了哈贝马斯等

---

①　Maeve Cooke, "Albrecht Wellmer(1933-)", In *The Cambridge Habermas Lexicon*,eds.,Amy Allen and Eduardo Mendieta,Cambridge: Cambridge University Press,2019,p.705.

②　由于法兰克福学派的理论家们理论志趣并不一致，因此他们之间时常出现观点分歧和学术论争等现象，其中，广为人知的有"阿本之争"，而韦尔默与哈贝马斯的论争已引起一些学者的关注。"韦哈之争"主要涉及后现代文化和艺术在良善生活中的地位和角色，其中的深层问题值得我们进一步探究。

人的政治伦理路径的一些缺陷。

在后现代文化和艺术上,哈贝马斯和韦尔默这两个人之所以出现分歧,根本原因在于他们对这两种话语的真理有效性认识不一,为此,韦尔默努力通过为它们的真理有效性辩护使哈贝马斯减少对其误解。作为一位富有使命感的思想家,哈贝马斯把对重要概念和伦理生活等的规范论证视作己任,例如,何谓现代性、如何建构本真的良善生活。由于哈贝马斯期望自己言说的现代性和良善生活具有规范性,具备为不同语境共享的真理性,为此,他以有效性的真理为标准评判科技、法律或道德及审美判断力的价值。在哈贝马斯看来,科技和法律或道德分别对应着真理(truth)和真实性(truthfulness),它们都具有广泛的接受度,而审美判断力和艺术真理虽然具有本真性或真诚性(sincerity),但是它们因带有比较明显的善恶态度,所以不具有普遍的接受度。其中,在对现代性进行规范论证(1981)时,哈贝马斯把本真性视作审美话语独有的特征,"在这个关节口,本真性代表了'审美领域'的价值标准,其中包括了艺术实践和表达情感的主体契机。而且,它是与达成理解过程相关的三个有效性声明之一"[1]。此时,虽然哈贝马斯承认艺术能真实地或诚实地表达个体的情感和意愿,但是他认为,艺术中的真理不具有普遍有效性,无法为现代性和伦理生活提供规范的理论资源。而针对艺术真理是否具有普遍接受度,或者本真性与真理性是否相互排斥,韦尔默通过《艺术和工业生产:现代主义和后现代主义的辩证法》(1985)、《真理、表象、和解:阿多诺对现代性的审美救赎》(1985)和《现代主义与后现代主义的辩证法:自阿多诺之后的理性批判》(1985)三篇论文进行了充分论证。关于艺术真理的普遍有效性,韦尔默指出,艺术既揭露了世界的黑暗和罪恶,也给予着人们自由和解放的契机,这表明艺术真理的本真性与其普遍有效性是并行不悖的。[2]这也是阿多诺把真理性内容视作自主艺术的特性之缘由所在。这说明不同于讲究数据精确的科学真理,艺术真理的重要性在于,它既揭示了现实的真相和生活中的隐忧,使我们明白是什么事物阻碍着我们的自由和幸福;也给予了我们自由和解放的路径和方式,使我们更有信心参与良善生活的建设。更重要的是,艺术真理贯穿于个体生活的不同层面,它能为我们从这些层面中释放无穷的自由潜能,"因此真理潜能和艺术真理的声明这两者只能通过不同的真理维度之

---

[1]　Amy Allen and Eduardo Mendieta, eds.,*The Cambridge Habermas Lexicon*,Cambridge: Cambridge University Press,2019,p.15.

[2]　See Albrecht Wellmer,*The Persistence of Modernity:Essays on Aesthetics,Ethics,and Postmodernism*, trans. David Midgley, Cambridge, Massachusetts:The MIT Press, 1991,p.11.

间相互依存的复杂关系来解释,这些维度包括个体的生活经验,或者态度的形成和转化,以及洞察力和阐释的模式"①。通过对韦尔默的后现代文化和艺术理论的吸收及对自我理论的反思,后来哈贝马斯把对艺术真理本真性的理解扩展到伦理话语层面。此时,他认为个体可以依据自我真实感受对伦理生活作出自主的评判,而这种自主评判就是其本真经验和伦理意愿的有机结合。由此,"一种内在自由通过主体'流动'她内在天性的能力而获得,并'通过审美形式的表达'阐述她的需要使它们'从它们的古符号语言学中'释放出来"②。

　　单就韦尔默和哈贝马斯在艺术方面上的矛盾而言,主要体现为他们对阿多诺美学的不同认识,而韦尔默最后之所以回归阿多诺美学,既因为它是艺术自主理论的典范,也因为它是艺术自主原则的实践者。当哈贝马斯在不同语境下对艺术真理表示怀疑时,他往往以阿多诺美学作为重点批评对象。在哈贝马斯看来,阿多诺的艺术理论富有深刻性,但更多的是对一种顿悟的体现,因此它无法为良善生活提供可信的真理和规范的伦理资源。与此相对,韦尔默在为艺术真理辩护时,恰恰就以阿多诺美学及其哲学作为反驳哈贝马斯的依据。韦尔默既指出阿多诺的文学批评中肯定了文学言说社会真相的勇气,也认为阿多诺的非同一观念与交往理性是相通的,还肯定了阿多诺的艺术理论富有伦理潜能,例如它有助于个体保护自己的本质力量,有益于个体确立自主人格。其实,令人费解的是,从哈贝马斯的境遇来看,阿多诺是他的伯乐。因为哈贝马斯在社会研究所的第一次工作期间(1956—1959),当时的当家人霍克海默对这个青年人多有偏见,但阿多诺赏识哈贝马斯的写作才华,并给予他充分的认可和尽力的保护。③然而后来哈贝马斯在建构其宏大的理论体系的过程中,却时常把阿多诺的美学及其哲学作为重点攻击对象,他既批评了阿多诺是依据自我经验创造其艺术理论,也指责他采用冬眠式防御态度看待新现象,如大众文化。在某种程度上,韦尔默为阿多诺美学和审美话语的辩护并非仅仅为纠正哈贝马斯的偏见,而是要矫正社会研究所内部歧视审美话语的不良趋向。也许受哈贝马斯的直接影响,法兰克福学派发展到霍耐特这里,他对

---

①　Albrecht Wellmer, *The Persistence of Modernity:Essays on Aesthetics,Ethics,and Postmodernism*, trans. David Midgley, Cambridge, Massachusetts:The MIT Press, 1991,p.27.

②　Amy Allen and Eduardo Mendieta, eds.,*The Cambridge Habermas Lexicon*,Cambridge: Cambridge University Press,2019,p.16.

③　参见王凤才:《"法兰克福学派"四代群体剖析——从霍克海默到弗斯特》(下),《南国学术》2015年第2期。

阿多诺的态度已经由一种学术批评转变为一种不满和讨伐。霍耐特既批评了阿多诺在大众文化上的固步自封,也批判了阿多诺和霍克海默对弗洛姆和本雅明的压制和排斥,他还认为阿多诺具有欧洲中心主义的偏见等。①哈贝马斯和霍耐特的这种态度既影响了社会研究所内部对阿多诺美学和其他人的艺术理论的接受和再阐释,也影响了这个学派对艺术和美学的认识和重视程度,更关系到他们建构良善生活的方式和效果。那么,韦尔默为何要给予阿多诺美学以充分信任呢?或者我们可以借助霍耐特的口吻来加深这个问题:韦尔默逡巡于哈贝马斯和阿多诺之间很久,当他有了独立展现自己观点的机会时,为何走向阿多诺呢?霍耐特认为,这是由韦尔默当时(1990)所在的柏林自由大学的知识分子环境所致,这种富有生机和活力的环境将韦尔默从过去的学术认知中解放出来,使他在比较了交往理性的价值和阿多诺美学的伦理潜能之后,最后选择了返回阿多诺,并决定将对后现代文化和艺术的研究持续下去。②

实质上,倡导后现代文化和艺术的真理有效性的韦尔默,之所以不断重提阿多诺美学,既在于它是艺术自主理论的一个典范,其中,阿多诺为艺术自主作出基本界定:艺术通过自我立法,确立了自己的机制和建构了自我王国,从而遵照其内在逻辑参与着良善生活建构;也在于它阐明了艺术的自主性和社会性的辩证关系;还在于阿多诺自身实践着艺术的自主原则,他基于自己审美体验并通过汲取其他艺术家的美学观点,从而提出了很多有创意的理念,如内在批评和本真艺术等。这些理念丰富了我们感知力,同时也提升了我们的反思能力和增强了我们的自主性。而作为艺术自主在理论和批评上的一种体现,阿多诺美学很好地彰显了艺术在良善生活建构上的自主性和创造性。

透过哈贝马斯和韦尔默在阿多诺美学和艺术真理上的商榷,我们发现,基于政治伦理建构良善生活的哈贝马斯总是对审美话语保持着一种疏离状态,而韦尔默因近距离接触后现代文化和艺术而不断修改着他的良善生活建构方式,凸显了审美话语在伦理生活发展中的不可替代性。客观地讲,理论家的思想并非一成不变,他们会随着自我成长、环境变化和学术商

---

① 关于霍耐特对阿多诺的这些看法,参见[德]阿克塞尔·霍耐特:《分裂的社会世界:社会哲学文集》,王晓升译,社会科学文献出版社2011年版,第41—43页;[德]阿克塞尔·霍耐特:《"法兰克福学派在中国"国际学术研讨会开幕致辞》,载[德]阿梅龙等主编:《法兰克福学派在中国》,社会科学文献出版社2011年版,第1页。

② See Axel Honneth, Artist of Dissonance: Albrecht Wellmer and Critical Theory,*Journal Compilation*,*Constellations*, Volume 14, No.3, Columbia University Press,2007,p.310.

榷而调整着自己的认识和观点。只不过,有的理论家只是微调了他的认识,而有的理论家则进行了较大的调整。对于哈贝马斯而言,他坚持以政治伦理立场建构良善生活,这使得他试图将所遇的新问题都融汇到其政治伦理构架中,例如他成功地把异质文化问题纳入这种构架。而当遇到无法融汇的对象时,哈贝马斯则采用一种疏离方式对待,比如后现代文化和艺术得到的便是这种待遇。

至于韦尔默,他曾经也主要以政治伦理路径探究良善生活的建构,但是当他回归阿多诺美学以及重视自己的审美体验之后,他便以开放姿态接受新事物、思考新问题,这使得他的良善生活建构处于一种开放和变化中。关于韦尔默的这种开放性和变化性,霍耐特指出,它们并非韦尔默固有的风格,它们主要出现在韦尔默的成熟论著中,是他回归阿多诺美学之后,艺术在其理论中造成"不协调"特性的体现。"阿尔布莱希特·韦尔默在其哲学中对音乐亲近性的证据表现在其著作的成熟并非遵循着哲学理论发展的模式,而是遵循着音乐作品的发展模式:它前进得越深入,它包含的历史越鲜活,最初被淹没的不协调和张力就越明显。在其主题问题上,阿尔布莱希特·韦尔默后期写作表达了比早期著作所允许的更开放和毫无保留的裂缝。"[1]就霍耐特所言的韦尔默因亲近艺术而导致的变化来讲,我们不妨借用布洛赫的格言"思即冒险超越"(thinking means venturing beyond)来评价韦尔默的辩护。的确,韦尔默不断的自我否定和自我突破使他的理论凸显着张力,不过,他守护住了阿多诺美学及审美现代性在"后批判理论"中的地位。

由于受哈贝马斯和霍耐特的影响,由第一代人为批判理论所创造的艺术理论和美学思想有被当代的社会研究所无限期地搁置的不良趋向,而艺术和美学是否在场直接影响着人们建构的良善生活的合理程度。比如哈贝马斯、霍耐特和弗斯特都是基于政治伦理视角构建各自的良善生活,他们注重自主个体的自我道德意识,倡导每个个体发挥自己的主体性和创造性,但是他们却忽视了如何使这些个体成为自主个体、怎样让他们自觉地发挥各自的才能和潜能等这些基本问题。在某种程度上,在哈贝马斯等人既有的理论体系中,他们也不知如何解决这些潜能和内在力量的问题。而韦尔默对后现代文化和艺术的强调,恰好解答了这些细微但至关重要的问

---

① Axel Honneth, Artist of Dissonance: Albrecht Wellmer and Critical Theory, *Journal Compila-tion, Constellations*, Volume 14, No.3, Columbia University Press, 2007, p.305.

题，"因此审美领域显示着对思考道德观点以及道德主体的重要性"①。这也是一些旁观者认为韦尔默的理论的确弥补了哈贝马斯理论上一些缺陷的主要缘故。

三、后现代文化和艺术的低限度作用：个体自由意识的培养

整体地看，韦尔默与哈贝马斯的商榷既促进了双方对后现代文化和艺术在良善生活建构中重要性的了解，也使法兰克福学派内部最大限度上保留了后现代文化和艺术应有的地位，还加深了人们对后现代文化和艺术中的伦理资源的了解。从低限度立场上讲，后现代文化和艺术应是良善生活建构和其日常完善不可或缺的一部分：它们蕴含着丰富的自主、自由和民主等资源，而对它们的鉴赏则能培养参与者自由和民主意识。由于艺术与社会具有互惠关系，因此这些自由和民主资源能很自然地移植到伦理生活建设中，这些自由和民主意识能促使个体更充分地发挥其主体性和创造性。

就当代法兰克福学派而言，韦尔默与哈贝马斯的商榷及多位旁观者的"调和"②，保证了后现代文化和艺术在整个学派的良善生活建构中低限度的角色，使得这两种审美话语在他们解放个体的使命中担负着不同程度的使命。从多位学者参与调和以及哈贝马斯修正其理论等方面，我们看到韦尔默与哈贝马斯的商榷已产生较大影响，并且我们相信它的重要性会得到越来越多的人重视。基于自身对政治伦理的偏爱与弱化第一代文艺伦理思想影响的意图，哈贝马斯规划下的法兰克福学派在政治伦理研究方面成就卓然，诞生了霍耐特的承认理论和弗斯特的辩护理论等。这些政治伦理理论与哈贝马斯的渊源清晰可见，我们可以毫不费力地从哈贝马斯论著中找到它们的某种来源及对它们的认同。而且霍耐特和弗斯特也承接了哈贝马斯对后现代文化和艺术的偏见和否定，这导致此阶段的批判理论缺少了对艺术的关注和对美学的探讨。而艺术理论和美学是批判理论的立足之本，它们身上也集中体现着批判理论的批判性。在某种程度上，王凤才之所以把霍耐特的批判理论称作"后批判理论"，是因为此时的批判理论虽

---

① María Pía Lara, Albrecht Wellmer: Between Spheres of Validity, *Philosophy & Social Criticism*, vol. 21, No. 2, Sage, 1995, p.15.

② 在调和韦尔默和哈贝马斯的论争方面，虽然库克、拉拉以及霍耐特等人立场并不一致，但是他们都认为这两人的理论具有互补性。See Maeve Cooke, *Albrecht Wellmer(1933–)*, María Pía Lara, *Albrecht Wellmer: Between Spheres of Validity;* Axel Honneth, *Artist of Dissonance: Albrecht Wellmer and Critical Theory*.

有批判之名,但缺少传统批判理论的批判精神和反思意识。客观上讲,这与霍耐特放逐了艺术和美学有一定关系,也与霍耐特受哈贝马斯艺术观的影响密不可分。由于哈贝马斯和霍耐特都在社会研究所的不同时期掌握着这个学术共同体的话语权,因此他们的研究兴趣必然会对当代法兰克福学派的整体学术趋向产生直接影响。就这个学术共同体而言,这也是哈贝马斯之后的理论家建构的良善生活一直具有鲜明的政治伦理色彩的主要缘由所在。幸运的是,韦尔默对后现代文化和艺术的研究使当代法兰克福学派整体上认识到这两种话语的重要性。一方面,韦尔默通过引导他的学生从事阿多诺美学研究和进行艺术批评,使得这个学术共同体内部回响着艺术研究和美学探究的声音,使得一些成员坚持以低限度的艺术立场建构良善生活。在韦尔默所指导的学生中,如门克和泽尔,他们既对阿多诺美学做过重点研究,如门克的《艺术的主权:阿多诺和德里达的审美否定》(1988)通过比较德里达和阿多诺的审美否定观,最后给予了阿多诺的审美否定理论和艺术自主思想以充分的肯定,而泽尔著有《阿多诺的沉思哲学》(2004)及与阿多诺美学相关的论文;他们也从阿多诺、康德和尼采等人的美学理论中探寻出不同的伦理资源,如审美反思等,从而进一步阐述了艺术和美学的重要性。另一方面,除了哈贝马斯调整了对艺术的认识之外,霍耐特近期也尝试了从文学角度分析自主个体道德意识形成的深层原因。这对排斥文学的霍耐特而言,是一个不小的突破,这也许与他不间断关注韦尔默和哈贝马斯的商榷以及他参与调和两者的论争有关。虽然我们不能期望霍耐特从根本上摒弃对阿多诺美学和审美话语的抵触心理,但是他在一定程度上与艺术的和解,可以引导当代法兰克福学派在原来基础上对艺术和美学多一些探究和肯定。

从良善生活的建构来讲,后现代文化和艺术既培养着个体自主和自由等意识,也促进着个体的思维转变,这使得他们最大程度地彰显其自主性和创造力。具体而言,一方面,人们通过平等参与后现代文化的制作和鉴赏,在呈现各自的审美经验和艺术创造力的同时,也增强了各自的自主、自由和民主等意识。正是基于这种全民平等参与的特性,韦尔默肯定了后现代文化在社会的自由和民主方面对现代艺术的突破,因为现代艺术基本上是少数人的审美特权,普通大众被排斥在这种精英艺术之外。另一方面,读者在以新的阅读方法解读文本的过程中,能够确立新的伦理观念,产生某种思维革命。这些新的阅读方法包括共同阅读和立体阅读等,韦尔默认为,由于现代艺术作品带有谜团、富有密度,它需要读者共同阅读、一起破解谜团和诠释文本的深义,而这种合作和商谈能够培养读者的合作和商谈意识;至于立体阅读,主要指韦尔默基于阿多诺文本的多维性和星丛性而倡导的一种阅读方式。在韦尔默看来,这种立体阅读既有助于挖掘阿多诺这类自主写作者的文本的深义,更有益于培养阅读者一种观察事物的立体视野和整体思维。"立体的图像会更好:所能达到的将是一个三维图像,其中文本的潜在深度变得可见。通过以这种'立体'的方式阅读阿多诺,我们将发现阿多诺在经验哲学渗透上无可比拟的能力使他即使在主体和客体的哲学辩证法的有限媒介中,也能表达,或者至少连结在这种媒介中的确抗拒呈现的东西。"①后来,门克也以这种立体阅读方法对阿多诺美学进行了解读,只不过,门克的重点在于,在凸显阿多诺以审美自主重构审美客体价值的基础上,②强调审美否定对个体的洞察力和自主意识的重要性。

其实,审美经验对于个体伦理潜在而持久的影响也适合于哈贝马斯笔下的自主个体。近些年,随着对自主个体和良善生活认识的提高,哈贝马斯把基于自主个体的幸福所建构的良善生活称作本真生活,这里面既包括自主个体对伦理生活建设的参与度,也涉及社会对自主个体的需求的尊重和考虑。可以说,哈贝马斯对自主个体寄予厚望,他相信他们了解交往、包容和团结等观念的内涵和实施方式,但是他忽略了这些政治行为和伦理意识并非与生俱来或一蹴而就这个问题。它们需要经历一个缓慢的接受、思考和实践的过程,才能真正地转化为自主个体的自觉行为。尤其哈贝马斯、霍耐特和弗斯特所谈论的自主个体还包括不断涌现的异质文化群体。而如何使这些陌生人也具有交往和团结等观念,是哈贝马斯等人不可回避的现实难题。可以说,韦尔默对后现代文化和艺术的伦理潜能的强调能有效地解决困扰哈贝马斯的这个难题,因为这种审美自主可以在逐步培养每个个体积极的伦理意识的基础上,也能从社会的整体氛围方面促进伦理生活内在结构的改变和完善。

另外,后现代文化和艺术都在以一种审美场景方式影响着伦理生活的内在构成。对于后现代文化,韦尔默认为,这种众人皆可参与的场所体现并丰富着民主和自由理念,也为参与者营造了一种自由和民主的氛围。而艺术能够构成一种公共领域,如沙龙和学术共同体,它们能培养参与者协商和对话的意识和能力。这些公共领域具有政治意味,而且由于它们以不同方式存在于社会不同阶层中,因此它们会对伦理生活的内在结构产生不

---

① Albrecht Wellmer,*The Persistence of Modernity:Essays on Aesthetics,Ethics,and Postmodernism*, trans. David Midgley, Cambridge, Massachusetts:The MIT Press, 1991,p.35.

② See Christoph Menke,*The Sovereignty of Art:Aesthetic Negativity in Adorno and Derrida*, trans. Neil Solomon,Cambridge,Massachusetts and London:The MIT Press,1998,p.161.

可忽视的影响,能使社会的自由、民主和协商等意识更加突出,从而减少社会矛盾和文化冲突,使民众更团结、更富凝聚力。

　　未来,随着学界对韦尔默和哈贝马斯的商榷作进一步研究,其中更深层的问题会得以呈现,也许这个论争会与"阿本之争"一样成为一个持久的学术热点,引发人们对法兰克福学派和良善生活建构更多思考。应该说,韦尔默是一个低调但求真的学者,"低调"表现为他期望以自我满意的文章展现自己的立场,而不喜欢以标新立异的方式显示自己的存在,"韦尔默总是不情愿将那些在他看来尚未完成的手稿发表出来"①。在一定程度上,韦尔默的这种高标准要求体现在其对个体自由和人类幸福的路径探究上,为此,他勇于立足自我判断与他人进行商榷和论争,比如与哈贝马斯商榷后现代文化和艺术的真理有效性问题。

　　简言之,韦尔默低调但有真知,反之亦然。从这一点上看,韦尔默与洛文塔尔有些相似,他们各自以扎实的书写给予同时期的法兰克福学派的领军人物以默默的坚定支持。虽然韦尔默与哈贝马斯在后现代文化和艺术的真理有效性上存在分歧,但是韦尔默对交往理性是信任的,并把它作为他所建构的自由民主的伦理生活的基石之一。可以说,站在哈贝马斯身旁的韦尔默既丰富和发展了交往理性,比如他指出现代艺术和后现代文化都体现了交往理性的原则;也纠正了哈贝马斯对后现代文化和艺术的误解,为他建构的本真的良善生活找到艺术方面的伦理资源。而站在霍克海默和阿多诺身旁的洛文塔尔,对大众文化偶像的批判、对权威主义的揭露拓展了批判理论的关注视野,加深了人们对"错误生活""虚假社会"的认识,扩大了批判理论的影响,也激发了很多人对批判理论的兴趣。需要提及的是,洛文塔尔和韦尔默分别于1989年和2006年被授予"阿多诺奖",这项荣誉是对这两位学者的理论贡献和社会影响的公正认可和充分肯定。

　　从学术论争的角度看,"韦哈之争"是继"阿本之争"之后,法兰克福学派成员之间又一次在观念上较大分歧的体现。"阿本之争"已是人所共知的一个学术事件,至今它仍吸引着学者探究这个事件背后的深层问题,而"韦哈之争"则是一个有待大家进一步研究且有诸多问题悬而未决的谜团。整体地看"韦哈之争"和"阿本之争",它们的共同点在于,都不同程度上捍卫了自主艺术的地位。其中,韦尔默重点阐述了自主艺术的本真性与其真理性是相交叉的,而非如哈贝马斯认为的那样两者是不相容的;阿多诺强调

---

① ［德］格奥尔格·洛曼:《民主和人权的变奏曲——纪念哲学家阿尔布莱希特·韦尔默》,李哲罕译,《哲学分析》2020年第5期。

了自主艺术对个体自由具有呵护作用和解放功能,他批评本雅明低估了自主艺术的审美效果,但高估了依赖艺术(如电影)的伦理潜能。①另外,这两次论争都涉及阿多诺,"阿本之争"中,阿多诺是事件的发起者;在"韦哈之争"中,阿多诺美学是论争的一个焦点,当然,这里的核心依旧是艺术自主的问题,而阿多诺美学则是艺术自主理论的一个典范。这两次论争的差别主要体现为:韦尔默和哈贝马斯是从良善生活建构的角度商榷后现代文化与艺术的真理有效性,阿多诺和本雅明则主要是从人的本质力量方面辨析自主艺术和电影的审美功能。当人们整体地审视这两次论争的时候,一定会有更多的新发现,必然会从中挖掘出更多有价值的学术话题。

经过探究哈贝马斯与韦尔默的论争,我们在钦佩韦尔默的创新意识和自我否定勇气的同时,也赞叹哈贝马斯的包容心态和学习精神。前者的自我否定加深了其对后现代文化和艺术在良善生活建构中作用的认识,使他更明确后现代文化和艺术在自主个体的成长和伦理生活的完善方面都担负着重要责任;后者的学习精神使他能够谦逊地吸收韦尔默的观点和建议,调整了自己对后现代文化和艺术在良善生活建构中角色的判断。他们的论争和一定程度上的和解对法兰克福学派内部的学术趋向有着不可忽视的影响,例如在使这个学术共同体坚持交往理性这一共同资源的基础上,他们在不同程度上增加了对后现代文化和艺术的关注和研究。当然,基于各自的理论兴趣和学术理念,哈贝马斯与韦尔默不可能完全和解,这使得他们各自理论的某些不足没有得到改正。公正地讲,对于任何一个成员众多的学术群体而言,同一阶段的学者之间出现分歧都是一种正常的学术现象,就法兰克福学派来讲,前有阿多诺与本雅明的论争,中间有韦尔默与哈贝马斯的商榷,而后有门克与霍耐特在良善生活内在构成上的分歧。这种共时上分歧和论争使得法兰克福学派的各种理论和整体思想富有多元性,这使得这个家族更富魅力,更值得我们长期关注和深入研究。

第三节　良善生活内在构成上的分歧:规范性与例外状况

基于第一代和第二代对于良善生活的认识,第三代将建构多元正义良善生活视作他们共同的责任,他们期望这种伦理生活既能满足个体的多种要求,也能实现不同文化群体的特殊需求。由于各自立论的基础并不一

①　See Theodor Adorno,Walter Benjamin,etc,*Aesthetics and Politics*,London and New York:Verso, 2010,p.135.

致,因此霍耐特和门克所理解的多元正义也有所差别,前者凸显的是爱、法律和成就三种承认,后者强调的是不同层面的平等。更关键的是,他们共同注意到良善生活的两面性和复杂性,即人类的这种共同生活既具备一定的规范性和共通性,如多元正义形态;也拥有例外状况和非规范性,如一些文化群体的特殊需求。这种规范性的界定为霍耐特和门克确立自己的良善生活理论奠定了基础,也在一定程度上成就了他们各自的理论,而那些例外状况则冲击着这些规范性的界定,促使着霍耐特和门克调整了他们的认识,完善了各自的良善生活概念。

一、规范性:对良善生活共通性的阐述

规范性,在某种程度上是对良善生活共通性的阐述,它既凸显了人类某些共同需求和相似诉求,也揭示了人类一些共同需要和相似要求。大体上,理论家们都立足多元正义阐述良善生活的规范性,其中,霍耐特将爱、法律和成就三种承认视作这种共同生活的基本构成,门克则将不同形式的平等看作它的基石。客观地讲,规范性并非对良善生活的限定和束缚,它只是阐明了人类这种共同生活的一些共通性,并以一种包容姿态看待例外状况。

在某种意义上,良善生活是对较高级的人类共同生活的称谓,它兼有呈现和探究人类共同需求的职责,具有能为更多人分享的共通性。作为人类共同生活的一种称谓,"良善生活"这个概念很早就被理论家使用并不断丰富,不过,它缺少一种能为更多人认可的规范性,而到了法兰克福学派第三代这里,这种规范性成为他们重要研究的对象。这既与他们本身的研究路径有关,也与法兰克福学派自身学术发展历程密不可分。关于良善生活,历时地看,第一代基于错误生活的危害性而充分意识到构建良善生活的必要性,第二代因时代的责任而着手规划着这种完善的伦理生活,这样的发展趋势和内在逻辑致使探究规范的良善生活成为亟待解决的任务。探究这种规范性,有助于"良善生活"成为更有接受度的概念,使它能解答更多现实问题,也能生发出新的理念,这些契合于法兰克福学派一以贯之的解放个体和救赎人类的初衷和目的。[①]对于霍耐特、门克和弗斯特等人,他们担负的责任之一就是探究良善生活的规范性,或者说在某种程度上,建构一个富有规范性的共同生活。也无需论证良善生活的必要性,只需阐

[①]　See Amy Allen and Eduardo Mendieta, eds., *The Cambridge Habermas Lexicon*, Cambridge: Cambridge University Press, 2019, p.119.

述它的幸福许诺和它所提供的保证；他们无需强调这种共同生活的重要性，只需阐明它的自由程度和团结契机。他们看待良善生活的眼光，除了他们共同实施的规范研究方式之外，还有需要解决的不同形式的社会矛盾和多种形态的文化冲突。这些矛盾和冲突体现着某些具体问题，也暗含着一些普遍规律，为此，霍耐特等人立足它们分析着"承认""平等"和"辩护"等概念，在将这些概念拓展为富有时代性的理论的基础上，也依此确立了各自心目中的规范性的良善生活。从低限度角度上讲，这种规范性既为了达成自主个体的基本权利需求，使其具有一种健全人格，也为了凝练良善生活的共通性，使更多人从中获得理论支持和生活信心。正是基于这样的初衷，霍耐特等人积极地探究着良善生活的规范性，"为了达成某种成功生活规范的普遍性，从个体完整性的主体间条件出发的尝试最终也必须包括与社会团结相关的认可模式，这种模式只能从集体共有的目标中发展出来。对于这些模式而言，它们都受制于法律认可的所有主体所自主设定的规范性限制，这一情况源于这样一个事实：这些愿望位于一个关系网络中，它们需要与另外两种承认模式共存，即爱和权利"①。可以说，因为理论家的立场和视角不同，所以他们探究出的规范性并不一致，但是他们都把多元正义视作良善生活的基础和前提。

从表面上看，将多元正义看作良善生活的基础似乎是矛盾的，因为这种共同生活要想具有共通性，好像需要确立一个单一标准，而非多元价值观。实质上，无论是"正义"这个概念，还是良善生活这种环境，它们都把多元性作为各自的前提和基础，因为社会就是由无数个性格不一、观点不同的个体组成，他们在凸显各自差异性和独特性的同时，也显现着他们的共同性和相似需求。比如关于正义，罗尔斯指出，要辩证地看待人们的殊相和整体性，这意味着正义本身暗含着对多元性的认可和包容，"它无需把所有人合成一个整体，只需把他们看作一些独特的分别的个人，就使我们能公正无私，甚至对和我们不是同时代的人们——除了其中属于许多代人的那些人们之外——也能不持偏见"②。在客观认识多元正义的基础上，霍耐特和门克分别阐述着良善生活的规范性，这种共同生活立足公正和平等，注重和保持多元性，重视个体不同的权利需求和自由诉求。霍耐特注意到的是个体的多种承认要求，包括家庭中爱的承认、法律上的认可以及社会

---

①　Axel Honneth,*The Struggle for Recognition:The Moral Grammar of Social Conflicts*,trans.Joel Anderson,Cambridge,Massachusetts:The MIT Press,1995,p.178.

②　［美］约翰·罗尔斯：《正义论》，何怀宏、何包钢、廖申白译，中国社会科学出版社1988年版，第591页。

对其成就的承认,这三方面都遵守公正和平等,共同构成一种多元正义的形态。这种不同形式的承认有助于个体拥有健全人格,有益于他们参与良善生活的建设,因此它富有共通性,带有一定的规范性。而且通过与弗雷泽的论证,霍耐特更加坚信承认理论是解决时代症候的有效方式之一。[①]在霍耐特看来,当代社会中承认问题要比物质分配问题尤显重要,因为它关系着所有个体对社会公正程度的自我认识和自我反应,很多社会问题都与不同形态的承认诉求休戚相关。为此,霍耐特认为更广范围内将出现"承认理论转向",即更多人会以多元承认理论认识自身和理解社会,从而达成自我健全发展和推动社会不断进步。门克关注的是个体不同层面的平等和自由问题,这些问题涉及这三种模式:资产阶级理性计划模式、社群主义的共同实践模式和个体主义实验完美性的模式。[②]它们分别对应着这三种关系:作为个体,我与他人的平等关系;作为主体,我与共同体成员的平等关系;作为自我生活的书写者,我与整个生活环境的成员的平等关系。无论哪种模式和哪种关系,所有个体都应该得到平等对待和公正尊重,都享有书写自我生活的自主性。可以说,门克所凸显的是一种复调式平等,它涉及个体不同层面的幸福,每一种幸福和每一种平等都很重要,它们在个体整体人格建立和社会价值体现方面都扮演着重要角色。不过,门克强调,个体本身是自我生活的主要书写者,是其多种平等权获得和享有的主要决定者。

对于霍耐特和门克而言,他们探究良善生活规范性的目的并非规训个体和同化特殊文化群体,而是凸显人类的某些共同权利和相似需求,提升他们对自我身份和现实处境的了解,并以包容姿态对待例外状况。从本质上讲,良善生活就是人类的共同生活,它需要所有人基于善的观念参与建构和积极维护,同时它也能够为所有人带来幸福契机,使个人得到充分发展的机会,使人类增进合作和团结。"共同生活的准则——它也可以在陌生人之间产生出团结(Solidarität)来——依赖所有人的同意。为了发展出这些准则,我们必须参与对话(Diskurs)。因为道德的话语让所有相关的人都有发言权。它要求参与者也吸收别人的观点。"[③]以往,良善生活作为一种

————————

①　参见李进书、冯密文:《批判理论与美国》,载赵勇、[美]塞缪尔·韦伯主编:《批判理论的旅行:在审美与社会之间》,北京大学出版社2022年版,第273—274页。

②　See Christoph Menke, *Reflections of Equality*, trans. Howard Rouse and Andrei Denejkine, Stanford, California: Stanford University Press, 2006, p.134.

③　[德]尤尔根·哈贝马斯:《在自然主义与宗教之间》,郁喆隽译,上海人民出版社2013年版,第8页。

幸福生活吸引着人们,人们相信它应由权威规划和实施,不过,奥斯维辛事件将人们从这种误区中解放出来,人们深刻认识到这种共同生活应由自己设计和构建,并且相信由此生成的良善生活富有共通性,认为它能够有效地引导自己争取权利和促进人类共同进步。

在某种程度上,当代法兰克福学派就是基于这样的前提建构良善生活的,虽然他们努力探究和凸显这种共同生活的规范性和共通性,但是他们绝非为了确立一种僵化、严苛的标准,以此规训他人和抑制特殊文化群体,而是为了使更多人增进对自我权利的认识,使不同群体获得平等权和彰显自我才能的机会。因为他们发现人类的共同生活虽然以善为核心理念,但是这种生活的内在构成是多维的、复杂的,这既在于个体自身具有复杂的情感结构,他们情感体验与其权利诉求和价值认可紧密相关;也在于现实生活中存在着诸多特殊文化群体,他们有着各自独特的权益需求和特殊的信仰要求。整体地看,当个体的诉求和要求得不到合理尊重时,他们就会把这种蔑视感受转化为对社会的抗议,霍耐特和门克在不同程度上注意到个体的承认诉求和平等要求,更关键的是,承认诉求和平等要求也因个体的不同需求而具有多元性。同样,当特殊文化群体的需求和要求得不到公正对待时,他们也会以暴力方式表达其不满,由于他们具体要求的权益并不一致,因此他们对平等权和正义的理解呈现多元化。这种多元化特征使得霍耐特和门克在构建各自的良善生活理论的时候,始终注意将这种伦理生活的规范性和例外状况放在多元正义语境下进行探讨和分析。"因为,在这种情况下,所有这些关于良善生活的集体观念都是可以接受的,这些观念具有充分的自反性和多元性,它们不会违反每个主体的个体自主原则。在我看来,话语伦理学目前为这种后传统道德原则的辩护提供了最合适的出发点。"①霍耐特和门克清晰地认识到规范性无法消解多元化,它只能最大程度上凸显某种权利的重要性,阐述获得这种权利的有效方法,并凭此获得更大的接受度,显示其共通性。霍耐特之所以自信地宣称会出现"承认理论转向",应该与他看到承认理论的共通性不无关系。对于霍耐特和门克而言,探究良善生活的规范性只是其理论建构的一部分,他们还需要客观分析一些例外状况,因为这些例外事件更多的是一些现实问题,也是检验他们理论的试金石,更是促进他们完善其多元正义良善生活理论的诱因和动力。

---

① Axel Honneth, *The Fragmented World of the Social: Essays in Social and Political Philosophy*, Albany:State University of New York Press,1995,p.246.

二、例外状况：特殊文化群体的权利诉求

在积极书写良善生活的规范性的同时，霍耐特和门克也正视着例外状况，[①]并因后者重新思考了他们的伦理生活观。这些例外状况主要涉及特殊文化群体的权利诉求，对于这些诉求，霍耐特和门克认为不能用法律武断解决，而应该在尊重这些文化群体的特殊诉求的基础上，以宽容和悯爱的姿态寻求合理的解决方法。例外状况是良善生活内在构成的一部分，它与规范性并存，没有主次之分，而合理解决例外状况是考验霍耐特和门克各自理论的重要参照物。

在文化多元化的今天，特殊文化问题已是一个不可回避的复杂事件，它交织着文化、伦理和政治等因素，它对社会发展和良善生活建构具有双刃剑的作用。从某种程度上讲，特殊文化问题一直存在着，当特殊文化群体因其文化而遭到社会蔑视和他人侮辱时，他们会不自觉地以抗议方式和暴力形式表达其不满，捍卫其文化价值，争取其社会地位。只不过，在倡导文化同一和强调主体理性的语境中，特殊文化的诉求时常湮没于宏大叙事的光环下，成为人类共同进步的注脚。但是进入多元文化共存和反思现代性的阶段之后，特殊文化的诉求得以凸显，它拥有了合理性，成为社会必须正视的一个重要问题。这既在于人们已经认识到文化多元是完善的伦理生活的常态，每种文化都富有价值，都值得尊重，每个文化群体都是社会的组成部分，都具有创造力。为此，哈贝马斯积极倡导建构一种包容的社会环境。[②]同时，也在于随着诸多移民和难民的出现，特殊文化问题加入了很多信仰问题，而信仰问题已成为当代某种宏大叙事的变体，它们对人们的生活具有不可忽视的影响。[③]文化和信仰因素加剧了特殊文化问题的复杂性，因为很多特殊文化群体的不满主要源于其文化受辱和信仰受歧视，他们认为捍卫其文化价值和信仰独特性是其权利，为了能够有效地达成这样的目的，他们会采用文化认同方式进行集体抗议和整体诉求。"因此，在少数群体争取法律尊重和社会承认其集体身份的斗争中，'承认政治'观念从来就没有任何问题。这些斗争的起点在于共同的排斥、侮辱或蔑视等体

---

①　客观地讲，门克借鉴了阿甘本的"例外状态"(the state of exception)理论，不过，他更多地将"例外"问题用于对特殊文化群体的身份分析和其价值判断上。

②　See Jürgen Habermas,*The Inclusion of the Other:Studies in Political Theory*, eds.,Ciaran Cronin and Pablo De Greiff,Cambridge, Massachusetts:The MIT Press,1998,p.153.

③　参见［英］特里·伊格尔顿：《文化与上帝之死》，宋政超译，河南大学出版社2016年版，第218—219页。

验,这促使这样一个群体的成员团结起来,团结一致去争取法律或文化的承认。"①这使得特殊文化问题已成为一个不可忽视的社会问题,而且它交织着文化、政治和伦理等多种因素,因此我们不能草率地处理和随意地对付它,而需要谨慎对待它所呈现的问题,客观地分析它要表达的意愿和诉求。如果处理不当,特殊文化问题就会诱发一些社会运动,对社会安定和人们的生活产生较大、持久的影响。更重要的是,信仰问题已具有宏大叙事特征,它容易在世界范围内造成广泛影响,因此在对待涉及信仰的例外事件时,霍耐特和门克都倡导以谨慎、尊重和宽容等姿态对待它们。这样的姿态与他们所提倡的规范性并不一致,却是解决复杂特殊文化问题比较有效的方法之一,这使得在他们所书写的良善生活构架中,规范性与例外状况呈现一种二元对立的现象,各有各存在的必要性和合理性,但它们都把人类的平等和团结视作最终的目标。

霍耐特和门克之所以把特殊文化问题视作一个例外状况,除了它具有不可忽视的影响力之外,也在于特殊文化群体对社会做出不可低估的贡献,还在于这些群体的权利诉求彰显了人们的普遍意愿。在谈到对特殊文化群体的尊重时,当代法兰克福学派在指出这些群体的文化值得我们尊重和学习的同时,他们也肯定了这些群体对社会发展做出了多方面的贡献,包括带来先进技术和丰富的生产经验等。这一点,哈贝马斯曾进行过充分说明,这为特殊文化群体的社会贡献作了有力证明和有效辩护。霍耐特和门克也给予了这些群体不同程度的肯定,而且他们还指出,这些群体的一些贡献是无法衡量和计算的,但是它们对社会多元化发展具有不可忽视的作用。这样的论证能够提醒他人尊重特殊文化群体,避免因其身份的特殊性而蔑视其成就,减少因其文化的差异性而排斥他们的可能性,而应基于平等尊重的前提看待他们的文化,正视他们的成就和社会贡献。这样有助于发挥这些群体的才华和能力,使其积极地参与到良善生活构建中,同时能降低例外状况发生的概率,降低它的破坏力。

另外,霍耐特和门克认为,特殊文化群体的权利诉求具有互惠性和普遍性,能够提升更多人对自身权利和自我主体性的认识,从而提高社会的公正性,促进伦理生活建设。这种特征可以有效地消除人们对例外状况的恐惧心理和排斥情绪,促使他们以平静心态看待例外状况的出现和它所产生的现实效果。在霍耐特和门克看来,很多文化群体的特殊诉求在这些群

---

① Axel Honneth, *The I in We:Studies in the Theory of Recognition*,trans.Joseph Ganahl,Cambridge and Malden:Polity press,2012,p.139.

体之间富有互惠性,它们凸显了这些群体共同承受的社会蔑视和文化歧视,代表了他们对某种权利的共同意愿,可以说,他们共同反抗的是社会偏执的价值观,他们的行为具有身份政治的特征。同时,这两位理论家认为,这样的权利诉求也揭示了资本主义法律的某种缺陷和不足,能够以此提升所有社会成员的权利享有,推动现代性内在构成的自我完善。基于对这种互惠性的深入认识,霍耐特指出,自主个体应是一种富有交往性的、懂得尊重彼此的实体。"自主是一种关系性的、主体间的实体,而非一种单一性的成就。帮助我们获得自主的并非可以分配的商品的那样东西;它是由相互承认的生活关系形成的,这种关系使我们能够相互重视我们的需求、信念和能力。"①而当人们认识到某种权利的诉求并非为了个人,而是为了更多人的平等和自由的时候,他们就会积极地支持这样的行为,这既为了更多人得到公正对待,也为了促进社会健全发展。

正视例外状况使得霍耐特和门克以开放姿态看待良善生活的规范性,使他们采取新的方式对待特殊文化群体的诉求,这既完善了他们的理论,也丰富了人们对良善生活的内在构成的理解。在一般情况下,当某种理论遇到例外状况时,理论家往往需要主动调整自己的既有认识,否则就会致使自己的理论遭遇"滑铁卢"。调整自己理论的结果,会赋予这种理论更大的包容性,也会诞生新的理念,如哈贝马斯在思考文化多元问题时,就复活了"宽容"这个概念。而这个概念在门克和弗斯特那里都显示着重要价值。对于霍耐特而言,他在积极地论证良善生活的规范性的过程中,也注意到特殊文化群体的承认要求对这种规范性的冲击,他认为应该依据新的需求调整伦理生活的结构,以便能满足人们新的要求和凸显他们的社会主体地位。"因此,伦理领域的历史是一个无计划的学习过程,它通过争取承认而不断进行着,因为参与者根据自己的境况和感受,寻找着应有某种体制化规范的具体方法。这场斗争越深入——也就是说,对某种既定规范的实践进行的修改越多——对新的反对和不满有效的辩证空间就越受到限制。这样,某种伦理领域的历史可以被认为是一个冲突的过程,在这个过程中,每个伦理规范最初固有的某种有效性盈余逐渐被剥夺掉了。"②在新的理念诞生方面,门克引入了"悯爱"这个概念。客观地讲,这个概念并不具有法律的严肃性,也不具有可操作性,但是它是解决特殊文化群体的特殊诉求

---

① Axel Honneth,*The I in We:Studies in the Theory of Recognition*,trans.Joseph Ganahl,Cambridge and Malden:Polity press,2012,p.41.

② Axel Honneth, The Normativity of Ethical Life,*Philosophy and Social Criticism*,Vol.40(8), Sage, 2014, p.824.

的有效方法之一，也就是在理解和尊重他们诉求的基础上寻求解决它们的方式和途径。这样，既可以避免触及这些群体的文化禁忌和信仰底线，也可以使他们感受到平等尊重和公正对待，使他们的才能得到充分地发挥和尽情地施展。由于例外状况已是当代伦理生活的一个重要组成部分，悯爱又具有法律不具有的优势，为此，立足整个伦理生活发展的前提，门克认为，悯爱与法律应是并存的，悯爱通过在例外状况下悬置法律，进而实现着法律的功效。"在例外状态下，法律的有效性被'悬置'正是为了使其成为'权力'，或者用施密特的话说，从而创造一种规范语境，再次使适用法律规范成为可能。这种法律有效性悬置意味着，在例外状态下，法律不再根据其规范来判断生命，也不再将生命置于规范之下。"[1]霍耐特则在思考亚文化群体承认问题的过程中用"成就原则"取代了"团结原则"，他看到这些群体更在意的是其社会价值和其成就的尊重，而非物质分配和财富收入，而且他认为这种成就的承认是所有人对其现实价值低限度的诉求和争取。为此，霍耐特将他的承认理论修正为爱、法律和成就三个原则，并将此作为其阐述良善生活规范性的基础——基于正义的多元承认的共同生活。

三、个体的基本权利与文化群体新的需求

从根本上讲，规范性和例外状况的最终目的都是实现所有个体的幸福，使他们享有更多的权利，拥有自由和团结的空间；使他们具有更高的道德修养，拥有充分彰显其主体性和展现其创造力的场所。由此建构的伦理生活基于正义对待着所有成员，它在以法律保障个体的基本权利的同时，也以包容的姿态尊重着特殊文化群体的具体诉求，这使得这样的伦理生活富有多元正义性、包容性和反思功能。良善生活需要不同学科共同参与建构，霍耐特强调精神分析的不可或缺性，门克则注意到艺术在个体成长和良善生活持续发展方面的重要性。

探究良善生活的规范性，是为了凸显这种共同生活的共通性，以便使所有个体确认自己的基本权利，也使他们自主地展现自己的才能和自信地展现其美德。而正视例外状况，则是为了合理地解决一些棘手的现实问题，在保持文化多元和正义多元的前提下，为社会挖掘新的动力。在某种程度上，这是理论建构与现实事件的张力的体现，理论是为了更有效地解决现实事件，而现实事件往往在逃逸理论框架的过程中，促进理论自我更

---

[1] Christoph Menke, *Critique of Rights*, trans. Christopher Turner, Cambridge and Medford: Polity Press, 2020, p.113.

新和不断升华。其实,这种情况在哈贝马斯那里就已经出现了,他为客观看待良善生活的内在复杂性确立了一种基本方法和态度。在面对有信仰背景的陌生人时,哈贝马斯在强调法律的公正性的基础上,提倡以宽容姿态对待这些群体的文化、思想和特殊要求。"对他者的存在(Anderssein)首先要避免歧视,也即要对每个人有同样的尊重,而对他者的思想(Andersdenken)则要宽容。"①这种宽容带有一定的情感特征,与公正的法律有些隔阂,但它是在某种境况下处理特殊文化群体问题的最有效方法之一。

到了第三代,他们在建构各自的良善生活理论的过程中遇到不同情况的例外状况,他们采用了不同方式对待规范性与例外状况的张力关系。在规范性上,霍耐特和门克都强调法律的公正性和普遍有效性,其目的是保证所有个体的基本权利,也为他们营造一个充分展现自我良好品行和自身潜能的空间;而在例外状况上,这两位学者都倡导尊重和包容,这样有助于特殊文化群体在保持其文化独特性的基础上,以合理方式争取其某种权利,以社会主体的身份参与到伦理生活的建设中。从表面上看,规范性话题与例外状况问题涉及了两个不同对象——普通个体与特殊群体,实质上,它们最终的目的都是实现所有个体的自由和团结,尤其当霍耐特和门克看到特殊群体的特殊诉求富有互惠性的时候,他们更加自信地从这些诉求中抽取可为更多人分享的权利。"当主体通过道德互惠经验而获得自我意识后,这样的个体就有能力将自身理解为人类的一个活生生的一员。"②第三代处理良善生活内在张力的方式沿袭到第四代弗斯特这里,他在面对异质文化群体的特殊诉求时,注重法律与宽容的不同作用,因此他所建构的良善生活也体现着多元正义的特征,这为异质文化群体融入社会和展现其美德创造了条件。

由此可见,第三代建构的良善生活并不排斥矛盾,相反,它能够在直面矛盾中发现新的自由契机和新的动力,这使得它富有包容性和反思性,也使得它具有更广范围内的接受度。客观地讲,良善生活理论发展到第三代这里,有了显著成就和较大的突破,既体现为它被视作一种多元文化共存的生活空间,每种文化的价值会得到公正认可,每个文化群体的成就会得到平等尊重;也体现为它被赋予多元正义这个特征,正义的多元化使得个体的不同需求得到相应的照应,也使得不同文化群体的特殊诉求得到合理

---

① [德]尤尔根·哈贝马斯:《在自然主义与宗教之间》,郁喆隽译,上海人民出版社2013年版,第218页。

② Axel Honneth,*The I in We:Studies in the Theory of Recognition*,trans.Joseph Ganahl,Cambridge and Malden:Polity press,2012,p.16.

解决。另外,霍耐特和门克也为我们带来了一些富有原创性的概念和理论,这有助于我们探究某些社会不满的根源与探寻解答它们的方法。为此,哈贝马斯在探讨如何建构多元文化共存的语境时,不同程度上借鉴了霍耐特和门克的理论,他认为相互承认和平等对待都是消除文化隔阂和促进团结的有效方法。①

哈贝马斯时常在其文本中提及霍耐特和门克的贡献,认为这两人的研究成果极大提升了人们建构良善生活的信心。更关键的是,在某种程度上,霍耐特和门克的理论是对法兰克福学派传统的继承和突破,从中,我们既看到本雅明和阿多诺的身影,也感受到新的思想和新的观点。"这一趋势体现在阿克塞尔·霍耐特的黑格尔法哲学、瑞纳·弗斯特的辩护理论中……这些路径中的每一个都立足于从批判理论的丰富传统中所择选的知识倾向,这些传统包括从马克思到阿多诺,以及从康德到黑格尔。克里斯多弗·门克的法律研究独特之处在于其明确的后现代主义观点;通过对瓦尔特·本雅明《暴力批判》的细致研究,他将对法律进行的解构主义和系统论的分析融入法兰克福学派的思想中。"②可以说,这种理论的内在传承性有助于我们整体地审视法兰克福学派的思想和观点,使得我们清晰地看到这个学术共同体的共同观点,也明晰地认识到这些理论家的分歧乃至论争。当然,这更为我们解决特殊文化群体的诉求提供了多种方式和多样方法,如霍耐特倡导尊重、门克提倡悯爱、弗斯特主张宽容。这些方法各不相同,但是它们都基于平等,给予这些群体的诉求以公正的对待,给予他们的成就以公正的承认。这使得他们获得了更多幸福的契机,拥有了更多展现自己能力的机会。长远地看,受益的是所有个体和整个人类,他们在自我不断进步的同时,也促使伦理生活走向更高阶段。

对于富有张力的良善生活,霍耐特和门克都认为它需要不同学科共同参与建构,也强调这种共同生活应由自主个体设计和维护。关于不同学科共同参与的观点,这是第三代对启蒙传统的继承,因为在众多启蒙思想家的规划中,它们大体上都强调科学、伦理和艺术等话语共同参与启蒙方案设计;也是霍耐特和门克对哈贝马斯重写现代性的认可,在重写现代性方案中,哈贝马斯重申了不同学科共同参与现代性设计和伦理生活建构。由不同学科一起建构的良善生活能够兼顾个体不同向度的需求,能够推动这

① See Christoph Menke, *Law and Violence: Christoph Menke in Dialogue*,Manchester:Manchester University Press,2018,pp.168-169.

② Christoph Menke, *Law and Violence: Christoph Menke in Dialogue*,Manchester:Manchester University Press,2018,p.168.

种伦理生活健全发展,自然,也有助于培养健全的个体。为此,霍耐特和门克都把这样的健全生活称作"成功生活",他们认为,这种生活环境能够最大限度地满足个体的需要和体现社会的公正。①

至于自主个体作为良善生活的主体,这是当代法兰克福学派的一个共识,这里面既有他们对奥斯维辛反思的收获,即一个真正的良善生活应由自主个体建构,而非由权威设计和控制;也有他们对当代伦理生活取得的成就的认可,如它富有多元性和包容性,这与很多自主个体参与构建密不可分。虽然霍耐特和门克都认可良善生活应由不同学科共同参与建构,但是他们在具体学科的重要性上却认识不一,其中,较明显的是,霍耐特忽视文学艺术的地位,却不断增加精神分析的分量。他认为,精神分析是法兰克福学派探究个体自由和解放契机的一个学术传统,今天,它有助于挖掘个体的内在动力和促进他们人格的完整。而门克继承了阿多诺和韦尔默的美学思想,在他看来,艺术能够激发个体自由意识,能够培养他们创新精神;艺术能够将其所滋养的善的理念移植到现实生活中,推动良善生活逐步形成。"然而,事实上,这种对道德善的定义是将善作为一种实际目的所正式定义的结果。因为选择和实现一个目标意味着参与社会实践,无论多么遥远。有目的性和参与社会实践是一枚硬币的两面。它们形成了道德的道德性、气质的伦理性。"②在某种程度上,精神分析和艺术研究都是法兰克福学派第一代倚重的学术方法,它们在批判理论的确立方面都功不可没,而在霍耐特和门克这里,它们分别显示出各自的优势。整体地使用这些方法,可以帮助个体挖掘自身的潜能和动力,促使他们不断反思和自我成熟,进而使他们更有创造性地书写良善生活,使这种生活有效地消除偶然性的威胁,促进人类的团结和共同进步。

恰如第一代、第二代一样,第三代在凸显他们共同的学术旨趣和相似的理论追求的同时,也不可避免地产生一些观点分歧和见解差异。从根本上讲,这些分歧绝非这个学术共同体成员之间的个人恩怨和私人矛盾,而是他们在探讨共同话题的过程中很自然出现的不同判断和不同的解答方法。这样的分歧和论争或者激发出新的概念,如从阿多诺与本雅明的论争中,我们获得了"依赖艺术"这个概念;或者推进了某些话题的研究,如韦尔默与哈贝马斯的论争提升了我们对后现代文化和艺术的真理有效性的认

---

① See Axel Honneth,*The Struggle for Recognition:The Moral Grammar of Social Conflicts*,trans. Joel Anderson,Cambridge,Massachusetts:The MIT Press,1995,p.91,p.174.

② Christoph Menke,*Force:A Fundamental Concept of Aesthetic Anthropology*,trans.Gerrit Jackson, New York:Fordham University Press,2013,p.95.

识;或者拓展了我们对某个概念的认知,如从门克与霍耐特身上,我们增进了对良善生活两面性的理解。其实,他们的论争和分歧的最终都是为了个体更好地发展和人类进一步团结。

第七章　文化伦理研究:探寻幸福的一条路径

　　通过历时和共时研究法兰克福学派的文化伦理思想,我们得出了很多结论,也收获了许多启示。从人类的公正和自由之所的建构而言,法兰克福学派一直把文化伦理研究视作探究良善生活的一条基本路径,因为人类家园中许多冲突和流血事件是由文化压抑和信仰歧视所导致和推动的。因此,我们需要通过批判和反思文化,才能从根本上解答和解决相关问题,从而为个体和人类找到相应的自由和正义的契机。当然,我们也看到法兰克福学派同时也采用其他路径来为个体和人类探寻着自由和正义的机会,比如,第一代在进行文化伦理批判的同时,积极地从艺术中为个体和人类寻找着救赎和解放的契机;霍耐特在继续完善其多元正义良善生活方案的基础上,研究了精神分析和艺术在这种伦理生活建构中所扮演的角色。可以说,这种多路径方式既符合多学科共同筑造人类幸福之所的基本要求,也契合法兰克福学派的思想星丛式特征。①而正是这种多学科、多路径的探究方式,既使我们看到良善生活的建构和完善等方面的复杂性,也让我们明白人类的历史遗产中蕴含着丰富的自由和公正等理论资源,更使我们坚信人类的未来是值得期望和富有希望的。

第一节　不断涌现的文化伦理事件

　　法兰克福学派文化伦理理论之所以能得到不断创新和发展,既因为这个家族的理论家们都积极地进行着理论创新,如哈贝马斯对宽容的探究、弗斯特对辩护的研究;也因为现实中总有新的文化伦理事件涌现,它们召唤着他们解决,也激励着他们为人类探寻自由和公正的契机。不断涌现的文化伦理事件意味着社会尚有很多不公问题,不过,我们也能从中发现

---

　　① 星丛(constellation)是法兰克福学派很多理论家理论的一个共性。他们兼顾多个学科研究,也兼有多个理论家的称号,如阿多诺是哲学家、文艺理论家、音乐评论家和伦理学家等,当然,他们的文本也能为不同学科的研究者共享,这无疑会拓展他们理论的多元性。实质上,这些理论家的星丛式研究是为了为人类探究更多自由的契机,是为了为良善生活建构提供更多的理论资源,因为人类幸福和良善生活本身就是整体性的,它们需要不同学科共同参与,从不同方向为它们探寻和创造实现的机会。

个体自主意识的提升和伦理生活的改善。由于很多文化伦理事件带有宏大叙事色彩,因此我们在以整体眼光和规范方式研究它们的同时,更要以多学科视角为它们寻找最有效的解决方法。

历时地看,每一代的文化伦理理论基本上都揭示着具体的文化伦理事件,呈现着某种时代症候,使我们感受到人类家园总有不公事情发生。整体而言,第一代主要对文化、文明和大众文化的伦理功能进行了剖析,从而探究了它们在错误生活中所扮演的角色。第一代所针对的文化伦理事件中最有代表性的是纳粹所酝酿的种族大屠杀,这种大屠杀以文化优劣为借口,对犹太人实施了毁灭性的杀戮。从这种荒谬的杀戮中,阿多诺等人既揭露了文明和文化的压抑性和野蛮性,又揭示了大众文化的愚民性和同一性,也指出了自主艺术在培养个体自主意识和激发他们伦理潜能方面的重要性。如马尔库塞所言:"此外,我认为,凭借着其审美形式,艺术很大程度上是自主于既定的社会关系之外的。以其自主性,艺术既抗议着这些关系,又超越着它们。从而艺术颠覆着主流意识,以及普通经验。"①

第二代主要探究了文化的交往功能和后现代文化的民主自由潜能,进而辨析这些文化在良善生活建构中所发挥的作用。第二代重点解决的文化伦理事件是如何接纳和包容陌生人的问题,这些陌生人因与当地人有着文化差异,因而时常会发生冲突乃至暴力事件,尤其哈贝马斯指出了几大宗教与世俗社会的矛盾和冲突。为此,哈贝马斯倡导发挥文化的交往对话作用,创造一种包容和宽容的空间,使不同文化群体在此空间和场所中得到平等尊重,进而相互团结和共同合作。在良善生活的建构上,韦尔默除了探究后现代文化中自由民主的资源和潜质之外,也积极地从艺术中探寻着协商和合作等资源。②

第三代重点关注的是亚文化的承认诉求、文化平等及多元正义良善生活建构的问题。在霍耐特看来,这种文化群体因其特殊身份遭到社会蔑视,从而诉诸抗议,形成新的社会运动。对此,霍耐特倡导给予亚文化群体以平等尊重,同时提倡所有人共同参与建构以爱、法律和成就为核心的多元正义良善生活。门克对文化在个体成长中的引导作用进行了深入分析,这里涉及公正的文化能培养个体自主意识和团结观念,而偏执文化则会使个体变得狭隘和冷漠。

---

① Herbert Marcuse,*The Aesthetic Dimension:Toward a Critique of Marxist Aesthetics*,Boston:Beacon Press,1978,p.ix.

② 参见李进书:《韦尔默后现代文化伦理思想研究》,《河北大学学报》2022年第2期。

　　第四代主要研究的是异质文化的辩护诉求和多元正义良善生活建构。在弗斯特看来，异质文化群体因其特殊身份而无法得到社会的平等尊重，其具体诉求得不到公正认可，为此，他们提出为其诉求辩护的要求。对此，弗斯特指出，要在尊重异质文化群体的特殊需求的基础上，使社会成员齐心协力建构正义、宽容和辩护的良善生活，使全球的文化群体互惠团结，共同应对公共事件的威胁。①

　　在更广层面上，这四代人的文化伦理思想自然而然地构成了一个文化伦理谱系。这个谱系涉及几种文化的伦理作用，使我们对它们进行整体性的评判同时，也能在比较中更清晰地看到每种文化的现实功能。从某种程度上讲，人们可以基于某种理由自主地构造一个文化伦理谱系，进而凸显每种文化的伦理性，并言说它们的整体性，但是法兰克福学派的这种文化伦理谱系，它富有内在的逻辑性和传承性，它在承接"家族相似性"的同时，也创造着"家族相似性"。就承接"家族相似性"方面，虽然哈贝马斯的文化规范研究有别于阿多诺的文化批判理论，但是哈贝马斯与阿多诺的理论初衷都是为了个体的自由和人类的解放，其中，哈贝马斯从文化交往和话语协商中发现个体合作和团结的契机，"随着人称代词系统，某种针对个体化的无情压力渗透到服务于相互理解的语言中，这种理解适合于社会化互动。与此同时，某种主体间性施向社会化的力量通过同样的语言媒介凸显出来"②。在创造"家族相似性"方面，霍耐特的"病理学"方法成为当代法兰克福学派共享的财富，成为新的批判理论家分析文化伦理事件和剖析现代性症候的有效方法。总的看来，不断涌现的文化伦理事件激发着哈贝马斯和霍耐特等人的理论兴趣，也赋予他们以现实责任和历史使命，给予着他们的理论以具体的现实观照。同时，透过这四代人所构建的文化伦理谱系，我们看到了现代性不同阶段的时代症候，看到了社会进步和伦理环境的改善，当然，也看到了接踵而至的冲突和公共事件，这表明人类家园总是希望和失望并存、欢喜和担忧共在。

　　从表面上看，不断涌现的文化伦理事件好像是说人类生存环境令人堪忧，实质上，从中我们能看到个体民主意识的提高，也能发现伦理环境的改善。单从表象上看，接踵而至的文化伦理事件似乎给人一种世界永无安宁之日的悲观感觉，其实，在某种程度上它们展现了个体伦理道德和生活环

---

① See Rainer Forst, *The Right to Justification*, trans. Jeffrey Flynn, New York: Columbia University Press, 2012, p.265.

② Jürgen Habermas, *The Philosophical Discourse of Modernity: Twelve Lectures*, trans. Frederick Lawrence, Cambridge and Maldon: Polity Press, 1987, p.347.

境一定的进步。因为从第二代开始,哈贝马斯等人所谈论的文化伦理事件基本上都与个体权利诉求和伦理环境的完善有关。换言之,第一代所批判的种族大屠杀和错误生活,基本上是对权威愚弄民众和牺牲个体的控诉,在这里面,个体无真正的自由和平等可言,他们所处的环境也仅仅是虚假的自由场所而已。历时地看第二代、第三代和第四代的文化伦理思想,我们能发现不同类型的个体权利诉求和他们对伦理环境的不同要求,这些诉求和要求凸显着他们的自主意识和主体姿态。相较而言,哈贝马斯所论述的是异质文化群体对平等对待的诉求,期望能享有自主个体应有的权利,从而充分地展现其主体性和创造性;同时,他们对生活空间提出包容和宽容的需求,他们希望在保持其文化独立性的基础上,能够与其他文化和信仰相互学习、平等交流。为此,哈贝马斯提出了"习得"这个概念和学习方法。在哈贝马斯看来,所谓习得,简单地讲,就是学习与获得的结合,即学习是手段,获得是目的;比如对于教义,今天的人应该把它看作一种丰厚的学习资源,而非认识世界的唯一依据,这里面蕴含着学习与提防的双重含义,即重读典籍是为了汲取其中的思想来丰富我们的理论和认识,而非为了复制对宗教的迷狂。霍耐特所阐述的是亚文化群体对承认的诉求,他们要求社会依据成就来给予所有个体以尊重和认可,而非依照社会地位和文化身份来先验地判定各自的价值及权利的享有;同时他们对生活空间提出爱、法律和成就等多维的承认要求,他们期望这个共同空间能满足自主个体的多种需求。而弗斯特所分析的是异质文化群体对辩护权的诉求,这种权利有助于他们阐述其特殊诉求的内容和理由,有益于增进社会对这种诉求的理解和认识;同时他们对伦理环境提出正义、包容和辩护等多维要求,这样可以促使他们合理地展现其作为权利接受者和权利书写者的双重角色。因此整体地看,第二代是一个分界线,在第一代所生活的极权主义时代和全面控制社会里,个体被剥夺了诉求自由的权利,或者说为了自身和家庭的安全,他们选择了"逃避自由";而在第二代、第三代和第四代所处的环境里,个体在很大程度上享有为自己权益而斗争的机会和权利,并且社会能够依据个体对权利的要求而完善自己的制度和体制。由此,我们看到,第一代的文化伦理思想多是批判性的,而其后的文化伦理理论注重的是对概念的规范研究,不过,这种概念研究也富有一定的现实观照。

相较而言,这种批判性的文化伦理思想能够揭示文化、社会、时代和人性等多方面的不足和缺陷,使人们看到某种时代症候是由多种因素合谋的结果,而非某种因素强力所为。为此,对于"现代人的无教养病症",本雅明从文化环境、技术拜物教和个体嗜新症等方面进行了整体剖析。这种批判思想既能带给每个个体一定的清醒意识,降低他们被虚假幸福和虚假自由欺骗和控制的可能性;也能激发和唤醒个体的自主意识,促使他们为自我自由和人类解放而斗争。在某种程度上,这也是第一代相信每个个体都富有救赎意识和救赎力量的缘由之一。规范式文化伦理研究可以拓展概念和观念的内涵,增加人们的知识积累;可以释放概念和观念中的一些建构力量,使人们看到文化和伦理生活中更多的积极因素,例如哈贝马斯从作为知识储备的文化中释放了交往和对话的潜质,弗斯特从异质文化辩护中找到不同个体互惠和团结的契机。也许当今时代选择了哈贝马斯所开创的规范研究,也许哈贝马斯倡导的规范研究契合了反思现代性的需求,[①]这种研究适时地对新出现的文化伦理事件进行规范论证,在揭示它出现的原因同时,也从社会机制完善的角度为解决这些"文化战争"(伊格尔顿语)提出了建议和方案。

在多数情况下,由文化所导致的伦理事件属于人类层面上的宏大叙事,我们需要从规范立场辨析这些伦理事件,需要以多学科视角为其寻求最有效的解决方法。虽然法兰克福学派所关注的文化伦理事件是由文化所引发和推进的,他们剖析的一些事件最初是因某些文化群体具体权益的得失而导致的,而且有的理论家试图仅仅依靠文化来解决这些现实问题,但是这些文化伦理事件无形中对整个人类的生存和生活造成了广泛、深远的影响,因此我们需要把它们视作关系着人类福祉的公共事件,这样才能从根本上解决这些文化伦理事件,才能真正地推动人类公正之所的建构。这就需要我们以规范立场和宏大视角来审视这些伦理事件,也要求我们用多学科方法从根本上解决这些公共事件。

具体而言,所谓规范立场和宏大视角,粗略地讲,就是将这些伦理事件放置于人类层面上来分析和解答,而非仅仅把它们限定于某些文化群体的利益中和某些社会领域内来探究。在某种程度上,规范研究是哈贝马斯之后(包括哈贝马斯,下同)的法兰克福学派主要采用的学术路径。在哈贝马斯看来,第一代人重经验批判而轻规范研究,为此,他积极地以规范研究来弥补第一代理论的缺陷。实质上,除哈贝马斯自己从事规范研究之外,他也影响了霍耐特和弗斯特进行着规范研究。由此,我们看到哈贝马斯的"交往"概念、霍耐特的承认术语、弗斯特的辩护理念都遵循着这种规范研究:在对这些概念进行历史性的梳理的基础上,依据个体的自主性和人类

---

① See Amy Allen and Eduardo Mendieta,eds.,*The Cambridge Habermas Lexicon*,Cambridge:Cambridge University Press,2019,p.144.

的基本需求提出自己的观点；在对具体观照对象的特殊诉求进行分析的基础上，将它们提升为自主个体和人类的某种基本权利。需要注意的是，由于第一代本身就是从人类意义上批判伦理事件的，因此他们的理论本身就带有宏大视角和一定的普遍性。这意味着我们以规范立场和宏大视角看待文化伦理事件契合于法兰克福学派自身的研究方式。因此，一方面，我们要从这些具体的伦理事件中看到更多人及人类所承受的苦痛和不公，进而归纳出良善生活建构所要面对的新困难和新阻碍，例如弗斯特就是通过将异质文化的辩护诉求提升为个体的基本权利，进而指出辩护权是当代伦理生活构建的一个重要组成部分；另一方面，我们要从这些伦理事件的最终解决即人类公正之所建立的角度，整体地思考个体、文化群体和人类的自由和公正，这就需要多个学科、不同领域的人共同参与其中，协商合作。而韦尔默等人在倡导这种多学科参与的方式同时，他们自己也以多学科视角解答着文化伦理问题，为人类寻找着自由和解放的理论资源和有效方法。

　　由此，可以说，当我们以规范立场和宏大视角审视文化伦理事件的影响和解决方式时，在一定程度上，就会很自然地以多学科思维从多个维度分析这些公共事件，从多个方向为人类的自由和公正之所探寻希望和可能。而这种多学科方式一直为法兰克福学派所提倡和实践，而且有的理论家也在尝试着以新的研究方法完善自己的理论。如霍耐特最近加强了对精神分析方式的运用，"尽管我求助于精神分析学偶尔会招来这样的质问：我使承认理论'过于心理化'啦，但是在今天，我也没有理由放弃我将外在社会承认与结构性的心理形成相联系的计划"[1]。客观地讲，精神分析方法与霍耐特的承认理论富有亲和力，因为承认理论在很大程度上是从自主个体的情感体验和身份尊重的立场来辨析社会的公正和个体的价值，所以他应该把精神分析列为其基本的研究方法，而且精神分析一直是法兰克福学派所倚重的分析方法，从马尔库塞的论著到哈贝马斯的文本，我们都能清晰地看到弗洛伊德的身影。

第二节　重写的幸福

　　整体地看，虽然法兰克福学派理论具有历时之变和共时之辩，但是他

---

[1]　Axel Honneth,*The I in We:Studies in the Theory of Recognition*,trans.Joseph Ganahl,Cambridge and Malden:Polity press,2012,p.x.

们都把个体幸福和人类幸福视作他们的理论建构和现实观照的主要目标和终极关怀,不过,随着他们对文化伦理理论的创新,他们对幸福的认识也在不断变化。被重写的幸福,在个体道德伦理的层面上,增添了平等和自主等要求;在共同生活空间的方面,增加了多元正义、团结和安全等需求。一方面,这种重写凸显了个体自主意识的提高和伦理环境的改善;另一方面,说明人类家园存在着很多不公事件和诸多风险,我们协商合作,为自我和他人创造自由和团结的契机。

　　在个体幸福的层面上,有别于第一代对自由的强调,哈贝马斯和弗斯特则注重对平等和自主等探究,从中我们看到个体幸福的多元化趋势。关于幸福,霍克海默和马尔库塞如是说:"幸福即自由",反之亦然。就个体而言,幸福既涉及人们身体上的自由,如拥有自在的活动空间和自由交往的场所,这主要是针对极权管制下的顺民和集中营的囚徒而言。①由于第一代对身体方面的限制有着深切体会,他们也有着流亡者的沉重经历,因此他们对这种自由具有深刻认识和深沉要求。个体的幸福也涉及人们言论和思想上的自由,如演说、写作和出版等自由。显然,对于处在全面控制下的第一代而言,这类自由为他们渴望和倡导,因为思想自由既可以使他们书写出真理性内容和本真性作品,使他们最大限度地展现其知识分子的责任,使其作品最大可能地启迪民众的心智和道德;也可以使民众自由地运用各自的理智,确立起自主人格和美的品行。不过,随着时代变迁和现代性的发展,个体在享有一定的身体自由和思想自由的基础上,凸显了对平等权和自主性等更大的需求和更强的渴望。当然,这种趋势背后隐藏着多种缘由,而就自哈贝马斯之后的理论家而言,文化伦理问题无疑是引发他们思考平等权和自主性的主要诱因之一,因为他们既从这类问题中看到社会的包容度和公正性,也从特殊文化群体的具体诉求中认识到自主个体和公民所需的权利。其中,关于"平等",既指自主个体应该享有社会的平等尊重,他人不能以其身份、背景和信仰等差异的名义而对其蔑视和羞辱;也指每个公民平等地拥有各项权利,权威不能因其文化差异和族群的特殊性等而限制他们的权利。可以说,"平等尊重"对于文化多元语境下的当代人而言,无疑是非常重要的,因为这种情感上的受挫或满意会相应地激发他们内心的破坏力量或建设能量,从而对社会生活造成相应的消极影响或积极作用,这也是霍耐特后来加强从精神分析角度谈论承认理论的缘由之

---

①　See Leo Lowenthal, *False Prophets: Studies on Authoritarianism*, New Brunswick and Oxford, New Jersey:Transaction,Inc,1987,pp.181-182.

一。"平等权利"既是异质文化和亚文化等得到公正的承认和认可的体现,也是他们主动参与良善生活建构的前提和保证。为此,哈贝马斯和霍耐特等人都不同程度上阐述了平等权的重要性,也把它归为个体幸福的范畴之内。

为了使人更深入地了解平等权,门克对它进行了规范论证。在追溯伯克关于法国大革命时期的平等权观念的基础上,门克指出,平等权是现代性的主要规范理念,它意味着每个人都要得到平等对待,"每个人和其他人一样重要;没有人拥有一种特权来使平等对待他人的诉求遭受异议"①。与哈贝马斯和霍耐特一致,门克也把平等权视作个体幸福的基础,同时把个体的幸福看作社会的平等和公正的试金石。而且门克以一种发展的眼光指出,人们对自由平等权的反思不仅仅是为了提高平等权,还为了揭示哪些因素阻碍着个体自由和幸福的实现。整体地看,门克、霍耐特和哈贝马斯等人对平等权的集体言说和共同强调加深了人们对自己这种基本权利的认识,也激发了他们对自我这种幸福需求的争取和斗争。

对于"自主",主要指个体拥有自我立法(self-imposed law)的能力,并以此来判定社会的正义性,以及决定其参与良善生活建构的积极性。在阿多诺所处的时代,大众文化以粗浅娱乐弱化了大众的自主性,为权威规训出无数具有依赖人格的奴仆;到了哈贝马斯所生活的阶段,他指出了实践理性的提问方式已由"什么对我/我们是善的"转向对正义的"我应该做什么",这凸显了正义的重要性,同时也展现了自主的价值。"随着这种视角上的转变,曾经对幸福和福祉典范定位的意义也随之改变。原初幸福所涉及的问题包罗所有可能良善的领域,包括正义,也囊括所有美德,包括正义感。但是在所有人能够进行质疑的道义方面,正义和自主(依据自我立法来行动的能力)被挑选出来作为唯一的道德相关决定。"②对自主的重视意味着人们由伦理生活的接受者转变为良善生活的选择者和建构者,作为单纯的接受者,民众看似享受着自由和民主,但是如洛文塔尔和马尔库塞所言,权威恩赐的这种幸福往往是虚假的、骗人的,只有以参与者立场看待其所享有的民主和自由,他们才能切身感受到它们是否带给自身以真正的幸福。这种政治伦理意义上的自主,单从法兰克福学派自身而言,具有从艺术领域到政治范畴的转变过程,最终它兼有了艺术、伦理和政治等多种因

---

① Christoph Menke,*Reflections of Equality*,trans.Howard Rouse and Andrei Denejkine,Stanford, California:Stanford University Press,2006,p.3.

② Jürgen Habermas,*Justification and Application:Remarks on Discourse Ethics*,trans.Ciaran Cronin, Cambridge,Massachusetts:The MIT Press,1994,pp.118-119.

素,成为一种"星丛式"的理念。在第一代那里,他们主要关注的是艺术自主,即艺术自我立法的自由和权利,这种自由和权利是资产阶级挣脱贵族控制和享有自由在艺术领域中的体现,或者说,艺术以一种急先锋身份率先对个体自主权进行了确证。①不过,阿多诺和马尔库塞谈论艺术自主的最终目的是强调个体的自主性,是为了最大限度地捍卫极权主义时代和虚假社会中个体的自主权,虽然效果不甚明显。后来,哈贝马斯和霍耐特主要是从个体伦理道德层面上来谈论自主,并基于这个层面的自主来建构本真的良善生活。公正地讲,哈贝马斯和霍耐特所谈论的自主富有建构性,但是他们忽略了个体如何确立其自主意识、怎样自觉地展现其自主权这些基本问题。在某种程度上,韦尔默为后现代文化和艺术的真理有效性的辩护巧妙地解答了这个难题,也使得韦尔默的理论与哈贝马斯的理论形成一种互补,当然,还使得"自主"这个概念的"星丛式"特征更加突出。

在人类幸福的层面上,在承接第一代对环境的"非抑制"要求的基础上,哈贝马斯、霍耐特和弗斯特又赋予了其多元正义、团结和安全等内涵。第一代对生活环境基本上是持揭露和批判态度的,这里既涉及他们对现实环境的同一性、全面控制等的批判,也关涉他们对文化语境的抑制性、单一化等的揭露。为此,他们将这种抑制的生活环境称作"全面受控制的社会""不健全的社会""单向度社会""错误生活"等。他们之所以如此批判当时的社会,既在于他们自身就是受害者,为了生存,他们被迫背井离乡、辗转流离;也在于这种抑制和控制的社会造成了大众的愚钝、麻木和冷漠,对此,第一代从多方面为人类的非抑制生活探寻着救赎和解放的契机,例如他们多数将艺术视作个体解放和良善生活建构的基石之一,而马尔库塞则认为文明自身中隐藏着文明救赎的积极因素。而自哈贝马斯之后,法兰克福学派对良善生活提出了新的要求和期待,例如多元正义、团结和安全等。其中,"多元正义"指,依据自主个体的多种需求、异质文化群体的多样诉求,良善生活中的正义应该是开放性、多元化的。这种多元正义观念是当代理论家的一种共识,他们既认为规范的伦理生活应该是多元文化共存的,也相信它应该能满足个体的多种需求,如爱、法律和成就,而且哈贝马斯和霍耐特指出,正义原则应该能够依据个体新的诉求进行调整和扩展。"团结"指,不同个体和不同文化群体相互尊重,依照互惠原则和整体原则,既团结起来为共同权利进行斗争,也一起应对公共事件的威胁。可以说,

① See Jürgen Habermas, *The Philosophical Discourse of Modernity:Twelve Lectures*, trans. Frederick Lawrence, Cambridge and Maldon:Polity Press,1987,p.8.

虽然多元文化共存已是一种不可逆转的趋势,但是很多政治家和保守主义者时常以文化完整性为借口,夸大异质文化抗议的一些负面影响,进而妖魔化后者和限制他们的权利。在弗斯特看来,这是一种单一的文化完整性,"它的声明通常就是对权力和排斥的特定兴趣上的总体性和理想化构建的表达而已"①。另外,恐怖主义和大规模传染性疾病等破坏力强,需要人们发挥集体智慧,共同寻找解答和解决它们的方法和途径。"安全"指,通过不同文化群体和不同信仰的共同努力,人类能够有效地减少一些公共事件的破坏力和威胁性,能够以对话和协商方式解决一些文化冲突和地域矛盾,从而能够有序地生活、能够多项交流和广泛合作。在某种程度上,安全的生存家园是当代人的一种基本要求和低限度的幸福,只有在拥有一个安全的生活场所之后,人们才能更好地规划人生和施展各自的才华。不过,不容乐观的是,当代社会有诸多偶然性威胁着个体的生命和人类的幸福,这里既有自然灾祸,如瘟疫;也有人为事件,如暴力事件。可怕的是,这些偶然性重重叠叠、相互交织,有时候多个事件会一起爆发,令人应接不暇,使人们的财产、生命遭受着极大威胁,而且某些事件会诱发文化歧视、地域冲突,造成新的偶然性。这就为伦理生活的建构者提出新的要求和更高的标准,要求他们要基于不断涌现的公共事件,既辨析它们产生的原因,也探究它们的解决方法,从而为人们筑建一个富有反思机制和调节能力的伦理生活。

透过重写的幸福观,我们既看到个体自主性的提升和伦理生活的发展,也看到人类仍为很多宏大叙事所困扰,仍有很多公共事件需要人类共同应对和一起解决。毋庸置疑,理论家们绝非主观性地随心所欲地言说着幸福,当然,不排除有的学者对人类某种幸福的畅想和憧憬,不过,多数理论家是基于个体现实境况和人类困境来探究幸福的具体内涵,其中,既涉及社会的进步方面,也关涉现实某些令人堪忧的事情。这里面,社会进步方面包括:个体自主意识的提升和伦理生活的改善。我们之所以认为重写的幸福观中隐含着个体自主意识的提升,是因为哈贝马斯等人所论证和倡导的平等、自主和正义等内容,基本上是基于不同的亚文化和异质文化等群体的类似诉求来进行的。这些诉求的提出既意味着这些个体和群体拥有了为自己需求申诉的权利,也意味着他们对自己的自主权有了更多认识。换句话说,在极权主义时代,人们无法提出自己的诉求,也难言对自主

---

① Rainer Forst,*The Right to Justification*,trans.Jeffrey Flynn,New York:Columbia University Press,2012,p.208.

权的享有,因为他们只是一个个被剥夺了想象力和权利的原子而已。由此可见,第一代所论述的幸福观基本上是理论家对自我及民众所渴望的自由状态的描述,而非源自民众积极可见的诉求和斗争。进一步讲,人们之所以不断依据自我的具体需求提出要求并进行抗议和斗争,在很大程度上也与伦理环境的改变休戚相关。在今天这个文化多元和价值多元的时代,人们享有为自己争取权利的自由、异质文化拥有为其特殊需求辩护的权利,更重要的是,社会能依据这些诉求、辩护和抗议反思自身和完善相应制度,从而达成自主个体和异质文化等的权利要求,使得他们真正地感受到平等、自主和正义等带给他们的快乐和尊重。当然,良善生活的某些观念也得到了更多人的认可,更多人由此加入对这个共同生活的建设中。至于重写的幸福观中所涉及的现实境况,如多种样式的文化战争、威胁人类安全的风险等,它们既影响着个体的生活状况,也在某种程度上左右着人类的幸福。法兰克福学派对这些问题的探究提醒着我们:人类的共同家园仍存在着很多公共事件,仍有很多宏大叙事需要人们解答和解决,这也是哈贝马斯和韦尔默等人坚持现代性的缘由之一。后现代主义曾借口宏大叙事结束而断言现代性终结,而哈贝马斯等人却坚定地为现代性辩护,并从人类立场揭示了我们共同面对的困境和难题,阐述了宏大意义上的幸福理念。比如对于造成诸多文化群体伤害的价值蔑视和文化羞辱,霍耐特和弗斯特都倡导一种多元正义的良善生活;针对恐怖主义和大规模传染性疾病的危害,哈贝马斯强调了商谈和团结的重要性。

　　总的来说,通过重写的幸福观,我们可以辩证地看待我们所面临的困境与所拥有的进步力量,既要看到明显的威胁和潜在的危害,也要看到我们可利用的资源和人们团结的愿望和信心;既要注意个体间、文化群体间的合作和协商,也要注重整个人类层面上的整体利益和共同进步。这些有助于个体幸福和人类福祉协同发展和共同达成。

第三节　文化伦理研究与自由的契机

　　重写之后的"幸福"概念,内涵更丰富,涉及的范围更广泛,但也体现了人们更多的意愿和诉求,对理论家也提出了更多要求。对于含义更丰富、责任更宏大的幸福,自然,我们应该以多学科的方式进行分析和研究,而文化伦理路径在探究自由和正义等潜能方面扮演着重要角色。整体地看法兰克福学派的理论构架,这种文化伦理路径与其艺术伦理路径①和政治伦理路径等并行不悖,它们在分担各自职责的基础上,共同为个体和人类探寻着自由和正义等伦理资源。

从今日含义更丰富的"幸福"概念中,我们既看到了社会的进步性,也认识到现实问题的复杂化,这对包括法兰克福学派在内的理论家们提出了更多要求和更高期待。从文化伦理研究这个路径看,在第二代之后的幸福观中,第一代曾注重的身体自由和思想自由不再是重点,此时,自主、平等、多元正义、团结和安全等成为哈贝马斯和霍耐特着力阐述和着重倡导的观念。这里面的差别虽然与不同代际间的研究方法有一定关系,如批判与规范研究的差异,但是这种幸福观的差别也凸显了社会的一定进步性,表明了第一代所担忧的身体抑制和思想控制有所弱化,它还在一定程度上揭示了极权主义不再是一个时代的症候。换句话说,阿多诺所言的全面控制社会在今天可能仅是一种区域特征,而不再是世界性的伦理生活境况。单从全面控制的减弱这方面,我们能看到社会比较明显的进步,这也是当代理论家相应地淡化"全面控制"和"极权主义"这些话题的一个缘故。但这绝不意味着人们已完全达成幸福的愿望,成为一个真正幸福的人。实质上,在继续追求自由的过程中,人们又增添了对平等、自主和多元正义等多种要求,这些要求凸显了人们幸福诉求的多样化,也表明有多种因素威胁着人们的生存和生活。自哈贝马斯之后的理论家,他们在不断完善其良善生活理论的过程中,不同程度上从文化伦理事件中辨析着时代症候,并从中提炼出自主个体和文化群体的具体需求,并努力以规范研究的方式将它们提升为人类的基本权利。例如对于当代多元文化共存的语境,哈贝马斯、霍耐特和弗斯特共同指出,身份蔑视和文化羞辱阻碍着异质文化群体和亚文化群体等平等地享有其应有权利,妨碍着他们获得社会的尊重,进而影响了他们人格的完整性、他们书写权利的潜能和参与良善生活建构的积极性。为此,这三位理论家都把平等和多元正义视为人们幸福生活的基本内容。有别的是,哈贝马斯注重对伦理生活的包容和宽容等的倡导,在他看来,这些观念直接影响着异质文化群体的社会地位和价值承认;霍耐特强调爱、法律和成就三个承认原则,他认为这些方面的正义程度决定着亚文化和自主个体的现实幸福程度;弗斯特则专注于辩护和宽容等研究,他相

---

① 在法兰克福学派视域中,"艺术"是一个宽泛的概念,它包括文学、音乐、绘画、建筑和电影等。基于这种宽泛的理解,理论家们依据具体的艺术形式的伦理作用来概述整个艺术的伦理功能,形成了各自的艺术伦理思想。总体上讲,他们认为艺术能够保护个体的本质力量,使之确立自主人格,并在极权主义氛围中保持其低限度的道德。

信这些原则既可以保证异质文化的独特性，也可以维护整体文化的完整性。更重要的是，这些理论家都努力将这些观念论证为一个规范概念，都尽力把自主个体和文化群体等的具体诉求上升为人类的基本权利，从而使之具有普遍性。从更广泛层面上看，异质文化的伦理问题也受到其他理论家不同程度的关注，如鲍曼和伊格尔顿等都分析了如何看待和对待陌生人的问题，为此，他们强调了团结和对话的重要性。"不管对话会面临什么障碍，也不管这些障碍看起来多么巨大，只要留在这一光明大道上，就能达成共识，进而实现和平共处、互惠互利、合作共存、团结共生。其原因很简单，因为对话可以打败所有的敌人和竞争者，所以是最好的方法和选择。"①不过，他们并没有对这些概念进行更深入的研究，在某种程度上，这制约了这些概念为更广范围的人们接受。

历时地看，法兰克福学派的几次理论转向推进了更广范围的文化伦理研究，而共时层面上他们内部的论争和他们与其他学者的论辩，增进了人们对文化的多种伦理功能的认识。

众所周知，法兰克福学派最初以批判理论闻名于世，而后哈贝马斯引导了"交往理论转向"，当代霍耐特创造了"承认理论转向"，也许未来会出现弗斯特的"辩护理论转向"。虽然曾经的批判理论和这几次转向都是指向每一代人的总体理论，而非单单对应于这些理论家的文化理论或艺术研究等，但是它们所倡导的核心观念和研究态度无疑影响着每一阶段的文化伦理研究。比如，依据"交往行为理论"，哈贝马斯既强调了文化是人们交往和对话的基础和中介；也指出多元文化共存是伦理生活和共同体的基本特征之一，这些文化相互学习对方的经验，共同营造出一种商谈和团结的生活氛围；另外，他认为共同文化有助于人们消除矛盾，增进团结和合作。由此可见，相对于第一代的文明批判和大众文化批评，交往理论开启了新的文化伦理研究领域。除了哈贝马斯这些文化伦理理论之外，韦尔默则从后现代文化中探寻到交往和协商的潜能。他认为，这些潜能能够转化为人们的现实行为，增进主体间交往和推动民主伦理生活建设。再如立足承认理论，霍耐特对亚文化承认问题进行了深入研究。他看到这些文化群体的不满和抗议与他们遭受蔑视和其成就得不到认可休戚相关，而且他们的抗议和反抗已经转化为新的社会运动的一部分，影响着人们的正常生活。②

---

① ［英］鲍曼：《门口的陌生人》，姚伟等译，中国人民大学出版社2017年版，第119页。

② See Nancy Fraser and Axel Honneth, *Redistribution or Recognition? A Political-Philosophical Exchange*, trans. Joel Golb, etc, London and New York: Verso, 2003, p.123.

为此,霍耐特倡导以爱、法律和成就为基础的多元正义良善生活,这种伦理生活能够满足自主个体和公民多方面的需求,也能促进他们确立更高级的美德,激励他们参与到更高级良善生活的建构中。

实质上,交往行为理论转向和承认理论转向不仅拓展了法兰克福学派文化伦理的研究范围,而且也带动了更广范围内的文化伦理研究,吸引了很多学者加入这个行列。另外,从共时层面上讲,法兰克福学派内部对同一种文化的论争丰富了人们对这些文化伦理功能的认识。例如第一代中,阿多诺认为大众文化是错误生活的制造者之一,本雅明则指出电影富有解放和民主的潜能;第二代中,哈贝马斯对后现代的价值持极大的怀疑态度,而韦尔默则肯定后现代文化中蕴含着民主、交往和自由等伦理潜能。而法兰克福学派与其他学者的几次论辩,也拓展了人们对文化伦理的了解。例如霍耐特与弗雷泽的亚文化承认之争、弗斯特与布朗的异质文化群体包容之辩,这些论辩在扩展和加深承认和包容这些概念的外延和内涵的同时,也为多元正义良善生活的建构带来更多理论资源和动力。

从法兰克福学派自身的研究与这个学术共同体和他者学者的论争来看,文化伦理问题已成为学界重点关注的话题之一,从理论上讲,它涉及不同文化的伦理作用和不同文化在良善生活建构中所担负的责任,它也涉及良善生活对文化的要求;从实践上讲,文化伦理问题关系着诸多异质文化群体的身份问题、伦理生活的内在构成问题,其中,一些社会运动和抗议活动就与文化歧视有着直接关系。为此,很多理论家在探究文化本身的伦理因质同时,也基于自我兴趣和自己视角研究着伦理概念,如哈贝马斯的"交往""包容"和"宽容"等,威廉斯的"平等"和"团结"等,霍耐特的"尊重""承认"和"成就"等,弗斯特和布朗的"宽容"等。"我们也越来越认识到,在考察和商榷行动时所用的词汇和语言绝非次要的因素,而是一个实际的和根本的因素。实际上,从经验中汲取意义,并使这些意义具有活力,就是我们成长的过程。我们必须接受和重新创造某些词义;我们必须自己创造并努力传播另外一些词义。"①这些概念既丰富了我们对伦理范畴的认识,使我们知道了个体的自由涉及很多层面的问题;也提升了我们对个体幸福和人类幸福实现条件的了解,这里面既有很多因素阻碍着人类自由,也有很多因素提供着建构力量。由此可见,人类幸福的达成与良善生活的真正实现是一个艰难的漫长过程。

---

① ［英］雷蒙·威廉斯:《文化与社会:1780—1950》,高晓玲译,吉林出版集团有限责任公司2011年版,第348页。

　　由于幸福是对个体的完整性和人类的整体生活的描述,文化伦理研究与艺术伦理研究和政治伦理研究等在各司其职的基础上,共同为个体和人类提供着自由和正义等理论资源。在阐述幸福的含义时,法兰克福学派一直把个体完整性和人类整体生活视为两个最基本的内容,而在评判时代症候时,也把这两方面看作最主要的试金石。当然,因为时代的原因,每一时期理论家对个体完整性和人类整体生活有着不一致的认知,例如在第一代眼中,自由与幸福可以说是等同的,个体因缺失了身体自由和思想自由而简化为"单向度的人",伦理生活因充斥着欺骗和控制而变得虚假和同一。这些问题和症候与文明抑制和大众文化愚弄有直接关系,这也是第一代整体上从不同维度给予文明和大众文化批判的缘由所在,但是个体堕落和时代退步是由多种因素所导致的;反过来,个体救赎和社会发展也需要借助多方面的力量来实现和达成,这也是第一代基本上都涉及多个学科和多个领域研究的主要原因。"在这里,对哲学问题、心理学问题、经济学问题、社会学问题的一般理论研究,替代了对当代社会的和经济的具体问题的特殊研究。"①

　　再如第二代,他们把个体的平等权和社会的正义视作幸福的核心内容,而第三代和第四代在继承第二代幸福观的基础上,增加了对个体自主权和社会多元正义等的提倡。总体地看第二代、第三代和第四代的幸福观,他们认为,身份蔑视、文化羞辱和信仰歧视会损害自主个体的人格完整,会对他们的精神造成伤害,而社会的不公正或正义的单一化会致使异质文化群体等得不到平等尊重和公正对待,这些伤害和不公正对待会导致不同文化群体抗议和斗争,进而引发更大范围内的冲突和暴力事件。当然,以上所说的蔑视和不公并不能全部归咎于文化上的隔阂和歧视,因为它们还与人们的观念和社会的氛围等有着一定关系,因此要想从根本上解决异质文化群体的平等权问题与实现正义的多元性,就需要借助多个学科的力量,培养个体美德,建立良好的主体间关系,确立多元正义的良善生活。

　　相较而言,就多学科的运用上,第一代比较突出的地方是对艺术的强调,他们认为艺术能够通过拯救个体的感知力,来减少大众文化的愚弄和文明的抑制,从而使个体确立起自主人格和拥有高尚的品德;而第二代、第三代和第四代加强了对政治伦理的研究,他们对宽容、承认、辩护和多元正

---

① [德]霍克海默:《社会哲学的现状与社会研究所的任务》,王凤才译,《马克思主义与现实》2011年第5期。

义等的规范论证提高了人们对自己权利和社会价值的认识,也促进了社会制度的调整和完善。我们之所以强调艺术在良善生活建构和人类幸福探究上的重要性,一部分原因在于,艺术批判和审美研究是法兰克福学派的一个学术传统,它们的在场有助于理论家分析时代症候和解答这些症候;更主要的原因在于,现代性方案就是由科技、道德或法律和艺术这三部分组成的,它们相互依存、缺一不可。吊诡的是,霍耐特和弗斯特都缺乏对艺术和审美现代性的重视,不过,他们在完善自己理论的过程中,已逐渐认识到艺术的重要性。例如霍耐特在以精神分析学阐述个体心灵归属问题的时候,夸赞乔伊斯作品中的心理描写带给了人们一种现实宽慰,加深了人们对自身完整性的认识。①

客观地讲,哈贝马斯和霍耐特身上都具有自我完善各自理论的现象,一方面,源于现实问题对他们思想的冲击,这种冲击使他们的理论在找到现实对应物的同时,也在不同程度上促进了他们理论的变革和意识的转变,如异质文化问题引发了他们对包容和平等的深入思考;另一方面,在于他们自身的不断学习,使他们能够从经典论著中找到被忽略的概念和被遗忘的观念,他们通过重写这些概念和观念,赋予了它们以新意,并将它们吸收到自己的理论体系中。例如通过重读康德的文本,哈贝马斯对道德和伦理生活的关系进行了重新的阐释,提出了批判声音在其中的重要性。"在文化多元的社会中,这种动态机制表现了这样一种道德和伦理生活的关系,在这种关系中,走在前列的是对基本权利遭受损害的批判声音。"②另外,一些论争在不同程度上促使哈贝马斯和霍耐特修正着自己的认识,完善了各自的理论,如与韦尔默的论争使哈贝马斯对艺术的真理有效性有了一定了解,与弗雷泽的论辩使霍耐特用"成就"原则代替了"团结"原则。这种理论的自我完善过程除了能修补理论家思想体系的漏洞、弥补它们的缺陷之外,还能为良善生活建构带来更多合理的见解和深刻思想。

未来,人类的生活依旧与文化有着错综复杂的关系,一方面,第一代所担忧的文化的拜物性、文明的抑制性和大众文化的愚民性仍旧存在,第二代、第三代和第四代所批判的文化歧视仍是顽疾;另一方面,文化依然是人们交往和对话的重要中介,后现代文化中的民主潜能可以得到更大挖掘等等。这意味着我们要区别看待这些文化,扬长避短,减少它们的消极影响,

---

① See Axel Honneth,*The I in We:Studies in the Theory of Recognition*,trans.Joseph Ganahl,Cambridge and Malden:Polity press,2012,p.233.

② [德]于尔根·哈贝马斯:《再谈道德与伦理生活的关系》,童世骏译,《哲学分析》2020年第1期。

充分地发挥和挖掘它们的建构作用,使它们为人类带来更多的自由、平等和团结等契机。当然,我们也要始终倡导不同学科的共同参与和协调合作。恰如哈贝马斯所言,现代性曾经的信任危机很大一部分原因在于各学科相互孤立,缺少交流和合作,从而导致了技术拜物教,进而引发了战争和杀戮。只有始终以多个学科和多种路径审视文化伦理事件和时代症候,我们才有可能从根本上减少文化歧视和身份蔑视等,在使不同文化群体和所有人获得平等的社会尊重的基础上,使他们更积极、更主动地发挥其建构良善生活的主体性和创造性。

目前,我国正在积极建构美好生活,为了达成这个目标和实现这个愿望,学者们从不同地方探寻着可利用的理论资源,例如中国的传统文化、马克思的论著等。而法兰克福学派的理论中也有值得我们借鉴的经验,他们对文化伦理作用的整体分析、对良善生活的探究,可以带给我们一些启示。①需要注意的是,有些学者所使用的"美好生活"(good life)概念与"良善生活"(good life)概念只是翻译的不同,这两种翻译只是凸显的重点不同而已,"美好生活"这种译法给人描绘了一幅美丽的蓝图,令人向往、使人憧憬;"良善生活"这种译法突出了这种共同生活的善(good)这个核心。有些学者则基于中国的文化传统来称谓美好生活,体现了中国人对未来生活的期待和向往,他们希望我们及全世界都能享有一种民主和团结的生活空间。通过研究法兰克福学派的文化伦理思想和其良善生活理论,我们认为中国的美好生活建设大体上应该注意三个方面的情况。

第一,注重文化环境的建设,因为它可以引导民众的价值观和道德认知。无论是阿多诺对错误生活的批判,还是门克对错误文化的反思,他们都深刻地指出,文化环境在个体成长方面发挥着极其重要的角色,健全文化能塑造个体高尚品德,激发他们的创造力,使其成长为富有自主性的个体;反之,一种病态的文化环境则会培养出自私和冷漠的人。这些年,我们一直努力构建好的文化环境,并且取得喜人的成就。

第二,重视传统文化和历史经验。本雅明揭示了抛弃传统的一些后果,如出现了很多无教养的人。他认为,现代社会的道德重建应与重视传统密不可分,因为传统文化中的很多道理和智慧是富有持久的有效性的。"许多民族最古老的风俗似乎在向我们发出一个警告,在接受我们从自然

---

① 参见宋建丽:《法兰克福学派批判理论传统中的正义与美好生活》,《马克思主义与现实》2021年第5期;周穗明:《"美好生活"概念:规范理念与实践理性》,《国外理论动态》2022年第2期。

中领受到如此丰富的东西时,我们应该谨防一种贪得无厌的姿态。"①我们一直强调对传统文化的重视,而且中华文化源远流长,里面蕴含着丰富的伦理资源和精神因素。

第三,倡导审美教育,使个体自觉地成长和高标准要求自己。法兰克福学派的一些理论家在对某些文化进行批判的同时,在不同程度上强调以审美教育促进个体进步和社会发展。例如本雅明和阿多诺都对审美教育委以重任,因为审美教育能激发个体自身的潜能,使他们发生内在转变,从而推动社会整体进步。审美教育一直是我们器重的,它也会在我们的美好生活建设中继续发挥重要作用。实质上,世界各地之间一直进行着不同形式的文化交流和思想对话,中国文化和中国书籍也为法兰克福学派所重视,例如本雅明对中国誊抄书籍有着独特见解和由衷地赞赏。"因此,只有被复制的文本才能指挥全神贯注阅读的人的灵魂,而纯粹的读者决不会发现文本所开启的他的内在自我的新方面,决不会发现那条穿过丛林内部永远消失在丛林后面的道路:因为读者任他的思绪在白日梦中自由地飞翔,但是誊抄者却对它进行控制。中国誊抄书籍的实践就这样无与伦比地保全了文学文化,誊本是解答中国之谜的钥匙。"②可见,好的文化天然具有能为所有人共享的禀赋,拥有培养不同个体美德的潜能。

①　[德]瓦尔特·本雅明:《本雅明文选》,陈永国、马海良编,中国社会科学出版社1999年版,第359页。

②　[德]瓦尔特·本雅明:《本雅明文选》,陈永国、马海良编,中国社会科学出版社1999年版,第350页。

结　语

　　公允地讲，通过研究法兰克福学派的文化伦理思想，笔者在多方面都有较大收获。在知识积累方面，增进了对多种文化的伦理功能的了解，加深了对"自主"等概念的认识，也看到了一些重要术语被重写；在研究方法上，掌握了韦尔默和门克所倡导的"立体阅读"方法，能对更多阿多诺式的论著进行多维解读；更重要的是，从中提炼出文化伦理研究的一些基本概念，如"本真性""良善生活"等，凝练出这方面的一些本质性话题，如文化与伦理生活具有怎样的相互关系、良善生活如何建构、自主个体的自主性如何培养等。

　　具体而言，就积累知识来讲，笔者对多种文化的伦理作用有了深入认识，对一些重要概念有了新的了解。公正地讲，就对不同文化的伦理功能研究而言，其他任何一个学派所涉猎的范围都不及法兰克福学派宽广，大体上，后者分析了文化、文明、大众文化、作为知识储备的文化、后现代文化、亚文化、文化环境及异质文化等各个直接或间接的现实功能；其他学派的文化伦理思想的深度也不及法兰克福学派，后者所采用的批判和反思方式能够探究到文化内在的或隐含的伦理功能，所持有的病理学姿态能够从人们司空见惯的文化现象中发现紧张关系。而当我们掌握了多种文化各自具体的伦理作用时，就会在深入认识这些文化的现实功能的同时，有区别地对待这些文化，最大可能地发挥文化的建构作用，尽可能地减少某些文化的危害和破坏。而在研究法兰克福学派的文化伦理思想的过程中，我们发现了他们创造性地使用了一些概念，这些概念为不同阶段的理论家共享，但是后来的理论家因新的需求而赋予它们以新的内涵和更多责任。例如自主，在阿多诺那里，它首先指艺术的自我立法权，这种立法权使得艺术能够确立自己的机制、王国和自我更新的方式——反思和否定；其次，它指自主人格，阿多诺认为，人们通过阅读自主性的艺术作品，能够保护各自的感知力和反思能力，从而成长为富有独立判断、具有正义感的自主个体。而到了哈贝马斯这里，自主主要被应用于具有自由诉求的个体身上。这里既有哈贝马斯对个体如何支配自己的生活时间进行哲学思考时的收获，也有他基于本真的良善生活建构的需求而从事的深入思考。此时的自主个体在更大程度上是一个政治伦理意义上的主体，而后，霍耐特从爱、法律和成就三个维度阐释了完整自主个体的基本构成，弗斯特则从辩护权的立场丰富了自主个体的基本构成，并且霍耐特和弗斯特都依据自主个体的这些构成来建构良善生活正义的多元形态。不过，哈贝马斯等人只解决了自主个体应具有怎样的现实行为的问题，却忽略或躲避了这些个体如何自觉地实施自己的权利这样的基本问题，而韦尔默和门克对审美自主和审美否定的辩护和强调，以及对哈贝马斯误解阿多诺美学的批评，很好地弥补了哈贝马斯等人理论的缺陷，使他们认识到艺术和美学能够以一种细微和持久的方式培养个体的自主意识和道德敏感性。

在读书方法上，我们可以借鉴"立体阅读"方法解读有厚度的文本，挖掘其多维意义和多种价值。这种"立体阅读"原是韦尔默阐释阿多诺美学的多维性时所倡导的文本解读方法，后来门克在辨析阿多诺否定美学和德里达否定美学时借用了韦尔默的"立体阅读"法。客观地讲，这种"立体阅读"方法契合于阿多诺美学文本的特性。阿多诺的文本富有厚度和密度，带有谜团，是一个"微观世界"，因此单维的阅读方法难以破解这种复杂的文本。为此，韦尔默提倡以"立体阅读"方法解读阿多诺的美学。事实上，通过立体阅读阿多诺美学，韦尔默有效地释放出其中的多层含义，使我们看到其美学的意蕴和伦理功能等，这种伦理功能并非一种布道式的道德规训，而是通过激发个体的自主和自由等意识来呈现伦理功能。这种"立体阅读"和多维含义符合阿多诺创作的初衷，因为在很大程度上，阿多诺是把艺术问题和美学放在社会和时代中进行分析，这使得他的美学中天然地含有社会因质和伦理因质，也使得他的美学文本中同时含有社会学观点和伦理学观念。这些不同维度的因素交织于一起，最终目的在于最大可能地呈现艺术和美学在呵护和提升个体审美能力上的职责，从而使之成长为一个自主个体。从长远角度上讲，这种"立体阅读"方式有助于我们解读更多阿多诺式的文本，有益于我们破解类似的自主作品，推进我们对文艺的解放功能的认识。

公允地讲，世界范围内有很多阿多诺式的文艺论著，它们是我们进一步研究文化伦理和文学伦理的基本文献，也是我们自我验证学术素养提高的参照物。这类学术论著之所以有阅读难度，既在于它具有多维性，不同层面的因素交叠在一起，这使得它的句子和段落含义丰富、寓意深刻；也在于它践行着文艺自主原则，创作者基于自己的审美经验阐释着文艺的法则、构成和现实功能等，这使得创作者创造了自己的审美空间、语言习惯和审美观念。这些因素导致这类自主书写的论著拒绝了自动阅读，即泛泛的浏览式阅读，但它欢迎"立体阅读"，召唤一种多维视角来破解文本的深义和释放其中的解放力量。实质上,这种"立体阅读"方法还可以被运用到对社会问题的分析上,使我们很自然地以多维视角剖析这些问题发生的多种原因和导致的多种后果,从而从根本上解决和杜绝这些问题,也能将它们的危害降低到最低点。总而言之,我们应该把这种文本阅读方法提升为一种分析事件的基本方法。

从长远研究来看,我们可以把"本真性"和"良善生活"等概念视作文化伦理研究的基本概念,可以把文化与伦理生活具有怎样的相互关系、良善生活如何建构、自主个体的自主性如何培养等看作文化伦理研究的本质性话题。随着"伦理转向",一方面,以伦理学视角透视文化和艺术的人不断增加;另一方面,有的学者努力从文化和艺术中探究道德资源和伦理潜能,由此出现了文化伦理研究和文学伦理批评等新兴的研究领域。这些新领域召唤人们进行探索和建构,其中,基本概念和本质性的话题是这些新领域确立的前提和根本。就基本概念而言,关于"本真性",基于我们对法兰克福学派文化伦理思想的研究,总体上讲,它既涉及自主个体真实的诉求和真正的意愿,这些是良善生活建构的目的;也关涉文化和艺术中的审美经验,这些经验中蕴含着自由和协商等因质。也就是说,在文化伦理领域中,本真性既指良善生活建构的目的和性质,也指这种共同生活的伦理潜能和内在动力。至于"良善生活",立足我们对法兰克福学派文化伦理思想的研究,整体上看,它是一个不同文化和不同身份的人平等共处的共同空间,富有包容性,讲究相互尊重和彼此团结,倡导正义的多元性;它需要不同学科共同参与建构,要求不同阶层的人一起进行建设和维护。这意味着,在文化伦理研究方面,良善生活是不同文化共存的、不同身份的人们共同建设的一种多元正义的公共空间,它能有效地消除很多共同威胁,同时也能为人类创造诸多共同进步的契机。在本质性的话题方面,我们从法兰克福学派文化伦理思想中提炼出这些话题,例如"文化与伦理生活具有怎样的相互关系"。以往多是伦理生活主宰着文化,文化仅是某些伦理观念的体现者,而随着后现代文化的发展与异质文化的涌现,文化在缩小与生活的力量对比的同时,也极大地影响着伦理生活的内在构成,文化既为伦理生活提供了自由和民主等资源,也为它带来新的问题和新的挑战,反过来讲,今天倡导包容和平等的伦理生活为文化创造了一种宽松和比较自由的氛围。再如"良善生活如何建构"。关于这个话题,可谓是人云亦云,不过,从根本上讲,良善生活需要不同学科共同参与建构,从不同方向为这种共同生活提供伦理资源和前进动力;需要不同阶层的人们展现各自的主体性和创造力,既为他们各自幸福的实现,也为人类的整体发展;需要注意概念的创新,也要注重这些概念的实施。还有"自主个体的自主性如何培养"。在这一方面,哈贝马斯和霍耐特的理论是有缺陷,他们只是阐述了自主个体应该具备怎样的自主性,但是回避了如何培养自主性这个基本问题,而韦尔默和门克弥补了这个缺陷,他们强调艺术和美学能够培养个体的自由、民主和商谈等意识,并能够以艺术场的方式影响伦理生活的内在构成,使其更具进步性,能为民众营造一种平等和团结的氛围。

总体上讲,法兰克福学派是一个说不尽的学术共同体,既因为它本身具有诸多谜团,我们无法仅靠一种学术路径破解这些谜团,释放其中的意义;也因为它内部存有一些分歧和论争,它们本身就富有未定性,自然也会为解读者带来阅读和阐释的难度;还因为这个学派是一个一直在发展的学术群体,新的学者带来新的理论,新的理论创造法兰克福学派新的研究热潮,同时这些新的理论与法兰克福学派的理论遗产之间具有继承和突破的关系,这使得我们在关注这些新理论的同时,需要时常注意他们对某些概念的重写、对某些理论的价值重估。可喜的是,我们在推进法兰克福学派本身理论研究的同时,也能不断从中提炼出新的概念、新的理论,从而在促进整个文艺理论发展的基础上,为人类的幸福和良善生活的建构找到更多动力和更多希望。

更关键的是,法兰克福学派一直吸引着世界不同领域的学者参与研究,他们分别从政治、哲学、艺术和伦理等角度探究着这个学派,这样的研究在确立这些学者学术地位的同时,自然也赋予了法兰克福学派诸多生命力。其中,国内的法兰克福学派研究者做出了卓越的成就和非凡的贡献,尤其步入21世纪后,很多研究成果富有新意和价值。

主要参考文献

一、中文著作

1.《马克思恩格斯选集》(第一卷),人民出版社1995年版。

2.《马克思恩格斯选集》(第四卷),人民出版社1995年版。

3.[德]马克思:《资本论》(第一卷),人民出版社1975年版。

4.马克思:《1844年经济学哲学手稿》,人民出版社2000年版。

5.[德]T.W.阿多诺:《道德哲学的问题》,谢地坤、王彤译,人民出版社2007年版。

6.[德]阿多尔诺:《否定辩证法》,王凤才译,商务印书馆2019年版。

7.[德]阿多诺:《新音乐的哲学》,曹俊峰译,中央编译出版社2017年版。

8.[德]阿尔布莱希特·韦尔默:《后形而上学现代性》,应奇、罗亚玲编译,上海译文出版社2007年版。

9.[德]阿尔布莱希特·维尔默:《论现代和后现代的辩证法——遵循阿多诺的理性批判》,钦文译,商务印书馆2003年版。

10.[德]阿尔布雷希特·韦尔默:《伦理学与对话——康德和对话伦理学中的道德判断要素》,罗亚玲、应奇译,上海译文出版社2013年版。

11.[德]阿克塞尔·霍耐特:《承认:一部欧洲观念史》,刘心舟译,上海人民出版社2021年版。

12.[德]阿克塞尔·霍耐特:《分裂的社会世界:社会哲学文集》,王晓升译,社会科学文献出版社2011年版。

13.[德]阿克塞尔·霍耐特:《自由的权利》,王旭译,社会科学文献出版社2013年版。

14.[德]阿梅龙等:《法兰克福学派在中国》,刘森林编,社会科学文献出版社2011年版。

15.[奥]阿诺德·勋伯格:《勋伯格:风格与创意》,茅于润译,上海音乐出版社2011年版。

16.[美]艾里希·弗洛姆:《健全的社会》,孙恺祥译,上海译文出版社2018年版。

17.［英］艾伦·麦克法兰：《现代世界的诞生》，管可秾译，上海人民出版社2013年版。

18.［英］艾瑞克·霍布斯鲍姆：《极端的年代：1914—1991》，郑明萱译，中信出版社2014年版。

19.［美］爱德华·W.萨义德：《知识分子论》，单德兴译，生活·读书·新知三联书店2002年版。

20.［英］安东尼·吉登斯：《现代性的后果》，田禾译，译林出版社2000年版。

21.［英］安吉拉·默克罗比：《女性主义与青年文化》，张岩冰、彭薇译，河南大学出版社2011年版。

22.［英］安德鲁·埃德加：《哈贝马斯：关键概念》，杨礼银、朱松峰译，江苏人民出版社2008年版。

23.［英］鲍曼：《门口的陌生人》，姚伟等译，中国人民大学出版社2017年版。

24.［德］本雅明：《经验与贫乏》，王炳钧、杨劲译，百花文艺出版社1999年版。

25.［法］《波德莱尔美学论文选》，郭宏安译，人民文学出版社1987年版。

26.陈永国编：《游牧思想》，吉林人民出版社2003年版。

27.［法］茨维坦·托多罗夫：《启蒙的精神》，马利红译，华东师范大学出版社2012年版。

28.［美］大卫·波德维尔、克里斯汀·汤普森：《世界电影史》，范倍译，北京大学出版社2014年版。

29.［美］丹尼尔·贝尔：《资本主义文化矛盾》，赵一凡等译，生活·读书·新知三联书店1989年版。

30.［美］道格拉斯·凯尔纳、［美］斯蒂文·贝斯特：《后现代理论：批判性的质疑》，张志斌译，中央编译出版社2004年版。

31.［美］迪克·赫伯迪格：《亚文化：风格的意义》，陆道夫、胡疆锋译，北京大学出版社2009年版。

32.［德］恩斯特·布洛赫：《希望的原理》（第一卷），梦海译，上海译文出版社2012年版。

33.冯俊科：《西方幸福论：从梭伦到费尔巴哈》，中华书局2011年版。

34.［英］弗雷德·英格利斯：《文化》，韩启群等译，南京大学出版社2008年版。

35.［美］弗雷德里克·詹姆逊：《时间的种子》，王逢振译，江苏教育出版社2006年版。

36.［奥］弗洛伊德：《一种幻想的未来 文明及其不满》，严志军、张沫译，河北教育出版社2003年版。

37.复旦大学当代国外马克思主义研究中心编：《当代国外马克思主义评论》，人民出版社2009年版。

38.［德］格·施威蓬豪依塞尔等：《多元视角与社会批判：今日批判理论》（上、下卷），鲁路、彭蓓译，人民出版社2010年版。

39.［德］哈贝马斯等：《希特勒，永不消散的阴云？——德国历史学家之争》，逢之等译，生活·读书·新知三联书店2014年版。

40.［德］哈贝马斯：《作为"意识形态"的技术与科学》，李黎、郭官义译，学林出版社1999年版。

41.［德］汉娜·阿伦特编：《启迪：本雅明文选》，张旭东、王斑译，生活·读书·新知三联书店2008年版。

42.［荷兰］斯宾诺莎：《伦理学》，贺麟译，商务印书馆1983年版。

43.［美］赫伯特·马尔库塞：《爱欲与文明：对弗洛伊德思想的哲学探讨》，黄勇、薛民译，上海译文出版社2005年版。

44.［美］赫伯特·马尔库塞：《单向度的人》，张峰、吕世平译，重庆出版社1988年版。

45.［美］赫伯特·马尔库塞：《审美之维》，李小兵译，广西师范大学出版社2001年版。

46.《霍克海默集》，渠东、付德根等译，上海远东出版社2004年版。

47.［美］杰姆逊：《后现代主义与文化理论》，唐小兵译，北京大学出版社1997年版。

48.［法］居伊·德波：《景观社会》，王昭凤译，南京大学出版社2007年版。

49.［德］康德：《纯粹理性批判》，邓晓芒译，人民出版社2004年版。

50.［德］康德：《历史理性批判文集》，何兆武译，商务印书馆1990年版。

51.［德］康德：《判断力批判》，邓晓芒译，人民出版社2002年版。

52.《法兰克福学派论著选辑》（上卷），商务印书馆1998年版。

53.［英］雷蒙·威廉斯：《关键词：文化与社会的词汇》，刘建基译，生活·读书·新知三联书店2005年版。

54.［英］雷蒙·威廉斯：《文化与社会：1780—1950》，高晓玲译，吉林出版集团有限责任公司2011年版。

55.［美］理查德·罗蒂：《偶然、反讽与团结》，徐文瑞译，商务印书馆2003年版。

56.[美]理查德·罗蒂:《实用主义哲学》,林南译,上海译文出版社2009年版。

57.[美]利奥·洛文塔尔:《文学、通俗文化和社会》,甘锋译,中国人民大学出版社2012年版。

58.刘小枫选编:《德语美学文选》(下卷),华东师范大学出版社2006年版。

59.[德]罗尔夫·魏格豪斯:《法兰克福学派:历史、理论及政治影响》(上、下),孟登迎、赵文、刘凯译,上海人民出版社2010年版。

60.[美]马丁·杰伊:《法兰克福学派史》,单世联译,广东人民出版社1996年版。

61.[德]马克斯·韦伯:《新教伦理与资本主义精神》,彭强、黄晓京译,陕西师范大学出版社2001年版。

62.[加拿大]马歇尔·麦克卢汉:《理解媒介——论人的延伸》,何道宽译,商务印书馆2000年版。

63.[德]麦克斯·霍尔海默:《批判理论》,李小兵等译,重庆出版社1989年版。

64.孟广林:《欧洲文艺复兴史·哲学卷》,人民出版社2008年版。

65.[法]米歇尔·福柯:《知识考古学》,谢强、马月译,生活·读书·新知三联书店1998年版。

66.[美]南茜·弗雷泽、[德]阿克塞尔·霍耐特:《再分配,还是承认?—— 一个政治哲学对话》,周穗明译,上海人民出版社2009年版。

67.[英]佩里·安德森:《西方马克思主义探讨》,高铦、文贯中、魏章玲译,人民出版社1981年版。

68.[德]齐格弗里德·克拉考尔:《从卡里加利到希特勒——德国电影心理史》,黎静译,上海人民出版社2008年版。

69.[德]齐格弗里德·克拉考尔:《电影的本性》,邵牧君译,江苏教育出版社2006年版。

70.[法]让-保尔·萨特:《萨特读本》,艾珉选编,人民文学出版社2012年版。

71.[法]让-弗朗索瓦·利奥塔尔:《后现代状态:关于知识的报告》,车槿山译,南京大学出版社2011年版。

72.[法]让-弗朗索瓦·利奥塔:《非人——时间漫谈》,罗国祥译,商务印书馆2000年版。

73.[德]斯蒂芬·穆勒-多姆:《于尔根·哈贝马斯:知识分子与公共生

活》,刘风译,社会科学文献出版社2019年版。

74.[美]苏珊·桑塔格:《沉默的美学:苏珊·桑塔格论文选》,黄梅等译,南海出版公司2006年版。

75.[德]特奥多·阿多尔诺:《否定的辩证法》,张峰译,重庆出版社1993年版。

76.[英]特里·伊格尔顿:《后现代主义的幻象》,华明译,商务印书馆2000年版。

77.[英]特里·伊格尔顿:《论邪恶:恐怖行为忧思录》,林雅华译,湖南人民出版社2014年版。

78.[英]特里·伊格尔顿:《文化与上帝之死》,宋政超译,河南大学出版社2016年版。

79.[德]瓦尔特·本雅明:《本雅明论教育:儿童·青春·教育》,徐维东译,吉林出版集团有限责任公司2011年版。

80.陈永国、马海良编:《本雅明文选》,中国社会科学出版社1999年版。

81.[德]瓦尔特·本雅明:《迎向灵光消逝的年代》,许绮玲、林志明译,广西师范大学出版社2002年版。

82.汪民安编:《自我技术:福柯文选》(III),北京大学出版社2015年版。

83.王凤才:《蔑视与反抗:霍耐特承认理论与法兰克福学派批判理论的“政治伦理转向”》,重庆出版社2008年版。

84.[德]西奥多·阿多诺等:《电影的透明性:欧洲思想家论电影》,李洋主编,河南大学出版社2017年版。

85.[德]西奥多·阿多诺、[德]瓦尔特·本雅明:《友谊的辩证法:阿多诺、本雅明通信集:1928—1940》,刘楠楠译,广西师范大学出版社2022年版。

86.[美]希利斯·米勒:《文学死了吗》,秦立彦译,广西师范大学出版社2007年版。

87.[匈]卢卡奇:《理性的毁灭》,王玖兴等译,山东人民出版社1997年版。

88.[匈]卢卡奇:《卢卡奇早期文选》,张亮,吴勇立译,南京大学出版社2004年版。

89.[法]雅克·朗西埃:《美学中的不满》,蓝江、李三达译,南京大学出版社2019年版。

90.[美]伊哈布·哈桑:《后现代转向:后现代理论与文化论文集》,刘象愚译,上海人民出版社2015年版。

91.[德]尤尔根·哈贝马斯:《在自然主义与宗教之间》,郁喆隽译,上海人民出版社2013年版。

92.[德]尤尔根·哈贝马斯:《重建历史唯物主义》,郭官义译,社会科学文献出版社2000年版。

93.[美]约翰·菲斯克:《电视文化》,祁阿红、张鲲译,商务印书馆2005年版。

94.[美]约翰·费斯克:《理解大众文化》,王晓珏、宋伟杰译,中央编译出版社2001年版。

95.[美]约翰·罗尔斯:《正义论》,何怀宏、何包钢、廖申白译,中国社会科学出版社1988年版。

96.[美]詹姆斯·施密特编:《启蒙运动与现代性:18世纪与20世纪的对话》,徐向东、卢华萍译,上海人民出版社2005年版。

97.[美]詹姆逊:《现代性、后现代性和全球化》,王逢振主编,中国人民大学出版社2004年版。

98.赵勇、[美]塞缪尔·韦伯主编:《批判理论的旅行:在审美与社会之间》,北京大学出版社2022年版。

99.赵勇:《整合与颠覆:大众文化的辩证法》,北京大学出版社2005年版。

100.中国社会科学院哲学研究所编:《哈贝马斯在华讲演集》,人民出版社2002年版。

101.周宪主编:《文化现代性精粹读本》,中国人民大学出版社2006年版。

102.欧力同、张伟:《法兰克福学派研究》,重庆出版社1990年版。

二、外文著作

1. Albrecht Wellmer, *The Persistence of Modernity: Essays on Aesthetics, Ethics, and Postmodernism*, trans. David Midgley, Cambridge, Massachusetts: The MIT Press, 1991.

2. Albrecht Wellmer, *Endgames: The Irreconcilable Nature of Modernity*, trans. David Midgley, Cambridge, Massachusetts and London: The MIT Press, 1998.

3. Albrecht Wellmer, *Critical Theory of Society*, trans. John Cumming, New

York:The Seabury Press,1971.

4. Axel Honneth, *The Struggle for Recognition:The Moral Grammar of Social Conflicts*, trans. Joel Anderson, Cambridge, Massachusetts: The MIT Press, 1995.

5. Axel Honneth, *The I in We:Studies in the Theory of Recognition*, trans. Joseph Ganahl,Cambridge and Malden:Polity press,2012.

6. Amy Allen and Eduardo Mendieta,eds., *The Cambridge Habermas Lexicon*,Cambridge:Cambridge University Press,2019.

7. Anthony Giddens,*The Consequences of Modernity*,Cambridge:Polity press, 1990.

8. Axel Honneth, The Normativity of Ethical Life, *Philosophy and Social Criticism*,Vol.40(8), Sage, 2014, p.824.

9. Christoph Menke,*Reflections of Equality*,trans.Howard Rouse and Andrei Denejkine,Stanford,California:Stanford University Press,2006.

10. Christoph Menke,*The Sovereignty of Art:Aesthetic Negativity in Adorno and Derrida*, trans. Neil Solomon, Cambridge, Massachusetts and London: MIT Press,1998.

11. Christoph Menke, *Critique of Rights*, trans. Christopher Turner, Cambridge and Medford:Polity Press,2020.

12. Christoph Menke, *Law and Violence:Christoph Menke in Dialogue*,Manchester:Manchester University Press,2018.

13. Fredric Jameson,*Postmodernism,Or The Cultural Logic of Late Capitalism*,Durham:Duke University Press,1991.

14. Fredric Jameson,*Valences of The Dialectic*,London and New York:Verso, 2009.

15. Fredric Jameson,*A Singular Modernity*, London and New York: Verso, 2002.

16. Gilles Deleuze, Félix Guattari, *Anti—Oedipus: Capitalism and Schizophrenia*,trans. Robert Hurley,Mark Seem and Helen R.Lane,London:Penguin Group,1977.

17. Herbert Marcuse,*One-Dimensional Man:Studies in the Ideology of Advanced Industrial Society*,London and New York:Routledge & Kegan Paul,1964.

18. Herbert Marcuse,*Art and Liberation*,eds.,Douglas Kellner,London and New York:Routledge,2007.

19. Herbert Marcuse, *Eros and Civilization: A Philosophical Inquiry into Freud,*London and New York: Routledge & Kegan Paul,1956.

20.Herbert Marcuse, *The Aesthetic Dimension:Toward a Critique of Marxist Aesthetics,* Boston:Beacon Press,1978.

21.Henri Lefebvre,*Everyday Life in the Modern World,trans. Sacha Rabinovitch,*New Jersey:New Brunswick,1984.

22.Jürgen Habermas,*Moral Consciousness and Communicative Action,*trans. Christian Lenhardt and Shierry Weber Nicholsen,Cambridge and Maldon:Polity Press,1990.

23.Jürgen Habermas,*Truth and Justification,*trans.and eds.,Barbara Fultner, Cambridge,Massachusetts:The MIT Press,2003.

24.Jürgen Habermas,*The Future of Human Nature,*Cambridge and Malden: Polity Press,2003.

25. Jürgen Habermas, *The Lure of Technocracy,* trans. Ciaran Cronin, Cambridge and Malden:Polity Press,2015.

26.Jean-Francois Lyotard,*The Inhuman:Reflections on Time,*trans.Geoffrey Bennington and Rachel Bowlby,Stanford,California:Stanford University Press, 1991.

27.Jürgen Habermas,*The Philosophical Discourse of Modernity:Twelve Lectures,*trans.Frederick Lawrence, Cambridge and Maldon:Polity Press,1987.

28.Jürgen Habermas,*The Theory of Communicative Action·Volume 1: Reason and the Rationalization of Society,*trans.Thomas McCarthy,Boston:Beacon Press,1984.

29.Jürgen Habermas,*The Inclusion of the Other:Studies in Political Theory,* eds., Ciaran Cronin and Pablo De Greiff,Cambridge, Massachusetts: The MIT Press,1998.

30.Jürgen Habermas,*The Postnational Constellation:Political Essays,*trans. Max Pensky,Cambridge, Massachusetts:The MIT Press,2001.

31.Jürgen Habermas,*Postmetaphysical Thinking:Philosophical Essays,*trans. William Mark Hohengarten,Cambridge,Massachusetts:The MIT Press,1992.

32. Jürgen Habermas, *Justification and Application: Remarks on Discourse Ethics,*trans.Ciaran Cronin,Cambridge,Massachusetts:The MIT Press,1994.

33. Leo Lowenthal,*An Unmastered Past,*Berkeley: University of California Press,1987.

34. Leo Lowenthal, *False Prophets: Studies on Authoritarianism*, New Brunswick and Oxford, New Jersey: Transaction, Inc, 1987.

35. Leo Lowenthal, *Critical Theory and Frankfurt Theorists*, New Brunswick and London: Transaction Publishers, 1989.

36. Leo Lowenthal, *Literature and Mass Culture*, New Brunswick and London: Transaction Publishers, 1984.

37. Martin Jay, *Permanent Exiles*, New York: Columbia University Press, 1985.

38. Max Horkheimer & Theodor W. Adorno, *Dialectic of Enlightenment: Philosophical Fragments*, trans. Edmund Jephcott, Stanford, California: Stanford University Press, 2002.

39. Nancy Fraser and Axel Honneth, *Redistribution or Recognition? A Political-Philosophical Exchange*, trans. Joel Golb, etc, London and New York: Verso, 2003.

40. Rainer Forst, *The Right to Justification, trans.* Jeffrey Flynn, New York: Columbia University Press, 2012.

41. Rainer Forst, *Justification and Critique*, trans. Ciaran Cronin, Cambridge and Malden: Polity Press, 2014.

42. Susan Buck-Morss, *The Origin of Negative Dialectics: Theodor W. Adorno, Walter Benjamin and The Frankfurt Institute*, New York and London: The Free Press, 1977.

43. Theodor W. Adorno, *Can One Live After Auschwitz? A philosophical reader*, trans. Rodney Livingstone and others, Stanford: Stanford University Press, 2003.

44. Theodor Adorno, *Minima Moralia: Reflections from Damaged Life*, trans. E.F.N. Jephcott, London and New York: Vorso, 2005.

45. Theodor W. Adorno, *The Culture Industry: Selected Essays on Mass Culture*, London and New York: Routledge, 1991.

46. Theodor W. Adorno, *Aesthetic Theory*, trans. Robert Hullot-Kentor, Minneapolis: University of Minnesota Press, 1997.

47. Theodor Adorno, Walter Benjamin, etc, *Aesthetics and Politics*, London and New York: Verso, 2010.

48. T. W. Adorno, Else Frenkel-Brunswik, Daniel J. Levinson, R. Nevitt Sanford, *The Authoritarian Personality*, Harper and Brothers, 1950.

49. Theodor W. Adorno, *Critical Models: Interventions and Catchwords*, trans.

Henry W.Pickford,New York:Columbia University Press,2005.

50. Theodor W. Adorno, *History and Freedom: Lectures 1964-1965*, trans. Rodney Livingstone,Cambridge and Malden:Polity press,2006.

51.Terry Eagleton,*The Illusions of Postmodernism*,Malden:Blackwell Publishing Ltd,1997.

52. Walter Benjamin, *Illuminations: Essays and Reflections*, trans. Harry Zohn,New York:Schocken Books,1968.

53.Walter Benjamin,*Selected Writings*,*Volume 2*,*Part 1*,trans.Rodney Livingstone and Others, Cambridge, Massachusetts, and London, England: The Belknap Press of Harvard University Press,1999.

54.Wendy Brown and Rainer Forst,*The Power of Tolerance:A Debate*,New York:Columbia University Press,2014.

55.Wendy Brown,*Regulating Aversion:Tolerance in the Age of Identity and Empire*, Princeton and Oxford:Princeton University Press,2006.

56.Stuart Hall etc,*Culture, Media, Language: Working Papers in Cultural Studies,1972-1979*,London:The Academic Division of Unwin Hyman Ltd,1980.

三、中文论文

1.[德]E.布洛赫:《向乌托邦告别吗?》,梦海译,《现代哲学》2008年第1期。

2.[美]弗雷德里克·詹姆逊:《对现代性的重新反思》,王丽亚译,《文学评论》2003年第1期。

3.傅鹤鸣:《德沃金的公民良善生活论》,《深圳大学学报》2010年第3期。

4.[德]格奥尔格·洛曼:《民主和人权的变奏曲——纪念哲学家阿尔布莱希特·韦尔默》,李哲罕译,《哲学分析》2020年第5期。

5.[德]霍克海默:《社会哲学的现状与社会研究所的任务》,王凤才译,《马克思主义与现实》2011年第5期。

6.李义天、张容南:《后形而上学时代的良善生活何以可能?》,《社会科学辑刊》2015年第1期。

7.[美]马丁·杰伊:《衰落之后:后期批判理论中的理性之光》,王巧贞译,《哲学分析》2014年第1期。

8.宋建丽:《法兰克福学派批判理论传统中的正义与美好生活》,《马克思主义与现实》2021年第5期。

9.王凤才:《"法兰克福学派"四代群体剖析——从霍克海默到弗斯特》（上、下），《南国学术》2015年第1、2期。

10.王曦璐:《超越正义的良善生活何以可能》，《中州学刊》2017年第12期。

11.王艳秀:《道德客观性及其限度 ——后形而上学时代的良善生活问题研究》，吉林大学，2008年。

12.魏金华:《超越正义 回归多元良善生活——阿格妮丝·赫勒正义理论解读》，《学术交流》2015年第10期。

13.吴勇立:《"星丛"的秘密——〈本雅明与布莱希特〉简介》，《国外理论动态》2006年第12期。

14.应奇:《"七八个星天外"——追念韦尔默教授》，《哲学分析》2019年第1期。

15.[德]尤尔根·哈贝马斯:《论理由的象征性体现》，鲍永玲译，《哲学分析》2013年第1期。

16.[德]尤尔根·哈贝马斯:《宗教、法律和政治——论文化多元的世界社会中的政治正义》，任俊、谢宝贵译，《哲学分析》2010年第1期。

17.[德]于尔根·哈贝马斯:《再谈道德与伦理生活的关系》，童世骏译，《哲学分析》2020年第1期。

18.周穗明:《"美好生活"概念:规范理念与实践理性》，《国外理论动态》2022年第2期。

四、外文论文

1. Axel Honneth, Artist of Dissonance: Albrecht Wellmer and Critical Theory, *Journal Compilation, Constellations*, Volume 14, No. 3, Columbia University Press, 2007.

2. Christoph Menke, Virtue and Reflection: The "Antinomies of Moral Philosophy", *Constellations*, Volume 12, No.1, Blackwell Publishing Ltd, 2005.

3. Christoph Menke, Aesthetic Reflection and Its Ethical Significance: A Critique of the Kantian Solution, *Philosophy & Social Criticism*, vol 34 nos 1–2, Sage Publications (Los Angeles, etc) and David Rasmussen, 2008.

4. Jürgen Habermas, Once Again: On the Relationship between Morality and Ethical Life, *European Journal of Philosophy*, Volume 29, Issue 3, 2021.

5. Jürgen Habermas, Noch einmal: Zum Verhältnis von Moralität und Sittlichkeit, *Deutsche Zeitschrift für Philosophie*, Volume 67, Issue 5, 2019.

6. Max Horkheimer, The End of Reason, *In The Essential Frankfurt School Reader*, eds., Andrew Arato & Eike Gebhardt, New York: Urizen Books, 1978.

7. María Pía Lara, Albrecht Wellmer: Between Spheres of Validity, *Philosophy & Social Criticism*, vol 21, No.2, Sage, 1995.

8. Nikolas Kompridis, From Reason to Self-Realisation? Axel Honneth and the 'Ethical Turn' in Critical Theory, *Critical Horizons*, 2004.

9. T. W. Adorno, A Social Critique of Radio Music, *The Kenyon Review*, Vol.7, No.2(Spring, 1945).

10. Theodor W. Adorno, Transparencies on Film, *New German Critique*, No.24/25, Special Double Issue on New German Cinema(Autumn, 1981, Winter, 1982).

后 记

　　读书和思考的乐趣既在于知识的收获,也在于思想的提升和美德的养成,这些体验深深地嵌入我对法兰克福学派的艺术、文化和伦理等理论研究中。这个学派和家族吸引人之处,既在于他们的很多理论已成为某些领域的经典和典范,如艺术自主和文化工业批判;也在于他们不断培养和推举出新的理论家,例如第三代的霍耐特所提倡的承认理论增进了人们对多元正义的伦理生活的认识,第四代的弗斯特崭露头角,他的辩护、宽容和正义等理论有助于人们建构相互尊重和互相团结的良善生活。

　　由于我对阿多诺、哈贝马斯和霍耐特的文化伦理思想已有一定的了解,因此当我接触弗斯特的异质文化辩护理论之后,我认识到这是一个回溯、重写法兰克福学派文化伦理思想的契机和立足点,为此,我构思了"法兰克福学派文化伦理思想研究"这个选题。在很大程度上,这个选题是我对我的博士后出站报告《法兰克福学派的文化现代性思想研究》(2015年6月)的进一步思考,我在研究法兰克福学派的文化现代性思想的时候,就注意到他们把良善生活和共同体作为其研究的主要目的,只是那时候,我缺乏对伦理生活的了解和认识。这些年,随着哈贝马斯越来越明显的伦理转向,以及霍耐特、门克和弗斯特对文化伦理功能的重视,我发现他们的文化研究背后隐藏着一个更重要的理论诉求,那就是如何减少一些文化在良善生活建构上的消极影响,同时,又怎样挖掘一些文化在共同生活构建上的积极作用。

　　当确立了文化伦理这个视角后,我发现这四代人的文化伦理观大体上呈现为:文化的拜物性批判、文明抑制批评和文化工业愚弄批判,对文化交往功能的肯定、对后现代文化的自由民主潜能的挖掘,关于亚文化承认的研究和对文化平等的分析,以及对异质文化辩护的探究。这种历时的变化既在于这四代人关注了不同类型的文化,也在于不同阶段的理论家对文化的期望有所不同。同时,我也看到法兰克福学派文化伦理理论在共时层面上的一些分歧和论争:如第一代的"大众文化伦理之争:解放性与抑制性",第二代的"良善生活建构之争:后现代文化和艺术的真理有效性",第三代的"良善生活内在构成上的分歧:规范性与例外状况"。这种众声喧哗的景观并不意味着他们不团结,只是说明他们各自从不同角度和不同立场为个体和人类探寻着自由和团结的契机。他们的最终目的都是期望构建一个多元文化共处的良善生活,相互尊重、共同合作,一起营造一个和睦共处且富有协商和合作精神的共同家园。这种家园有助于保护各自文化、保障个体的权利,有益于人类共同应对风险和处理公共事件,使得个体的幸福和人类的福祉都能得到保证。

　　理论之妙既在于它是深刻的、无穷的,值得人们细细品味和持久思索;也在于这条幽径从来不缺乏引路人和同行者。我这些年的不断成长,得益于很多前辈和老师们的引导和鼓励,我的硕士导师曹桂方和周进祥、博士导师章安祺、访学时的合作导师张永清、博士后导师程志华,以及金元浦、黄克剑、杨慧林、董学文、赵勇、王凤才、王志耕、邢建昌等老师都给予我莫大的关心和温情的激励。另外,很多同龄人的支持和相互交流也使我受益匪浅。这些关心和支持使我有信心继续从事法兰克福学派的艺术、文化和伦理等方面的研究,我希望在提升自我学术素养的同时,能够书写出扎实和有创意的论著来。

　　感谢帮我校稿的薛江华、彭秋燕、余柯璇、关屹、胡馨元、林诗琪和张雪等同学,他们都对学术怀有崇敬心意,相信他们未来会各有所成的!

李进书

2024 年 8 月 2 日

河大三区 5-3-302